Das behördliche Zulassen strafbaren Verhaltens,
eine rechtfertigende Einwilligung?

Europäische Hochschulschriften
Publications Universitaires Européennes
European University Studies

Reihe II
Rechtswissenschaft

Série II Series II
Droit
Law

Bd./Vol. 3798

PETER LANG
Frankfurt am Main · Berlin · Bern · Bruxelles · New York · Oxford · Wien

Peter Gänßle

Das behördliche Zulassen strafbaren Verhaltens, eine rechtfertigende Einwilligung?

PETER LANG
Europäischer Verlag der Wissenschaften

Bibliografische Information Der Deutschen Bibliothek
Die Deutsche Bibliothek verzeichnet diese Publikation in der Deutschen Nationalbibliografie; detaillierte bibliografische Daten sind im Internet über <http://dnb.ddb.de> abrufbar.

Zugl.: Dresden, Techn. Univ., Diss., 2003

88
ISSN 0531-7312
ISBN 3-631-51333-X

www.peterlang.de

Für
Petra und Simon

Inhaltsübersicht

Gliederung

Einführung

I) Die Fragestellung

Der Einzelne kann über Individualrechtsgüter – mithin über Rechtsgüter, die seine Individualinteressen schützen – in sehr weiten Grenzen verfügen.[1] Die Einwilligung – gegebenenfalls auch das Einverständnis[2] – stellt den dafür erforderlichen rechtsstaatlich bestimmten Rahmen zur Verfügung. Durch sie wird eine individuelle Verfügungsfreiheit über den strafrechtlichen Schutz individueller Rechtsgüter auf der Basis grundrechtlicher Freiheiten gewährt.[3] Individualrechtsgüter sind mithin grundsätzlich disponibel. Die individuelle Einwilligung trägt damit dem Verständnis des Einzelnen als freies und selbstbestimmtes Individuum Rechnung. Sie stellt einen Ausschnitt der allgemeinen individuellen Handlungs- und Willensfreiheit dar, welche zunächst lediglich in den Rechten anderer eine natürliche Schranke findet.[4] Die individuelle Einwilligung entfaltet eine individuelle Handlungsalternative vor dem staatlich angebotenen strafrechtlichen Schutz bestimmter Individualgüter, indem sie dem Einzelnen die Möglichkeit eröffnet, situativ auf diesen generellen strafrechtlichen Güterschutz zu verzichten. Der Einzelne erhält die Möglichkeit einer Interessenabwägung. Die individuelle Einwilligung beinhaltet die Zustimmung zur Antastung eines strafrechtlich geschützten Gutes, welche der Inhaber des Gutes im Voraus erteilt.[5] Eine individuelle Kosten-Nutzen-Abwägung erlaubt es dem Einzelnen, um den Preis strafrechtlichen Güterschutzes die Verletzung eines Rechtsgutes zugunsten der Erreichung eines anderen Interesses hinzunehmen. Die individuelle Einwilligung birgt damit für den Einwilligenden sowohl Kosten als auch Nutzen, die von ihm gegeneinander abzuwägen sind.

Erst wenn die staatliche Garantie des individuellen Güterschutzes durch das Strafrecht vor dem Hintergrund der Rechtssicherheit einen höheren Stellenwert erhalten muss als die individuelle Einwilligung, soll die Individualeinwilligung gemäß §§ 216, 228 StGB ausgeschlossen sein. Die individuelle Freiheit zur Ein-

---

[1] Vgl. zum Ganzen etwa *Roxin,* AT/I, § 13.

[2] Vgl. zum Einverständnis und den Gemeinsamkeiten wie auch Unterschieden zur Einwilligung nur etwa *Roxin,* AT/I, § 13 RN 12 ff; *Kühl,* AT, § 9 RN 22 ff.

[3] *Stratenwerth,* ZStW 68 (1956), 41, 44; *Jescheck/Weigend,* Lb, § 34 II; *Roxin,* AT/I, § 13 RN 14 f; *Noll,* ZStW 77 (1965), 1, 20; *Amelung,* Einwilligung in die Beeinträchtigung eines Grundrechts, 26 ff; *Samson,* SK, vor § 32 RN 56.

[4] *Amelung,* FS-Gesellschaft für Rechtspolitik, Zulässigkeit und Freiwilligkeit der Einwilligung bei strafprozessualen Grundrechtsbeeinträchtigungen, S. 5.

[5] *Amelung,* ZStW 109 (1997), 490.

willigung findet also auch dort ihre Grenze, wo der strafrechtliche Schutz des individuellen Rechtsgutes im unbedingten öffentlichen Interesse stehen muss.[6]

Die Untersuchung knüpft daran an, dass das Strafrecht neben den individuellen Rechtsgütern in umfangreicher Zahl Rechtsgüter schützt, die der Allgemeinheit oder dem Staat zugewiesen sind und deshalb im Kompetenzbereich der Exekutive verwaltet werden. Die Untersuchung möchte hier der Frage nachgehen, ob auch der Exekutive die Möglichkeit einer Verfügung über den strafrechtlichen Schutz solcher Güter zukommen kann. Für eine derartige *behördliche Einwilligung* fehle es, heißt es immer wieder, an Raum.[7] Vielmehr entspreche im Bereich des Verwaltungshandelns die Disposition über strafrechtlichen Güterschutz dem behördlichen Handeln im Rahmen verwaltungsrechtlich bestehender und gesetzlich normierter Befugnisse. Eine vor diesem Hintergrund abgegebene behördliche Zustimmung zur Verletzung eines gegenüber dem maßgeblichen Verwaltungshandeln eigentlich strafrechtlich geschützten Gutes entspreche der individuellen Einwilligung.[8] Die Problematik der behördlichen Einwilligung stelle sich also gar nicht.[9] Freilich wird auch angesichts solch einer behördlichen Zustimmung das Zur-Verfügung-Stehen des maßgeblichen Rechtsgutes als unbedingt vorausgesetzt.[10] Dabei wird allerdings im Ergebnis an bestehende verwaltungsrechtliche Normen angeknüpft. Die maßgebliche behördliche Zustimmung soll bereits den Tatbestand ausschließen, wenn die tatbestandliche Unrechtsverwirklichung an ihr Fehlen geknüpft ist.[11] Die Rechtswidrigkeit soll durch die behördliche Zustimmung dort ausgeschlossen werden können, wo die handelnde Behörde dadurch auf den strafrechtlichen Güterschutz als solchen insgesamt verzichtet. Die behördliche Zustimmung zur Verletzung eines strafrechtlichen Gutes wird stets gegenüber einem Einzelnen, der schließlich die an sich inkriminierte Handlung ausführt, gegeben werden. Die behördliche Zustimmung wird dabei als innerdienstliche Weisung oder als Verwaltungsakt zu qualifizieren sein. Im Einzelfall wird es darauf ankommen, welche Außenwirkung ihr in der Beziehung der zustimmenden Behörde zu dem schließlich strafrechtlich relevant Handelnden beizumessen ist.

---

[6] *Kühl*, AT § 9 RN 31; vgl. insofern auch Tatbestand des § 216 StGB, durch den die Verfügbarkeit des Gutes Leben ausgeschlossen wird; *Schreiber*, Steffen-FS, S. 451, 453; vgl. dazu auch zusammenfassend *Amelung/Eymann*, JuS 2001, 937 ff.

[7] *Tröndle/Fischer*, vor § 32 RN 5; *Jakobs*, AT, 16/1, 6; *Jescheck/Weigend*, Lb, § 34 III 4.

[8] *Tröndle/Fischer*, a. a. O., ebenda.

[9] *Keller*, Rechtliche Grenzen der Provokation von Straftaten, S. 330; *Nitz*, Einsatzbedingte Straftaten Verdeckter Ermittler, S. 92; *Jescheck/Weigend*, Lb, § 34 IV 4.

[10] OLG-Düsseldorf, Urteil vom 25.1.1993, AZ 3 Ws 649/92.

[11] Dazu *Tröndle/Fischer*, vor § 32 RN 5; *Jakobs*, AT, 16/1, 2.

Unproblematisch ist die Disposition über strafrechtlichen Güterschutz dort, wo der Gesetzgeber eine Entscheidung für die Disponibilität des maßgeblichen Güterschutzes ausdrücklich getroffen sowie auch gleichzeitig die Grenzen solcher Disponibilität bezeichnet hat.[12] So ist die Bildung einer Legende über die Identität eines Verdeckten Ermittlers bis heute zu einem erheblichen Teil einer gesetzlichen Regelung unterzogen worden. Es darf dazu exemplarisch nur auf die Regelung der §§ 110a ff StPO hingewiesen werden.[13] Insoweit greift zweifelsohne der Verweis auf das Bestehen eines aus dem Verwaltungsrecht stammenden behördlichen Erlaubnisrechts, welches im Strafrecht rechtfertigende Wirkung entfaltet.[14] Anders verhält es sich aber etwa im Bereich nachrichtendienstlicher Tätigkeit und der diesbezüglich immer wieder angesprochenen Vergabe sogenannten Spielmaterials, der Preisgabe mutmaßlich ungefährlichen, aber dennoch geheimen Materials. Dazu fehlen entsprechende gesetzliche Grundlagen.[15] Gleichwohl wird gerade die Vergabe von Spielmaterial im Rahmen der §§ 93 ff StGB nicht als rechtswidrig bezeichnet.[16]

Die Untersuchung möchte sich alleine mit den gesetzlich nicht ausdrücklich geregelten Fällen der exekutiven Güterdisposition auseinandersetzen. Der Verweis auf die verwaltungsrechtliche Befugnis als Rechtsgrundlage greift zu kurz. Er sagt noch nichts darüber aus, wie das entsprechende Verwaltungshandeln erfolgt. Dort wo ausdrücklich verwaltungsrechtliche Normen die Antastung strafrechtlich geschützter Güter durch Exekutivverhalten erlauben, geschieht das vor dem Hintergrund des Prinzips vom Vorbehalt des Gesetzes. Das gilt im Hinblick auf Individualrechtsgüter ebenso wie im Hinblick auf Rechtsgüter der Allgemeinheit etwa im Bereich des Umweltrechts. Mit der jeweiligen Antastung des strafrechtlich geschützten Gutes sind also auch Eingriffe in Individualgüter verbunden. Ob darüber hinaus und gegebenenfalls unter welchen Voraussetzungen aus verfassungsrechtlicher Sicht die Exekutive über strafrechtlich normierten Güterschutz disponieren darf, wenn a) dies nicht ausdrücklich normativ geregelt ist und b) die Disposition nicht zu Eingriffen in Individualrechte führt, ist offen. Der bloße Verweis darauf, dass solches Behördenhandeln schon aus der Befugnis dazu beziehungs-

[12] Insoweit darf etwa auf die §§ 110a ff StPO sowie auf entsprechende polizeirechtliche Regelungen oder etwa auch auf § 4 II BtMG verwiesen werden.

[13] *Amelung/Kerkhoff*, JuS 1993, 196 ff.

[14] *Jescheck/Weigend*, Lb, § 34 IV 4.

[15] Zwar bestehen dort gesetzliche Regelungen zur Legendenbildung in den § 8 BVerfSchG, § 4 I MAD-G, § 3 BND-G, gesetzliche Grundlagen über die Vergabe von Spielmaterial fehlen jedoch.

[16] Vgl. *Tröndle/Fischer*, vor § 32 RN 5; dort unter Verweis auf *Rebmann*, NJW 1985, 1, 5 ff und *Jescheck/Weigend*, Lb, § 34 IV 4, *Marx*, Die behördliche Genehmigung im Strafrecht, S. 150 ff m. w. N.

weise aufgrund verwaltungsrechtlicher Normen folgen wird, sagt noch gar nichts. Es wird sich lediglich sagen lassen, dass verwaltungsrechtlich zulässiges Disponieren über strafrechtlichen Güterschutz im Ergebnis immer auch aus strafrechtlicher Sicht nicht rechtswidrig sein wird. Deswegen wird es im Ergebnis auch stets ein Verhalten innerhalb einer dazu bestehenden verwaltungsrechtlichen Befugnis sein. Offen bleibt aber die Frage, wann es denn zulässig sein könnte. Die Frage nach einer zulässigen behördlichen Einwilligung wird vor dem Hintergrund gestellt, dass die Einwilligung an sich als Institut bekannt ist, autonome und willkürliche Verfügungen über strafrechtlichen Güterschutz zuzulassen, wenn das Rechtsgut, über das verfügt werden soll, disponibel ist.

Der Frage nach der Disposition über den strafrechtlichen Güterschutz soll sich auf dem Weg einer Betrachtung darüber angenähert werden, welche Kosten die Exekutive im Wege einer solchen Disposition der Rechtsordnung überhaupt wird aufladen dürfen. Denn jede behördliche Zustimmung zur Verletzung eines strafrechtlich geschützten Gutes wird auch mit einem Opfer gegenüber der Rechtsordnung verbunden sein. Dies wird jedenfalls zum einen im Verlust des strafrechtlichen Güterschutzes in Ansehung des behördlich gewollten Verhaltens liegen. Es wird zum zweiten im Verzicht auf die Durchführung einer von der Rechtsordnung vorgesehenen strafrechtlichen Sanktion gegenüber demjenigen liegen, der unter dem Eindruck der behördlichen Zustimmung die Verletzung in das Rechtsgut ausführt. Die Arbeit wird der insoweit gegenüber dem Strafrechtsgesetzgeber zu fordernden Verwaltungsautonomie nachspüren.

II) Zum Ablauf der Untersuchung

Die Argumente, die grundsätzlich für eine Annahme der Zulässigkeit einer behördlichen Einwilligung im Strafrecht sprechen, sowie eine Reihe in der Praxis relevanter Fälle werden zunächst im 1. Kapitel der Untersuchung vorgestellt. In einem nächsten Schritt, im ersten Teil des 2. Kapitels, wird es darum gehen, Parallelen zwischen der individuellen Einwilligung und der behördlichen Zustimmung zur straftatbestandlichen Verletzung eines strafrechtlich geschützten Gutes aufzuzeigen. Anknüpfung wird dabei die mit einer Disposition über den strafrechtlichen Güterschutz stets verbundene und bereits angesprochene Kosten-Nutzen-Abwägung sein. Sie muss wie auch im Fall der individuellen Einwilligung ebenso bei der exekutiven Disposition über den strafrechtlichen Güterschutz stattfinden. Jede Form der exekutiven Güterdisposition wird daher auf ihre Zulässigkeit im Hinblick auf die insoweit von der Rechtsordnung abverlangten Opfer beziehungsweise Kosten untersucht werden müssen. Dies wird aus strafrechtlicher Perspektive wie auch aus der Sicht des Verwaltungsrechts und schließlich des Verfassungsrechts geschehen.

Bei der Betrachtung aus strafrechtlicher Perspektive im zweiten Teil des 2. Kapitels wird der Frage nachgegangen, ob das mit einer solchen Kosten-Nutzen-Abwägung der Exekutive verbundene Ergebnis – der situative Geltungsausschluss eines Straftatbestandes – nicht auch anders als durch ein erst noch zu qualifizierendes Institut einer behördlichen Einwilligung erreichbar ist. Die Kategorien des sozialadäquaten Verhaltens[17], des Gedankens von der zulässigen Eingehung eines erlaubten Risikos[18] oder auch der Rückgriff auf die teleologische Reduktion[19] lassen jedenfalls auf den ersten Blick ebenfalls Abwägungen zu, die zu einer Kosten-Nutzen-Abwägung im Hinblick auf die Aufgabe des strafrechtlichen Güterschutzes führen. Der Ruf nach einer besonderen behördlichen Einwilligung und einer damit notwendigerweise dazu begründeten Verwaltungsautonomie könnte in Ansehung dessen als überflüssig erscheinen.

Im Wege der verwaltungsrechtlichen Annäherung im 3. Kapitel werden zunächst die verwaltungsrechtlichen Entscheidungsstrukturen der Ermessensausübung und des Beurteilungsspielraum betrachtet. Sie sind das verwaltungsrechtliche Instrumentarium, wenn es um die verwaltungsautonome Abwägung von Interessen geht. Eine verwaltungsrechtlich zulässige Güterabwägung wird vor dem Hintergrund des ultima ratio-Gedankens, der die Anwendung des Strafrechts beherrscht[20], den Rückgriff auf Straftatbestände ausschließen. Es wird zu fragen sein, ob der aus verwaltungsrechtlicher Sicht möglicherweise zulässige Verzicht auf Güterschutz durch die Rechtsordnung aus strafrechtlicher Perspektive als behördliche Einwilligung gedeutet werden darf. Dabei soll eine Einschränkung der Betrachtung der insofern erforderlichen Verwaltungsautonomie auf zwei Fallvarianten erfolgen. Die eine erfasst solche Verwaltungsentscheidungen, die an eine normative Befugnis anknüpfen, ohne dass diese aber den Verzicht auf strafrechtlichen Güterschutz im Ergebnis ausdrücklich zuließe. Die zweite erfasst Verwaltungsentscheidungen, die an gar keine normative Befugnis mehr anknüpfen. In beiden Fällen wird es also darum gehen, Verwaltungshandeln in einem mehr oder weniger gesetzesfreien, aber keineswegs rechtsfreiem Raum zu qualifizieren[21],

---

17 OLG-München NStZ 1985, 549.

18 Zu den Ungefährlichkeitskriterien vgl. *Schünemann*, StV 1985, 424, 429; BGHSt 41, 64, 68.

19 *Marx*, Die behördliche Genehmigung im Strafrecht, S. 150 ff; *Hund*, NStZ 1993, 571 ff.

20 *Wolter*, NStZ 1993, 9 ff; *Nitz*, Einsatzbedingte Straftaten Verdeckter Ermittler, S. 62.

21 *Schnapp*, Der Verwaltungsvorbehalt, VVDStRL 43 (1984), 172 ff; *Stettner*, Der Verwaltungsvorbehalt, DÖV 1984, 611 ff; *Maurer*, VVDStRL 43 (1984), 135 ff; *Kloepfer*, VVDStRL 40 (1982), 63 ff; *Ossenbühl*, DÖV 1980, 545 ff.

und dessen Wirkungen vor dem Hintergrund des strafrechtlichen Güterschutzes aufzudecken.[22]

Die verfassungsrechtliche Annäherung an die eingangs aufgeworfene Frage erfolgt im 4. Kapitel. Die Bindung der Exekutive gemäß Art. 20 III GG wird es schließlich erforderlich machen, dass im 3. Kapitel gewonnene Ergebnis aus verfassungsrechtlicher Sicht zu beleuchten. Dabei wird an das Demokratieprinzip und das Prinzip des Gesetzesvorrangs angeknüpft.[23] Aus der Perspektive des Rechtsstaatsprinzips werden Anforderungen des Legalitätsprinzips mit seinen Öffnungen[24] und die Diskussion um die Realisierung des staatlichen Strafanspruchs[25] oder des Rekurses auf den status positivus libertatis, beziehungsweise die aus den Grundrechten abgeleiteten staatlichen Schutzpflichten[26], an die einem erstrebten behördlichen Verzicht auf strafrechtlichen Güterschutz zugrundeliegende Kosten-Nutzen-Abwägung erörtert werden müssen. Schließlich soll eine zusammenführende Betrachtung der Frage nach der Zulässigkeit einer behördlichen Zustimmung zur straftatbestandlichen Verletzung strafrechtlich geschützter Rechtsgüter im Sinne einer behördlichen Einwilligung aufgrund des für das Strafrecht in Art. 103 II GG ausdrücklich bezeichneten Parlamentsvorbehaltes erfolgen. Dabei wird die für eine behördliche Einwilligung erforderliche Verwaltungsautonomie zu der Entscheidung des Gesetzgebers, ein Verhalten als strafbar zu bezeichnen, abschließend in Beziehung gesetzt werden.

---

22 *Evers*, NJW 1987, 153 ff; *Rebmann*, NJW 1985, 1 ff; *Materialien zum „undercover agent" AK II der Arbeitgemeinschaft der Innenminister der Bundesländer* am 27./28.1.1983, StV 1984, 350.

23 Vgl. dazu etwa *Winkelbauer*, NStZ 1988, 201 ff.

24 Dazu vgl. *Weigend*, ZStW 109 (1997), 103, 105.

25 Zum staatlichen Strafanspruch, bzw. dessen Durchsetzung, als Grund für agent provocateur-Einsätze vgl. BGH StV 1985, 398; *Dencker*, Dünnebier-FS. S. 449 ff; BGHSt 41, 64 ff.

26 Zur Garantiefunktion des Strafrechts insoweit vgl. etwa *Rebmann*, NJW 1985, 1, 3; BVerfGE 33, 367; 44, 353, 374; 46, 214, 222; 51, 324, 343; 57, 250, 275; 61, 126, 134; 63, 45, 61.

1. Kapitel
Zum Gegenstand der Untersuchung

I) Begriffe und inhaltliche Abgrenzungen

Die Untersuchung zielt auf die Frage nach der Verfügbarkeit strafrechtlichem Schutz unterworfener Rechtsgüter, die nicht dem Einzelnen, sondern in irgendeiner Weise dem Staat beziehungsweise der Allgemeinheit zugewiesen worden sind. Der staatliche Verzicht auf strafrechtlichen Rechtsgüterschutz durch behördliche Einwilligung soll allein unter dem Gesichtspunkt der Disponibilität behandelt werden. Die Disponibilität eines Gutes ist die erste Voraussetzung für die rechtliche Zulässigkeit des Verzichts auf den Schutz des Rechtsgutes überhaupt.[1] Damit geht es hier zunächst nur um die Verfügbarkeit von bestimmten Rechtsgütertypen an sich für die Verwaltung. Von der Verfügbarkeit eines Rechtsgutes ist die Befugnis zur Verfügung zu unterscheiden.

Im herkömmlichen Fall der Einwilligung ist dem Einzelnen mit der Verfügbarkeit eines Individualrechtsgutes auch die entsprechende Verfügungsbefugnis eingeräumt. Ausnahmen gelten etwa im Blick auf das Rechtsgut Leben oder die Handlungsgrenze des § 228 StGB.[2] Die über ihr Rechtsgut verfügende Rechtsperson und die die Verfügungshandlung durchführende Person sind also im Regelfall bei der klassischen Situation der Individualeinwilligung identisch.[3] Bei der staatlichen Güterdisposition wird das dagegen nicht der Fall sein. Derjenige, von dem der Angriff auf das Rechtsgut ausgeht, hat in aller Regel selbst nicht die Kompetenz, über die Rechtmäßigkeit der entsprechenden Handlung zu entscheiden. Der Begriff der Verfügungsbefugnis wird deshalb erst bei der Erörterung einer verwaltungsinternen Dispositionszuständigkeit Bedeutung erlangen.[4] Schließlich muss aber auch deutlich sein, dass die Frage der Verfügungsbefugnis wie auch andere Fragen –

---

[1] Deutlich i. d. S. *Jescheck/Weigend*, Lb, § 34 II 3; *Roxin*, AT/I, § 13 III; *Wessels*, AT § 9; *Tröndle/Fischer*, vor § 32 RN 5; OLG-Düsseldorf, Urteil vom 25.1.1993, AZ 3 Ws 649/92.

[2] Vgl. *Roxin*, AT/I, § 13 III; *Kühl*, AT, § 9 RN 20 ff; *Lackner/Kühl*, vor § 32 RN 15; *Jescheck/Weigend*, Lb, § 34 II 3; *Wessels*, AT § 9; *Stratenwert*, AT/I, § 9 RN 372 ff.

[3] *Roxin*, Noll-GS, S. 275 ff; *Amelung*, ZStW 109 (1992), 490, 493.

[4] Zur Ansiedlung von Entscheidungskompetenz im Fall des staatlichen Verzichts auf staatliche Rechtsgüter oder Rechtsgüter der Allgemeinheit, vgl. *Kühne*, JuS 1987, 188 ff; zur Ansiedlung entsprechender Kompetenz in "unteren Ebenen" - hier bei gesetzlich erlaubten Verzicht auf strafrechtlichen Güterschutz – vgl. exempl. § 39 III SächsPolG; § 22 VI PolG BaWü; § 110b StPO; gegen die Regelung des § 39 SächsPolG allerdings der SächsVerfGH in seinem Urteil vom 14.5.1996, AZ Vf. 44-II-94, S. 71 ff (= GVBl. S. 251), danach ist eine beliebige Verlagerung der Entscheidungskompetenzen nach unten, ohne Kontrollmöglichkeiten, die am besten außerhalb der Verwaltung anzusiedeln sind, nicht möglich.

etwa die der Einwilligungsfähigkeit – überhaupt erst dann Relevanz zu entfalten vermögen, wenn die Disponibilität eines Rechtsgutes im Rahmen einer grundsätzlich bestehenden Verwaltungsautonomie festgestellt werden konnte.[5] Die Untersuchung wird daher Aspekte wie gegebenenfalls zu betrachtende verwaltungsinterne Dispositionszuständigkeiten – mithin also die Frage der Verfügungsbefugnis – unberührt lassen.

Eine der Individualeinwilligung im Ergebnis ähnliche Verhaltensweise stellt das im Tatbestand wirkenden Einverständnis dar.[6] Es bedarf infolge der Beschränkung der Ausführungen hier auf die Frage der Disponibilität strafrechtlichen Güterschutzes allerdings dazu keiner differenzierten Betrachtung. Ungeachtet der Frage nach differenzierten Voraussetzungen von Einwilligung und Einverständnis im Hinblick auf strafrechtlichen Güterschutz im Einzelnen, wird ihnen die Disponibilität des schließlich aufgegebenen Güterschutzes zugrunde liegen müssen.[7] Auch die Konstellation der einverständlichen Fremdgefährdung soll wegen ihrer Nähe zur Einwilligungslehre nicht einer näheren Betrachtung unterzogen werden.[8]

Auf den Aspekt der straflosen Selbstgefährdung braucht hier ebenfalls nicht weiter eingegangen werden. Das der straflosen Selbstgefährdung zugrundeliegende selbstgefährdende Verhalten richtet sich ausschließlich gegen die Interessen des handelnden Schädigers selbst.[9] Deshalb ist es auch strafrechtlich bedeutungslos.[10] Würde zugunsten der Verwaltung die Disponibilität des strafrechtlichen Schutzes von Rechtsgütern, die der Allgemeinheit oder dem Staat zugewiesen sind, unterstellt, wäre gleichwohl das dadurch berührte Rechtsgut für den die straftatbestandliche Handlung Ausführenden ein fremdes Gut.

Die Untersuchung wird auch nicht auf Aspekte jenseits von Tatbestandsmäßigkeit und Rechtswidrigkeit eingehen, um die Straflosigkeit bestimmter staatlicher Handlungen im Ergebnis zu diskutieren.[11] Nicht

---

[5] OLG-Düsseldorf, Urteil vom 25.1.1993, AZ 3 Ws 649/92.

[6] Zur Frage, ob im übrigen nicht auch die Einwilligung den Tatbestand an Stelle der Rechtswidrigkeit aufzuheben vermag vgl. nur *Roxin*, AT/I § 13 RN 12 ff; Samson, SK vor § 32 RN 72 ff; *Maurach/Zipf*, AT § 17 RN 39 ff.

[7] Vgl. dazu *Amelung*, in Schünemann, Bausteine eines europäischen Strafrechts, S. 247 ff; *Otto*, Jura 1987, 257 m. w. N. in Anm. 58; vgl. bei *Kühl* § 20/RN 46, 51.

[8] Vgl. dazu *Schaffstein*, Welzel-FS 1974, S. 557, 563 ff, *Lenckner*, Sch.-Sch., vor § 32 RN 102, dort m. w. N.; dazu auch BGHSt 32, 262, 265; 36, 1, 17; BGH NStZ 1984, 452; 1985, 25; 1986, 266; auch *Amelung/Eymann*, JuS 2001, 937, 938 m. w. N.

[9] *Amelung* a. a. O. bei Schünemann, S. 247.

[10] *Amelung* a. a. O. bei Schünemann, ebenda.

[11] Vgl. dazu umfassend *Kleinknecht/Meyer-Goßner*, § 110c RN 2; *Hilger*, NStZ 1992, 525.

Gegenstand dieser Untersuchung werden auch solche Sachverhalte sein, die als Folge von Privatisierungsmaßnahmen im öffentlich-rechtlichen Sektor allein in der Beziehung zwischen Rechtssubjekten des Privatrechts ihren Ursprung haben. So muss etwa darauf verwiesen werden, dass das Verhalten eines Geschäftsführers oder Vorstandsvorsitzenden einer Privatklinik in Gestalt einer GmbH oder Aktiengesellschaft nicht von den Tatbeständen der §§ 331 bis 334 StGB erfasst wird, während dasselbe Verhalten bei einem Direktor einer öffentlich-rechtlich organisierten Einheit in den Anwendungsbereich dieser Normen fallen kann, wobei dann auch die Frage nach der materiell-rechtlichen Reichweite von § 331 III StGB zu erörtern sein kann.[12]

Die hier verwendete Terminologie von der Disposition über den strafrechtlichen Schutz der im Einzelnen noch zu differenzierenden Rechtsgüter, wird im übrigen nicht ausdrücklich zwischen Erfolgs- und Gefährdungsdelikten unterscheiden. Zwar zeichnen sich Gefährdungsdelikte dadurch aus, dass sie ihre Strafbarkeit im Vorfeld der Rechtsgutverletzung ansiedeln und daher die Tatbestandserfüllung eine Rechtsgutverletzung regelmäßig nicht beinhaltet. Gleichwohl führt das Zulassen der an sich strafbewehrten – weil tatbestandlichen – Handlung dazu, dass das Rechtsgut vom strafrechtlichen Schutz befreit und einer Gefährdung, sei sie konkret oder abstrakt, ausgesetzt wird, die von der Rechtsordnung missbilligt wird. Denn es wird eine solche Gefahr geschaffen, die der Strafgesetzgeber in Bezug auf das durch den Straftatbestand geschützte Gut regelmäßig als der endgültigen Verletzung gleichwertig betrachtet hat.[13] Die straftatbestandliche Rechtsgutverletzung und die verletzungsgleiche straftatbestandliche Gefährdung eines Rechtsgutes bedürfen somit hier keiner näheren sprachlichen Differenzierung.

II) Staatliche Rechtsgüter als Bezugspunkt behördlicher Einwilligung

Die Terminologie ist in Bezug auf die von einer hier zu untersuchenden behördlichen Einwilligung betroffenen Rechtsgüter oft unscharf. So wird, von einer unterlassenen Differenzierung ausgehend und vereinfachend, von Rechtsgütern der Allgemeinheit gesprochen, die für den Einzelnen nicht, für die Exekutive jedoch aufgrund ihr zustehender öffentlich-rechtlicher Handlungsaufträge schließlich verfügbar sein können.[14] Der Schutz von Rechtsgütern wie etwa die

[12] Vgl. dazu *Rügemer*, KJ 1997, 458, 470 m. w. N.

[13] *Ostendorf*, JuS 1982, 426 ff.

[14] Dazu vgl. nur etwa *Hassemer*, AK, vor § 1 RN 269 ff - jeweils m. w. N.; *Jescheck/Weigend*, Lb, § 34 I, III; zum Rechtsgut der äußeren Sicherheit vgl. etwa *Träger*, LK, § 99 RN 15, wonach für die Vergabe von Spielmaterial eine Ausnahme von dem Grundsatz gelten müsse, Rechtsgüter der Allgemeinheit seien nicht disponibel; verschwommen in der Verwendung des Begriffs Rechtsgut der Allgemeinheit auch *Winkelbauer*, NStZ 1988, 201

äußere Sicherheit der Bundesrepublik Deutschland, die freiheitlich demokratische Grundordnung oder die öffentliche Sicherheit und Ordnung dient zwar der Allgemeinheit, gleichwohl sind die Schutzrichtungen doch sehr unterschiedlich. Im ersten Fall wird etwa der Staat im Sinne eines Völkerrechtssubjekts geschützt[15], im zweiten Fall richtet sich der Güterschutz auf Aspekte einer inneren staatlichen Ordnung[16] und im dritten Fall schließlich erfolgt ein Schutz der Allgemeinheit im eigentlichen Sinne[17]. Es soll daher hier eine begriffliche Differenzierung vorgenommen werden. Das Rechtsgut als Objekt staatlichen Verzichts auf strafrechtlichen Güterschutz soll in der folgenden Untersuchung zunächst in den Facetten des staatlichen Rechtsgutes im engeren und weiteren Sinne sowie als staatliches Rechtsgut des Fiskus beleuchtet werden.

1) Staatliche Rechtsgüter im engeren Sinne

Der Begriff der staatlichen Rechtsgüter umfasst zunächst die Rechtsgüter des Staates im Sinne seiner völkerrechtlichen Rechtssubjektivität.[18] Dazu zählen diejenigen Rechtsgüter, die den Staat im Sinne der klassischen Drei-Elemente-Lehre *Jellineks* schützen. Rechtsgüter sind insoweit Staatsgewalt, Staatsvolk und Staatsgebiet.[19] Diese unterliegen allerdings unterschiedlichem strafrechtlichen Schutz.[20]

Das Staatsvolk erfährt unmittelbaren Schutz durch den Straftatbestand des Völkermordes, § 220a StGB. Eine Diskussion über die Disponibilität dieses Rechtsgutes erübrigt sich nicht nur in Ansehung der Entstehungsgeschichte der Norm.[21] Sie verbietet sich insbesondere auch vor dem Hintergrund eines unumstößlichen strafrechtlichen Schutzes des individuellen Gutes Leben.[22]

Umfangreichen strafrechtlichen Schutz erfährt das Staatsgebiet. Zwar fehlt es an einem strafrechtlichen Schutz vor Dismembration. Ein Schutz vor Annexion spiegelt sich jedoch wider in der Pönalisierung von Gebietsabtrennungen durch

ff; im Ergebnis ebenso *Marx*, Die behördliche Genehmigung im Strafrecht, S. 150 ff; *Goldmann*, Die behördliche Genehmigung als Rechtfertigungsgrund, S. 218 ff.

[15] *F.C. Schroeder*, Der Schutz von Staat und Verfassung, S. 362 ff.

[16] *Stree*, Sch.-Sch., § 86 RN 5.

[17] *Tröndle/Fischer*, § 92 RN 13.

[18] Vgl. zum Begriff der juristischen Person des öffentlichen Rechts exempl. *Wolff/Bachof/Stober*, VerwR I, § 34 RN 6.

[19] *F.C. Schroeder*, a. a. O., S. 354; *Jescheck/Weigend*, Lb, § 12; *Kühl*, AT, RN 21 ff.

[20] *F.C. Schroeder*, a. a. O., ebenda.

[21] Vgl. nur *Lackner/Kühl*, § 220a RN 1; *F.C. Schroeder*, a. a. O., S. 359 ff.

[22] Vgl. *Hirsch* in Welzel-FS, S. 275 ff.

§§ 81 ff StGB[23] sowie in Normen zum Schutze der äußeren Sicherheit der Bundesrepublik gemäß §§ 93 ff StGB.[24]

Die Staatsgewalt wird in ihrem Bestand nicht ausdrücklich geschützt, sofern man dabei an den Schutz des Fortbestandes der Verfassung anknüpfen wollte. Aus völkerrechtlicher Sicht führt eine Veränderung der Verfassung noch nicht zur Aufhebung der Staatsgewalt. Strafrechtlicher Schutz der Verfassungsordnung in materieller Hinsicht ist infolgedessen nicht mit dem Schutz der Staatsgewalt, betrachtet aus völkerrechtlicher Perspektive, gleich zu setzen. Erst die völlige Auflösung der Verfassung in anarchischen Zuständen soll daher gleichbedeutend mit einem Angriff auf die Staatsgewalt sein.[25] Einen diesbezüglichen Schutz bietet das Strafrecht allerdings nicht.[26] Sofern der Staat im Sinne seiner Völkerrechtssubjektivität geschützt wird, soll von staatlichen Rechtsgütern im engeren Sinne gesprochen werden.

2) Staatliche Rechtsgüter im weiteren Sinne

Der Staat zeichnet sich nicht nur durch sein völkerrechtlich definiertes Wesen aus. Es ist mit seiner Existenz stets eine innere Ordnung, die maßgebend für die konkrete Gestalt der Staatsgewalt ist[27], verknüpft. Auch sie erfährt strafrechtlichen Schutz. Dieser erfolgt durch Strafnormen, die auf den materiellen Verfassungsschutz[28] zielen oder auf die Funktionsfähigkeit staatlicher Einrichtungen sowie der Rechtspflege abstellen. Die Rechtsgüter des materiellen Verfassungsschutzes, also der Schutz der verfassungsmäßigen Ordnung mit den Grundsätzen der freiheitlich demokratischen Grundordnung[29] und der Funktionsfähigkeit staatlicher Einrichtungen[30] sowie auch der

[23] *F.C. Schroeder*, a. a. O., S. 358 ff.

[24] *F.C. Schroeder*, a. a. O., S. 362 ff.

[25] *F.C. Schroeder*, a. a. O., S. 359.

[26] *F.C. Schroeder*, a. a. O., S, 359.

[27] Vgl. i. d. S. *Hesse*, Grundzüge des Verfassungsrechts der Bundesrepublik Deutschland[20], RN 6 ff; *Rupp*, HStR, Bd. I § 28, insbes. RN 32, *Hesse*, DÖV 1975, 437 ff; *Schmidt*, AöR 101 (1976), 24 ff.

[28] *F.C. Schroeder*, Schutz von Staat und Verfassung im Strafrecht, S. 421.

[29] Zum strafrechtlichen Schutz der freiheitlich demokratischen Grundordnung vgl. etwa *Stree*, Sch.-Sch., § 86 RN 5.

[30] Vgl. dazu jeweils exempl. *Tröndle/Fischer* zu § 304 RN 1; § 305a RN 1; § 316b RN 1 – eine Sonderstellung nimmt § 304 StGB ein, der sowohl dem Schutz eines staatlichen Rechtsgutes im weiteren Sinne als auch einem Rechtsgut der Allgemeinheit dient; dabei ist im Einzelnen wohl auf eine Kasuistik zu verweisen. So zielt die Schutzrichtung auf ein staatliches Rechtsgut im engeren Sinne, soweit unter § 304 StGB die Zerstörung eines Polizeistreifenwagens oder von Gebäudeteilen einer Justizvollzugsanstalt fallen soll.

Rechtspflege[31] oder die Sicherung amtlichen Gewahrsams über Gefangene[32] sollen in der Folge als staatliche Rechtsgüter im weiteren Sinne bezeichnet werden.

3) Staatliche Rechtsgüter des Fiskus

Der Begriff der staatlichen Rechtsgüter umfasst auch die Rechtsgüter des Staates als Fiskus.[33] Die Rechtsgutinhaberschaft des Staates beruht hierbei auf der automatisch bestehenden Privatrechtsfähigkeit juristischer Personen des öffentlichen Rechts.[34] Es handelt sich dabei um solche Rechtsgüter, die im übrigen typischerweise vom Einzelnen inne gehalten werden. Es handelt sich also um an sich private Rechtsgüter, die nur zufällig im staatlichen Gewand auftreten.[35]

III) Rechtsgüter der Allgemeinheit als Bezugspunkt behördlicher Einwilligung

Die Rechtsgüter der Allgemeinheit erfassen schließlich ebenso wie die staatlichen Rechtsgüter Interessen von allgemeiner Bedeutung. Es handelt sich um diejenigen Interessen, die der staatlichen beziehungsweise

Insoweit geht es um die Funktionsfähigkeit staatlicher Einrichtungen (OLG-Hamm NStZ 1982, 31; OLG-Koblenz NStZ 1983, 29). Im übrigen zielt die Schutzrichtung auf Rechtsgüter der Allgemeinheit ab, wenn es etwa um den Schutz von Denkmälern, Parkanlagen oder dem Gottesdienst gewidmeter Gegenstände geht. Soweit es um die Funktionsfähigkeit staatlicher Einrichtungen geht, darf auch auf § 331 StGB verwiesen werden, der das Vertrauen der Allgemeinheit in die Lauterkeit staatlichen Handelns und somit gerade auch das Funktionieren der staatlichen Verwaltungsapparate schützt (vgl. exempl. dazu *Tröndle/Fischer*, § 331 RN 3); auch der durch § 133 StGB geschützte staatliche Gewahrsam an Sachen, wie auch das Vertrauen des Bürgers auf die sichere Aufbewahrung eines Gegenstandes, der sich in einem dienstlich begründeten Verwahrungsbesitz befindet, stellt eine Facette des strafrechtlichen Schutzes des Funktionierens staatlicher Einrichtungen dar, vgl. dazu exempl. *Lackner/Kühl*, § 133 RN 1; BGHSt 5, 155 ff; 38, 381 ff.

[31] *Tröndle/Fischer*, § 145d RN 2, § 164 RN 2, vor § 153 RN 1; *Stree*, Sch.-Sch., § 257 RN 1; *ders.*, ebenda, § 258 RN 1.

[32] *Eser*, Sch.-Sch., § 120 RN 1.

[33] Zum Begriff des Fiskus vgl. im Einzelnen m. w. N. *Wolff/Bachof/Stober*, VerwR I, § 23 RN 18 ff.

[34] Vgl. *Wolff/Bachof/Stober*, a. a. O., § 34 RN 7.

[35] Vgl. dazu etwa *Amelung* in ZStW 98 (1986), 355 ff, der dort insbes. auf S. 365 die durch § 123 StGB rechtlich geschützten Interessen in ihrer Vielfalt darstellt und deren Relevanz dann auch für die Verwaltung vorzeichnet; ebenso auch *Bernsmann*, Jura 1981, 465 ff; *Berg*, JuS 1982, 260; VGH München BayVBl. 1980, 723.

gesellschaftlichen Gesamtheit in ihrer konkreten, aber durchaus wandelbaren Erscheinungsform zugrunde liegen. Ihre strafrechtliche Unterschutzstellung ist Ausdruck aktueller sozialer Sicherheitsbedürfnisse, wie sie im Rahmen einer bestehenden staatlichen Ordnung entstehen und untergehen können. Allein der Staat mit seinen Einrichtungen ist aufgrund des Gewaltmonopols in der Lage, diese Sicherheitsbedürfnisse im konkreten Fall durch eine Entscheidung über sein Einschreiten zu befriedigen.[36] Dabei handelt es sich um eine Entscheidung, die im allgemeinen Interesse von der Verwaltung stellvertretend für die als solche nicht handlungsfähige Gesamtheit der einzelnen Bürger getroffen wird. Vom strafrechtlichen Schutz von Rechtsgütern der Allgemeinheit profitiert mittelbar auch der Schutz von Individualrechtsgütern.

Klassische Rechtsgüter der Allgemeinheit sind etwa Umwelt[37] oder die Sicherheit des Straßenverkehrs[38]. Zu den Rechtsgütern der Allgemeinheit zählen beispielsweise aber auch die innere Sicherheit[39], der innere oder öffentliche Friede[40] oder die Zuverlässigkeit des Beweisverkehrs mit Urkunden[41]. Auch die strafrechtliche Sanktionierung konkreter oder abstrakter Gefahren[42] kann in den hier genannten Bereich sozialer Sicherheitsbedürfnisse fallen. Deutlich wird dies etwa im Bereich der Neugestaltung des Umweltstrafrechts, welche zu einer erheblichen Verbesserung des strafrechtlichen Umweltschutzes beigetragen haben soll.[43] Die Disponibilität von Rechtsgütern der Allgemeinheit infolge behördlicher Einwilligung wird hier ebenfalls zu untersuchen sein.

IV) Vorstellbare Fälle behördlicher Einwilligung

Die im Folgenden beschriebenen Fälle sollen Beispiele behördlicher Zustimmung zur straftatbestandlichen Verletzung oder Gefährdung eines staatlichen Rechtsgutes oder eines Rechtsgutes der Allgemeinheit deutlich werden lassen. Sie werden zeigen, dass das durch den Gesetzgeber artikulierte allgemeine Interesse am strafrechtlichen Schutz des staatlichen Rechtsgutes

[36] Zur Frage der Ausübung sozialer Schutzfunktionen durch den Staat bzw. seine Verwaltungen vgl. exempl. *Di Fabio*, Risikoentscheidungen im Rechtsstaat, § 2, § 3 A 1, 2.

[37] *Vogel*, StV 1996, 110 ff; *Kloepfer*, DVBl. 1996, 77 ff.

[38] BayObLG NJW 1968, 1732.

[39] *Tröndle/Fischer*, § 92 RN 13.

[40] *Lenckner*, Sch.-Sch., § 130 RN 1.

[41] *Tröndle/Fischer*, § 267 RN 1.

[42] Zum Begriff der gemeingefährlichen Delikte vgl. beispielsweise *Tröndle/Fischer*, vor § 306 RN 1; vgl. auch *Körner*, § 29 RN 141.

[43] *Lackner/Kühl*, vor § 324 RN 2.

oder dem der Allgemeinheit in einem konkreten Fall mit anderen und ebenfalls allgemeinen Interessen zu kollidieren vermag. Ebenso erscheint dort der durch das Strafrecht erstrebte Güterschutz nur um den Preis seiner partiellen und sachverhaltsbezogenen Aufgabe erreichbar. Dabei soll gezeigt werden, wie schließlich infolge einer behördlichen Abwägungsentscheidung der strafrechtliche Schutz eines Rechtsgutes in den Hintergrund treten kann und wie auf Kosten dieses strafrechtlichen Güterschutzes ein anderes Interesse den Vorzug erhält. Die Herbeiführung der straftatbestandlichen Verletzung oder Gefährdung des Rechtsgutes infolge der vorhergehenden behördlichen Zustimmung führt aus der Perspektive des Strafrechts insoweit zu der Frage nach dem Vorliegen einer behördlichen Einwilligung.

Fall 1 Die Spionageabwehr

Ein Beamter erhält von seiner Behörde den Auftrag, sich gegenüber einer als Mittelsmann eines fremden Geheimdienstes auftretenden Person bereit zu erklären, bestimmte ihm zugängliche Erkenntnisse aus seiner Behörde weiterzuleiten. Man möchte so selbst Erkenntnisse über Ziele und die konkrete Arbeit des fraglichen Geheimdienstes erhalten, wie auch insbesondere die Personalstruktur der für den Dienst arbeitenden Mittelsmänner erfassen. Auf diese Weise soll effektiver als bisher die Spionagetätigkeit eines oder möglicherweise mehrerer Geheimdienste im Interesse der äußeren Sicherheit der Bundesrepublik Deutschland in einem konkreten Sachbereich abgewehrt werden.[44]

[44] Die Mitteilung von Staatsgeheimnissen an eine fremde Macht ist strafbar gemäß der §§ 93 ff StGB. Entsprechende Anbahnungs- und Vorbereitungshandlungen fallen unter § 98 I Ziff. 1 StGB (*Stree*, Sch.-Sch., § 98 RN 1). Der *Empfänger der Mitteilungen* ist infolgedessen hinsichtlich der Kontaktanbahnung zu seinem Informanten schon nach § 98 I Ziff. 1 StGB – landesverräterische Agententätigkeit durch eine Tätigkeit, die auf die Erlangung oder Mitteilung von Staatsgeheimnissen gerichtet ist – strafbar. Daneben wird er regelmäßig aufgrund seiner Tätigkeit für den Geheimdienst einer fremden Macht gemäß § 99 I Ziff.1 StGB – geheimdienstliche Agententätigkeit, gerichtet auf Informationsbeschaffung – strafbar sein (*Stree*, Sch.-Sch., § 98 RN 1). Der Empfang des Staatsgeheimnisses ist strafbar gemäß § 96 I StGB – landesverräterische Ausspähung, wenn die Inempfangnahme zum Zweck der Weitergabe erfolgt (*Stree*, Sch.-Sch., § 94 RN 20). § 96 StGB ist ein Erfolgsdelikt (*Stree*, Sch.-Sch., § 96 RN 4). Die Weitergabe von erhaltenen Staatsgeheimnissen durch den Mittelsmann an die fremde Macht beziehungsweise ihre Repräsentanten erfüllt dann den Tatbestand des § 94 I Ziff. 1 StGB – Landesverrat durch Mitteilung eines Staatsgeheimnisses (BGHSt 39, 274, 278; BayObLG NStZ 1992, 281). Der Mittelsmann erfüllt hier also die Tatbestände der §§ 98 I Ziff. 1, 99 I Ziff. 1, 96 I, 94 I Ziff. 1 StGB. Aufgrund von § 98 I S. 1 StGB tritt die Strafbarkeit aus § 98 StGB wie auch aus § 99 StGB hinter die aus §§ 94, 96 StGB zurück. § 96 wird als mitbestrafte Vortat von der Strafbarkeit nach § 94 StGB konsumiert. Das *Verhalten des*

Die Hergabe von Informationen im Sinne eines Staatsgeheimnisses gemäß § 93 StGB, das Zur-Verfügung-Stellen sogenannten Spielmaterials, durch einen Agent provocateur zur Aufdeckung oder Prävention entsprechender Straftaten, stellt einen von den entsprechenden Behörden erklärten Verzicht auf den strafrechtlichen Schutz des insoweit betroffenen Rechtsgutes der äußeren Sicherheit der Bundesrepublik Deutschland dar.[45] Um den Preis einer partiellen und mithin sachverhaltsbezogenen Aufhebung des strafrechtlichen Schutzes des Gutes der äußeren Sicherheit der Bundesrepublik soll gerade dieser Schutz umfassender realisiert werden. Es wird in die Freigabe der maßgeblichen Information zugestimmt, in der Hoffnung, auf diese Weise Informationen über gemäß §§ 93 ff StGB strafbares Verhalten zu erlangen. Dabei soll gerade aufgrund der maßgeblichen behördlichen Zustimmung der handelnde Agent provocateur straflos bleiben. Der Fall wirft die Frage nach der strafrechtlichen Rechtsgrundlage für den Eintritt einer rechtfertigenden Wirkung des handelnden Agent provocateur auf. Er wirft weiterhin die Frage auf, wie die erfolgende Negierung strafrechtlichen Güterschutzes sich auf den Verlockten auszuwirken vermag. Aus der Perspektive des Verlockten bleibt das Verhalten des Agent provocateur das eines Teilnehmers und ist als solches auch einer Bewertung durch das Strafrecht zugänglich. Die Teilnahmestrafbarkeit ist akzessorisch zu der des Haupttäters. Würde es im Wege der behördlichen

Agent provocateur, der die Staatsgeheimnisse als ‚Spielmaterial' zur Verfügung gestellt hat, ist grundsätzlich strafbar. Das Zur-Verfügung-Stellen des Materials an den Mittelsmann ist gemäß § 94 I Ziff. 1 StGB strafbar. Für eine solche Strafbarkeit ist die Kundgabe eines Staatsgeheimnisses an den Mittelsmann einer fremden Macht ausreichend. Der Mittelsmann muss nicht auch selbst Repräsentant der fremden Macht sein (*Stree*, Sch.-Sch., § 94 RN 6). Allerdings fehlt es an einer solchen Strafbarkeit, wenn es nicht zu einer konkreten Gefährdung der bundesdeutschen Sicherheitsinteressen kommt (*Stree*, Sch.-Sch., § 94 RN 13). Es bedarf also des Eintritts eines Zustandes, in dem der Erfolg schwerer Nachteile für die äußere Sicherheit der Bundesrepublik Deutschland, nicht mehr eine nur fernliegende Möglichkeit darstellt (*Cramer*, Sch.-Sch., vor § 306 RN 5). § 94 StGB ist ein konkretes Gefährdungsdelikt (*Stree*, Sch.-Sch., § 94 RN 13). Ob die als ‚Spielmaterial' übermittelte Information den entsprechenden Gefährdungserfolg herbeiführen kann, wird nur an Hand des Einzelfalles entscheidbar sein. Zu bedenken ist jedoch, dass auch die Auslieferung von ‚Spielmaterial' im Grunde dieselbe Gefährlichkeit besitzt wie die von sonstigem Material. Es ist im Voraus nicht vorhersehbar, mit welchen bereits vorliegenden Informationen das 'Spielmaterial' verknüpft und dann zu neuer tatsächlich konkret gefährdender Information verbunden werden kann (*Träger*, LK, § 94 RN 9). Problematisch bleibt daher hier nicht nur die Teilnahmehandlung des Agent provocateur, die je nach bereits gefasstem Entschluss des Haupttäters entweder eine Anstiftung oder Beihilfe zu den Straftaten des Mitteilungsempfängers gemäß §§ 94, 96 StGB bzw. den §§ 98, 99 StGB darstellt, sondern darüber hinaus auch das täterschaftliche Verhalten des Agent provocateur (*Stree*, Sch.-Sch., § 94 RN 21; BGHSt 39, 274 ff; BayOblG NStZ 1992, 281).

[45] Zum Schutzgut der §§ 93 ff StGB vgl. exempl. nur *Tröndle/Fischer*, § 93 RN 1.

Einwilligung hier gestattet sein, das maßgebliche Rechtsgut gleichsam im Wege der Anstiftung oder gegebenenfalls auch der Beihilfe[46] anzugreifen, müsste auch eine behördliche Zustimmung zum Handeln des so angetriebenen Haupttäters bestehen.[47]

Fall 2 Der Flugblattfall

P wird als Agent provocateur in der Neo-Nazi-Szene eingesetzt. Ziel ist es, nach dem Verbot einer dieser Szene angehörenden Vereinigung aufgrund §§ 3 ff VereinsG, zu ermitteln, ob die Mitglieder der nunmehr verbotenen Vereinigung weiterhin politisch aktiv sind. Aufgrund der von P geknüpften Verbindungen wird ihm ein großes Vertrauen seitens der von ihm zu beobachtenden Mitglieder der fraglichen Szene entgegengebracht. P wird deshalb an einer Flugblattaktion beteiligt. Dabei hat er an der Verteilung von Flugblättern in Hausbriefkästen mitzuwirken. Der Inhalt der Flugblätter richtet sich gegen die freiheitlich demokratische Grundordnung wie auch gegen den Gedanken der Völkerverständigung. Dabei werden insbesondere die Mitglieder einer ortsansässigen jüdischen Gemeinde ebenso wie auch Juden überhaupt heftigen Beschimpfungen und Verleumdungen ausgesetzt.[48]

---

[46] Zum Handeln des Agent provocateur im Rahmen strafbarer Beihilfe vgl. *Küper*, JZ 1981, 251, 254.

[47] *Plate*, ZStW 84 (1972), 294, 308 f.

[48] Das Verteilen von Flugblättern durch eine nach §§ 3 ff VereinsG verbotene Vereinigung mit einem gegen die freiheitlich demokratische Grundordnung (zum Begriff der freiheitlich demokratischen Grundordnung vgl. BVerfGE 2, 1 – Verbot der Sozialist. Reichspartei; BGHSt 7, 222, 227 - Hauptausschuß gegen Remilitarisierung; umfassend unter dem Gesichtspunkt strafrechtliches Schutzobjekt zu sein *F. C. Schroeder*, Der Schutz von Staat und Verfassung im Strafrecht, S. 420 ff; *Stree*, Sch.-Sch. § 86 RN 5) wie auch gegen die Völkerverständigung gerichteten Inhalt stellt die Verbreitung von Propagandamaterial im Sinne des § 86 I Ziff. 2 StGB dar (zur Tathandlung „verbreiten", *Stree*, Sch.-Sch., a. a. O., RN 14). Die im Tatbestand geforderte Gefährlichkeit (*Stree*, Sch.-Sch., § 86 RN 6) des verbreiteten Inhaltes wird im Beispiel hier vorausgesetzt. Der Verdeckte Ermittler wußte dabei aufgrund seines Ermittlungsauftrages um die Verbotsumstände der Vereinigung ebenso wie er die inhaltliche Stoßrichtung der verteilten Texte sehr wohl erkannt hatte (vgl. zum subjektiven Tatbestand des § 86 StGB *Stree*, Sch.-Sch., § 86 RN 16). Unerheblich ist es, dass der Verdeckte Ermittler den Inhalt der verteilten Flugblätter selbst für seine eigene Person nicht gebilligt hat; für die Erfüllung des Tatbestandes des § 86 I Ziff. 2 StGB kommt es darauf nicht an (BGHSt 19, 221). Soweit das verteilte Propagandamaterial nicht bloß gegen den Gedanken der Völkerverständigung verstößt, sondern darüber hinaus auch die Menschenwürde anderer angreift (*Lenckner*, Sch.-Sch., § 130 RN 5c) und Bevölkerungsteile beschimpft oder böswillig verächtlich macht, erfüllt das Verteilen der Flugblätter auch den Tatbestand des § 130 II Ziff. 1a StGB - Volksverhetzung durch das Verteilen von Flugblättern (*Lenckner*, Sch.-Sch., § 130 RN 5d). Für die Tathandlung selbst erfordert der

Die Mitwirkung des Agent provocateur beim Verteilen der maßgeblichen Flugblätter mit dem bezeichneten Inhalt stellt eine Disposition über den strafrechtlichen Schutz der durch die §§ 86 I Ziff. 2, 130 II Ziff. 1a StGB geschützten Güter dar. Soweit das Verhalten des Agent provocateur die entsprechenden Straftatbestände verletzt, soll dies im Ergebnis bedeutungslos bleiben. Der Handelnde soll vielmehr in Ansehung seines zu absolvierenden Ermittlungsauftrages im Ergebnis als gerechtfertigt angesehen werden. Auch hier könnte man – wie im Spionagefall zuvor – den Weg zu einer strafrechtlichen Lösung über das Institut der Einwilligung, durch die maßgeblichen staatlichen Behörden gegenüber dem handelnden Agent provocateur zu beschreiten suchen. Im Einzelnen wären schließlich die Rechtsgüter innerer Friede[49], beziehungsweise die freiheitliche demokratische Grundordnung und der Gedanke der Völkerverständigung – also Rechtsgüter der Allgemeinheit und ein staatliches Rechtsgut im weiteren Sinne – von der Disposition über den strafrechtlichen Güterschutz betroffen.[50]

Die Besonderheit des Verzichts auf Güterschutz würde hier im unmittelbar damit zusammenhängenden Eingriff in ein Grundrechtsgut, das seinerseits ebenso strafrechtlichen Schutz erfahren hat, liegen. Denn die Disposition über den strafrechtlichen Güterschutz führt zur Verletzung des individuellen Ehr- und Achtungsanspruchs der Mitglieder der jüdischen Gemeinde, grundrechtlich geschützt durch Art. 1 I GG und auch strafrechtlich geschützt durch die §§ 185 ff StGB.[51]

Fall 3 Der Demonstrationsfall

Teilnehmer an einer Demonstration zeigen das Hakenkreuzsymbol und den Hitlergruß. Die vor Ort anwesende Polizei greift nicht ein, sondern lässt die entsprechenden Handlungen ungeachtet ihrer Strafbarkeit geschehen. Grund dafür ist die Befürchtung, dass das Feststellen der einzelnen Täter zu erheblichen Unruhen führen würde. Gleichwohl wird erkannt, dass dadurch die Strafverfolgung der handelnden Demonstranten unmöglich wird.[52]

Tatbestand des § 130 II StGB es ebenso wenig wie der Tatbestand des § 86 I StGB, dass sich der Handelnde den Inhalt des verbreiteten Textes zu eigen gemacht hat. In subjektiver Hinsicht kommt es auch dort nur darauf an, den Bedeutungsgehalt des fraglichen Textinhaltes erfasst zu haben (*Rudolphi*, SK, § 130 RN 17).

[49] Vgl. zu § 130 StGB *Lenckner*, Sch.-Sch., § 130 RN 1.

[50] *Rudolphi*, SK, § 130 RN 1a ff, 7.

[51] *Lenckner*, LK, vor § 185 RN 1; .*Geppert*, Jura 1983, 430, 438; *Wagner*, JuS 1978, 674, 677; BGHSt 11, 207; KG JR 1978, 422; LG-Köln MDR 1982, 771.

[52] Vgl. nur m. w. N. *Stree*, Sch.-Sch. § 258a RN 10; als Tathandlung der §§ 258 I, 258a I StGB kommt jedes Verhalten in Betracht, welches den Erfolg der Vereitelung einer

Das Verhalten des Beamten entspricht dem Tatbestand der §§ 258 I, 258a I, 13 StGB als Verfolgungsvereitelung in Ansehung des von den Demonstranten gemäß § 86a I Ziff. 2 StGB verwirklichten Tatbestandes. Im Geschehenlassen der Straftaten liegt mithin ein Verzicht auf den strafrechtlichen Schutz des Gutes der staatlichen Rechtspflege – eines staatlichen Rechtsgutes im weiteren Sinne.

Die Zulässigkeit der behördlichen Disposition über den strafrechtlichen Schutz des Gutes würde aber nicht nur einen Weg aus der Realisierung strafrechtlichen Unrechts im Sinne der §§ 258, 258a StGB, weisen. Darüber hinaus vermag sie auch einen Konflikt besonderer Art gar nicht erst entstehen zu lassen. Danach hat im vorliegenden Fall die Polizei aufgrund des Legalitätsprinzips einerseits die handelnden Personen festzustellen und einer Strafverfolgung zuzuführen; andererseits begründet das Opportunitätsprinzip einen Raum zur Entfaltung von Entschließungsermessen vor dem Hintergrund des Polizeirechts.[53] Die Aufgabe der Gefahrenabwehr dort verbietet es keineswegs, polizeiliches Einschreiten als Konsequenz einer Abwägung dann zu unterlassen, wenn dies einen größeren Schaden als Nutzen für die Erhaltung der öffentlichen Sicherheit und Ordnung bedeuten würde.[54]

Fall 4 Die Gefangenenfreilassung

1. Variante: Mitglieder einer terroristischen Vereinigung entführen einen Politiker und fordern für die Freilassung ihrer Geisel die Freilassung von in der Bundesrepublik inhaftierten Gesinnungsgenossen. Schließlich kommt es zu der von den Geiselnehmern gewünschten Freilassung der Häftlinge durch die verantwortlichen staatlichen Stellen. Die Freilassung der inhaftierten Personen erfolgt, ohne diese vorher zu begnadigen und mit dem Ziel, sie nach ihrer Freilassung erneut dem Strafvollzug zuzuführen.[55]

Strafverfolgung und damit die Verhängung einer Kriminalstrafe herbeiführt (*Stree*, Sch.-Sch. § 258 RN 13). Die Nichtverfolgung von gemäß § 86a I Ziff. 2 StGB strafbaren Verhaltensweisen führt zur Herbeiführung eines Vereitelungserfolges im Sinne der §§ 258, 258a, 13 StGB. Dieser ist darin begründet, dass von vorne herein ein Versuch der Strafverfolgung von beobachtetem strafbarem Verhalten nicht vorgenommen wird. Es ist mithin eine auf den Vereitelungserfolg zielende Handlungsabsicht gegeben (vgl. dazu *Koriath*, KR 1992, 370, 371). Eine Garantenstellung des jeweiligen Polizeibeamten wird auf §§ 152 II, 160, 163 StPO gestützt (*Rudolphi*, SK § 13 RN 54a).

[53] *Drews/Wacke/Vogel/Martens*, Gefahrenabwehr, 1989.

[54] *Schulz/Leppin*, Jura 1981, 521 ff.

[55] Vgl. den der Entscheidung BVerfG NJW 1977, 2355 zugrundeliegenden Sachverhalt der Entführung von *Peter Lorenz*.

2. Variante: In einem anderen Fall wird befürchtet, dass die erfolgte Inhaftierung eines Mitgliedes einer ausländischen Terrororganisation aufgrund einer rechtskräftig verhängten Freiheitsstrafe in der Bundesrepublik die Gefahr für Anschläge derselben Terrororganisation erhöhen könnte. Entsprechendes wird durch Geheimdienstinformationen bestätigt. Die Terrororganisation nimmt Kontakt mit der Bundesregierung auf, um ein Friedensangebot zu unterbreiten. Die inhaftierte Person wird schließlich freigelassen, sie verlässt das Land. Die verantwortlichen Stellen hatten zu keinem Zeitpunkt gesicherte Kenntnisse darüber, ob tatsächlich Anschläge den Drohungen folgen würden. Auch bestand keine Möglichkeit, Anschläge durch die Freilassung des Gefangenen anschließend tatsächlich ausschließen zu können.[56]

Die Freilassung der inhaftierten Personen stellt eine Disposition über das durch § 120 StGB strafrechtlich geschützte Rechtsgut des amtlichen Gewahrsams[57] beziehungsweise nach zum Teil vertretener Auffassung auch der Rechtspflege[58], mithin in jedem Falle über ein staatliches Rechtsgut im weiteren Sinne, dar.[59] Freilich muss vorausgesetzt werden, dass die Freilassung der Inhaftierten nicht an eine Begnadigung geknüpft wird.[60] Der amtliche Gewahrsam am Straftäter wird in den beiden Fallvarianten mit Wissen und Wollen der zuständigen Behörden tatsächlich beendet.[61] Der Verweis auf eine nur zeitweise andauernde Lockerung des Strafvollzuges läuft leer[62], denn mit der Freilassung ist jegliche tatsächliche Einflussmöglichkeit der Vollzugsbehörden auf die Straftäter aufgehoben. Ob die aus der Haft

[56] *TIME* 12/1996, S. 14, The Terror Trap, vgl. den dort geschilderten Fall des *Hafez Kasem Dalkamoni*, der aus nationalen Interessen der BRD aus einer Haftstrafe entlassen worden sein soll – selbst wenn diese Behauptung zutreffen sollte, ist diesbezüglich offen, ob dort eine Freilassung nicht möglicherweise in der Form einer Gnadenentscheidung ergangen ist, so dass sie aus rechtlicher Sicht jedenfalls keinen Fall des Rechtsgutverzichts mehr darstellen würde; vgl. auch § 153c StPO i. V. m. seinen Anwendungsbereich wird immer wieder auf sogenannte ‚Austauschfälle' verwiesen, vgl. dazu *Müller/Wache*, Rebmann-FS, S. 321, 340; *Kleinknecht/Meyer-Goßner*, § 153c RN 15, 153d RN 1; BT-DrS V/2860, S. 29.

[57] BGHSt 9, 62, 64.

[58] v. *Bubnoff*, LK, § 120 RN 6 m. w. N.

[59] Die Strafbarkeit der Freilassung im Sinne von § 120 I StGB knüpft dabei an die Aufhebung der amtlichen Gewalt über den Gefangenen an, obwohl gleichzeitig das Haftrecht noch fortbesteht. Dabei muss es zur Aufhebung beziehungsweise Vereitelung der den amtlichen Gewahrsam begründenden Sicherungs- oder Aufsichtsmaßnahmen kommen (vgl. dazu *Lackner/Kühl*, § 120 RN 3 ff).

[60] So aber im Fall der Celler Aktion hinsichtlich der Person von *Loudil*, vgl. dazu *Kühne*, JuS 1987, 188 ff.

[61] *Eser*, Sch.-Sch., § 120 RN 7.

[62] BVerfG NJW 1977, 2355.

Entlassenen später dem Strafvollzug wieder zugeführt werden sollen, ist daher gleichgültig. Es kommt so zur Preisgabe des strafrechtlichen Güterschutzes infolge eines voluntativen Verhaltens der zuständigen Exekutive.[63] Auf Kosten des durch § 120 StGB bestehenden strafrechtlichen Güterschutzes soll in der ersten Variante des Falles eine Gefahr für das Leben einer Person abgewendet werden; im Fall der zweiten Variante soll einer befürchteten Gefahr für die Allgemeinheit vor Terroranschlägen entgegen gewirkt werden.

Die unterschiedliche Vorgehensweise der Bundesregierung in den Fällen der Entführung von *Peter Lorenz* und *Hanns Martin Schleyer* machte im übrigen auch deutlich, dass der Bundesregierung selbst in einer solch außergewöhnlichen Situation, wie sie der ersten Variante zugrunde liegt, eine Handlungswahl für oder gegen die Güterdisposition in Bezug auf § 120 StGB geblieben ist, die von ihr im übrigen seinerzeit auch genutzt worden ist.[64] In Bezug auf die Entführungsfälle von *Peter Lorenz* und *Hanns Martin Schleyer* wird man jedoch nicht unbedingt auf die Disposition strafrechtlichen Güterschutzes verweisen müssen, um die damals erfolgte Freilassung der Häftlinge rechtfertigen zu können. Dieses Ergebnis wäre im Wege des rechtfertigenden Notstandes im Sinne von § 34 StGB wohl ebenso zu rechtfertigen gewesen.[65]

In der zweiten Variante des Falles würde dagegen der Verweis auf § 34 StGB zur Rechtfertigung der Gefangenenfreilassung deutlich schwieriger. Es wäre dort stets auf die mangelnde Gefahrennähe hinzuweisen.[66] Gerade ihr Nichtbestehen würde aber dort schließlich den Rückgriff auf eine Disposition im Sinne der behördlichen Einwilligung nahe legen, um das entsprechende Vorgehen der Behörden jenseits eines Anwendungsraumes von § 34 StGB noch rechtfertigen zu können.

Fall 5 Die Celler Aktion

Beamte des Verfassungsschutzes und der dem Bundesgrenzschutz angehörenden Sondereinheit GSG-9 sprengten am 25.7.1978 um 2.45 Uhr ein ca. 1,5 m großes Loch in die Mauer der Justizvollzugsanstalt Celle. Im Anschluss daran wurde in den Medien veröffentlicht, die Sprengung habe der – im Ergebnis misslungenen – Befreiung des dort einsitzenden RAF-Terroristen Debus gedient. Als Täter wurden die Personen *Loudil* und *Berger* benannt.

---

[63] BGH 23, 1; BGH VRS 48, 175; *Herzberg*, JA 1980, 385, 391; *Geppert*, ZStW 83 (1971), 947 ff

[64] I. d. S. auch BVerfG NJW 1977, 2355.

[65] *Küper*, Darf sich der Staat erpressen lassen?, S. 46 ff.

[66] *Seelmann*, ZStW 95 (1983), 797, 813 m. w. N.

Gegen diese vermeintlichen Täter sowie auch gegen unbeteiligte Dritte wurden Ermittlungsmaßnahmen eingeleitet. Insbesondere kam es zu Zielfahndungen, umfangreichen Observationen, Postkontrollen und Telefonüberwachungen bis hin zur Einrichtung von Sonderkommissionen zur Aufklärung der Tat. Nach Angaben des Anstaltsleiters wurde er vom Personalrat über die konkrete Gefährdung eines Wachmannes durch die Sprengung unterrichtet. 1987 wurde öffentlich, dass es sich bei den Vorgängen in Celle um die staatliche Inszenierung eines RAF-Anschlages handelte. Tatsächlicher Zweck der Maßnahme war es, die Personen *Loudil* und *Berger* der RAF als Vertrauenspersonen zu empfehlen.[67]

Für die Erörterung der Disponibilität staatlicher Rechtsgüter oder Rechtsgüter der Allgemeinheit erscheint dieser Fall von mannigfaltiger Bedeutung. Jedenfalls lässt sich über den Verzicht auf strafrechtlichen Schutz einer Vielzahl staatlicher Rechtsgüter oder Rechtsgüter der Allgemeinheit diskutieren.[68] Für

---

[67] Vgl. dazu umfassend *Kühne*, JuS 1987, 188 ff; *Velten*, StV 1987, 544 ff.

[68] *Kühne*, JuS 1987, 188 ff; *Velten*, StV 1987, 544 ff; geht man von der Straflosigkeit der Mauersprengung aus, kommt statt einer Verwirklichung des Tatbestandes gemäß § 145d I Ziff. 1 StGB – Vortäuschen, eine rechtswidrige Tat sei begangen worden – diejenige gemäß § 145d II StGB – Vortäuschen einer Tatbeteiligung – in Betracht; darauf verweisend *Velten*, a. a. O., S. 550, die allerdings zutreffend feststellt, dass im Ergebnis stets dasselbe Rechtsgut betroffen sein wird; für die Frage der Disponibilität des durch § 145d StGB geschützten Rechtsgutes zugunsten der Exekutive kann es deshalb im Einzelnen nicht darauf ankommen, ob hier vom Tatbestand des § 145 I Ziff. 1 StGB oder vom § 145d II StGB ausgegangen wird. Dem Justizminister kann eine Strafbarkeit gemäß §§ 357 II StGB (Verleitung eines Untergebenen zu einer Straftat), und gem. § 344 I StGB (Verfolgung Unschuldiger) vorgehalten werden, soweit sein Verhalten im Sinne einer Beteiligung an der Verfolgung Unschuldiger betrachtet wird. *Kühne* geht zunächst davon aus, dass ein tatbestandliches Verhalten im Sinne von § 344 I StGB in der Person des Justizministers oder auch des Landesinnenministers nicht schon deshalb vorliegt, weil dieser die letzte Befugnis zur Rechtsaufsicht gegenüber den Justiz- und Polizeibehörden des Landes hat (*Kühne*, a. a. O., S. 192). Denn der Minister sei kein Amtsträger, der zur Mitwirkung an einem Strafverfahren oder konkreten Strafverfolgungsmaßnahmen berufen ist (so auch *Cramer*, Sch.-Sch. § 344 RN 7). Als Täter im Sinne des § 344 I StGB kommt jedoch der vorab informierte Abteilungsleiter des niedersächsischen Landeskriminalamtes in Frage, da davon auszugehen ist, dass sich das niedersächsische Landeskriminalamt nach § 66 NdsSOG an den Ermittlungen beteiligte (*Kühne*, a. a. O., S. 192). *Loudil* und *Berger* waren hinsichtlich der Mauersprengung ebenso unschuldig (*Cramer*, a. a. O., § 344 RN 16) wie all diejenigen Personen, gegen die im übrigen ermittelt wurde. *Kühne* vertritt die Auffassung, dass es dem Abteilungsleiter gerade nicht auf die endliche Durchführung eines Strafverfahrens gegen *Berger*, *Loudil* oder eine dritte Person angekommen sei. Deshalb sei dieser straflos, denn die Einzelmaßnahmen sollten nicht im Zusammenhang mit der Einleitung eines Strafverfahrens stehen, sondern vielmehr irgendwann gestoppt werden (*ders.*, a. a. O., S. 190). Infolgedessen käme es auch nicht mehr zu einer Strafbarkeit gemäß § 357 II StGB – Verleitung eines Untergebenen zu einer Straftat - hinsichtlich des Landesjustizministers in Bezug auf sein

die Untersuchung soll die Betrachtung des Falles auf die schließlich erfolgte Sprengung der Gefängnismauer zur vermeintlichen Befreiung des inhaftierten Debus beschränkt werden. Die Strafbarkeit der Beteiligten hinsichtlich der Sprengung der Gefängnismauer hängt davon ab, ob der Justizminister in die Beschädigung der JVA – Mauer einwilligen durfte. Mit dem Hinweis auf die Rechtsstellung des Justizministers wurde eine Einwilligung bejaht.[69] Das Spannungsfeld, in dem die Disponibilität des entsprechenden strafrechtlichen Güterschutzes sich dann allerdings befindet, wird deutlich in Ansehung der §§ 304, 316b I Ziff. 3 StGB. Sie schützen den Bestand der sachlich-funktionalen Integrität staatlicher Einrichtungen zugunsten allgemeiner Interessen, unabhängig von der Zuordnung des Eigentums und daran grundsätzlich aus zivilrechtlicher Sicht anknüpfende Verfügungsrechte. Geschützt wird dort die Funktionsfähigkeit wesentlicher staatlicher Einrichtungen, ein staatliches Rechtsgut im weiteren Sinne. Der Schutzbereich der sachlich-funktionalen

Verhalten gegenüber dem Abteilungsleiter des niedersächsischen Landeskriminalamtes. Denn § 357 II StGB verlangt das Vorliegen einer rechtswidrigen Straftat in der Person eines Untergebenen. Diese wäre hier der Abteilungsleiter des Landeskriminalamtes. Andererseits wird man feststellen müssen, dass der ermittelnde Polizeiapparat seine Ermittlungen genau in der Absicht ausführte, Straftäter zu fassen. Vor diesem Hintergrund sind auch Eingriffsmaßnahmen der Strafprozessordnung zulasten des individuellen Grundrechtsschutzes ergriffen worden. Die erhebliche Belastung des Strafverfolgungsapparates mit der Verfolgung eines Phantoms, wie auch die dabei erfolgenden Grundrechtseingriffe, haben eine intensive Gefahr für die Rechtspflege geschaffen (*Velten*, StV 1987, 544, 550). An sich rechtstreues Verhalten von Bürgern wurde ignoriert zugunsten der Durchführung von vermeintlich notwendigen Fahndungsmaßnahmen. Beschränkte Personal- und Sachmittelkapazitäten konnten die Verfolgung tatsächlicher Straftaten unterdrücken. Es kann mithin für eine Täterschaft im Sinne des § 344 StGB nicht darauf ankommen, ob es irgendwann einmal zur Anklageerhebung kommt. Dem entspricht es auch, dass das Schutzgut des § 344 I StGB zuerst die Rechtspflege ist und dann erst das individuelle Interesse, als Unschuldiger frei von staatlichen Strafverfolgungsmaßnahmen zu bleiben (*Tröndle/Fischer*, § 343 RN 1; *Jescheck*, LK, § 343 RN 1; *ders.*, § 344 RN 1; *Lackner/Kühl*, § 343 RN 1). Mithin soll also von der Strafbarkeit des LKA-Abteilungsleiters gemäß § 344 I StGB hier ausgegangen werden. Daher kommt auf Ministerebene auch eine Strafbarkeit aus § 357 II StGB - die Verleitung eines Untergebenen zu einer Straftat - in Betracht (*Velten*, StV 1987, 544, 550). Es reicht insoweit allein schon das wissentliche Geschehenlassen einer Tat nach § 344 I StGB (*Cramer*, Sch.-Sch. § 357 RN 7).

[69] Die Sprengung der Gefängnismauer ist strafbar gemäß §§ 303, 305 StGB. Für die ausführenden Mitglieder der GSG 9-Einheit war die Mauer der JVA eine fremde Sache. Die Beschädigung der Mauer war auch von vorne herein das Ziel ihres Vorgehens. Eigentümerin der JVA ist das Land Niedersachsen. Der in die Aktion eingebundene Justizminister nimmt in vermittelter Organschaft als Amtswalter und „erste natürliche Person in diesem Zusammenhang" (*Kühne*, a. a. O., S. 189) die Rechte für das Land wahr. Er war mit der Durchführung der Aktion einverstanden.

Integrität staatlicher Einrichtungen umfasst auch die Justizvollzugsanstalt in ihrer äußerlichen baulichen Erscheinung.[70] Eine behördlichen Einwilligung hinsichtlich der Beschädigung der Mauer der Justizvollzugsanstalt müsste infolgedessen auch eine Disposition über die durch die §§ 304, 316b StGB geschützten Rechtsgüter beinhalten. Das ist ein Aspekt, den die Befürworter einer Einwilligung zur Sachbeschädigung hier übersehen haben.[71]

V) Argumente gegen die behördliche Einwilligung

Mit Hilfe der vorstehenden Ausführungen ist es zwar gelungen, Fälle zu skizzieren, in denen der Rückgriff auf eine rechtfertigende behördliche Einwilligung zur Vermeidung von Strafbarkeiten nahe liegen würde. Gleichwohl drängen sich eine Fülle von Argumenten auf, die gegen eine Disponibilität des strafrechtlichen Schutzes der hier bezeichneten Rechtsgüter sprechen. Dabei soll die Wirkung der behördlichen Einwilligung nach außen, gegenüber Einzelnen und nach innen im Hinblick auf die Rechtsordnung selbst differenziert werden.

In Bezug auf die Innenwirkung der behördlichen Einwilligung ist zuerst festzuhalten, dass die Normen des Strafrechts sich gegen jedermann richten. Damit richten sie sich auch gegen Amtsträger und deren Hilfspersonen. Als Privatpersonen sind ihnen die Dispositionen über Rechtsgüter, deren persönliche Träger sie als solche nicht sind, unmöglich.[72] Eine Dispositionsmöglichkeit durch die Verwaltung, wobei der jeweils den Unrechtstatbestand verwirklichende Amtsträger oder dessen Hilfsperson handelt, ist nicht anerkannt.[73] Die Verwaltungen sind durch Art. 20 III GG ausdrücklich an Recht und Gesetz gebunden. Wenn auch die behördliche Zustimmung grundsätzlich als Entsprechung der individuellen Einwilligung diskutiert wird[74], bedarf es für die maßgebliche Preisgabe des strafrechtlichen Güterschutzes einer materiell-rechtlichen Basis, die Aufschluss über die Disponibilität des maßgeblichen Gutes überhaupt und in dem im Einzelfall

---

[70] Vgl. dazu *Stree*, Sch.-Sch., § 304 RN 5 m. w. N.; so aber auch *Kühne*, a. a. O.; *Cramer*, Sch.-Sch., § 316b RN 10; *Lackner/Kühl*, § 316b RN 8; zur Abgrenzung zwischen § 304 StGB und § 316b StGB vgl. *Loos*, JuS 1979, 699 ff; *ders.*, JR 1984, 167 ff; BGHSt 31, 188.

[71] Zum Zutreffen des einen oder anderen Tatbestandes im Ergebnis vgl. *Stree*, Sch.-Sch., § 304 RN 5 m. w. N.; a. A. *Kühne*, a. a. O., S. 190, wonach § 304 StGB nicht tatbestandsmäßig sei; *Cramer*, Sch.-Sch., § 316b RN 10; *Lackner/Kühl*, § 316b RN 8; zur Abgrenzung zwischen § 304 StGB und § 316b StGB vgl. *Loos*, JuS 1979, 699 ff; *ders.*, JR 1984, 167 ff.

[72] Dazu *Schwabe*, NJW 1977, 1902 ff.

[73] BVerfGE 46, 214, 222 ff.

[74] Dazu *Tröndle/Fischer*, § vor § 32 RN 5; *Jakobs*, AT, 16/1, 6; *Jescheck/Weigend*, Lb, § 34 III 4.

gewünschten Umfang gibt[75]. Die Verletzung einer Strafnorm infolge behördlichen Handelns durch einen Amtsträger unterliegt grundsätzlich denselben Wirkungen wie im Fall ihrer Verletzung durch einen Privaten.[76] Allein die sachliche Zuständigkeit für die Regelung des Sachverhaltes sowie die Einhaltung der instanziellen und örtlichen Zuständigkeit vermag daher für eine zulässige Disposition über den strafrechtlichen Güterschutz noch nicht zu genügen.

Die exekutive Disposition über staatliche Rechtsgüter und Rechtsgüter der Allgemeinheit stellt die Beachtung des Gewaltenteilungsprinzips wie auch des Demokratieprinzips in Frage. Es wird schließlich im Ergebnis die Definitionsprärogative des Gesetzgebers hinsichtlich der Überlegung, welche Güter unter strafrechtlichen Schutz gestellt werden, missachtet.[77] In der strafrechtlichen Unterschutzstellung bestimmter Güter manifestiert sich das ethische Minimum der staatlichen Gemeinschaft.[78] Die strafrechtliche Unterschutzstellung eines Gutes ist deshalb als Ergebnis eines diskursiven gesellschaftlichen Prozesses zu betrachten.[79] Die exekutive Disposition über den strafrechtlichen Rechtsgüterschutz setzt sich aber gerade über diesen hinweg. In dem Maße, wie eine solche Disposition über staatliche Rechtsgüter und Rechtsgüter der Allgemeinheit das Prinzip der Gewaltenteilung und der Demokratie berührt, wird regelmäßig auch das Prinzip des Gesetzesvorrangs betroffen sein.[80]

Die Disposition über den strafrechtlichen Schutz staatlicher Rechtsgüter oder Rechtsgüter der Allgemeinheit kann im übrigen auf lange Sicht erhebliche Gefahren für die Stabilität der Rechtsordnung mit sich bringen. Das gilt vor allem für Dispositionen, die in Verbindung mit Tatprovokationen erfolgen und als Instrument staatlicher Informationsbeschaffung eingesetzt werden. Staatlich begangene ‚Straftaten' aufgrund von Dispositionen über den strafrechtlichen Güterschutz sind von ‚echten Straftaten' nicht zu unterscheiden.[81] Die

[75] OLG-Düsseldorf, Urteil vom 25.1.1993, AZ 3 Ws 649/92; *Tröndle/Fischer*, vor § 32 RN 5; offenbleibend hinsichtlich des Verfügungsgrundes *Winkelbauer*, NStZ 1988, 201 ff, der auf notstandsähnliche aber nicht notstandsgleiche Aspekte des § 34 StGB zurückgreifen möchte.

[76] Darauf hinweisend *Träger*, LK, § 99 RN 15.

[77] Zur Definitionsprärogative des Gesetzgebers vgl. *Achterberg*, Allg. VerwR, § 5 III; *Wolff/Bachof/Stober*, VerwR I, § 29 V 1.

[78] *Amelung*, Informationsbeherrschungsrechte, S. 20 ff.

[79] *Hassemer*, AK, vor § 1 RN 282 ff; *ders.* auch in Theorie und Soziologie des Verbrechens, S. 100 ff; *Jakobs*, AT, 2/22.

[80] Vgl. *Gusy*, JuS 1983, 189 ff zur Beziehung des Gewaltenteilungsprinzips oder des Prinzips des Gesetzesvorrangs zum Demokratieprinzip.

[81] *Velten*, StV 1987, 544 ff.

Beeinträchtigung des Rechtsgutes wird auch dieselbe sein – insbesondere wird dies im Hinblick auf abstrakte Gefährdungsdelikte deutlich. Es besteht mithin die Gefahr des Geltungsverlustes von Strafrecht, wenn in der Öffentlichkeit eine übermäßige ‚Staatsquote' von durch Hoheitsträgern oder deren Hilfspersonen verwirklichtes Unrecht bekannt wird. Es scheint für den Bürger dann immer weniger Grund zu geben, sich selbst rechtstreu zu verhalten, wenn der Staat in Gestalt der Verwaltung selbst häufig straftatbestandlich vertyptes Unrecht verwirklicht.[82]

Die Disposition über den strafrechtlichen Schutz eines Rechtsgutes kann auch Instrumentarium für den Eingriff in grundrechtlich geschützte Bereiche sein.[83] Die Disposition kann aber den Grundrechtseingriff auch als bloß ungewollte, aber von behördlicher Seite hingenommene Nebenfolge mit sich bringen.[84] Sie kollidiert in beiden Fällen mit dem Prinzip des Vorbehaltes des Gesetzes und bedürfte daher einer Ermächtigungsgrundlage. In beiden Fällen vermag die behördliche Einwilligung so auch eine individuell belastende Außenwirkung zu entfalten.

Auch die Resozialisation, gemäß § 46 I S. 2 StGB, § 2 S. 1 StVollzG Ziel des Strafvollzuges, kann der hier zu erörternden Disposition über den strafrechtlichen Schutz von Rechtsgütern entgegenstehen.[85] Mit ihr verträgt es sich kaum, jemanden im Wege der Tatprovokation und einem damit einhergehenden Verzicht auf den strafrechtlichen Güterschutz zunächst in die Strafbarkeit zu führen, um ihn dann der staatlichen Resozialisation mit weiteren Eingriffen in die Individualrechtssphäre zu unterwerfen.[86]

Es bedarf der Anmerkung, dass ein faktischer staatlicher Verzicht auf den strafrechtlichen Schutz von Rechtsgütern in aller Regel nur im Hinblick auf die

---

[82] *Eisenberg*, NJW 1993, 1033, 1039; *Lesch*, StV 1993, 94 ff; *Velten*, a. a. O., S. 545; *Kreuzer* in V-Leute – die Falle im Rechtsstaat, Hrsg. Lüderssen, S. 55, 57 ff; *Rieß*, Dünnebier-FS, S. 149, 158; *Seelmann*, ZStW (95) 1983, 797 ff.

[83] *Fischer/Maul*, NStZ 1992, 7, 8; *Herzog*, NStZ 1985, 153; *Ringwald*, ZRP 1988, 178, 181; *Merten/Merten*, ZRP 1991, 213 ff; *Keller/Griesbaum*, NStZ 1990, 416; *I. Roxin*, Die Rechtsfolgen schwerwiegender Rechtsstaatsverstöße in der Strafrechtspflege, S. 118 ff; BVerfGE 65, 1, 44; vgl. *Velten*, a. a. O., S. 545 ausdrücklich zum Grundrechtseingriff durch Scheinstraftaten; *Wolter*, SK, vor § 151 RN 95 ff; *Rudolphi*, SK vor § 94 RN 53 unter Verweis auf das Volkszählungsurteil (BVerfGE 65,1 ff); zu den aus dem Volkszählungsurteil folgenden Anforderungen vgl. nur *Simitis*, NJW 1984, 398; *Denninger*, KJ 1985, 221 ff; *Schwan*, VerwArch 66 (1975), 124 ff; *Weßlau*, Vorfeldermittlungen, S. 192.

[84] Insoweit kann auf den hier erwähnten Flugblattfall verwiesen werden.

[85] *Franzheim*, NJW 1979, 2014 ff.

[86] Dazu *Plate*, ZStW 84 (1972), 294 ff; *Seelmann*, ZStW 95 (1983), 797 ff; *Koriath*, Kriminalistik 1992, 370 ff; *Riehle*, KrimJ 1985, 44 ff.

Strafverfolgung und dort bezogen auf die Bereiche Organisierte Kriminalität, Drogenkriminalität oder Terrorismus kritisch diskutiert wird. Dabei wird insbesondere das Vorliegen von Grundrechtseingriffen gegenüber den schließlich strafrechtlich Verfolgten oder dritten Personen zum Ausgang genommen.[87] Insoweit wird gar von einer „Korruption des Strafverfahrens"[88] durch kurzfristige Nützlichkeitsüberlegungen gesprochen. Außerhalb dieser ‚Standardthemen' der vorbeugenden Straftatenbekämpfung scheint jedoch kein allzu großes Interesse an der faktischen Aufgabe strafrechtlichen Güterschutzes durch den Staat zu herrschen.[89] Dabei müssen solche anderen Bereiche nicht minder interessant sein – wie diese Untersuchung zeigen möchte.[90] Hinter den Beispielsfällen steht freilich auch die grundsätzliche Frage, ob es eine rechtliche Struktur gibt, die es der Exekutive erlaubt, über den strafrechtlichen Schutz der hier bezeichneten Rechtsgüter verfügen zu können, so wie es der Einzelne hinsichtlich der von ihm inne gehaltenen Individualrechtsgüter kann.

VI) Argumente für die behördliche Einwilligung

Wenn auch die Argumente gegen die Disponibilität der hier in Rede stehenden Rechtsgüter auf der Hand zu liegen scheinen, wird gleichwohl bei differenzierter Betrachtung auch ein nicht unerheblicher Kanon von Argumenten für die Disponibilität des strafrechtlichen Schutzes der hier in Rede stehenden Rechtsgüter streiten.[91] Die zuvor aufgeführten Beispiele haben deutlich werden lassen, dass es zahlreiche Fälle gibt, in denen das strafrechtlich normierte Schutzinteresse im Hinblick auf ein Gut hinter andere, auch als allgemein zu bezeichnende Interessen zurücktreten kann. Die behördliche Einwilligung kann die abstrakt generelle Schutzregelung, die der Gesetzgeber

---

[87] *Velten*, a. a. O., S. 545; *Wolter*, SK vor § 151 RN 95 ff; *Rudolphi*, SK vor § 94 RN 53; *Simitis*, NJW 1984, 398; *Denninger*, KJ 1985, 219, 221 ff; *Lammer*, Verdeckte Ermittlungen im Strafprozeß, S. 26; *Schwan*, VerwArch 66 (1975), 124 ff; *Dencker*, Dünnebier-FS, S. 449 ff; *Weßlau*, a. a. O., S. 192; vgl. auch Begr. zum StVÄGE, abgedr. in StV 1989, 172 ff; BVerfGE 34, 228; 78, 77; BGHZ 27, 284, 286.

[88] Von einer „Korruption des Strafverfahrens" durch Eröffnung exekutiver Spielräume in der Anwendung materiellen Strafrechts spricht *Hassemer*, ZRP 1992, 378, 382 f. Dabei verweist er darauf, dass die Entstehung größerer Handlungsspielräume bei der Anwendung materiellen Strafrechts negative Auswirkungen auf die Durchführung des anschließenden Strafverfahrens hat, in welchem die materielle Strafbarkeit festzustellen ist. In dieselbe Richtung weisend auch *Rieß*, a. a. O., S. 169; *Puppe*, NStZ 1986, 404 ff.

[89] Vgl. *Blei*, JA 1974, 377; *Cramer*, Sch.-Sch. § 331 RN 43 ff; *Geerds*, JR 1983, 462 ff; *Geppert*, Jura 1981, 50 ff.

[90] Vgl. etwa bzgl. der Spionageabwehr *Borgs/Ebert*, § 3 a.F. RN 145 ff.

[91] Für eine differenzierte Betrachtung *Tröndle/Fischer*, vor § 32 RN 5, wenn er ausführt, dass das Rechtsgut der Verwaltung zur Verfügung stehen muss.

zugunsten eines Rechtsgutes getroffen hat, dort aufheben, wo ein solcher Schutz obsolet erscheint. Dadurch würde das Strafrecht nicht zuletzt auch gesellschaftlichen Entwicklungen gegenüber flexibler.

Zunächst bedarf es aber der Feststellung, dass die vorangegangenen Ausführungen für die staatlichen Rechtsgüter im engeren und weiteren Sinne wie auch für die der Allgemeinheit sicherlich ins Feld zu führen sind. Die Rechtsgüter des Fiskus sind bei dieser Betrachtung allerdings weitgehend unberücksichtigt geblieben. Umfangreiche Erörterungen zum Recht der öffentlichen Sachen und zum Finanzvermögen der Verwaltung lassen bereits erkennen, dass es jedenfalls hinsichtlich der fiskalischen Rechtsgüter, die Verfügungen über Rechte an Vermögensgütern betreffen, irgendwie geartete Güterdisponibilitäten geben kann.[92] Die fiskalischen Rechtsgüter wurden eingangs als solche identifiziert, die typischerweise vom Einzelnen inne gehalten werden und nur nunmehr zufällig im staatlichen Gewand auftreten.[93] So wie sie dann allerdings für den Einzelnen disponibel sein können, müssten sie es auch für die Exekutive sein. Auch lässt schon der Wortlaut von § 903 BGB erkennen, dass eine zivilrechtliche Verfügbarkeit von Sachen, jedenfalls soweit Gesetze, etwa infolge der Widmung einer Sache zum Gemeingebrauch, und öffentlich-rechtliche Teilhaberechte Einzelner in Bezug auf öffentliche Einrichtungen nicht entgegenstehen, auch aus Sicht der Exekutive möglich sein muss.[94] Die zivilrechtliche Verfügungsfreiheit bedarf dann auch ihrer Entsprechung im Strafrecht. Mithin wird man also der Exekutive im Bereich der fiskalischen Rechtsgüter Dispositionen nicht schon mit dem Verweis auf die Unverfügbarkeit staatlicher Rechtsgüter und Rechtsgüter der Allgemeinheit verweigern können.

Im Hinblick auf die staatlichen Rechtsgüter und die Rechtsgüter der Allgemeinheit spricht für ihre Disponibilität insbesondere, dass von ihrem strafrechtlichen Schutz und dessen Realisierung im konkreten Einzelfall der Einzelne kaum berührt zu werden vermag.[95] Oft wird mit der Disposition über staatliche Rechtsgüter oder Rechtsgüter der Allgemeinheit sogar eine Steigerung des

---

[92] *Pappermann/Löhr/Andriske*, Recht der öffentlichen Sachen, 1987; *Papier*, Recht der öffentlichen Sachen, 1984.

[93] Vgl. o. 1. Kap./II/3.

[94] Vgl. nur *Dilcher* in Staudinger, vor §§ 90 ff RN 32.

[95] *Riehle*, KrimJ 1985, 44, 48; vgl. dazu auch *Isensee*, Das Grundrecht auf Sicherheit, S. 20 ff; *Jescheck/Weigend*, Lb, § 34 II 2; ausdrückl. zur Straftatenprävention auch *Weßlau*, a. a. O., S. 42 ff; *Nitz*, Einsatzbedingte Straftaten Verdeckter Ermittler, S. 72, diskutiert im Ergebnis allerdings ablehnend unter Verwendung des Begriffs der „Fernziele"; *Rebmann*, NJW 1985, 1 ff; *Lorenz*, JZ 1992, 1000 ff; *Rogall*, Informationseingriff und Gesetzesvorbehalt im Strafprozeß, 1992, *ders.*, ZStW 103 (1991), 907 ff.

Maßes der öffentlichen Sicherheit und Ordnung assoziiert werden.[96] Dadurch kann eine Stabilisierung der faktischen Voraussetzungen zur persönlichen Selbstentfaltung im privaten Bereich wie auch in der individuellen Interaktion mit der Gesellschaft in Aussicht gestellt werden.[97] Schließlich sei deshalb also dem Staat erlaubt, was dem Einzelnen in seiner ‚normalen Entfaltung' zumindest nicht schadet und mithin also keine negative Außenwirkung im Sinne eines individuell wirkenden Rechtseingriffs erzeugt.

Die Wahrung öffentlicher Ordnung und Sicherheit wie auch des institutionellen Verwaltungsinstrumentariums steht schließlich mehr oder weniger unmittelbar im Dienst der Allgemeinheit, so dass die behördliche Einwilligung jedenfalls dann nicht mehr angreifbar erscheint, wenn sich die Exekutive dadurch ihre Handlungsfreiheit erhält, die sie benötigt, um die ihr vom Gesetzgeber übertragenen Aufgaben überhaupt erfüllen zu können. Das Handeln der Exekutive im Wege einer behördlichen Einwilligung soll dabei als ein solches in eigener Sache angesehen werden, fußend auf ihr gesetzlich zugeschriebenen Verwaltungsaufträgen.[98]

Auch die Außenwirkung einer gedachten behördlichen Einwilligung kann aus behördlicher Sicht durchaus positiv gedeutet werden. Zutreffend weist *Plate* darauf hin[99], dass der Einsatz eines Agent provocateur im Einvernehmen mit dem durch die Haupttat Betroffenen im Grunde eine Einwilligung zur Verletzung des schließlich von der Haupttat betroffenen Gutes durch den Rechtsgutträger beinhalte. Zwar wird es sich regelmäßig nur um eine Einwilligung zur Gefährdung des Gutes durch eine positive Beeinflussung eines zur Haupttat zu verlockenden Haupttäters handeln. Gleichwohl vermag diese Einwilligung grundsätzlich Wirkung gegenüber dem vom Haupttäter verwirklichten Unrecht zu entfalten, da schließlich doch der Einwilligende der Verletzung des Rechtsgutes durch den Haupttäter im Wege des Handelns des Agent provocateur zugestimmt hat.[100]

---

96 Ausdrücklich i. d. S. auch BGHSt 41, 64, 68; vgl. im Hinblick auf die §§ 98, 99 StGB *Träger*, LK, § 99 RN 15.

97 Sicherheit vor Kriminalität wird heute sogar als wirtschaftlicher Standortfaktor ins Feld geführt, vgl. dazu *Feltes*, Kommunale Prävention in Baden-Württemberg, S. 11.

98 *Träger*, LK, § 99 Rn 15; *Tröndle/Fischer*, vor § 32 RN 5; *Marx*, Die behördliche Genehmigung im Strafrecht, S. 150 ff; *Goldmann*, Die behördliche Genehmigung als Rechtfertigungsgrund, S 218 ff; *Tröndle/Fischer*, vor § 32 RN 5; *Träger*, LK § 99 RN 15, *Winkelbauer*, NStZ 1988, 201 ff; *Borgs/Ebert*, § 3 a.F. RN 145 ff.

99 *Plate*, ZStW 84 (1972), 294, 308.

100 *Plate*, a. a. O., ebenda unter Bezugnahme auf § 26 StGB; zur Strafbarkeit des Agent provocateur gem. § 27 StGB vgl. *Küper*, GA 1974, 321 ff.

Was *Plate* für den Fall der Einwilligung im Hinblick auf Individualrechtsgüter formuliert hat, verdient freilich auch hier Beachtung. Jedenfalls scheint das Ergebnis dieser Überlegungen durchaus auf die hier diskutierte Fragestellung übertragbar: setzt die zuständige Exekutive einen Agent provocateur ein, damit dieser einen anderen zu einer Tat verleiten möge, um diese ihm dann zur Verurteilung vorzuhalten, stimmt die Exekutive einer Gefährdung des maßgeblichen Rechtsgutes durch den Agent provocateur ebenso zu wie schließlich auch dem Eintritt eines endlichen straftatbestandlichen Verletzungserfolges.[101] Noch deutlicher wird das Vorliegen einer Zustimmung der Exekutive zur Herbeiführung straftatbestandlichen Unrechts dort, wo der Gesetzgeber bereits die Gefährdung des Rechtsgutes einer strafrechtlichen Sanktion unterworfen hat. Denn regelmäßig bedarf es durch die Exekutive einer solchen Gütergefährdung mittels des Agent provocateur, die so konkret ist, dass schließlich der verlockte Haupttäter das übrige zur Ausführung bringt. Bei konkreten Gefährdungsdelikten, erst recht aber bei abstrakten Gefährdungsdelikten, lässt sich kaum noch eine Grenze zwischen der harmlosen Gefährdung eines Gutes durch den Agent provocateur und der strafrechtliche Relevanz entfaltenden Gefährdung des Haupttäters beschreiben.

Der Rückgriff auf die behördliche Einwilligung hätte in den Fällen des Einsatzes von Agents provocateurs den Vorteil, ohne weiteres die Straflosigkeit des Agent provocateur gegenüber dem verlockten Haupttäter zu erklären. Der Haupttäter bliebe trotz der Verleitung zu seinem strafbaren Verhalten durch den Agent provocateur allerdings deshalb zu bestrafen, weil er von der Einwilligung der maßgeblichen Exekutive vor der Tatrealisierung keine Kenntnis gehabt hat.[102] Zwar mag ein solches Vorgehen gegenüber dem Haupttäter insbesondere im Hinblick auf Erfolgsdelikte problematisch erscheinen, da dort infolge der Einwilligung eine mangelnde Verwirklichung des deliktspezifischen Erfolgsunwertes entgegenhalten werden könnte.[103] Gleichwohl wird man auch im Hinblick auf diesen Aspekt feststellen müssen, dass die vom Gesetzgeber geregelte Strafbarkeit des Versuchs gemäß §§ 22 ff StGB diesen Fall nicht erfasst.[104] Schließlich kommt es auch zu einer vollständigen Verwirklichung des

---

[101] Vgl. dazu grds. *Plate*, a. a. O., S. 309; vgl. ausdrücklich zur Zustimmung der Exekutive zur Rechtsgutverletzung bzw. in die inkriminierte Gütergefährdung BGHSt 41, 64, 68.

[102] *Jakobs*, AT, 11/22.

[103] KG GA 1975, 213, 215; OLG-Hamm JMBlNW 1957, 176; *Paeffgen*, JR 1979, 297; *Hefendehl*, NStZ 1992, 544; *Janssen*, NStZ 1992, 237; *Eser*, Sch.-Sch. § 242 RN 41; *Herzberg*, JA 1986, 190 ff; *Frisch*, Lackner-FS, S. 113 ff; *Maurach/Zipf*, AT I § 25 RN 34; *Lenckner*, Der rechtfertigende Notstand, S. 187, RN 15; ff; *ders.*, Sch.-Sch., vor § 32 RN 15; *Rudolphi*, Maurach-FS, S. 51, 58 f; *Weber*, JZ 1951, S. 260, 263; *Stratenwerth*, AT RN 494; *Samson*, SK vor § 32 RN 24; *Hruschka*, GA 1980, S. 1, 16 f; *Prittwitz*, Jura 1984, 74, 77.

[104] *Dreher*, Heinitz-FS, S. 207, 223 ff.

maßgeblichen Tatbestandes in objektiver wie subjektiver Hinsicht durch den Haupttäter.[105] Das Zulassen der behördlichen Einwilligung würde also bezüglich der Einsätze von Agents provocateurs keinesfalls zwingend zu Strafbarkeitslücken in Bezug auf das Handeln des zu einer Straftat Verlockten führen müssen.

Außerdem wäre mit der Anerkennung der behördlichen Einwilligung der Vorzug verbunden, von einer extensiven Anwendung der Rechtsfigur des omni modo facturus abzukommen, die in ihrer immer weiteren Ausdehnung mehr und mehr dem Schutzgedanken des § 26 StGB widerspricht.[106] Desweiteren würde auch die umfangreiche Diskussion über das Vorliegen eines Verfahrenshindernisses infolge übermäßiger Einflussnahme des Agent provocateur auf den Verlockten, sei es im Wege der Anstiftung oder Beihilfe, entfallen.[107] Ebenso wenig würde sich noch die Frage nach einer aus einer übermäßigen Einflussnahme des Agent provocateur folgenden Strafbarkeit des Agent provocateur selbst an Stelle des Verlockten stellen.[108] Vor dem Hintergrund einer zuvor erfolgten Disposition über den maßgeblichen strafrechtlichen Güterschutz käme es auf die Frage einer übermäßigen

---

105 BGHSt 2, 112 ff; im Ergebnis in dieselbe Richtung gehend RGSt 62, 137, 138; aber für eine direkte Anwendung der Versuchsregeln dagegen KG GA 1975, 213, 215; *Hirsch*, LK vor § 32 RN 59-61.

106 Insbesondere im Bereich der Betäubungsmitteldelikte hat eine Ausweitung der Rechtsfigur des omni modo facturus stattgefunden, vgl. dazu nur BGH GA 1975, 333; BGH NJW 1980, 1761; BGH StV 1981, 276; BGH NJW 1981, 1626; BGH JZ 1986, 103; BGHSt 32, 345; BGH NStZ 1992, 275; BGH NStZ 1993, 584; BGH NStZ 1982, 156; BGH StV 1988, 296; BGHSt 41, 64; sie wird nicht nur von § 26 StGB nicht mehr getragen, sondern steht darüber hinaus im Widerspruch zur Anwendung der Norm bei anderen Delikten, vgl. so schon RGSt 36, 402, 405 und schließlich auch BGH MDR 1957, 395; OLG-HH JZ 1952, 48; zur Strafbarkeit der Anregung gem. § 26 StGB vgl. zutreffend LG-Göttingen NdsRpfl 1952, 191 – und dagegen den Fall von LG-Ffm StV 1984, 457, dort hat ein Agent provocateur aus eigenen finanziellen Interessen grundsätzlich zur Tat geneigte Personen als Mittäter ausgesucht. Obwohl es ohne das Engagement des Agent provocateur niemals zur Tatausführung gekommen wäre, blieb dieser straflos.

107 BGH StV 1991, 163; BGH NStZ 1981, 70; BGH StV 1981, 276; BGH NJW 1981, 1626; BGH StV 1986, 100; unter Rekurs auf das Weltrechtsprinzip BGH StV 1988, 296; BGH NStZ 1993, 584; Aufhebungen infolge von Revisionseinlegung: BGH NStZ 1982, 126; BGH NStZ 1982, 156; BGH NStZ 1984, 78; BGH NStZ 1984, 519; BGH NStZ 1988, 551; Einstellungen wegen überwiegenden Tatbeitrags des Agent provocateur: LG-Stuttgart StV 1984, 197; LG-Ffm StV 1984, 415; 457; zur Unerheblichkeit des Tatbeitrages des Agent provocateur: BGHSt 32, 345; BGH StV 1985, 398; BGH 33, 356.

108 Vgl. dazu den Fall von LG-Berlin StV 1984, 457, 460, dort hatte ein Agent provocateur (i. S. e. Vertrauensperson) die späteren Angeklagten lediglich um des Geldes willen zur Verabredung eines Verbrechen provoziert.

Einflussnahme des Agent provocateur auf das Tatgeschehen ebenso wenig noch an wie auf die daraus gegebenenfalls resultierenden Konsequenzen.

Durch die Einwilligung infolge der Disponibilität des maßgeblichen Gutes könnte strafrechtliches Unrecht auf der Ebene des materiellen Rechts ausgeschlossen werden, ohne dass es für das Verhalten der Exekutive einer normativen Befugnis bedürfte. Der Unrechtsausschluss wäre schließlich auch endgültig und nicht justiziabel. Die Exekutive wäre dabei insbesondere bei Einsätzen von Agents provocateurs auch nicht mehr auf den dornigen Weg über § 34 StGB verwiesen; ein Vorgehen, das nach wie vor und trotz heftiger Kritik aus der Literatur[109] noch nicht völlig aus der Diskussion verschwunden ist.[110] Das Strafrecht bliebe innovationsfähig. Anpassungen an neue Handlungs- und Verfahrensweisen wären einfacher möglich. Die Realitätsbezogenheit des Strafrechts bliebe somit gewahrt.[111] Im Hinblick auf den Umgang der Exekutive mit sogenannten öffentlichen Sachen und ihrem Finanzvermögen würde die behördliche Einwilligung im Strafrecht mit zivilrechtlichen Verfügungsbefugnissen korrespondieren.

[109] *Kirchhof*, NJW 1978, 969 ff; *Amelung*, NJW 1977, 833 ff; *Klinkhardt*, VerwA 55, 268, ff.
[110] *Hilger*, NStZ 1992, 525, Anm. 161; *Kleinknecht/MeyerGoßner*, § 110c RN 3 m. w. N.
[111] In diese Richtung weisend *Evers*, NJW 1987, 153 ff.

2. Kapitel

Behördliche Handlungsfreiräume im Strafrecht

A) Die Disposition über ein Rechtsgut – eine Abwägungsentscheidung

I) Zur Natur der Abwägungsentscheidung bei der individuellen Einwilligung

Die individuelle Disposition über strafrechtlichen Güterschutz durch Einwilligung ist individuell gewillkürtes Verhalten.[1] Es nimmt seinen Ausgang von einer individuellen Motivationslage.[2] Diese trifft auf ein gesellschaftlich artikuliertes Interesse, durch eine Strafnorm ein bestimmtes Rechtsgut grundsätzlich strafrechtlichem Schutz zu unterstellen.[3] Der Staat übernimmt dabei die Aufgabe, das friedliche Zusammenleben der Bürger untereinander zu sichern. Rechtssicherheit und Freiheit zur individuellen Lebensgestaltung sind dafür unbedingte Voraussetzungen. Der Einzelne, im freiheitlich demokratischen Rechtsstaat Mitträger staatlicher Gewalt, hat die entsprechende Kompetenz zur Erreichung dieses Zieles auf die Institution Staat übertragen. Dort erteilt nunmehr der demokratisch legitimierte Gesetzgeber der staatlichen Exekutive entsprechende Handlungsaufträge durch die Schaffung eines materiellen Strafrechts einerseits und eines Verfahrensrechts zu dessen Durchsetzung andererseits. Dem Strafrecht kommt eine Garantiefunktion zu, die ihren Widerhall im individuellen Vertrauen auf den Fortbestand des staatlichen Gewaltmonopols zur Sicherung individueller Güter durch den Staat findet.[4] Der individuelle strafrechtliche Güterschutz ist so gleichzeitig auch Spiegel essentieller sozialer Interessen. Der Kanon strafrechtlich geschützter Güter wird deshalb als das ethische Minimum bezeichnet, dessen unbedingter Schutz für ein gedeihliches gesellschaftliches Miteinander als unumgänglich angesehen wird.

Die individuelle Güterdisposition geht nunmehr von einer Situation aus, in der das gesellschaftlich unterstellte individuelle Interesse am strafrechtlichen Schutz eines Individualgutes gegenüber dem tatsächlichen Interesse des Einzelnen am Wegfall dieses Schutzes überwiegt. Die individuelle Einwilligung ist so auf einen rechtlichen Erfolg gerichtet. Dieser liegt in der Begründung eines subjektiven Rechts zum Eingriff in das strafrechtlich geschützte Gut des Einwilligenden durch diesen selbst.[5] Der in einer Person vorgenommene Vergleich

---

[1] BGHSt 23, 1; *Geppert*, ZStW 83 (1971), 947 ff; *Geerds*, GA 1954, 262 ff.

[2] *Amelung*, ZStW 109 (1997), 491, 515.

[3] *Hirsch*, Welzel-FS, S. 275 ff.

[4] Vgl. dazu BVerfGE 33, 367; 44, 353, 374; 46, 214, 222; 51, 324, 343; 57, 250, 275; 61, 126, 134; 63, 45, 61; *Wolfslast*, Staatlicher Strafanspruch und Verwirkung, S. 100.

[5] *Amelung/Eymann*, JuS 2001, 937 ff unter Verweis auf zivilrechtliche Betrachtungen der Einwilligung etwa bei *Kothe*, AcP 185 (1985), 105, 107 m. w. N.

des durch Schaffung einer Strafnorm unterstellten individuellen Schutzinteresses mit anderen, eigenen Interessen führt in eine Interessenabwägung, an deren Ende als Abschluss eines Willensbildungsprozesses endlich die individuelle Einwilligung steht. Der Einzelne wird dabei regelmäßig an Hand eigener Wertemuster und einer individuellen Präferenzordnung eine Entscheidung über die aktuelle Attraktivität des strafrechtlichen Schutzes eines konkreten Gutes – „seines Gutes“ – in einer konkreten Situation treffen.[6] Die Notwendigkeit, dass der Einzelne im Fall der Einwilligung die Tragweite seiner Entscheidung in vollem Umfang erkennen muss, lässt sichtbar werden, inwieweit die Einwilligung und mit ihr die Disposition über strafrechtlichen Güterschutz mit einer individuellen Abwägungsentscheidung verknüpft ist.[7] Dabei wird der Einwilligende im Ergebnis regelmäßig sein Interesse an der Realisierung eines bestimmten Ereignisses gegenüber dem strafrechtlichen Schutz des von ihm inne gehaltenen Gutes höher bewerten. Die individuelle Einwilligung ist dabei für den Einzelnen keineswegs nur mit einem Vorteil behaftet. Der Interessengewinn durch Einwilligung schließt stets auch den Interessenverlust mit ein. Es handelt sich um zwei Seiten ein und derselben Medaille.[8]

Freilich spielt der Interessenverlust bei der individuellen Einwilligung eine untergeordnete Rolle. Die Hinnahme des Verlustes an Güterschutz durch den Einzelnen findet schließlich ihre Erklärung in zwei voneinander zu unterscheidenden Ansätzen. Zum einen wird einfach auf das mangelnde Interesse am strafrechtlich angebotenen Güterschutz verwiesen, das schließlich das Eingreifen staatlicher Sanktion obsolet mache.[9] In einem als „rechtspolitisch“ bezeichneten Ansatz wird das mangelnde individuelle Interesse am strafrechtlichen Güterschutz auf die Grundrechte projiziert. Die individuelle Einwilligung wird schließlich als individuelle Freiheitserweiterung gegenüber übermäßiger staatlicher Fürsorge definiert.[10]

1) Die Lehre von der Interessenpreisgabe

Nach der Lehre von der Interessenpreisgabe ist Grund der Einwilligung die individuelle Aufgabe eines Interesses am strafrechtlichen Güterschutz in Ansehung einer konkreten Situation.[11] Der Einzelne wägt das Interesse an der Inan-

---

[6] *Amelung*, ZStW 109 (1997), 490, 515.

[7] *Kühl*, AT, § 9 RN 20 ff m. w. N.

[8] *Amelung*, a. a. O., 490 ff.

[9] Vgl. dazu unten 2. Kap./A/I/1.

[10] Vgl. dazu unten 2. Kap./A/I/2.

[11] *Geerds*, GA 1954, 262 ff; *Hruschka*, Dreher-FS 1977, 189 ff; *Jescheck/Weigend*, Lb, § 34 I.

spruchnahme strafrechtlichen Güterschutzes gegen das des Nichtwirkens strafrechtlichen Güterschutzes ab. Die insoweit erfolgende Interessenpreisgabe ist dann Anknüpfung für den Fortfall strafrechtlichen Wirkens. Denn nunmehr fehlt es als Folge einer individuellen Interessenabwägung am Vorliegen eines Handlungsunwertes gegenüber der rechtsgutschützenden Norm. Die Rechtsgemeinschaft findet keinen Anlass mehr zur Strafverfolgung.[12] Der Grundgedanke der Einwilligung kommt so im Prinzip des mangelnden Interesses zum Ausdruck. Der Handlungsunwert des auf das Gut Zugreifenden entfällt im Wege einer ex post – Betrachtung, weil das maßgebliche Verhalten nicht dem Willen des Handlungsgegners widerspricht.[13] Das dem Zugriff preisgegebene Rechtsgut des Einwilligenden verliert seine durch das Strafrecht grundsätzlich normierte Schutzbedürftigkeit, obschon gerade die strafrechtlich sanktionierte Einwirkung auf das Gut stattgefunden hat.

2) Der rechtspolitische Ansatz

Der rechtspolitische Ansatz stellt das gesellschaftliche Interesse an der strafrechtlichen Unterschutzstellung des Individualgutes in Relation zum Einzelnen. Bestandteil individueller – mithin grundrechtlich verbriefter – Freiheit ist nicht nur der Schutz vor staatlichen Eingriffen – der status negativus –, sondern auch der Schutz vor zuviel staatlichem Schutz. Schließlich wird der „ungehinderte Gebrauch der persönlichen Freiheit“ in positiver wie in negativer Hinsicht im Rechtsstaat als sozialer Wert angesehen.[14]

Die Disponibilität des Rechtsgutes korrespondiert derart mit grundrechtlichen Schutzbereichen, dass sie jedenfalls von diesen mit umfasst wird.[15] Die Verwirklichung von Unrecht kann daher auch als Missachtung persönlicher Autonomie, deren Schutz dem Staat als Institution durch das Strafrecht zugewiesen ist, begriffen werden. Damit erhält für die Entstehung von Unrecht nicht zuletzt die konkrete Ausformung von Autonomie in Ansehung eines bestimmten Sachverhaltes Bedeutung. Nur solange, wie es dem Rechtsgutträger darauf ankommt, sein Rechtsgut vor einem Zugriff zu bewahren, verdient dies aus seiner Sicht strafrechtlichen Schutz als Gewähr für die Realisierung seiner ihm grundrecht-

---

[12] *Geerds* greift dabei auf Gewohnheitsrecht zurück, GA 1954, 262, 263; *Hruschka*, Dreher-FS 1977, 189, 198 greift auf das Bild vom Wegfall einer Regelungsbefolgungspflicht zurück.

[13] *Welzel*, a. a. O., S. 55.

[14] *Jescheck/Weigend*, Lb, § 34 II 3.

[15] *Maurach/Zipf*, AT/I, § 17 RN 36; *Jescheck/Weigend*, Lb, § 34 II; *Noll*, ZStW 77 (1965), 1, 20; *Amelung*, Einwilligung in die Beeinträchtigung eines Grundrechts, S. 26 ff; *Samson*, SK, vor § 32 RN 56; *Otto*, GK, 8/127.

lich verbrieften Freiheit.[16] Kommt der Rechtsgutträger allerdings im Wege einer Güterabwägung zu dem Schluss, dass für ihn in einer konkreten Situation der strafrechtliche Schutz seines Gutes keinen Wert hat, weil er dann etwa auf ein Verhalten eines anderen verzichten müsste, dessen Vollzug er gerade begehrt, soll auch diese Entscheidungsfreiheit von den Grundrechten geschützt sein. Die Garantiefunktion des Strafrechts – die Freiheit zur individuellen Lebensgestaltung zu sichern – würde in ihr Gegenteil verkehrt, wollte man im Fall des mangelnden Interesses des Rechtsgutträgers am strafrechtlichen Schutz des von ihm getragenen Gutes dem Zugriff auf dasselbe noch eine staatliche – mithin strafrechtliche – Sanktion androhen. Sie wäre nicht nur ein ungerechtfertigter Eingriff in die Freiheit des Handelnden, sondern darüber hinaus Instrument der Freiheitsbeschneidung demjenigen gegenüber, der aufgrund freien Willensentschlusses das maßgebliche, sein Rechtsgut betreffende Verhalten gerade eben erwünscht, weil dieses für ihn einen bestimmten Wert verkörpert. So würde beispielsweise die Möglichkeit zur sportlichen Betätigung stark eingeschränkt werden, wenn nicht zuvor die Einwilligung zur eventuell damit verbundenen Körperverletzung gegeben werden könnte.[17]

Freilich zeigt etwa die mangelnde Disponibilität des strafrechtlich geschützten Gutes Leben[18], dass die Disponibilität strafrechtlich geschützter Güter nicht immer deckungsgleich mit grundrechtlich gewährten Schutzbereichen sein muss.[19] Dem Gesetzgeber bleibt die Möglichkeit, unter Beachtung der Schranken-Schranken grundrechtliche Freiheiten zu reglementieren, unbenommen.[20]

Die Einwilligung knüpft also dem rechtspolitischen Ansatz nach an eine maßgebliche deliktische Gesamthandlung an. Dabei wird die Hinnahme der deliktischen Handlung durch den Rechtsgutträger als individuelle Handlungsfreiheit dem Schutzbereich der Grundrechte zugeordnet.[21] Damit erhält die Lehre von der Interessenpreisgabe eine verfassungsrechtliche Fundierung, die es ermöglicht, sowohl die individuelle Dispositionsfreiheit als auch die ihr von der Rechtsordnung wiederum gezogenen Grenzen, die sich insbesondere in den

---

[16] *Stratenwerth*, ZStW 68 (1956), 41, 44; so im Ergebnis auch *Weigend*, ZStW 98 (1986), 44 ff; *Roxin* AT/I, §13 RN 15; *ders.*, Noll-FS, S. 275; vgl. dazu auch *Isensee*, Grundrecht auf Sicherheit, S. 41 ff.

[17] Vgl. zu Boxkämpfen etwa schon BGHSt 4, 92.

[18] *Hirsch*, Welzel-FS, S. 775.

[19] *Sternberg-Lieben*, Die objektiven Schranken der Einwilligung im Strafrecht, S. 81 ff.

[20] Vgl. dazu etwa im Hinblick auf die Diskussion um das Doping *Turner*, NJW 1991, 2943; *ders.*, ZRP, 121; *Sternberg-Lieben*, a. a. O., ebenda.

[21] *Maurach/Zipf*, a. a. O., § 17 RN 39.

§§ 216, 228 StGB widerspiegeln, gleichermaßen zu erklären.[22] Für die Betrachtungen hier kann es im übrigen dahin gestellt bleiben, ob insoweit auf die allgemeine Garantie der Handlungsfreiheit in Bezug auf den grundrechtlichen Schutz des allgemeinen Persönlichkeitsrechts gem. Art. 2 I GG oder die speziellen Grundrechte zurückgegriffen wird.[23] Entscheidend ist vielmehr allein die Ableitung einer Verfügbarkeit des strafrechtlichen Schutzes individueller Rechtsgüter vor dem Hintergrund der Grundrechte.

II) Die Abwägung bei der behördlichen Einwilligung

1) Interessenverlust – die Kehrseite der behördlichen Einwilligung

Die vorangegangenen Ausführungen zeigten, dass die individuelle Einwilligung vor allem einen individuellen Interessengewinn vermittelt. Dass dieser individuelle Interessengewinn vom Einzelnen gegenüber der Rechtsordnung in Anspruch genommen werden kann, ist Ausfluss der in den Grundrechten verbrieften Individualfreiheiten und insbesondere auch des Abwehrcharakters, den Grundrechte gegenüber staatlichem Handeln vermitteln. *Amelung* bezeichnet die individuelle Einwilligung als „Erlaubnis zur Antastung eines rechtlich geschützten Gutes“, die vom Inhaber des Gutes erteilt wird.[24] Weil sich die straftatbestandliche Rechtsgutverletzung durch den insoweit über den strafrechtlichen Güterschutz Verfügenden mit dessen Willen deckt, „kann sich die Rechtsordnung bei dem Grundsatz ‚volenti non fit iniura‘ beruhigen“. Die individuelle Einwilligung kann sogar auf ein unvernünftiges Ziel gerichtet sein, wenn sie nur mit dem Willen des Einwilligenden übereinstimmt.[25]

Die hier zu erörternde behördliche Einwilligung soll ebenso Freiräume eröffnen, nicht für den Einzelnen, aber für die Exekutive. Die Diskussion um die Zulässigkeit der behördlichen Einwilligung in Bezug auf die §§ 93 ff StGB macht dies besonders deutlich. Die Verwaltung handele schließlich in eigener Sache, heißt es. „Wer im erklärten staatlichen Interesse handelt und sich an diese Erklärung hält, kann [...] schwerlich eben dadurch einen Straftatbestand erfüllen, der die äußere Sicherheit dieses Staates als Gefährdung seiner Handlungsfreiheit pönalisiert, der darauf zielt, ‚der Bundesrepublik den Freiraum zu sichern, den sie benötigt, um sich in den Gegenläufigkeiten der internationalen

[22] Vgl. dazu *Hirsch*, LK, vor § 32 RN 105.

[23] *Amelung*, Einwilligung in die Beeinträchtigung eines Grundrechtsgutes, S. 30; *Noll*, ZStW 77 (1965), 1, 20; *Samson*, SK, vor § 32 RN 56; *Maurach/Zipf*, AT §17 RN 36; *Jescheck/Weigend*, Lb, § 34 II; *Roxin*, AT/I, § 13 RN 14; *ders.*, Noll FS, S. 275.

[24] *Amelung*, ZStW 109 (1997), 490.

[25] Zum Erfordernis der subjektiven Vernünftigkeit einer Einwilligung vgl. zusammenfassend *Amelung/Eymann*, JuS 2001, 937 ff.

Politik unbehindert und wirksam bewegen zu können.‘“[26] Das hier zur behördlichen Einwilligung zur Aufgabe strafrechtlichen Schutzes der äußeren Sicherheit Deutschlands Ausgeführte könnte augenscheinlich auch auf die anderen Beispielsfälle entsprechend übertragen werden. Auch in diesen Fällen könnte man anführen, gehe es darum, dass die behördliche Einwilligung verhindert, die Garantiefunktion des Strafrechts in ihr Gegenteil zu verkehren. Die behördliche Einwilligung soll also verhindern, dass die Rechtsordnung durch Verweis auf ein allgemeines straftatbestandliches Verbot in einer bestimmten Situation sich gegen sich selbst wendet.[27]

Amelung und *Eymann* haben die individuelle Einwilligung als „ein Instrument der Interessenwahrnehmung durch einen [individuellen] Verzicht auf den Normschutz für ein Gut des Einwilligenden“ bezeichnet.[28] Die individuelle Einwilligung sollte also den individuell autonomen Umgang mit einem Gut ermöglichen, während das entsprechende Verhalten dazu mit einem strafrechtlichen Verbot belegt ist. Dabei hatte der Einzelne notwendigerweise eine Kosten-Nutzen-Abwägung zu treffen, welche schließlich zur Preisgabe des strafrechtlichen Güterschutzes führte.[29] Anders als der Einzelne, dessen Verhalten zunächst von den Grundrechten her als schützenswerte Freiheit verstanden wird, welche nur unter Beachtung einer umfangreichen Schranken-Dogmatik durch den Gesetzgeber beschnitten werden darf, kann sich die Exekutive auf einen solchen Schatz von Freiheiten jedoch nicht berufen.[30]

Im Fall der behördlichen Einwilligung stellt sich nunmehr die Frage der Herkunft einer der individuellen Autonomie vergleichbaren behördlichen Autonomie, die zunächst einmal die Zulässigkeit der Antastung eines strafrechtlich geschützten Gutes der Allgemeinheit oder des Staates zu begründen vermag und so auf die Disponibilität des maßgeblichen Rechtsgutes verweist. Darüber hinaus ist die behördliche Einwilligung mit dem Verzicht auf die strafrechtliche Sanktion gegenüber demjenigen, der in Übereinstimmung mit der behördlichen Einwilligung tatbestandlich handelt, verbunden. Sie würde sogar schon die Einleitung eines Strafverfahrens überhaupt hindern und es folglich gar nicht erst zu den vom Strafverfahrensrecht und also vom Gesetzgeber ausdrücklich vorgesehenen Anknüpfungen des Opportunitätsprinzips kommen lassen.

---

[26] *Marx*, Die behördliche Genehmigung im Strafrecht, S. 149 unter Verweis auf *Träger*, LK vor § 93 RN 3 und BVerfGE 57, 250, 286 f.

[27] *Marx*, a. a. O., ebenda.

[28] *Dies*., a. a. O., S. 938.

[29] *Amelung*, ZStW 104 (1992), 525, 544 ff.

[30] *Marx*, a.a. O., ebenda.

Der Grundsatz volenti non fit iniura vermag hier keineswegs zu „beruhigen“. Denn der bei der behördlichen Einwilligung einwilligende Amtsträger disponiert nicht über eigene, sondern über ihm fremde Interessen. Es handelt sich um Interessen der Allgemeinheit, die vermehrt werden sollen, die aber auch ebenso im Rahmen der der behördlichen Einwilligung vorausgehenden Abwägung zurücktreten müssten. Die behördliche Einwilligung muss stets über den strafrechtlichen Schutz eines öffentlichen Interesses disponieren, welches der Staat in Form der Legislative grundsätzlich für so schützenswert gehalten hat, dass es den tatbestandlich manifestierten Strafrechtsschutz erfahren hat.

Den Preis der Individualeinwilligung hat lediglich der einzelne Einwilligende selbst zu bezahlen.[31] Der Preis einer behördlichen Einwilligung lastet dagegen auf der Rechtsordnung und damit schließlich auf der Allgemeinheit insgesamt. Bei der Individualeinwilligung finden individueller Interessengewinn und individuelle Interessenpreisgabe in einer bilateralen Beziehung zwischen dem Einzelnen und dem Staat statt. Die Basis für die individuelle Güterdisposition sind die Grundrechte und ihr Verständnis als Abwehrrechte des Einzelnen gegenüber dem Staat. Die behördliche Einwilligung gleicht allerdings eher einem Insichgeschäft des Staates. Die Exekutive revidiert situationsbezogen die legislative Entscheidung über das Bestehen strafrechtlichen Güterschutzes in Ansehung bestimmter Verhaltensweisen. Ein und dasselbe Verhalten wollen Legislative und Exekutive auf einen Einzelfall bezogen unterschiedlich bewerten. Die Frage nach der Zulässigkeit der behördlichen Einwilligung ist deshalb stets nicht nur mit der Frage verknüpft, wie viel exekutive Handlungsfreiheit durch die maßgebliche Güterdisposition gewonnen beziehungsweise erhalten wird.[32] Die Frage nach der Zulässigkeit der behördlichen Einwilligung ist vielmehr auch mit der Frage verknüpft, wie viel der Staat bei einer solchen Güterdisposition von sich selbst aufgeben darf. Dem materiellen Strafrecht ist eine solche Abwägung keineswegs von vornherein fremd. Sie findet sich insbesondere im Fall des rechtfertigenden Notstandes[33] wie auch im Fall der rechtfertigenden Pflichtenkollision.

---

[31] *Amelung*, Einwilligung in die Beeinträchtigung eines Grundrechtsgutes, S. 26 ff.

[32] So wird die Frage bei *Marx*, a. a. O., ebenda; *Winkelbauer*, NStZ 1988, 201 ff; *Goldmann*, Die behördliche Genehmigung als Rechtfertigungsgrund, S. 218 ff; *Kühne*, JuS 1987, 188 ff; *Evers*, NJW 1987, 153 ff; oder *Langkau*, Völker- und landesrechtliche Probleme der Kriegs- und Friedensspionage, S. 162 ff gestellt und schließlich zugunsten einer Disponibilität des strafrechtlichen Schutzes von Gütern der Allgemeinheit und des Staates beantwortet.

[33] Vgl. dazu *Winkelbauer*, NStZ 1988, 201 ff.

2) Der rechtfertigende Notstand

a) Begriff

Der rechtfertigende Notstand knüpft an eine gegenwärtige Gefahr für ein notstandsfähiges und notstandspflichtiges Rechtsgut an. Dabei muss die Rettungshandlung gegenüber dem Rechtsgut erforderlich und nur auf Kosten eines anderen Interesses möglich sein. Das schließlich gerettete Interesse muss das durch die Rettungshandlung vernachlässigte Interesse wesentlich überwiegen. Wie bei der zu untersuchenden Zulässigkeit der behördlichen Einwilligung kommt es auch im Anwendungsfall des § 34 StGB zu einer Interessenabwägung.[34] Diese führt im Ergebnis zur Aufgabe strafrechtlichen Güterschutzes zugunsten des Erhaltes eines anderen, allerdings ebenso strafrechtlich geschützten Gutes. Die in § 34 StGB geregelte Berechtigung zum Handeln ist ein Jedermannsrecht. Das hat seit Ende der 70-er Jahre auch immer wieder die Frage aufgeworfen, ob nicht Amtsträger selbst zur Abwehr nicht anders abwendbarer Gefahren auf § 34 StGB zurückgreifen dürfen.[35] Es sollte dabei unerheblich sein, dass § 34 StGB nicht in derselben Bestimmtheit eine Kompetenzzuweisung wie andere öffentlich-rechtliche Eingriffsermächtigungen enthält. Ein Rückgriff auf strafrechtliche Rechtfertigungstatbestände sollte möglich sein, wenn eine Materie ihrer Eigenart nach nicht durch den Gesetzgeber regelbar ist.[36] Auch in noch nicht geregelten Bereichen sollten strafrechtliche Rechtfertigungsgründe gleichsam als öffentlich-rechtliche Befugnisnormen anwendbar sein.[37] Inwieweit das auch dann gelten sollte, wenn eine Materie an sich einer gesetzlichen Regelung unterworfen ist und lediglich ein bestimmter Sachbereich ungeregelt blieb, ist fraglich.[38] Zum Teil war in diesen Fällen eine Vermutung zugunsten einer abgeschlossen Regelung angenommen worden.[39]

---

[34] *Winkelbauer*, a. a. O., 202 f.

[35] *Gössner*, Ansprüche - Forum demokratischer Juristinnen und Juristen, 1996, 10; *Materialien zum „undercover agent" AK II der Arbeitgemeinschaft der Innenminister der Bundesländer* am 27./28.1.1983, StV 1984, 350; *Lange*, NJW 1978, 784, 786; *Krey*, ZRP 1975, 97 ff; BGHSt 27, 260 ff; *Stratenwerth*, AT/I RN 889; OLG-München NJW 1972, 2275; OLG-Hamburg JR 1973, 69 – einschränkend allerdings insofern als zusätzlich auf die Verhältnismäßigkeit der staatlichen Maßnahme abgestellt wird; gänzlich dagegen *Amelung*, NJW 1977, 833 ff; *ders.*, dazu auch in JuS 1986, 329, 331; *Kleinknecht/Meyer-Goßner*, § 110c RN 2 zum Problem der Straftatenbegehung durch Verdeckte Ermittler i.S.v. § 110a StPO; *Küper*, Darf sich der Staat erpressen lassen?, S. 96.

[36] Vgl. dazu auch *Tröndle/Fischer*, § 34 RZ 24.

[37] *Roxin*, JuS 1976, 509 ff; *Blei*, JA 1975, 69 ff; *Bottke*, JA 1980, 93, 95.

[38] *Wimmer*, GA 1983, 145 ff

[39] *Seelmann*, ZStW 95 (1983), 797, 811; so wohl im Ergebnis auch *Körner*, § 31 RN 169, wenn er für den Rückgriff auf § 34 StGB "unvorhergesehene und nicht einplanbare Gefah-

b) Rechtfertigender Notstand und die behördliche Einwilligung

Das für hoheitliches Handeln vorgestellte Anwendungsfeld von § 34 StGB weist deutliche Parallelen zu dem als möglich skizzierten Anwendungsbereich einer behördlichen Einwilligung auf. Der rechtfertigende Notstand erlaubt es dabei dem Amtsträger, Güterabwägungen vorzunehmen und dabei eigentlich vorgesehenen strafrechtlichen Güterschutz aufzugeben.[40] Damit ist im Ergebnis ein ähnlicher Preis aufzubringen wie er bei einer behördlichen Einwilligung entstehen würde. Auch fordert das Handeln im rechtfertigenden Notstand insoweit eine gewisse exekutive Eigenständigkeit, da gesetzlich nicht geregelt ist, wann und ob überhaupt von exekutiver Seite in eine solche Abwägung eingetreten wird. Das hat insbesondere die Entscheidung des Bundesverfassungsgerichts zur Entführung von *Hanns-Martin Schleyer* deutlich werden lassen.[41] Allerdings erfolgt schließlich die nach § 34 StGB zu treffende Abwägung nach strengen gesetzlich normierten Kriterien und stets in Ansehung einer bevorstehenden Gefahr. Der Preis der Abwägung, der auf dem ersten Blick dem bei einer behördlichen Einwilligung gleicht, ist daher von der Rechtsordnung schließlich gedeckt. Es ist die besondere in § 34 StGB normierte Notstandslage, die es dem Amtsträger erlaubt, abweichend von bestehenden Strafnormen zu handeln. Angesichts der Notstandslage ist auch die Antastung eines strafrechtlich geschützten Gutes vor der Rechtsordnung nicht zu beanstanden. Das sanktionslose Ausgehen des Einzelnen ist von der Rechtsordnung als ausdrücklich erwünschte Wirkung des § 34 StGB gewollt. Die Abwägung nach § 34 StGB unterscheidet sich damit von einer solchen, die im Hinblick auf die Annahme der Zulässigkeit einer behördlichen Einwilligung zu erfolgen hätte. Letztere würde über § 34 StGB nicht nur deshalb hinausgehen, weil sie von einer bestimmten Notstandslage losgelöst wäre. Die Abwägung im Fall einer behördlichen Einwilligung würde sich auch auf noch zu schaffende oder durchzusetzende Werte beziehen dürfen, die selbst keinen strafrechtlichen Güterschutz erfahren haben.[42]

---

rensituationen" verlangt und schließlich formuliert: "Bei der Konfrontation der Kriminalpolizei mit noch nicht konkretisierten Formen organisierter Rauschgiftkriminalität handelt es sich aber nicht um eine Ausnahmesituation, sondern um eine Regelsituation."; *Roxin*, JuS 1976, 509, 510; *Blei*, JA 1975, 69 ff; *ders.* bereits in JZ 1955, 625 ff; *Bottke*, JA 1980, 93, 95.

[40] Vgl. dazu auch *Winkelbauer*, NStZ 1988, 201 ff.

[41] BVerfG, Urt. vom 16.10.1977, AZ 1 BvQ 5/77.

[42] Dazu vgl. nochmals *Winkelbauer*, a. a. O., S. 202 ff.

3) Die rechtfertigende Pflichtenkollision

a) Begriff

Die rechtfertigende Pflichtenkollision stellt einen besonderen Rechtfertigungsgrund im Fall der Unterlassungsstrafbarkeit dar.[43] Dieser zeichnet sich dadurch aus, dass zwei Handlungspflichten miteinander kollidieren. Die kollidierenden Pflichten können von gleichem oder unterschiedlichem Rang sein.[44] Wen gleichzeitig zwei Handlungspflichten treffen, wird die eine Handlungspflicht stets nur um den Preis der Nichterfüllung der anderen erfüllen können. Der in dieser Situation Handelnde soll gerechtfertigt sein, weil er als Garant mit der Erfüllung der einen Handlungspflicht alles ihm mögliche getan hat, was die Rechtsordnung von ihm verlangen konnte.[45] Auch beim Handeln von Amtsträgern können zwei Handlungspflichten miteinander kollidieren. Die rechtfertigende Pflichtenkollision ist, anders als der rechtfertigende Notstand, ebensowenig gesetzlich geregelt wie es die behördliche Einwilligung wäre.

b) Rechtfertigende Pflichtenkollision und die behördliche Einwilligung

Im Zusammenhang mit Hausbesetzungen und Demonstrationen etwa wurde die Frage aufgeworfen, ob nicht Straftaten bis zu einem gewissen Grad hinzunehmen sind, wenn ihre Verfolgung erheblich größere Gefahren für die öffentliche Sicherheit und Ordnung hervorriefe als ihr Geschehenlassen.[46] Aufgrund des Legalitätsprinzips besteht zwar eine Strafverfolgungspflicht. Die aus dem Rechtsstaatsprinzip folgende Pflicht des Staates, durch seine Organe für die Sicherheit der Bürger und den Fortbestand ihres Vertrauens in die Funktionsfähigkeit staatlicher Institutionen zu sorgen, verlangt vor dem Hintergrund des Gleichbehandlungsgrundsatz die stete Durchsetzung des Strafrechts.[47] Es besteht aber nicht nur ein Interesse der Allgemeinheit an der Gewährleistung einer effektiven und im Sinne des Gleichheitssatzes gerechten Anwendung des Strafrechts.[48] Dem Polizeirecht folgend steht demgegenüber die Pflicht, bei in Frage kommenden Maßnahmen zur Strafverfolgung zu berücksichtigen, ob und in welchem Ausmaß sich dritte Personen bei der Durchsetzung dieser Maßnahmen wiederum strafbar verhalten werden und dadurch Gefahren für das Leben, die

---

[43] *Rudolphi*, SK vor § 13 RN 9; *Jescheck*, LK vor § 13 RN 90.

[44] *Kühl*, AT § 18 RN 136 f.

[45] *Samson*, SK 34 RN 59; *Lenckner*, GA 1985, 304 ff; *Küper*, JuS 1987, 89 ff.

[46] *Schulz/Leppin*, Jura 1981, 521 ff; LG-Hannover DVBl. 1970, 520 ff.

[47] BVerfGE 46, 214, 224.

[48] BVerfGE 33, 367, 383; 38, 105, 115; 38, 312, 321; 39, 156, 163; 41, 246, 250.

Gesundheit oder erhebliche Sachwerte Unbeteiligter schaffen werden.[49] Für den eingangs geschilderten Demonstrationsfall würde das bedeuten, dass das Unterlassen der Strafverfolgung aus polizeilichen Erwägungen heraus der Erfüllung des Unterlassungstatbestandes nach §§ 258, 258a, 13 StGB gleich käme.[50]

Dem handelnden Amtsträger wird für die Abwägung der Strafverfolgungspflicht gegenüber der polizeilichen Gefahrenabwehr ein Abwägungsfreiraum zur Verfügung stehen. Die Abwägungsentscheidung hat der Amtsträger selbständig nach eigenen Kriterien und eigener Sacheinschätzung und nicht zuletzt auch unter dem Aspekt der Angemessenheit staatlichen Verhaltens zu treffen.[51] Dabei verbleibt ihm ein großer Freiraum. Dessen Ausnutzung wird schließlich zu strafrechtlichem Unrechtsausschluss führen, ohne selbst gesetzlich geregelt worden zu sein.[52] Mit einer Verfügung über strafrechtlichen Güterschutz, gleich einer behördlichen Einwilligung, hat die insoweit stattfindende Abwägung allerdings nur wenig gemein. Zwar findet die Abwägung zwischen strafrechtlichen Güterschutz und der Erreichung eines anderen vom Gesetzgeber ebenfalls formulierten Interesses der Allgemeinheit statt. Die Abwägung resultiert allerdings aus einer Zwangslage, die sich aus dem Zusammentreffen von der Pflicht zur Strafverfolgung und der zur Gefahrenabwehr ergibt. Das Antasten eines strafrechtlich geschützten Gutes durch einen Amtsträger findet vor diesem Hintergrund seine Billigung durch die Rechtsordnung. Nicht zuletzt aus dem ultima ratio-Gedanken des Strafrechts muss gefolgert werden, dass das maßgebliche Verhalten des Amtsträgers dabei auch nicht der Verpflichtung zu gesetzmäßigem Handeln nach Art. 20 III GG widerspricht. Denn die Rechtsordnung kann von niemandem das Unmögliche verlangen, erst recht nicht unter Androhung strafrechtlicher Sanktionen. Das hier als Demonstrationsfall bezeichnete Beispiel ist insoweit durchaus auch ohne den Rückgriff auf eine behördliche Einwilligung zu einer angemessenen Lösung zu bringen.

[49] *Schulz/Leppin*, Jura 1981, 521, 531; vgl. dazu auch *Isensee*, Das Grundrecht auf Sicherheit, S. 40 ff; *Rebmann*, NJW 1985, 1, 3 ff.

[50] *Rudolphi*, SK, § 13 RN 54a m. w. N.

[51] *Schulz/Leppin*, aaO., ebenda.

[52] Vgl. dazu *Otto*, GK, 8/197 ff; *Küper*, JuS 1987, 81 ff.

B) Die behördliche Zustimmung aus dem Verwaltungsrecht im Spiegel des materiellen Strafrechts

Der rechtfertigende Notstand wie auch der Fall der rechtfertigenden Pflichtenkollision machen deutlich, dass die Aufgabe strafrechtlichen Güterschutzes infolge exekutiven Verhaltens der Rechtsordnung keineswegs von vorne herein fremd ist. Die Autonomie des Amtsträgers zur Disposition über strafrechtlichen Güterschutz beruhte dabei auf der jeweils typischen und von außen kommenden Zwangslage. Die Disponibilität des strafrechtlichen Güterschutzes und der damit verbundene Interessengewinn wie auch Interessenverlust erfährt insoweit ihre jedem Institut gemäße Übereinstimmung mit der Rechtsordnung. Mit der Frage nach der behördlichen Einwilligung wird aber die Suche nach einem Rechtsinstitut verbunden, das den Verzicht auf strafrechtlichen Güterschutz allein an eine autonome, behördeninterne Willensbildung knüpft, die gerade frei von den typischen Zwängen ist, wie sie mit dem Handeln im rechtfertigenden Notstand oder der rechtfertigenden Pflichtenkollision verbunden sind. Damit wird aber auch die Frage laut, wie hoch der Preis, der mit einer behördlichen Einwilligung auf der Seite der Interessenaufgabe hingenommen werden muss, sein darf, beziehungsweise wie seine Legitimation vor der Rechtsordnung überhaupt erfolgen kann. Damit verknüpft ist freilich auch die Frage nach dem Grund einer für die behördliche Einwilligung notwendigen Verwaltungsautonomie.

Bevor darauf aus verwaltungsrechtlicher und verfassungsrechtlicher Perspektive eingegangen wird, bedarf es der Beantwortung einer anderen Frage. Ist nicht etwa der situative Geltungsausschluss materiell strafrechtlicher Normen schon auf ganz andere Weise als erst durch ein neu zu definierendes Institut der behördlichen Einwilligung erreichbar und kommt es deshalb auf die Frage der Disponibilität der hier eingangs aufgezeigten Rechtsgüter tatsächlich noch an? Einer besonderen Legitimation des Interessenverlustes bedarf es sicher dann nicht mehr, wenn dieser als Folge sozialadäquaten Verhaltens, der Eingehung eines erlaubten Risikos oder der teleologischen Reduktion verstanden werden kann und deshalb vor der Rechtsordnung keine weitere Rechtfertigung benötigt.

I) Die behördliche Zustimmung als sozialadäquates Verhalten

1) Darstellung

„Nach der Lehre von der ‚Sozialadäquanz‘ können übliche, von der Allgemeinheit gebilligte und daher in strafrechtlicher Hinsicht im sozialen Leben gänzlich unverdächtige, weil im Rahmen der sozialen Handlungsfreiheit liegende Handlungen, nicht tatbestandsmäßig oder zumindest nicht rechtswidrig sein“[1]. Sozialadäquates Verhalten umfasst mithin „völlig normale Vorgänge des täglichen Lebens“[2]. Die Lehre von der Sozialadäquanz geht dabei davon aus, dass ein Tatbestand grundsätzlich jedes durch ihn benannte Verhalten umfasse und stets von einer Rechtsgutverletzung auszugehen sei, wenn der Tatbestand erfüllt sei. Das soll auch gelten, wenn das täterschaftliche Verhalten mit den sozialen Normen durchaus in Einklang steht.[3] Das Verdienst der Lehre von der Sozialadäquanz liegt in der Vermittlung dessen, dass „von vorne herein und generell gebilligtes Verhalten keinen Delikts- und Unrechtstyp verkörpern und daher auch niemals tatbestandsmäßig sein kann“[4]. Dabei beruht die Bestimmung eines Verhaltens als sozialadäquat auf einer Wertung.[5] Denn was im Einzelfall sozialadäquat ist, ist nur im Wege einer wertenden – und mithin abwägenden – Betrachtung zu ermitteln, beispielsweise um eine bestimmte Handlung in Bezug auf § 331 I StGB etwa als der Höflichkeit entsprechend und also tatbestandslos anzusehen.[6] Sozialadäquates Verhalten wird dabei regelmäßig einem Wandel gesellschaftlicher Wertungen unterworfen sein.[7]

Der generelle Ausschluss des ‚sozial Üblichen‘ durch die Lehre von der Sozialadäquanz aus der Strafbarkeit garantiert dem Einzelnen im übrigen auch die ungehinderte Verwirklichung seiner individuellen und grundrechtlich gesicherten Freiheiten. Das Ergebnis entspricht dem Gedanken der ultima ratio des Strafrechts. Gegenüber einer sozial üblichen Handlung kann zwar immer noch ein Güterschutz erforderlich sein. Ihn durch das Strafrecht realisieren zu wollen, würde jedoch das Übermaßverbot verletzen.[8] Das Prinzip der Sozialadäquanz entfaltet mithin durch seine tatbestandseinschränkende Wirkung einen Individualschutz gegenüber einer übermäßigen Anwendung des Strafrechts. Es wirkt freiheitserweiternd. Diese freiheitserweiternde Wirkung

---

[1] BGHSt 22, 226, 228; OLG-München NStZ 1985, 549 – „Restriktionswirkung beim Tatbestand“; vgl. auch *Lüttger*, GA 1960, 129, 144.

[2] *Roxin*, AT/I, § 13 RN 17.

[3] *Schmidhäuser*, Engisch-FS 1969, 433 ff; *ders.*, AT 9/3 ff – wonach der „Unrechtstatbestand“ stets erfüllt sei, wenn nur entsprechendes Handeln vorläge; in dieselbe Richtung weisend *Welzel*, Lb, 1954 bis 1963[4-8]; *Sax* führt an, der Tatbestand sei ein "wertungsneutrales Gebilde" (*ders.*, JZ 1976, 9, 10), wobei die Erfüllung der Tatbestandsmerkmale im Einzelnen nicht einen Typus „strafwürdiger Rechtsgutverletzung“ (*ders.*, ebenda, S. 11) darstellen muss.

[4] *Roxin*, AT/I, § 10 RN 36.

[5] Darauf verweisend *Nitz*, Einsatzbedingte Straftaten Verdeckter Ermittler, S. 64.

[6] *Kaiser*, NJW 1981, 321; *Hirsch*, ZStW 74 (1978), 126 ff; *Geerds*, JR 1996, 311 ff; *Schaupensteiner*, Kriminalistik 1996, 242 ff; *Lackner/Kühl*, § 331 RN 10.

[7] Vgl. nur *Nitz*, a. a. O., ebenda.

[8] *Wolter*, NStZ 1993, 9 ff; *Nitz*, a. a. O., S. 62.

des Prinzips der Sozialadäquanz wird auch in den sogenannten Sozialadäquanzklauseln der §§ 86 III, 86a III, 130 V und 130a III StGB deutlich. Der Gesetzgeber wollte dadurch die ungestörte Ausübung der Grundrechte gewährleisten.[9] Eine Vorfeldkriminalisierung sozialer Kommunikationsprozesse sollte verhindert werden.[10]

Hinweise, die für eine Anwendung der Lehre von der Sozialadäquanz in Bezug auf hoheitliches Handeln sprechen, finden sich durchaus. Die sogenannten „Sozialadäquanzklauseln“ schließen schon ihrem Wortlaut nach auch die Abwehr verfassungswidriger Bestrebungen mit ein. Dabei handelt es sich um eine typisch hoheitliche Aufgabe[11], die zu regeln gemäß Art. 73 Ziff. 10 GG dem Bund zusteht. Der Gesetzgeber hat sie dem Bundesverfassungsschutz, beziehungsweise den Ämtern für Landesverfassungsschutz und auch dem MAD übertragen.[12] Infolgedessen könnten sich diese – mithin deren jeweils handelnde Amtswalter – zumindest in Ansehung der Tatbestände der §§ 86, 86a, 130, 130a StGB gegebenenfalls auf die Sozialadäquanz ihres Verhaltens berufen. Zwar wird die Regelung in den Sozialadäquanzklauseln dieser Normen hinsichtlich der Abwehr verfassungswidriger Bestrebungen heute als überflüssig beschrieben. Als Grund dafür wird angeführt, die Anwendung der Regelungen falle schließlich mit Fällen des rechtfertigenden Notstandes zusammen.[13] Damit allerdings wird nur wiederum deutlich, dass es eine Tendenz gibt, kollidierende Güterschutzinteressen im Strafrecht mit Blick auf ihre Außergewöhnlichkeit durch einen Verweis auf § 34 StGB ihrem gegenseitigen Ausgleich zuzuführen.[14] Dabei bliebe dann aber unberücksichtigt, dass gerade im Hinblick auf die Disposition über das durch die §§ 267 ff StGB geschützte Gut in Bezug auf staatliche Informationsermittlung zur Straftatenverhinderung beziehungsweise -verfolgung ein Rückgriff auf § 34 StGB als nicht zulässig angesehen worden ist und deshalb schließlich die notwendigen gesetzlichen Grundlagen geschaffen werden mussten.[15] Die Abwehr verfassungswidriger Bestrebungen ist im übrigen Aufgabe der Ämter für Verfassungsschutz und des MAD, also bestimmter Nachrichtendienste. Die nachrichtendienstliche Tätigkeit ist aber in Bezug auf strafrechtlichen Güterschutz regelmäßig

[9] *Laufhütte*, MDR 1976, 441, 446 f; *Müller-Dietz*, Würtenberger-FS, 1977, S. 167, 181.

[10] BGH 23, 226; BVerwGE 39, 197.

[11] *Schwagerl*, Verfassungsschutz in der Bundesrepublik Deutschland, S. 18 ff.

[12] *Borgs/Ebert*, § 1 a.F. RN 1 ff; *Gröpl*, Die Nachrichtendienste im Regelwerk der deutschen Sicherheitsverwaltung, S. 222.

[13] *Maurach/Schroeder/Maiwald*, BT/I, § 84 RN 36 m. w. N.

[14] *Evers*, NJW 1987, 153 ff.

[15] BT-DrS 12/989, S. 41, 59

klassische Vorfeldtätigkeit, in deren Zentrum gerade auch die anlassunabhängige Sammlung von Informationen steht.[16] Mithin sind exekutive Verhaltensweisen, die der Abwehr verfassungsfeindlicher Bestrebungen dienen, regelmäßig gerade nicht dem Anwendungsbereich des § 34 StGB, der von einer gegenwärtigen und konkreten Rechtsgutgefährdung ausgeht[17], zuzuordnen.

Die Frage, ob die Exekutive im Rahmen der §§ 86, 86a, 130 und 130a StGB gleich einem Privaten vom Kriterium der Sozialadäquanz profitieren soll, bleibt schließlich bestehen. Eine positive Antwort wird aus dem Umstand genährt, dass sozialadäquates Verhalten von Amtsträgern tatsächlich zum Tatbestandsausschluss führen kann. Von der Rechtsprechung ist sie in Bezug auf die Vornahme von Ermittlungshandlungen durch Polizeibeamte angenommen worden.[18] Im Anwendungsbereich etwa der §§ 331 I, 331 III StGB stellt die Sozialadäquanz ein bedeutsames Kriterium dar, um überhaupt darüber zu entscheiden, ob ein maßgebliches Verhalten einer Genehmigung im Sinne des § 331 III StGB bedarf.[19] Gemein ist den hier angesprochenen Fällen, die für die Lösung der Kollision einander widerstreitender Interessen auf der Tatbestandsebene vermittels des Kriteriums der Sozialadäquanz streiten, dass ihnen oft das Handeln eines Amtsträgers aufgrund eines gesetzlichen Auftrages zugrunde liegt – wenn auch freilich nicht aufgrund einer ausdrücklichen Handlungsbefugnis.[20] Es ist nun nicht ersichtlich, warum der Einzelne von der freiheitserweiternden Wirkung der Lehre von der Sozialadäquanz nicht auch dann profitieren soll, während er in seiner Eigenschaft als Amtsträger handelt. Schließlich kann doch auch an anderer Stelle der hoheitlich Handelnde sich ebenfalls auf individuelle Begünstigungen des materiellen Strafrechts berufen. So stehen dem hoheitlich Handelnden etwa auch die strafrechtlichen Rechtfertigungsgründe der §§ 32, 34 StGB zur Verfügung, um Angriffe gegen die eigene Person von sich abzuwenden.[21]

---

[16] *Gusy*, StV 1993, 269 ff; *ders.*, Die Verwaltung, 1984, 273 ff

[17] Zu den Mindestanforderungen insoweit vgl. BGHSt 39, 137 ff; im übrigen etwa BGH NJW 1979, 2053; 1989, 176 ff; 1989, 1289.

[18] OLG-München, NStZ 1985, 549.

[19] Von Diensthandlungen sind dem privaten Bereich zuzuordnende Handlungen und Gefälligkeiten zu differenzieren, dazu etwa OLG-Hamm, NJW 1973, 716; *Kaiser*, NJW 1981, 321 ff; *Cramer*, Sch.-Sch., § 331 RN 34, *Tröndle/Fischer*, § 331 RN 20 m. w. N.

[20] Bezüglich des § 331 I StGB trifft das freilich nicht zu.

[21] *Kirchhof*, NJW 1978, 969 ff.

2) Kritik

Die Lehre von der Sozialadäquanz hat eine individuell freiheitserweiternde, beziehungsweise freiheitserhaltende Funktion. Sie schließt im Ergebnis grundrechtlich geschütztes Verhalten von strafrechtlichen Zugriffen aus. Gleichwohl ist sie umfangreicher Kritik unterworfen worden. So heißt es, die Lehre von der Sozialadäquanz sei den Anforderungen, die das Bestimmtheitsgebot stelle, nicht gewachsen.[22] Schließlich führe sie zu einem Verschwimmen der Grenzen zwischen Tatbestandsmäßigkeit, Rechtswidrigkeit und Schuld.[23] Ob dem zuzustimmen ist, kann dahin gestellt bleiben, da jedenfalls der Verweis auf die Sozialadäquanz und die damit notwendig werdende Wertung stets von einem erheblichen Maß an Rechtsunsicherheit begleitet sein wird.[24] Gerade aber im Hinblick auf die Betrachtung von Verwaltungshandeln kann diese Rechtsunsicherheit nicht hingenommen werden. Die Disposition über strafrechtlichen Güterschutz muss als exekutives Handeln mit der Bindung der Verwaltung im Sinne von Art. 20 III GG in Einklang zu bringen sein. Die Lehre von der Sozialadäquanz erscheint zwar nicht ohne weiteres entbehrlich, weil sie Maßstäbe für die Zurechnung im Sinne strafrechtlich relevanten Handelns setzen könnte[25] und für eine gewisse Offenheit des Strafrechts gegenüber eines in der Gesellschaft stattfindenden Wertewandel bürgt.[26] Gleichwohl vermag sie nicht Kollisionen zwischen von der Verwaltung situativ entwickelten Handlungswünschen im Hinblick auf die partielle Aufhebung des strafrechtlichen Güterschutzes in Ansehung eines konkreten Sachverhaltes einerseits und dem Gesetzesvorrang oder gar dem Gesetzesvorbehalt[27] andererseits aufzulösen.

Was die Lehre von der Sozialadäquanz im Hinblick auf die Bewertung von Individualverhalten noch zu leisten vermag – ein freiheitserweiterndes Kriterium zu bieten und so im Ergebnis eine Anwendungsschranke des Strafrechts vor dem Hintergrund grundrechtlicher Schutzbereiche zu liefern – gelingt dort nicht mehr, wo das maßgebliche Verhalten als Exekutivverhalten

[22] *Hirsch*, ZStW 71 (1962), S. 134; *Küpper*, GA 1987, 387; *Lüttger*, GA 1960, 129, 144; *Sturm*, JZ 1976, 347, 349; *Müller-Dietz*, Würtenberger-FS, 1977, S. 167, 181.

[23] *Nitz*, Einsatzbedingte Straftaten Verdeckter Ermittler, 63; *Roxin*, AT/I, § 10 RN 36.

[24] Offen bleibt die Frage, ob es zum Tatbestands- oder Rechtswidrigkeitsausschluss kommt in BGHSt 23, 228; zum Schuldausschluss *Roeder*, Die Einhaltung des sozialadäquaten Risikos, 1969, S. 154; zum Tatbestandsausschluss vgl. m. w. N. *Ebert/Kühl*, Jura 1981, 226 ff; *Hassemer*, wistra 1995, 46, 81.

[25] *Nitz*, a. a. O., S. 64.

[26] *Zipf*, ZStW 82 (1970), S. 636 ff; *Roxin*; Kriminalpolitik und Strafrechtssystem, S. 23 ff.

[27] Vgl. insoweit die Ausführungen zum Flugblattfall, 1. Kap./IV/Fall 3.

auch noch Kongruenz zu verwaltungsrechtlichen Normen und dem Verfassungsrecht entfalten muss.

Das Handeln eines Amtsträgers im Rahmen seiner Amtspflichten unterliegt einer umfassenden verwaltungsrechtlichen Gesetzesbindung. Das trifft sowohl für den Anlass des maßgeblichen Handelns als auch für den zur Verfügung stehenden Handlungsrahmen zu. Der so zustande kommende Rechtsrahmen begründet die das maßgebliche Handeln rechtfertigenden Amts- oder Dienstrechte.[28] Darüber hinaus noch den Maßstab eines völlig normalen Vorganges des täglichen Lebens einführen zu wollen, stieße auf die Grenzen des Vorrang- und des Demokratieprinzips in Bezug auf insoweit eintretende Verstöße gegen geltendes Strafrecht wie auch gegen das Beamtenrecht.[29] Berührungen von grundrechtlichen Schutzbereichen können insoweit erst recht nicht ihre Zustimmung vor der Rechtsordnung finden. Entsprechendes staatliches Verhalten stößt regelmäßig an die Grenze des Vorbehaltsprinzips und würde eine Umgehung der verfassungsrechtlich bestehenden Schranken staatlichen Handelns und ihrer Schranken-Schranken bedeuten.

Auch aus rechtsstaatlicher Perspektive ist infolge der Entstehung erheblicher Rechtsunsicherheit und einer mangelnden Vorhersehbarkeit staatlichen Verhaltens der Verweis auf die Lehre von der Sozialadäquanz als Begründung für die Aufgabe strafrechtlichen Güterschutzes abzulehnen. Die eventuell bestehende situative Zweckmäßigkeit eines Verwaltungshandelns lässt diese noch nicht zu einem völlig normalen Vorgang des täglichen Lebens werden. Vielmehr würde dadurch die rechtsstaatlich begründete Garantiefunktion des Strafrechts sowie auch schließlich das staatliche Gewaltmonopol in Frage gestellt. Letzteres schließt nämlich gerade eben mit ein, dass ausschließlich dem Staat der Schutz vor Straftaten zukommt.[30] Hat der Staat in der Rolle des Gesetzgebers den strafrechtlichen Schutz eines Rechtsgutes verfügt, zwingt gerade das Gewaltmonopol die Exekutive dazu, diesen Schutz zu achten und zu realisieren und ihn nicht kurzfristigen Nützlichkeitserwägungen zu opfern. Das wird aber freilich dann konterkariert, wenn von staatlicher Seite selbst massive Straftaten begangen werden.[31] Die Celler Aktion[32] ist dabei nur ein Beispiel, das

---

[28] *Jescheck/Weigend*, Lb, § 34 III 4; *Tröndle/Fischer*, vor § 32 RN 5; *Träger*, LK, vor § 32 RN 5; *Jakobs*, AT, 16/1, 6.

[29] *Plog/Wiedow*, § 70 BBG RN 6.

[30] Vgl. dazu BVerfGE 49, 24 ff; *Di Fabio*, Risikoentscheidungen im Rechtsstaat, S. 43; *Isensee*, Eichenberger-FS, S. 23, 26: „Die private Gewalt ist nunmehr verstaatlicht.“ *ders.*, Grundrecht auf Sicherheit, S. 41 ff.

[31] *Ostendorf/Meyer-Seitz*, StV 1985, 74, 80; *Ostendorf*, JZ 1991, 62, 69; *Lesch*, StV 1993, 94 ff; *Kreuzer* in V-Leute – die Falle im Rechtsstaat, Hrsg. Lüderssen, S. 55, 57 ff;

im übrigen von solchen Agent provocateur-Einsätzen ergänzt wird, in denen schließlich wegen der überwiegenden Einflussnahme des Agent provocateur auf das Tatgeschehen ein Strafverfolgungshindernis anerkannt worden ist – freilich ohne gleichzeitig zur Bestrafung des Agent provocateur zu gelangen.[33] Im Hinblick auf die Agent provocateur-Einsätze ist im übrigen, sofern dies im Sinne der §§ 110a ff StPO oder entsprechender polizeirechtlicher Regelungen erfolgt, auf die Subsidiarität derartiger Informationsgewinnungen hinzuweisen.[34] Diese Subsidiaritätsregelungen stehen schließlich aber ebenfalls in krassem Widerspruch zu einer behaupteten Normalität desselben Vorganges innerhalb des täglichen Lebens. Führt man sich auch die Diskussion um die Zulässigkeit millieubedingter Straftaten und die Errichtung einer Legende vor Augen, wird man gerade nicht mit dem Verweis auf die Sozialadäquanz des maßgeblichen Verhaltens die exekutive Disposition über den strafrechtlichen Schutz der hier in Rede stehenden Güter beantworten können.[35]

Im Hinblick auf die an der Lehre der Sozialadäquanz geübte und hier dargestellte Kritik wird schließlich auch darauf verwiesen, dass die Sozialadäquanz lediglich als weiteres Kriterium bei der teleologischen Auslegung zu betrachten sei.[36] Allerdings ist dem entgegenzuhalten, dass tatbestandliches Verhalten nicht infolge teleologischer Auslegung zu tatbestandslosem Verhalten werden kann. Eine zweckorientierte Strafnormauslegung vermag dann nicht zum Ziel zu führen, wenn eigentlich gerade das Verhalten zu bewerten ist, das den Tatbestand erfüllt, weil es auch gerade eben der tatbestandlich gefassten und missbilligten Handlungsweise entspricht. Das Ziel, an sich tatbestandliches Handeln von der Tatbestandlichkeit auszuschließen, wäre dagegen nur im Wege der hiervon zu differenzierenden teleologischen Reduktion erreichbar.[37] Dabei kommt dann

---

Eisenberg, NJW 1993, 1033, 1039; *Velten*, StV 1987, 544, 553; *Salzwedel*, H. Peters-GS, S. 756, 780; *Franzheim*, NJW 1979, 2014, 2018.

[32] *Kühne*, JuS 1987, 188 ff; *Velten*, StV 1987, 544 ff; *Evers*, NJW 1987, 153 ff.

[33] BGH StV 1991, 163; BGH NStZ 1981, 70; BGH StV 1981, 276; BGH NJW 1981, 1626; BGH StV 1986, 100; BGH StV 1988, 296; BGH NStZ 1993, 584; Aufhebungen: BGH NStZ 1982, 126; 156; 1984, 78; 519; 1988, 551; Einstellungen wegen des überweigenden Tatbeitrages des Agent provocateur: LG-Stuttgart StV 1984, 197; LG-Ffm StV 1984, 415; LG-Berlin StV 1984, 457.

[34] BT-DrS 12/989, S. 59,

[35] Vgl. dazu BT-DrS 12/989, S. 41, 59, dafür allerdings eintretend insbes. seinerzeitiger Ministerpräsident Bayerns *Stoiber*, 1. Beratung v. 20.9.1991, 42. Sitzung, Plenarprot. 12/42 S. 3504.

[36] *Ostendorf*, GA 1982, 344.

[37] Vgl. dazu ausführlich unten 2. Kap./B/III.

freilich die Sozialadäquanz als einzubeziehendes Auslegungskriterium nicht mehr in Betracht.

Der Verweis auf die Anwendungsergebnisse der Lehre von der Sozialadäquanz vermag also schließlich nicht die Frage nach der Disponibilität des strafrechtlichen Schutzes staatlicher Rechtsgüter oder Rechtsgüter der Allgemeinheit obsolet werden zu lassen. Sofern auf die Sozialadäquanz maßgeblichen Handelns verwiesen wird, kann dies nur zu individuellen Gunsten im Hinblick auf den in den Grundrechten verankerten status negativus geschehen. Rechtfertigungen behördlicher Handlungen in Ansehung ihrer grundsätzlichen Strafbewehrtheit sind mit dem Verweis auf die Lehre von der Sozialadäquanz nicht zu erzielen.

II) Die behördliche Zustimmung als Eingehung eines erlaubten Risikos?

1) Darstellung

Die staatliche Disposition über strafrechtlichen Güterschutz könnte durch die Kategorie des erlaubten Risikos erfasst werden. Grundsätzlich muss eine Gefahr oder ein Risiko durch ein menschliches Verhalten herbeigeführt oder erhöht worden sein und sich schließlich im tatbestandlichen Erfolg realisiert haben. An einer derartigen strafrechtlich relevanten Gefahrenschaffung soll es allerdings dann fehlen, wenn das durch das menschliche Verhalten geschaffene Verletzungsrisiko noch im Bereich des rechtlich Erlaubten liegt.[38]

Man könnte nunmehr anführen, dass tatbestandliches Verhalten, das infolge einer behördlichen Zustimmung, die von der instanziell, sachlich und örtlich zuständigen Behörde erteilt wurde[39], aus strafrechtlicher Sicht im Felde des erlaubten Risikos anzusiedeln ist. Insbesondere Einsätze von Agents provocateurs im Bereich der Straftatenverfolgung und -prävention sowie nachrichtendienstlicher Tätigkeit könnten so nach zum Teil vertretener Auffassung betrachtet werden.[40] Auf die Ungefährlichkeit des maßgeblichen

[38] *Lenckner*, Sch.-Sch., vor §§ 13 ff RN 92a; *Kühl*, Lb, § 4 RN 48 ff; *Roxin*, AT/I, § 11 RN 58.

[39] Es kann insoweit auf die Erfordernisse einer zulässigen Genehmigung im Rahmen des § 331 III StGB verwiesen werden, siehe hierzu umfassend *Jutzi*, NStZ 1991, 105 ff; *Blei*, JA 1974, 377 ff; vgl. ebenso *Träger*, LK, § 99 RN 15; *Tröndle/Fischer*, vor § 32 RN 5; *Winkelbauer*, NStZ 1988, 201 ff; *Lackner/Kühl*, § 98 RN 4; § 99 RN RN 8; *Borgs/Ebert*, zu § 3 BVerfSchG a. F. RN 145 ff; *Jescheck/Weigend*, Lb, § 34 IV 5; *Hirsch*, LK vor § 32 RN 160.

[40] BGHSt 41, 64 ff; 41, 42 ff; BGH JZ 1986, 103; BGH GA 1975, 333; BGH NJW 1980, 1761; 1981, 1626; StV 1985, 398; *Borgs/Ebert*, a. a. O., ebenda; *Koriath*, Kriminalistik 1992, 370 ff; a. A. ohne abwägende Betrachtungsweise, weil nur eine Verleitung zum

behördlichen Verhaltens wird im Fall nachrichtendienstlicher Tätigkeit bei der Ausgabe sogenannten Spielmaterials verwiesen. Die Harmlosigkeit des behördlichen Tuns scheint sich dabei schon aus dem eigentümlichen Begriff des Spielmaterials ganz von selbst zu ergeben. Es soll sich dabei um solches Material handeln, das, sofern es nicht schon bekannt ist, von so geringem Bedeutungsgehalt ist, dass sein Verrat die Gefahr eines schwerwiegenden Nachteils für die Bundesrepublik Deutschland nicht heraufbeschwört.[41] *Borgs/Ebert* weisen sogar daraufhin, dass der Verrat ohne Verrat – mithin also ohne das Zur-Verfügung-Stellen solchen sogenannten Spielmaterials – nicht abwendbar sein werde.[42]

War durch die behördliche Zustimmung lediglich ein ungefährliches Verhalten gewollt, darf in der dennoch erfolgenden Realisierung der tatbestandlichen abstrakten oder konkreten Gefahr oder des tatbestandlichen Erfolges nicht materiell strafrechtliches Unrecht gesehen werden.[43] Die Ungefährlichkeit des Einsatzes eines Agent provocateur soll an Hand von drei typischen Ungefährlichkeitskriterien bestimmt werden. Die polizeiliche Gegenwart soll die Rechtsgutverletzung höchst unwahrscheinlich machen. Die beteiligten Agents provocateurs repräsentieren nicht die Öffentlichkeit, daher führt ihr Verhalten auch nicht zum immer wieder behaupteten Bedeutungsverlust des Strafrechts. Kommt es schließlich doch zur Rechtsgutverletzung, soll diese von anderer Qualität sein, da sie gleichsam unter staatlicher Aufsicht, etwa unter polizeilicher Beobachtung, eingetreten ist.[44] Dabei soll gelten, dass das Bedürfnis nach dem Zulassen des Gegenbeweises der Ungefährlichkeit staatlichen Handelns um so dringlicher ist, je präziser sich die vom Gesetzgeber gedachte Gefahr gemäß dem Gesetz bestimmen lässt.[45] Das Zulassen des Gegenbeweises der Ungefährlichkeit soll allerdings an um so strengere

---

Versuch erfolgen soll BGH GA 1975, 333; dazu auch *Franzheim*, NJW 1979, 2014, 2015; *Roxin*, LK, § 26 RN 17; für eine Differenzierung zwischen formeller Rechtsgutverletzung durch den Agent provocateur und irreversibler Rechtsgutverletzung durch den Haupttäter eintretend etwa *Seelmann*, ZStW 95 (1983), S. 787 ff; *Maaß*, Jura 1981, 514 ff.

[41] *Träger*, LK, § 93 RN 26, 30; *Wagner*, GA 1962, 3 ff Nr. 1, 6, 8 11; *Hirsch*, LK, vor § 32 RN 160.

[42] *Borgs/Ebert*, a. a. O., ebenda, RN 145 ff.

[43] *Schröder*, ZStW 81 (1969), S. 3 ff; im Ergebnis auch *A. Kaufmann*, JZ 1963, 425 ff; *Cramer*, Sch.-Sch., vor § 306 RN 5; BGHSt 39, 371; im Ergebnis ebenso BGH NJW 1994, 2161.

[44] Zu den Ungefährlichkeitskriterien vgl. *Schünemann*, StV 1985, 424, 429; BGHSt 41, 64, 68.

[45] BGHSt 26, 123.

Anforderungen geknüpft werden, je unpräziser die vom Gesetzgeber vorgezeichnete tatbestandliche Gefährdung ist.

2) Kritik

Mit dem Kriterium der Ungefährlichkeit des maßgeblichen staatlichen Handelns wird schließlich nichts zu gewinnen sein. Es handelt sich zunächst ebenfalls wie bei der Lehre von der Sozialadäquanz um eine Kategorie, die individuell freiheitserweiternd wirken soll. Bestimmte, in einer Gesellschaft übliche Verhaltensweisen, die mit der Entstehung solcher Risiken verknüpft sind, deren Schaffung oder Realisierung grundsätzlich strafrechtlich erheblich ist, sollen von ihrer strafrechtlichen Relevanz – und zwar im Rahmen einer bestimmten Verkehrsüblichkeit – befreit werden.

Der exekutive Verzicht auf den strafrechtlichen Güterschutz ist regelmäßig schon nicht ein als verkehrsüblich zu qualifizierendes Verhalten, denn er steht offenkundig im Widerspruch zu Strafnormen und zur Bindung der Exekutive gemäß Art. 20 III GG. Der Verweis auf die hier erwähnten Ungefährlichkeitskriterien führt darüber hinaus zu einem Verschwimmen der Grenzen zwischen abstrakten und konkreten Gefährdungsdelikten. Die Gefährlichkeit des Verhaltens des Agent provocateur tritt etwa dann deutlich hervor, wenn der Agent provocateur Personen mehrmals zur Begehung gleicher Straftaten provoziert oder es sich dabei um die Verwirklichung von Gefährdungsdelikten handelt.[46] Denn stets kommt es dann zu der Realisierung einer von der Rechtsordnung gerade eben mißbilligten Gütergefährdung. Auch schließt das kontrollierte Begehenlassen von Straftaten unter dem Auge des Agent provocateur und mithin des Staates die Rechtsgutverletzung oder die verletzungsgleiche Gütergefährdung regelmäßig mit ein.[47]

Insbesondere trifft das für abstrakte Gefährdungsdelikte zu; denn „freilich bleibt auf jeden Fall daran festzuhalten, dass es abstrakte Gefährdungsdelikte gibt, bei denen die Richtung, in der die gesetzlich zu erfassende Gefahr auftreten kann, so wenig bestimmt ist, dass der Beweis des Gegenteils nicht zugelassen werden kann. Dies gilt beispielsweise bei der Übertretung von Verkehrsvorschriften, bei unbefugtem Besitz von Waffen oder Sprengstoffen sowie beim Handel mit

[46] *Seelmann* ZStW 95 (1983), S. 797 ff.

[47] BGHSt 41, 64, 68.

Rauschgiften."[48] Gerade in diesen Deliktsbereichen spielt aber der Einsatz von Agents provocateurs eine große Rolle.[49]

Aber auch im Bereich konkreter Gefährdungsdelikte wird sich die Ungefährlichkeit des maßgeblichen exekutiven Verhaltens nicht immer einwandfrei im Voraus bestimmen lassen. So wird im Fall nachrichtendienstlicher Tätigkeit die Gefahrlosigkeit der Hingabe von Spielmaterial keineswegs regelmäßig so selbstverständlich vorab bestimmbar sein, wie das von den Vertretern dieses Ansatzes nahe gelegt wird. Denn selbst Einzelheiten, die für sich betrachtet unterhalb der tatbestandlich maßgeblichen Bedeutungsschwelle liegen, um eine Gefahr des schweren Nachteils für die Bundesrepublik zu begründen, können gemeinsam mit bereits von der fremden Macht erlangten Erkenntnissen durchaus eben gerade diese Gefahr tatbestandlich begründen. Es ist deshalb niemals völlig auszuschließen, dass sich infolge der Hingabe des Spielmaterials die tatbestandsmäßigen Gefahren realisieren, ohne dass auch die erstrebten Vorteile eintreten. Das ergibt sich regelmäßig aus der „spezifischen Unabwägbarkeit des Metiers".[50]

Die Heimlichkeit des Tätigwerdens eines Agent provocateur schließt insbesondere auch nicht die öffentliche Desavouierung der Rechtsordnung aus. Vielmehr ist nicht zuletzt mit dem Blick auf das Demokratieprinzip genau das Gegenteil der Fall.[51] Entsprechendes hat etwa die Durchführung der Celler Aktion, bei der im Nachhinein das Handeln staatlicher Agents provocateurs offen gelegt worden ist, gezeigt. Außerdem ist auch die Verfolgung eigener Interessen durch den Agent provocateur nicht von vorne herein völlig auszuschließen.[52]

Selbst wenn man lediglich von einer formellen Realisierung des maßgeblichen Unrechtstatbestandes ausgehen wollte, weil man die formelle Vollendung der Tat und ihre materielle Beendigung beziehungsweise schließlich die Rechtsgutverletzung als unterschiedliche Stufen der inkriminierten Handlung betrachten möchte[53], wird die Straflosigkeit des Agent provocateur nicht mit

---

[48] *Schröder*, ZStW 81 (1969), S. 3, 17; zum Teil abweichend dazu § 306a StGB vgl. exempl. Nwe. bei *Tröndle/Fischer*, § 306a RN 2 aber BT-DrS 13/8587.

[49] BGH GA 1975, 333; BGH NJW 1980, 1761; BGH StV 1981, 276; BGH NJW 1981, 1626; BGH JZ 1986, 103; BGHSt 32, 345; BGH NStZ 1992, 275; 1993, 584; 1982, 156; BGH StV 1988, 296; BGHSt 41, 64.

[50] *Marx*, Die behördliche Genehmigung im Strafrecht, S. 148.

[51] Vgl. *Velten*, Tranzparenz staatlichen Handelns und Demokratie, S. 60 ff.

[52] Vgl. den Fall von LG-Berlin StV 1984, 457, 460.

[53] *Maurach/Gössel/Zipf*, AT/II, § 51; *Stratenwert*, AT, S. 258 im Gegensatz zu MDR 1953, 717; *Cramer*, Sch.-Sch., vor § 306 RN 5; *Seelmann*, ZStW 95 (1983), S. 797, 805; vgl. auch *Maaß*, Jura 1981, 514, 519.

dem Verweis auf die Ungefährlichkeit seines Verhaltens zu begründen sein. Denn bei abstrakten Gefährdungsdelikten ist die inkriminierte Handlung sowohl formell vollendet als auch materiell beendet, ohne dass es noch auf eine Rechtsgutverletzung oder wenigstens die Realisierung eines Gefährdungserfolges ankäme. Der Gesetzgeber wollte bereits die Herbeiführung der abstrakten Gefahr im Vorfeld des Rechtsgutes unter Strafe stellen.[54] Deshalb vermag der Beweis der Ungefährlichkeit dort auch nicht Platz zu greifen. Ebenso wenig hilft aber auch bei konkreten Gefährdungsdelikten bei Annahme einer nur formellen Unrechtsrealisierung der Verweis auf die Ungefährlichkeit des Verhaltens des Agent provocateur weiter. Denn regelmäßig wird dieser die maßgebliche, tatbestandlich gefasste und von der Rechtsordnung missbilligte Gefährdung eines Rechtsgutes infolge seines Verhaltens so konkret werden lassen, dass dem Haupttäter ein in diesem Sinne strafbares Verhalten vorwerfbar wird, weil eben gerade die rechtlich missbilligte Gefahr entstanden ist. Mithin muss also auch der Agent provocateur regelmäßig eine Strafbarkeit wegen Anstiftung oder Beihilfe zu dieser Haupttat verwirkt haben.[55]

Dabei kann auch nicht angenommen werden, dass die Tatgeneigtheit des Verlockten bereits die Gefahr des Handelns des Agent provocateur auszuschließen vermag. Soweit in der Rechtsprechung die Tatgeneigtheit mit der Tatentschlossenheit gleichgesetzt wird[56], führt dies zugunsten der Annahme täterschaftlichen Verhaltens zu einer unsachgemäßen Reduzierung des Anwendungsbereichs des § 26 StGB, die im übrigen gerade im Bereich der Betäubungsmittelkriminalität in aller Regel zur Straflosigkeit des Agent provocateur führt.[57] Der einer Tat Zugeneigte bedarf aber tatsächlich noch der Anstiftung und ist nicht mit dem omni modo facturus zu verwechseln.[58]

Im Hinblick auf die Verleitung zu Erfolgsdelikten schlägt der Verweis auf die Ungefährlichkeit des Verhaltens des Agent provocateur jedenfalls regelmäßig dann fehl, wenn der tatbestandsmäßige Erfolg dennoch eintritt. Ungefährlich ist aber das Verhalten des Agent provocateur auch dann nicht mehr, wenn es auf Seiten des Verlockten in das pönalisierte Versuchsstadium führt und dort stehen bleibt. Denn regelmäßig verwirklicht sich im strafbaren Versuch bereits ein von

[54] *Ostendorf*, JuS 1982, 426 ff.

[55] *Plate*, ZStW 84 (1972), 294 ff; zur Beihilfestrafbarkeit des Agent provocateur vgl. *Küper*, GA 1974, 321 ff.

[56] BGH GA 1975, 333; BGH NJW 1980, 1761; 1981, 1626; BGH StV 1981, 276; BGH JZ 1986, 103; BGH NStZ 1992, 275; 1993, 584; BGHSt 32, 345 ff; 41, 42 ff.

[57] Selbst bei einem überwiegenden Einfluss des Agent provocateur soll es bestenfalls zur Einstellung kommen, vgl. dazu LG-Stuttgart, StV 1984, 197; LG-Ffm StV 1984, 415; LG-Berlin, StV 1984, 457.

[58] Vgl. etwa BGH MDR 1957, 395.

der Rechtsordnung anerkannter Handlungsunwert, der sich gerade eben aus dem unmittelbaren Ansetzen zur Rechtsgutverletzung ergibt.[59] Dadurch kommt es zu einer erheblichen Erschütterung des Vertrauens auf die Geltung der Rechtsordnung, beziehungsweise des Gefühls der Rechtssicherheit aus der Sicht Außenstehender.[60] Das Verhalten des Agent provocateur wird dabei regelmäßig als Beihilfe einzustufen sein.[61]

Im Ergebnis bleibt mithin festzuhalten, dass der Verweis auf die Ungefährlichkeit eines maßgeblichen Verhaltens eines Agent provocateur die Frage nach der Disponibilität des entsprechenden strafrechtlichen Güterschutzes nicht überflüssig macht. Insbesondere vermag das gegebenenfalls unter eine behördliche Einwilligung zu fassende straftatbestandliche Verhalten nicht vom Gedanken des erlaubten Risikos getragen zu werden. Denn stets ist das entsprechende Verhalten des Agent provocateur darauf gerichtet, genau soviel zu erreichen, dass der Verlockte aus einer vollendeten Straftat bei Gefährdungsdelikten und wenigstens aus einem Versuch bei Erfolgsdelikten zu bestrafen sein wird. Mithin realisiert sich infolge der Straftatenprovokation der Straftatbestand gerade in der vom Gesetzgeber vorgesehenen Form, so dass es sich dabei um diejenige Realisierung eines Risikos handelt, dessen Schaffung die Rechtsordnung bei Strafe verboten hat. Diese Gefährlichkeit des Handelns des Agent provocateur ist auch gerade gewollt. Infolge der Deutlichkeit, mit der die Rechtsprechung dies mittlerweile formuliert, wird erkennbar, dass das Verhalten des Agent provocateur weder ungefährlich ist noch auch nur ungefährlich sein soll.[62]

III) Die behördliche Zustimmung im Lichte der teleologischen Reduktion

1) Darstellung

Der Blick auf die Lehre von der Sozialadäquanz konnte bezüglich der exekutiven Disposition über strafrechtlichen Güterschutz keine Ergebnisse bringen. Auch vermochte die mit dem behördlichen Verzicht auf strafrechtlichen Güterschutz einhergehende behördliche Zustimmung nicht mit der Kategorie des erlaubten Risikos in Einklang gebracht zu werden. Es soll daher nunmehr der Frage nachgegangen werden, ob die behördliche Einwilligung nicht eigentlich ein mit der teleologischen Reduktion zu erfassender Vorgang ist. Hinter dem Fall des Verzichts auf strafrechtlichen

59 *Gallas*, Bockelmann-FS, S. 155 ff.

60 *Maurach/Gössel/Zipf*, AT/II, § 40 RN 41; *Eser*, Sch.-Sch., § 22 RN 62 ff.

61 *Küper*, a. a. O., ebenda.

62 Vgl. so ausdrücklich BGHSt 42, 64, 68.

Güterschutz steht einmal die behördliche Einwilligung, also die Zustimmung zur Güterbeeinträchtigung, zum anderen steht dahinter eine behördliche Zustimmung gegenüber dem Handelnden, das maßgebliche Rechtsgut durch an sich strafbewehrtes Verhalten schließlich straffrei anzugreifen. Der tatbestandlich Handelnde erhält so eine Genehmigung, eigentlich Verbotenes wird ihm erlaubt. Da die behördliche Zustimmung einer gesetzlichen Regelung entbehrt, besteht hinsichtlich ihrer Erteilung eine gesetzliche Regelungslücke.[63] Die behördliche Zustimmung wird darüber hinaus regelmäßig an einen solchen Sachverhalt geknüpft sein, der einen bestimmten Ausnahmecharakter im Verhältnis zur generellen gesetzlichen Regelung hat – ohne dass freilich damit schon eine bestimmte Nähe zum Anwendungsbereich des § 34 StGB impliziert wäre.

Die teleologische Reduktion ist die sinngemäß erforderliche Einschränkung der Anwendung einer Norm durch das Hinzufügen einer die Normanwendung beschränkenden Regel.[64] Mithin wird aus einem bestimmten Grunde ein Sachverhalt vom Normanwendungsbereich ausgeschlossen, welcher eigentlich zu seinem Kern gehört. Die teleologische Reduktion ist das Ergebnis einer in Ansehung der Norm erforderlichen Differenzierung aus Gründen der Gerechtigkeit.[65] Sie erfordert es im Einzelfall, Ungleiches ungleich zu behandeln. Ausschluss beziehungsweise Differenzierung erfolgen aufgrund von Sinn und Zweck der entsprechenden Norm wie auch anderer Normen, die mit der fraglichen Norm in systematisch enger Beziehung stehen.[66] Die teleologische Reduktion dient so dem Schließen einer verdeckten Regelungslücke. Diese könnte im Bezug auf die hier zu erörternde Fragestellung etwa so formuliert werden: Eine staatlichem Handeln zurechenbare Rechtsgutverletzung soll nicht einer entsprechenden Strafnorm unterworfen werden, wenn die Rechtsgutverletzung allein zum Zwecke positiver gesamtstaatlicher Ziele, im Interesse der Rechtsordnung und mit der ausdrücklichen Billigung der Behörde erfolgt, die für den maßgeblichen Sachverhalt die zur endgültigen Regelung zuständige Stelle ist.

Ein entsprechendes Vorgehen soll keineswegs staatlicher Willkür Tür und Tor öffnen. Die Anknüpfung an Gerechtigkeitsaspekte soll weder auf eine

[63] Vgl. dazu etwa *Tröndle/Fischer*, vor § 32 RN 5; *Träger*, LK, § 93 RN 30.

[64] *Larenz/Canaris*, Methodenlehre der Rechtswissenschaft, S. 175.

[65] *Larenz/Canaris*, a. a. O., ebenda.

[66] Zur Abgrenzung von Analogie und teleologischer Reduktion *Larenz/Canaris*, Methodenlehre der Rechtswissenschaft, S. 175; im übrigen zur teleologischen Reduktion ebenda S. 210 ff.

individualisierende[67] noch auf eine allgemeine Gerechtigkeit – etwa im Sinne einer der Verfassung immanenten Werteordnung[68] – als Maßstab verweisen. Vielmehr soll die teleologische Reduktion der maßgeblichen Strafnorm gleichzeitig Anknüpfung an den das Strafrecht beherrschenden ultima ratio-Gedanken und den Aspekt der Natur der Sache erfahren. Dadurch soll sicher gestellt werden, dass staatlicher Verzicht auf strafrechtlichen Güterschutz nur dort erfolgt, wo er nach der Sachnatur das einzig richtige Mittel ist, ein von der Rechtsordnung schließlich wiederum goutiertes Ziel zu erreichen. Das Strafrecht als ultima ratio staatlichen Handelns hat dann in der maßgeblichen Situation gerade in den Hintergrund zu rücken. In Ansehung des von der Rechtsordnung positiv zu bewertenden Zieles ist das Strafrecht dann nicht mehr einschlägiges Reaktionsinstrument gegenüber der zur Ausführung gelangten Handlung.[69] Es geht um die Realisierung eines kompetenziellen „so und nicht anders“[70] wie es zu erfolgen hat, um gerade das zu erreichen, was schließlich auch im Sinne der Rechtsordnung ist – etwa Straftatenaufklärung oder -prävention; und zwar auch dann, wenn der Gesetzgeber eine solche Situation vorher nicht nur nicht vorhersehen konnte, sondern das ihr zugrunde liegende Verhalten sogar grundsätzlich mit Strafe belegt hat. Dem entsprechend verweist *Evers* darauf, dass die „bloße Subsumierbarkeit nicht notwendig zur Unrechtsindizierung" führen muss.[71] „Unter teleologischen Gesichtspunkten eine restriktive Interpretation des vom Wortlaut her zu weit gefassten Tatbestandes“ fordert *Hund* in Bezug auf die Betätigung von Agents

[67] *I. Roxin*, Die Rechtsfolgen schwerwiegender Rechtsstaatsverstöße in der Strafrechtspflege, S. 102.

[68] Deutlich dazu noch BVerfGE 7, 198, 205 (*Lüth*); ebenso 20, 162, 175 (Spiegelaffäre); 39, 1 ff (§ 218 StGB); zur Begrenztheit eines individuellen Sicherheitsanspruchs in Ansehung einer grundrechtlich verbrieften Werteordnung vgl. 46, 160, 164 (*Schleyer*); 53, 30, 57 (Mühlheim-Kärlich); 52, 131, 165 (Arzthaftung); 66, 113, 116, 135 (*Wallraff*); 77, 170, 214 (C-Waffen); 79, 174, 201 (Untätigkeit des VO-Gebers); vgl. kritisch dazu auch *Krauß*, KritV 1993, 183, 186 über die „verfassungsgesetzliche Stärkung der Staatsgewalt – nämlich gegenüber dem bürgerlichen Außenseiter – zur Sicherung der von der Verfassung vorgegebenen Staatsziele einschließlich der allgemeinen Sicherheit“; krit. dazu *Isensee*, HStR V § 111 RN 85.

[69] *Marx*, Die behördliche Genehmigung im Strafrecht, S. 150 ff; *Goldmann*, Die behördliche Genehmigung als Rechtfertigungsgrund, S. 218 ff.

[70] *Stettner*, DÖV 1984, 611; *Kloepfer*, VVDStRL 40 (1982), S. 63 , 74; *I. Roxin*, Die Rechtsfolgen schwerwiegender Rechtsstaatsverstöße in der Strafrechtspflege, S. 130; *Rogall*, Informationseingriff und Gesetzesvorbehalt im Strafprozeß, S. 74 ff; *Marx*, a. a. O., ebenda; *Winkelbauer*, NStZ 1988, 201 ff; *Borgs/Ebert*, zu § 3 BVerfSchG a. F. RN 145 ff; *Evers*, NJW 1987, 153 ff; *Hund*, NStZ 1993, 571 ff.

[71] *Evers*, a. a. O., 154.

provocateurs beim illegalen Glücksspiel.[72] An anderer Stelle wird vertreten, dass es sich schon aus dem Auftrag, als Agent provocateur tätig zu werden, ergebe, dass die entsprechenden Tatbestände gar nicht erfüllt werden können.[73]

Allerdings bedarf es einer deutlichen Differenzierung zwischen bloßer teleologischer Auslegung und teleologischer Reduktion. Die entsprechenden Begrifflichkeiten werden oft nicht klar genug auseinander gehalten.[74] Im Fall des behördlichen Verzichts auf strafrechtlichen Güterschutz geht es darum, tatbestandliches Unrecht insgesamt nicht als solches zu werten. Eine lediglich am Zweck der Strafnorm orientierte teleologische Auslegung würde dieses Ziel noch nicht erreichen. Die Verletzung eines Rechtsgutes durch eine konkrete, im Grunde alle tatbestandlichen Merkmale erfüllende Handlung einerseits und die anschließende Nichtanwendung des Strafrechts andererseits könnte allein durch die teleologische Auslegung nicht erklärt werden. Die Tatbestandlichkeit des maßgeblichen und den Gegenstand der behördlichen Zustimmung bildenden Verhaltens bliebe vielmehr bestehen, da es dem Kern des Anwendungsbereichs der Strafnorm angehört. Es müsste daher auf Rechtfertigungsgründe[75] oder auf Schuldausschließungsgründe[76], dort insbesondere auf § 35 StGB zurückgegriffen werden. Erst durch die teleologische Reduktion wird es möglich, an sich strafrechtlich relevantes Handeln von der Anwendung des Strafrechts auf der Ebene des maßgeblichen Tatbestandes auszuschließen. Denn der ausdrückliche sich in behördlicher Einwilligung beziehungsweise Zustimmung manifestierende staatliche Verzicht auf strafrechtlichen Güterschutz entspricht in Ansehung eines an sich tatbestandlichen Verhaltens einem gesetzlich gerade nicht geregelten Fall. Seine Kongruenz mit der Rechtsordnung ließe sich nicht durch teleologische Auslegung der Strafnorm erreichen, sondern, da gerade ihre Nichtanwendung – mithin die

[72] *Hund*, a. a. O., 572; vgl. auch *Schwarzburg*, NStZ 1995, 469 ff.

[73] Vgl. etwa *Kleinknecht/Meyer-Goßner*, § 110c RN 2; vgl. in Bezug auf nachrichtendienstliche Aktivitäten und das Zur-Verfügung-Stellen von Spielmaterial *Marx*, Die behördliche Genehmigung im Strafrecht, S. 149.

[74] *Hund*, a. a. O.; *Jescheck/Weigend*, Lb, § 17 IV 1b.

[75] Zum Rückgriff auf § 34 StGB bzgl. § 284a StGB vgl. *Ahlf*, KR 1978, 17, 18; allg. Materialien zum „undercover agent" des AK II der Arbeitsgemeinschaft der Innenminister der Bundesländer vom 27./28.1.1985; *Kleinknecht/Meyer-Goßner*, § 110c RN 2; vgl. dazu auch *Roxin*, JuS 1976, 509, 510; *Blei*, JA 1974, 69; *ders.*, JZ 1955, 625 ff *Bottke*, JA 1980, 93, 95; OLG-Ffm NJW 1975, 271; OLG-Ffm JZ 1975,379; *Wimmer*, GA 83, 145 ff; *Dreher*, § 34 RN 24; *Lackner/Kühl*, § 34 Anm.3; *Lenckner*, Sch.-Sch., § 34 RN 7; BGHSt 27, 260 ff; OLG-München NJW 1972, 2275; OLG-HH JR 1973, 69; *Lange* NJW 1978, 786; *Krey*, ZRP 1975, 97.

[76] *Kleinknecht/Meyer-Goßner*, § 110c RN 2; *Cramer*, Sch.-Sch., § 331 RN 49; *Blei*, JA 1974, 91 ff.

Unterschreitung des Wortlautes – Ziel sein soll, nur durch teleologische Reduktion.

Die Vorzüge eines Rückgriffs auf die teleologische Reduktion werden etwa im Hinblick auf die Preisgabe von Spielmaterial deutlich. Der Geheimnisverrat mit entsprechender behördlicher Zustimmung soll nach vielfach vertretener Auffassung bereits den Tatbestand der §§ 93 ff StGB ausschließen.[77] Von einer Strafbarkeit gemäß § 94 StGB wäre demzufolge bereits solches Handeln auszuschließen, das auf die Erreichung eines Vorteils gerichtet ist, der einen möglicherweise eintretenden Nachteil in Belangen der äußeren Sicherheit der Bundesrepublik jedenfalls überwiegt. Damit wird genau die Straflosigkeit solchen Verhaltens begehrt, das zum Kern des Anwendungsbereichs von § 94 StGB gehört. Denn auch die Erreichung eines Vorteils für die äußere Sicherheit der Bundesrepublik Deutschland lässt gegebenenfalls nicht darüber hinwegsehen, dass gleichzeitig eben gerade doch die konkrete Gefahr eines schweren Nachteils für die äußere Sicherheit herbeigeführt worden ist. Der Tatbestand des § 94 StGB sieht eine derartige Interessensaldierung nicht vor. Der Verzicht auf den strafrechtlichen Güterschutz müsste also, um zulässig zu sein, zu einem von der Rechtsordnung zu goutierenden Erfolg führen und freilich mit Wissen der für den Schutz auswärtiger Belange der Bundesrepublik formell-rechtlich zuständigen Behörde erfolgen.[78] Freilich ließen sich mittels teleologischer Reduktion im Rahmen der Anwendung der §§ 93 ff StGB auch noch andere Interessen als nur die der äußeren Sicherheit saldieren. Denn warum sollte an sich tatbestandliches Verhalten nicht auch gegenüber etwa innenpolitischen Interessen im Wege der teleologischen Reduktion eine Saldierung finden können? Entsprechendes Vorgehen ließe sich bezüglich sämtlicher Einsätze von Agents provocateurs und dabei von ihnen realisierten tatbestandsmäßigen Verhaltens erlauben.[79] Es würde aber auch jenseits der Erörterung von Problemen beim Einsatz von Agents provocateurs zu akzeptablen Ergebnissen führen. Im Fall der Strafvereitelung im Amt[80] würde ein Rückgriff auf die teleologische Reduktion helfen, einerseits strafrechtlich relevantes Verhalten hinzunehmen, um andererseits etwa das polizeigesetzliche Ziel der Abwehr intensiver Gefahren für die öffentliche Sicherheit und Ordnung zu erreichen. Ebenso erscheint auch der Fall der Gefangenenfreilassung im Hinblick auf die Gefahr andernfalls bevorstehender Attentate so lösbar.

---

[77] *Träger*, LK, § 94 RN 9; *Krey*, ZStW 79 (1967), S. 103, 119; *Arndt*, NJW 1963, 465, 467; vgl. dazu auch BT-DrS V/2680, S. 18.

[78] Vgl. dazu exempl. m. w. N. *Hirsch*, LK, vor § 32 RN 160.

[79] In diese Richtung weisend, *Hund*, NStZ 1993, 572 ff; *Evers*, NJW 1987, 153 ff; *Tröndle/Fischer*, vor § 32 RN 5 m. w. N.

[80] 1. Kap./IV/3.

2) Kritik

Die teleologische Reduktion eines Straftatbestandes stößt regelmäßig dann an ihre Grenze, wenn ein vorrangiges Interesse auf Rechtssicherheit und mithin auf Normeinhaltung besteht.[81] Freilich verbietet sich dadurch die teleologische Reduktion nicht von vorne herein im Strafrecht.[82] Allerdings wird zu berücksichtigen sein, dass durch das Strafrecht das ethische Minimum einer Gesellschaft äußersten rechtlichen Schutz erfährt.[83] Strafrechtlicher Güterschutz ist ultima ratio.[84] Dabei ist es ausschließlich die staatliche Aufgabe, diesen Güterschutz zu realisieren. Zweckmäßigkeitserwägungen, etwa im Hinblick auf im übrigen bestehende Ermittlungsschwierigkeiten oder dergleichen mehr, vermögen es allein noch nicht zu rechtfertigen, strafrechtlichen Güterschutz in concreto aufzuheben.[85] Die Rechtssicherheit wird vielmehr erheblich beeinträchtigt, wenn gerade die Exekutive als Inhaberin des staatlichen Gewaltmonopols[86] im Rahmen allgemeiner Zweckmäßigkeitserwägungen strafrechtliche Normgeltung von Fall zu Fall außer Kraft setzen könnte. Die Garantiefunktion des Strafrechts droht infolgedessen leer zu laufen. Eine Berufung auf die Gefahrlosigkeit des maßgeblichen staatlichen Handelns im Hinblick auf die Einsätze von Agents provocateurs wurde bereits unter dem Aspekt der Eingehung eines erlaubten Risikos ausgeschlossen.[87] Im Hinblick auf die Zulässigkeit der teleologischen Reduktion gegenüber einem überwiegenden Interesse an der Normeinhaltung lässt sich schon deshalb nichts anderes vertreten.

Darüber hinaus kann der staatliche Verzicht auf Güterschutz jedenfalls dann mit Grundrechtseingriffen verknüpft sein, wenn er insbesondere zur Straftatenaufklärung oder -prävention, also zur staatlichen Informationsgewinnung, erfolgt. Dies wird, ungeachtet der Diskussion um die

---

[81] *Larenz/Canaris*, Methodenlehre der Rechtswissenschaft, S. 211.

[82] *Roxin*, AT/I, § 14 RN 16.

[83] *Sternberg-Lieben*, Die objektiven Schranken der Einwilligung im Strafrecht, S. 335 ff.

[84] *Naucke*, Strafrecht, eine Einführung^4, S. 57 f, 136.

[85] *Franzheim*, NJW 1979, 2014 ff; *Seelmann*, ZStW 95 (1983), S. 797 ff; in diese Richtung weisend *Schröder*, Straftaten gegen das Strafrecht, S. 11 ff; *Ostendorf/Meyer-Seitz*, StV 1985, 74, 80; *Ostendorf*, JZ 1991, 62, 69; *Lesch*, StV 1993, 94 ff; *Kreuzer* in V-Leute – die Falle im Rechtsstaat, Hrsg. Lüderssen, S. 55, 57 ff; *Eisenberg*, NJW 1993, 1033, 1039; *Velten*, StV 1987, 544, 553; *Salzwedel*, H. Peters-GS, S. 756, 780.

[86] Vgl dazu auch *Rebmann*, NJW 1985, 1 ff; BVerfGE 33, 367; 44, 353, 374; 46, 214, 222; 49, 24 ff; 51, 324, 343; 57, 250, 275; 61, 126, 134; 63, 45, 61; *Isensee*, Eichenberger-FS, S. 23, 26: „Die private Gewalt ist nunmehr verstaatlicht.“; *Derksen*, Handeln auf eigene Gefahr, S. 175.

[87] Vgl. o. 2. Kap./B/II.

Grundrechtsrelevanz entsprechenden staatlichen Verhaltens[88], bereits mit Blick auf den Flugblattfall deutlich.[89] Die teleologische Reduktion von Strafnormen in Ansehung behördlichen Handelns vermag aber nicht das Prinzip des Gesetzesvorbehaltes und die sich daran anschließende Dogmatik der Grundrechtsschranken beziehungsweise Schranken-Schranken außer Kraft zu setzen. Vielmehr verlangt die Geltungskraft des Vorbehaltsprinzips dem Rückgriff auf teleologische Reduktion zugunsten des Anwendungsbereichs von Strafnormen hier Grenzen zu setzen, so lange es jedenfalls an entsprechenden, vom Gesetzgeber unter Beachtung der Schranken-Schranken geschaffenen Grundrechtsschranken fehlt.

Im Hinblick auf die Anwendbarkeit von Strafnormen verbietet sich mithin jedenfalls in den hier zur Diskussion stehenden Fällen der behördlichen Einwilligung der Rückgriff auf die teleologische Reduktion. Das vorrangige Interesse auf Rechtssicherheit und mithin Einhaltung strafrechtlicher Normen wird schließlich aus dem Rechtsstaatsprinzip und dem Vorbehaltsprinzip gespeist. Die Garantiefunktion des Strafrechts und die mit dem Innehalten des staatlichen Gewaltmonopols verknüpfte staatliche Aufgabe, Strafrecht durchzusetzen, ist Bestandteil des Rechtsstaatsprinzips.[90] Weiterhin sind infolge des Verzichts auf strafrechtlichen Güterschutz eintretende Grundrechtsverletzungen hoheitlichem Handeln zurechenbar[91] und dem Vorwurf der Missachtung des Vorbehaltsprinzips sowie staatlichem Handeln ohne gesetzliche Eingriffsermächtigung ausgesetzt.

---

[88] *Rogall*, Informationseingriff und Gesetzesvorbehalt im Strafprozeß, S. 87; vgl. zur Zuweisung vorbeugender Straftatenbekämpfung in den Anwendungsbereich der StPO BT-DrS 12/2720; Rebmann, NJW 1985, 1 ff; *Materialen zum „undercover agent" AK II der Arbeitsgemeinschaft der Innenminister der Bundesländer* am 27./28.1.1983, StV 1984, 350; BGHSt 32, 345; BGH GA 1975, 333; BGH R § 46 I StGB V-Mann 6; BGH NJW 1980, 1761; BGH NStZ 1981, 70; 1982, 126; 156; 1984, 78; 1992, 275; BGH StV 1991, 460; 462; 1995, 281 f; *Fischer/Maul*, NStZ 1992, 7, 8; *Herzog*, NStZ 1985, 153; *Ringwald*, ZRP 1988, 178, 181; *Merten/Merten*, ZRP 1991, 213 ff; *Keller/Griesbaum*, NStZ 1990, 416; *I. Roxin*, a. a. O., S. 118 ff; BVerfGE 65, 1, 44; vgl. *Velten*, a. a. O., S. 545 ausdrücklich zum Grundrechtseingriff durch Scheinstraftaten; *Wolter*, SK vor § 151 RN 95 ff; *Rudolphi*, SK vor § 94 RN 53 unter Verweis auf das Volkszählungsurteil (BVerfGE 65,1 ff); zu den aus dem Volkszählungsurteil folgenden Anforderungen vgl. nur *Simitis*, NJW 1984, 398; *Denninger*, KJ 1985, 221 ff; *Schwan*, VerwArch 66 (1975), 124 ff; *Weßlau*, Vorfeldermittlungen, S. 192; BVerfGE 34, 238, 246 ff; BGHZ 27, 284, 286.

[89] Vgl. o. 1. Kap./IV/Fall 2.

[90] Vgl. dazu nochmals etwa *Isensee*, Eichenberger-FS, a. a. O.

[91] Vgl. dazu nur exempl. *Velten*, StV 1987, 544, 545.

C) Zusammenfassung des 2. Kapitels

Die vorangegangenen Ausführungen zeigten, dass der Einzelne im Wege einer Abwägungsentscheidung in die Aufgabe strafrechtlichen Güterschutzes einwilligen kann. Die individuelle Einwilligung beinhaltet die Botschaft, dass der Einzelne auf den strafrechtlichen Schutz eines bestimmten Rechtsgutes in Ansehung einer konkreten Situation keinen Wert legt, weil er sich dafür an anderer Stelle einen Interessengewinn erhofft.[1] Die Individualeinwilligung konnte als individuelle und grundrechtlich verbriefte Freiheit bestimmt werden.

Auch die hier zu untersuchende behördliche Einwilligung wird auf einer Abwägungsentscheidung beruhen müssen. Auch diese Abwägung wird stets wie im Fall der Individualeinwilligung ihren Preis fordern müssen.[2] Dieser liegt im Verlust strafrechtlichen Güterschutzes und in der Sanktionslosigkeit des maßgeblichen Verhaltens. An Hand der Fälle des rechtfertigenden Notstandes[3] und der rechtfertigenden Pflichtenkollision[4] konnte gezeigt werden, dass angesichts bestimmter Zwangslagen durchaus auch Amtsträgern und in deren Umfeld handelnden Dritten Güterabwägungen mit der Konsequenz der situativen Aufhebung des strafrechtlichen Schutzes eines Gutes erlaubt sein können, wobei im Hinblick auf das Antasten anderer unter strafrechtlichem Schutz stehender Güter ein der behördlichen Einwilligung ähnlicher Preis anzusetzen ist.

Die bei diesen Rechtfertigungsgründen zu treffende Güterabwägung konnte mit einer behördlichen Einwilligung zwar insoweit als vergleichbar qualifiziert werden, wie infolge der Güterabwägung Schutzverlust und Schutzgewinn eines oder verschiedener Rechtsgüter gegenübergestellt werden. Die bei einer autonomen behördlichen Einwilligung erforderlich werdende Abwägung soll allerdings nicht auf einer von außen kommenden Zwangslage beruhen, sondern allein auf einer behördlichen Erklärung infolge eines internen behördlichen Willensbildungsprozesses. Die auch mit einer behördlichen Einwilligung neben dem Interessengewinn stets einhergehende Interessenaufgabe richtete den Blick auf die Frage nach der Legitimation des entsprechenden behördlichen Verhaltens dazu.

Einer besonderen Legitimation dazu und mithin auch des Instituts einer behördlichen Einwilligung würde es jedenfalls dann nicht bedürfen, wenn entsprechende Ergebnisse durch den Verweis auf die Sozialadäquanz behördlichen Verhaltens, auf die Eingehung erlaubter Risiken oder auf die teleologische Reduktion erreichbar wären. Das musste allerdings schließlich verneint werden.

---

[1] Vgl. o. 2. Kap./A/I.

[2] Vgl. o. 2. Kap./A/II/1.

[3] Vgl. o. 2. Kap./A/II/2.

[4] Vgl. o. 2. Kap./AII/3.

Die Lehre von der Sozialadäquanz markiert eine Grenze der Anwendbarkeit von Strafrecht und hat so eine die individuelle Freiheit erweiternde Funktion gegenüber einem grundsätzlich als strafbar definierten Verhalten. Allerdings vermag die Lehre der Sozialadäquanz nicht in gleichem Maße auch gegenüber behördlichem Verhalten freiheitserweiternd zu wirken. Sofern behördliches Handeln mit gesetzlichen Regelungen kollidiert, bedarf es vielmehr einer die Kollision auflösenden Normsetzung durch den Gesetzgeber. Fehlt es daran und wird gleichzeitig gegen eine Strafnorm verstoßen, liegt zunächst aus verwaltungsrechtlicher beziehungsweise auch verfassungsrechtlicher Sicht ein exekutives Handlungsverbot vor.[5]

Auch die Kategorie des erlaubten Risikos ist zunächst nur für den Einzelnen und nicht für die Verwaltung in ihrer Amtsausübung als freiheitserweiternd anzusehen. Behördliches Handeln vermag seine Konformität mit der Rechtsordnung allein aus seiner Gesetzmäßigkeit zu ziehen. Eine Rechtsgutgefährdung oder -verletzung wird nicht schon deshalb eine erlaubte Handlung im Sinne eines erlaubterweise eingegangenen Risikos, weil das Ziel als solches ein von der Rechtsordnung anerkanntes ist. Insbesondere im Hinblick auf abstrakte Gefährdungsdelikte wird deutlich, dass gerade eine Differenzierung zwischen erlaubten und unerlaubten Gefährdungen, mithin risikofreien und risikoreichen Gefährdungen, unmöglich ist.[6]

Der Verweis auf die teleologische Reduktion vermochte schließlich ebenfalls nicht die Frage nach der Disponibilität der hier in Rede stehenden Rechtsgüter obsolet werden zu lassen. Das behördliche Interesse am situativen Verzicht auf strafrechtlichen Güterschutz legt das Vorhandensein einer Regelungslücke nahe, die im Wege der teleologischen Reduktion ausfüllbar erscheint. Allerdings findet die teleologische Reduktion stets dort ihre Grenze, wo das Interesse an der Normgeltung dasjenige an der Ausfüllung der Lücke überwiegt. Vor dem Hintergrund der vom Strafrecht ausgehenden Garantiefunktion wird jedoch aus rechtsstaatlichen Gesichtspunkten heraus der entsprechende Verweis auf die teleologische Reduktion abzulehnen sein.[7]

---

[5] Vgl. o. 2. Kap./B/I/2.

[6] Vgl. o. 2. Kap./B/II/2.

[7] Vgl. o. 2. Kap./B/III/2.

3. Kapitel
Strukturen verwaltungsrechtlicher Entscheidungsautonomie
A) Die behördliche Zustimmung aufgrund normativer Ermächtigungen

Die Antastung strafrechtlichen Güterschutzes als Folge einer autonomen behördeninternen Willensbildung und Interessenabwägung wie auch die anschließende Sanktionslosigkeit einer solchen Güterantastung konnte nicht auf die Kategorie der Sozialadäquanz, auf die Eingehung eines erlaubten Risikos oder die teleologische Reduktion gestützt werden. Die Frage nach einem rechtlich zulässigen Antasten strafrechtlichen Güterschutzes infolge autonomen willentlichen Verwaltungshandelns und mithin die Frage nach der Zulässigkeit einer behördlichen Einwilligung ist also offen geblieben. Aus verwaltungsrechtlicher Sicht sollen nunmehr administrative Handlungsfreiräume, in denen autonome Verfügungen über strafrechtlich geschützte Güter stattfinden könnten, aufgedeckt werden. Es wurde bereits gesagt, dass es sich bei der behördlichen Einwilligung in aller Regel um ein Verwaltungsinternum handeln wird. Zwar wird jede behördliche Einwilligung mindestens insoweit eine begünstigende Außenwirkung entfalten, als sie den unter der Einwilligung Handelnden vor der Durchführung eines Strafverfahrens und strafrechtlicher Sanktion bewahrt. Eine behördliche Befugnis, der Antastung strafrechtlichen Güterschutzes zustimmen zu können, würde jedoch infolge dieser nur eingeschränkten Außenwirkung nicht unbedingt die Qualität einer Eingriffsermächtigung haben müssen, wie es das Prinzip vom Gesetzesvorbehalt verlangt.

I) Darstellung
1) Die Behördliche Ermessensausübung

In Verbindung mit der Erteilung einer behördlichen Erlaubnis liegt zunächst der Verweis auf die Ausübung behördlichen Ermessens nahe. Die Zusammenhänge, in denen der Begriff des Ermessens verwendet wird, sind vielfältig. So wird vom Auswahlermessen[1], vom Entschließungsermessen[2], vom Organisationsermessen[3], vom Planungsermessen[4] oder auch vom Normsetzungsermessen[5] gesprochen. Ermessen knüpft dabei an einen unbestimmten Rechtsbegriff im Tatbestand einer Norm an. Das Bestehen eines Ermessensfreiraumes kann sich aber vereinzelt

[1] *Maurer*, Allg. VerwR, § 7 RN 7.
[2] *Maurer*, Allg. VerwR, § 7 RN 7.
[3] *Schmidt-Aßmann*, Maunz/Dürig, Art. 19 IV RN 194.
[4] *Schmidt-Aßmann*, Maunz/Dürig, Art. 19 IV RN 208.
[5] *Schmidt-Aßmann*, Maunz/Dürig, Art. 19 IV RN 217.

auch aus normativen Gesamtzusammenhängen erschließen.[6] Die Ermessensentscheidung erfolgt regelmäßig in der Form einer Abwägung von allgemeinen Interessen gegenüber Individualinteressen. Dabei ist die Ermessensentscheidung auf die Herbeiführung einer Rechtsfolge gerichtet. Die Anwendung des unbestimmten Rechtsbegriffs ist in den Grenzen des § 114 VwGO gerichtlicher Kontrolle zugänglich.[7] Die Einräumung von Ermessen schafft infolgedessen einen Handlungsfreiraum für die Verwaltung zugunsten einer Wahlmöglichkeit verschiedener Rechtsfolgen in Ansehung eines konkreten Tatbestandes.[8] Verwaltungsermessen ist „als normativ begründete, eingegrenzte und dirigierte Rechtsfolgenbestimmung durch die Verwaltung"[9] zu verstehen. Behördlicher Handlungsfreiraum entsteht also in Anknüpfung an entsprechende normative Ermächtigungen.

2) Die Lehre vom Beurteilungsspielraum

Der Beurteilungsspielraum beschreibt ein Handlungsfeld, in dem die Verwaltung überhaupt erst über das Vorliegen eines bestimmten Tatbestandes befindet.[10] Für das Bestehen eines Beurteilungsspielraumes wird auf anerkannte Fallgruppen verwiesen. Im Einzelnen sind dies die Bewertung von Prüfungsleistungen[11], beamtenrechtliche Leistungsurteile[12] sowie prüfungsähnliche fachliche Begutachtungen[13] und auch Prognoseentscheidungen dort, wo der Verwaltung kraft eigenen Sachwissens ein Erkenntnisvorsprung zukommt[14]. Der Beurteilungsspielraum knüpft regelmäßig an ein besonderes, von der handelnden Verwaltung innegehaltenes Sachwissen und mithin an einen behördlichen Erkenntnisvorsprung an.

Die Eröffnung auch politischer Handlungsfreiräume wird dem Beurteilungsspielraum dort zugeschrieben, wo aus unbestimmten Rechtsbegriffen eine exekutive Einschätzungsprärogative mit ausweislich politischer Qualität folgen soll.[15] Inso-

[6] *Maurer*, Allg. VerwR, § 7 RN 9.

[7] Zur Nachprüfbarkeit von Ermessensentscheidungen *Redecker*, DVBl. 1971, 371 ff; *ders.* zu den Grenzen DÖV 1993, 10, 12; *Alexy*, JZ 1986, 701 ff; *Kopp*, VwGO, § 114 RN 7 ff; *Redecker/v. Oertzen*, VwGO, § 114 RN 5 ff; BVerwGE 22, 215, 218; 30, 313, 315; 61, 32, 34.

[8] *Wolff/Bachof/Stober*, VerwR I, § 31 II.

[9] *Ossenbühl*, DÖV 1976, 463, 465.

[10] *Bachof*, JZ 1955, 97 ff.

[11] BVerwG DVBl. 1981, 583 ff.

[12] BVerwGE 1981, 497 ff.

[13] OVG-Lüneburg DÖV 1983, 561, Nr 119; BVerwGE 59, 213, 215; *Erichsen*, VerwArch 63 (1972), 337 ff; *Ossenbühl*, DÖV 1972, 401; *Tettinger*, DVBl. 1982, 421, 430.

[14] BGH NJW 1981, 1058.

[15] *Wolff/Bachof/Stober*, VerwR I, § 31 III 2c; *Schmidt-Aßmann*, Maunz/Dürig Art. 19 IV RN 197.

weit sind von der Exekutive in Anspruch genommene politische Entscheidungsspielräume von der Rechtsprechung auch bestätigt worden, wobei gleichzeitig exekutive Sachverhaltswürdigungen der gerichtlichen Nachprüfung entzogen waren. Dazu zählen etwa die Feststellung öffentlicher Verkehrsinteressen gemäß § 13 PBefG[16], Entscheidungen über Importquoten nach dem Außenwirtschaftsgesetz[17] oder auch Entscheidungen zur Würdigung der gesamtwirtschaftlichen Lage und Entwicklung von Seiten der Kartellbehörden. So hat der Gesetzgeber in § 70 V S. 2 GWB ausdrücklich ausgeführt: „Die Würdigung der gesamtwirtschaftlichen Lage und Entwicklung ist hierbei der Nachprüfung des Gerichts entzogen."

Die Ausnutzung von Beurteilungsspielräumen knüpft allerdings ebenso wie die Ermessensentscheidung an eine Norm und dort an unbestimmte Rechtsbegriffe an. So wird der Beurteilungsspielraum auch als „begriffsinterne Letztentscheidungsbefugnis" der Verwaltung bezeichnet.[18] Wiederum wird also von einem unbestimmten Rechtsbegriff ausgegangen, um die Handlungs- oder Entscheidungsfreiheit der Exekutive zu begründen. Dabei handelt es sich regelmäßig um solche Verwaltungsentscheidungen, deren Zustandekommen zu einem späteren Zeitpunkt nicht mehr rekonstruierbar sein würde.[19] Mit der normativen Bindung des Beurteilungsspielraumes ist auch die vorher bezeichnete Typologie von Verwaltungsentscheidungen erklärt. Auch dort, wo der Exekutive Einschätzungsprärogativen und sogar politisch wirksam auszunutzende Gestaltungsspielräume überlassen worden sind, ist dies stets unter Anknüpfung an einen unbestimmten Rechtsbegriff geschehen.[20] Die Rationalität und Nachvollziehbarkeit, die der Verwaltungsentscheidung innerhalb eines Beurteilungsspielraumes zugrundeliegen muss, verbietet es, an sachfremde Erwägungen anzuknüpfen.[21]

---

[16] BVerwG NJW 1982, 1168; OVG-Münster NJW 1980, 2323.

[17] BVerwG DVBl. 1972, 895.

[18] *Schmidt-Aßmann*, Maunz/Dürig, Art. 19 IV RN 191.

[19] BVerwG DVBl. 1981, 583, 584; VGH BW DÖV 1982, 164, 165; BVerwG DVBl. 1981, 497, 499; *Erichsen*, Erichsen/Marten, Allg. VerwR, § 12 II 1b; *Maurer*, Allg. VerwR, § 7 RN 31, 55 ff.

[20] BVerwGE 62, 82, 111 zur Krankenhausbedarfsplanung; *Tettinger*, DVBl. 1982, 421, 429 ff; *Badura*, Bachof-FS, 1984, S. 169, 182 ff.

[21] *Stelkens/Bonk/Leonhardt*, § 40 RN 44; BVerwGE 19, 128, 132 ff; 21, 127, 129 f; 61, 176, 186 ff; 62, 330; 63, 3, 5; BVerfGE 39, 334, 353 ff; in diese Richtung weisend auch der Ansatz einer sogenannten Vertretbarkeitslehre bei *Ule*, VerwArch 76 (1985), 1 ff; *ders.*, Jellinek-GS, S. 309 ff; vgl. ebenso Überlegungen zum Bestehen einer Einschätzungsprärogative im Hinblick auf unbestimmte Rechtsbegriffe mit einem starken politischen Gehalt, *Wolff/Bachof/Stober*, VerwR I § 31 I c; *Schmidt-Aßmann*, Maunz/Dürig, Art. 19 IV RN 197; BVerwG NJW 1982, 1168; OVG-Münster NJW 1980, 2323; BVerwG DVBl. 1972,

II) Die behördliche Zustimmung aus strafrechtlicher Sicht

1) Die ausdrückliche Befugnis zur Disposition über strafrechtlichen Güterschutz

Als unproblematisch kann die behördliche Zustimmung zur Antastung eines strafrechtlich geschützten Gutes dort angesehen werden, wo der Gesetzgeber eine entsprechende ausdrückliche gesetzliche Befugnis dazu geschaffen hat. Beispielhaft kann insoweit etwa auf die Regelung der §§ 110a ff StPO verwiesen werden. Dort wird die gesetzliche Grundlage für eine behördliche Zustimmung zur Antastung des durch die §§ 267 ff StGB geschützten Gutes gegeben. Ein anderes Beispiel einer verwaltungsrechtlichen Ermächtigung für die Aufgabe strafrechtlichen Güterschutzes stellt § 43 BRRG dar. Die Norm erlaubt es, die Zustimmung zur Annahme von Vorteilen im Voraus zu erteilen. Der zustimmende Amtsträger wird dabei eine Prognoseentscheidung zu treffen haben, die eine an die Person des Begünstigten wie auch eine an die Gesamtumstände anknüpfende Beurteilung des maßgeblichen Sachverhaltes verlangen wird. Mit § 43 BRRG korrespondiert § 331 III StGB.[22] Dabei lässt § 331 III StGB deutlich werden, dass die gegenüber dem Tatbestand des § 331 I StGB rechtfertigend wirkende Zustimmung im Sinne von § 43 BRRG aus strafrechtlicher Sicht keiner zusätzlichen materiell-rechtlichen Kontrolle bedarf, wenn nur die sachliche, instanzielle und örtliche Zuständigkeit des zustimmenden Amtsträgers gegeben war.[23] Aus der Perspektive des Strafrechts tritt in diesen Beispielen ein jeweils verwaltungsrechtlich ausdrücklich normiertes Dienstrecht als Rechtfertigungsgrund in Erscheinung.

Als innerhalb einer Ermessensentscheidung liegend werden auch behördliche Verfügungen über Güter, die im sogenannten öffentlichen Eigentum stehen, anzusehen sein, sofern sie Rechte Dritter – sei es die Privater oder die anderer juristischer Personen des öffentlichen Rechts – berühren. Bei im öffentlichen Eigentum stehenden Sachen handelt es sich um solche Sachen, die nicht einer Verkehrsfähigkeit im Sinne des § 903 BGB unterfallen. Hierzu gehören in Hamburg etwa

---

895; zu den „Belangen der Bundesrepublik Deutschland" gem. § 21 AuslG BVerfGE 49, 168, 181 ff gegenüber VGH BW ESVGH 28, 103, 105; zu den Förderungskriterien nach § 2 Investitionszulassungsgesetz vgl. BVerwGE 48, 211, 219; BVerwG DVBl. 1978, 635, 636; *Tettinger*, DVBl. 1982, 421, 427; § 8 III Mühlenstrukturgesetz, dort die Tatbestandsmerkmale „Sicherung der Versorgung der Bevölkerung" und „besondere Marktsituation" BVerwGE DÖV 1979, 716 geg. BVerwG 66, 161; *Hoppe*, BVerwG-FS, 1978, 295, 310; *Niehaus*, DVBl. 1977, 19, 23 ff.

[22] Zur Beziehung von § 331 III StGB und § 43 BRRRG wie auch § 70 BBG *Rudolphi*, SK § 331 RN 31 ff m. w. N. *Cramer*, Sch.-Sch. § 331 RN 43 ff; BT-DrS 7/550, 272; *Tröndle/FIscher*, § 331 RN 32.

[23] *Blei*, JA 1974, 377 ff; *Jutzi*, NStZ 1991, 105 ff.

öffentliche Wege[24] sowie gemäß § 4a DeichG die Hochwasserschutzanlagen Hamburgs[25] oder in Baden Württemberg das Bett eines Gewässers gemäß § 4 WasserG BaWü[26]. Gem. § 928 II BGB in Verbindung mit Art. 190 EGBGB entsteht an trockengelegtem Strand infolge der Vermessung und Kartierung Festland und damit Eigentum des Bundes. Öffentliches Eigentum entsteht durch einen Akt des Gesetzgebers oder auch aufgrund von Regalien.[27] Insbesondere ist insoweit auf das in den meisten Bundesländern bestehende Schatzregal im Rahmen denkmalschutzrechtlicher Regelung zu verweisen.[28] Der Verfügungsumfang für die Exekutive ergibt sich dabei aus der Beachtung des Vorranges des verwaltungsrechtlichen Gesetzes und nicht mehr aus § 903 BGB.[29] Lediglich für den Übergang öffentlichen Eigentums auf den Privaten wird auf die Regeln des Sachenrechts zum individuellen Eigentumserwerb zurückzugreifen sein. Die behördliche Verfügungsentscheidung ist allerdings allein auf der Basis verwaltungsrechtlicher Normen zu treffen. Anders als im Fall von Gegenständen im Gemeingebrauch, ist das Privatrecht hier nicht nur in seiner Wirkung infolge eines Widmungsaktes aufgehoben. Der privatrechtliche Eigentumsbegriff in seiner Ausformung durch § 903 BGB ist hier gar nicht erst einschlägig. Innerhalb von Ermessensspielräumen werden insbesondere behördliche Verfügungen über im öffentlichen Eigentum stehende Sachen anzusiedeln sein, die im Rahmen der verwaltungsrechtlichen Gesetze Privaten oder mit eigenen Rechten ausgestatteten juristischen Personen des öffentlichen Rechts Nutzungsrechte, mit welcher die Abnutzung oder anderweitige Beeinträchtigung der jeweils betroffenen Sachsubstanz verbunden ist, einräumen. Soweit derartige Beeinträchtigungen der Sache mit strafrechtlich gewährtem Güterschutz korrespondieren, wird jedoch auch insoweit der Verweis auf ausdrückliche Amts- beziehungsweise Dienstrechte als Rechtfertigungsgrund einschlägig sein.

Die Untersuchung wollte sich allerdings – wie eingangs ausgeführt[30] – mit den Fällen behördlicher Zustimmung zur Antastung strafrechtlichen Güterschutzes auseinandersetzen, die entweder keine ausdrückliche gesetzliche Regelung erfahren haben, gleichwohl aber an eine bestehende Befugnis anknüpfen, oder bei denen nicht einmal mehr der Rückgriff auf irgendeine normative Entscheidungsbefugnis gelingt. Die Kategorien Ermessen und Beurteilungsspielraum haben ihre

[24] GVBl. 1961, S. 117 ff; BVerfGE 42, 20, 32.

[25] GVBl. 1964, S. 79 ff; BVerfGE 24, 367.

[26] GVBl. 1976, S. 369 ff.

[27] *Albrecht*, Staudinger, Art. 73 EGBGB.

[28] *Albrecht*, a. a. O., einschränkend BVerwG NuR 1997, 193 ff.

[29] *Wolff/Bachof/Stober*, VerwR I, § 34 I; 23 V 2.

[30] Vgl. o. Einführung I.

Entwicklung vor allem vor dem Hintergrund der Eingriffsverwaltung[31] und einer zunehmenden Bedeutung der Leistungsverwaltung in Verbindung mit dem Ausbau sozialstaatlicher Zielvorstellungen[32] erfahren. Das spiegelt nicht zuletzt die Entwicklung der sogenannten normativen Ermächtigungstheorie wider. Sie verknüpft administrative Letztentscheidungsbefugnisse im Sinne kognitiven Tatbestandsermessens oder voluntativen Rechtsfolgeermessens stets mit entsprechenden normativen Handlungsermächtigungen.[33] Eine der Rechtsprechung endlich entzogene Bewertung von Sachverhalten soll danach der Verwaltung nur noch dort zukommen, wo dies der Gesetzgeber ausdrücklich festgeschrieben hat.[34] Auf diese Weise sollte schließlich die Entwicklung einer Typologie der sogenannten administrativen Letztentscheidungsbefugnisse verstärkt werden; und zwar weniger in quantitativer als vor allem in qualitativer Hinsicht und also in Bezug auf die jeweilige inhaltliche Ausdifferenzierung einzelner solcher Typen.[35] Die Delegation von Handlungsfreiheiten durch den Gesetzgeber auf die Exekutive wurde so eingeschränkt und exekutives Handeln einer intensiveren justiziellen Überprüfung zugunsten des Schutzes individueller Belange unterworfen.

Dort wo die Disposition über strafrechtlichen Güterschutz gesetzliche Normierung im Sinne einer Ermächtigung zur Ermessensausübung oder eines Beurteilungsspielraumes ausdrücklich erfahren hat, ist das auch in Ansehung damit in Verbindung zu bringender Individualrechtseingriffe geschehen. Der Einzelne sollte die Chance zur umfassenden Überprüfung einer nachteiligen Verwaltungsentscheidung erhalten.[36] Der Einzelne sollte auch im Fall der Begünstigung eines Dritten durch Verwaltungshandeln daraus resultierende eigene Rechtsnachteile

---

[31] *Schmidt-Aßmann*, Maunz/Dürig, Art. 19 RN 184 ff.

[32] Vgl. dazu nur *Schmidt-Aßmann*, Maunz/Dürig, Art. 19 RN 199 m. w. N.

[33] *Schmidt-Aßmann*, Maunz/Dürig, Art. 19 RN 185.

[34] Vgl. *Stelkens/Bonk/Leonhardt*, § 40 RN 44; BVerwGE 19, 128, 132 ff; 21, 127, 129 f; 61, 176, 186 ff; 62, 330; 63, 3, 5; BVerfGE 39, 334, 353 ff; *Ule*, VerwArch 76 (1985), 1 ff; *ders.*, Jellinek-GS, S. 309 ff; *Wolff/Bachof/Stober*, VerwR I § 31 I c; *Schmidt-Aßmann*, Maunz/Dürig, Art. 19 IV RN 197; BVerwG NJW 1982, 1168; OVG-Münster NJW 1980, 2323; BVerwG DVBl. 1972, 895; BVerfGE 49, 168, 181 ff; *Tettinger*, DVBl. 1982, 421, 427; § 8 III Mühlenstrukturgesetz, dort die Tatbestandsmerkmale „Sicherung der Versorgung der Bevölkerung" und „besondere Marktsituation" BVerwGE DÖV 1979, 716 geg. BVerwG 66, 161; *Hoppe*, BVerwG-FS, 1978, 295, 310; *Niehaus*, DVBl. 1977, 19, 23 ff.

[35] Vgl. etwa im Hinblick auf Prüfungsentscheidungen eine immer stärker werdende Tendenz zur Eingrenzung exekutiver Handlungsfreiheiten: BVerfGE 11, 168, 191 ff; 15, 275, 282; 61, 82, 111; 64, 261, 279; 83, 130, 148; BVerfG DVBl. 1991, 801, 805; *Kopp*, DVBl. 1991, 988 ff; *Niehues*, NJW 1991, 3001 ff, *Theuersbacher*, BayVBl. 1991, 649 ff; *Pietzker*, JZ 1991, 1084 ff; *Wahl*, NVwZ 1991, 410 ff.

[36] *Maurer*, Allg. VerwR, § 7 RN 13.

ebenso geltend machen dürfen wie Rechtsnachteile die aus einer nur mangelhaften und unvollständigen eigenen Begünstigung resultieren können.[37]

Die Antastung eines strafrechtlich geschützten staatlichen Rechtsgutes oder eines solchen der Allgemeinheit ist zunächst nicht auf den Eingriff in Individualrechtsgüter gerichtet. Wo dies gleichwohl der Fall ist, wird es freilich einer entsprechenden Eingriffsermächtigung vor dem Hintergrund des Gesetzesvorbehaltes bedürfen. Das zeigt nicht zuletzt die Diskussion um die Entstehung der §§ 110a ff StPO.[38] Allerdings wird auch die Frage aufzuwerfen sein, wie deutlich eine solche Eingriffsermächtigung formuliert und ob mithin der staatliche Rechtsgutverzicht als in Frage kommende Handlungsform stets ausdrücklich erwähnt sein muss.

2) Keine ausdrückliche Befugnis zur Disposition über strafrechtlichen Güterschutz, zum Beispiel bei § 161 I StPO

Offen erscheint aus verwaltungsrechtlicher Sicht zunächst die Zulässigkeit der behördlichen Zustimmung zur Antastung eines strafrechtlich geschützten Gutes, wenn die behördliche Zustimmung insoweit zwar nicht ausdrücklich normiert worden ist, gleichwohl aber als eine mögliche Handlungsform von dem ausdrücklich zugelassenen Verwaltungshandeln umfasst wird. Soweit die Verwaltung sich dabei auf Eingriffsermächtigungen stützt, würde sie sich sogar gegenüber einem mit dem Verzicht auf strafrechtlichen Güterschutz verbundenen Grundrechtseingriff frei zeichnen können.

Als Beispiel soll dazu auf § 161 I StPO verwiesen werden. In der Fassung durch das StVÄG 1999, in Kraft seit dem 02.08.2000, ist § 161 I StPO zu einer sogenannten Ermittlungsgeneralklausel geformt worden.[39] Als solche ermächtigt die Norm die Staatsanwaltschaft grundsätzlich „Ermittlungen jeder Art" durchzuführen. Die Staatsanwaltschaft erhält also ein umfangreiches Auswahlermessen. Dies ermöglicht ihr auf der Basis des Grundsatzes der freien Gestaltung des Ermittlungsverfahrens die Ermittlungsmaßnahme auszuwählen, die ihrer Ansicht nach am meisten Erfolg verspricht.[40] Fraglich ist nunmehr, ob von einer Ermittlungs-

---

[37] *Schmidt-Aßmann*, Maunz/Dürig, Art. 19 RN 191 ff.

[38] BT-DrS 12/989, S. 51; vgl. dort auch die Verweise auf BVerfGE 65, 1 ff und OLG-Ffm NJW 1989, 47 ff, BGHSt 41, 64 ff; *Materialien zum „undercover agent" AK II der Arbeitgemeinschaft der Innenminister der Bundesländer* am 27./28.1.1983, StV 1984, 350; *Rogall*, Informationseingriff und Gesetzesvorbehalt im Strafprozeß, S. 74 ff; *I. Roxin*, Die Rechtsfolgen schwerwiegender Rechtsstaatsverstöße in der Strafrechtspflege, S. 134.

[39] BR-DrS 620/94, S. 16 ff; dazu auch *Pfeiffer*, StPO, § 161 RN 1 m. w. N.

[40] Schon früher umfassend zum Grundsatz der freien Gestaltung des Ermittlungsverfahrens, *Rebmann*, NJW 1985, 1 ff.

handlung jeder Art auch die behördliche Zustimmung zur Antastung strafrechtlich geschützter Güter umfasst werden soll oder nicht. Da § 161 I StPO eine Eingriffsermächtigung ist, wird nicht schon allein mit dem Verweis auf das Prinzip vom Vorbehalt des Gesetzes, etwa im Fall von Agent provocateur-Einsätzen, eine entsprechende ausdrückliche Handlungsbefugnis zu fordern sein. Für die Ansicht, § 161 I StPO umfasse auch die behördliche Zustimmung zur Antastung strafrechtlich geschützter Güter selbst dann, wenn es dabei zu Eingriffen in die Individualrechtssphäre kommt, spricht die jüngere Rechtsprechung. Sie hat die Antastung strafrechtlich geschützter Güter des Staates oder der Allgemeinheit infolge einer entsprechenden behördlichen Entscheidung schon vor der Neufassung von § 161 StPO stützen wollen, weil sie die Eingriffe bereits in ihrer Intensität für unbeachtlich hielt.[41] Die tatbestandsmäßige Verletzung oder Gefährdung des strafrechtlich geschützten Gutes wurde danach im übrigen sogar bewusst in Kauf genommen.[42] Tatprovokationen sollten schon nach der alten Fassung des § 161 StPO von der Norm solange getragen werden können, wie die Tatprovokation zwanglos erfolgte und also den Provozierten nicht zu etwas zwingt, was dieser unter anderen Umständen niemals getan hätte.[43] Der Grundsatz der freien Gestaltung des Ermittlungsverfahrens sollte also in der Vergangenheit die behördliche Disposition über vom Gesetzgeber geschaffenen strafrechtlichen Schutz von Rechtsgütern des Staates und der Allgemeinheit nicht ausschließen.[44] Dabei erfolgte die Anknüpfung an die vermeintliche Freiwilligkeit des unter dem Eindruck des Lockspitzels handelnden Verlockten. Die angenommene, ohnehin vorhandene Tatgeneigtheit des Verlockten sollte den Lockspitzel von der Teilnehmerstrafbarkeit befreien. Nachdem § 161 I StPO nunmehr als Ermächtigungsnorm formuliert worden ist, liegt es nahe, jetzt erst recht behördlichen Verzicht auf

---

[41] BGHSt 41, 64, 68 in diese Richtung weisend wohl auch *Rebmann*, NJW 1985, 1 ff; *Krey/Haubrich*, JR 1992, 309 ff; *Krey*, Strafverfahrensrecht, Bd. I, RN 489; *Zachert* nach Lesch, StV 1993, 94, 95, Anm. 32; *Burghard*, KR 1991, 683 ff; *Materialien zum „undercover agent" AK II der Arbeitgemeinschaft der Innenminister der Bundesländer* am 27./28.1.1983, StV 1984, 350 und auch die Rspr. zur Bekämpfung der Betäubungsmittelkriminalität: BGH NJW 1980, 1761; BGH StV 1981, 163; 1981, 276; BGH NStZ 1981, 70; 1982, 126; 1982, 156; BGH GA 1975, 333; BGHSt 32, 115 ff; 345 ff; BGHSt 41, 42 ff; 64 ff; BGH JZ 1986, 103; BVerfG 1991, 445; BGH NStZ 1992, 275; BGH NStZ 1988, 551; BGH NStZ 1984, 78; OLG Ffm NJW 1975, 271.

[42] BGHSt 41, 64, 68.

[43] *I. Roxin*, Die Rechtsfolgen schwerwiegender Rechtsverstöße in der Strafrechtspflege, S. 138 ff.

[44] *Rebmann*, NJW 1985, 1 ff; *Krey/Haubrich*, JR 1992, 309 ff; *Krey*, Strafverfahrensrecht, Bd. I, RN 489; *Zachert* nach Lesch, StV 1993, 94, 95, Anm. 32; *Burghard*, KR 1991, 683 ff; *Materialien zum „undercover agent" AK II der Arbeitgemeinschaft der Innenminister der Bundesländer* am 27./28.1.1983, StV 1984, 350; *Wimmer*, GA 1983, 145, 154.

strafrechtlichen Güterschutz in Bezug auf Rechtsgüter der Allgemeinheit oder des Staates zu erlauben und zwar auch, wenn es dabei zu Grundrechtseingriffen kommt.

Es kann hier jedoch zunächst dahinstehen, ob § 161 I StPO die behördliche Zustimmung zur Antastung eines strafrechtlich geschützten Gutes zulässt. Ohne einen Rekurs auf verfassungsrechtliche Prinzipien wird eine abschließende Antwort dazu nicht gefunden werden können. An dieser Stelle der Untersuchung soll lediglich festgehalten werden, dass im Fall der angenommenen Zulässigkeit einer solchen behördlichen Zustimmung aus verwaltungsrechtlicher Perspektive eine Ermessensentscheidung stattfinden würde, die aus strafrechtlicher Sicht durchaus eine Bezeichnung als behördliche Einwilligung verdient. Denn es würde sich um die gewillkürte Zustimmung zur Antastung eines strafrechtlich geschützten Gutes handeln. Die Staatsanwaltschaft würde dabei ihr durch § 161 I StPO gegebenes Auswahlermessen gebrauchen. Anders als in den Fällen etwa der §§ 110a ff StPO oder des § 43 BRRG würde sich § 161 I StPO dadurch auszeichnen, gerade nicht ausdrücklich die Aufgabe strafrechtlichen Güterschutzes vorgesehen zu haben. An einer ausdrücklichen dienstrechtlichen Rechtfertigung würde es also hier fehlen.

Die Betrachtung des § 161 I StPO macht deutlich, dass Ermessen und Beurteilungsspielraum die Zulässigkeit behördlicher Zustimmung zur Disposition über strafrechtlich geschützte Güter der Allgemeinheit oder des Staates nicht von vornherein ausschließen müssen. Soweit dabei Eingriffe in individuelle Rechtssphären entstehen, würden diese durch das Bestehen der maßgeblichen Ermächtigungsnorm, durch die dann der entsprechende behördliche Handlungsfreiraum begründet würde, auch vor dem Prinzip des Gesetzesvorbehaltes gedeckt werden können. Nicht nur Agent provocateur-Einsätze könnten durch § 161 I StPO dann ihre Rechtfertigung im Hinblick auf gegenüber dem Verlockten angenommene Grundrechtseingriffe erfahren. Auch Grundrechtseingriffe gegenüber Dritten wie im Flugblattfall scheinen somit einer Rechtfertigung nahe. Dabei müsste nicht mehr wie bisher unter Rückgriff auf die sogenannte Schwellentheorie[45] die individuelle Eingriffswirkung staatlichen Verhaltens auf dem Niveau einer bloßen Bagatelle angesiedelt werden.

[45] *Krey*, Strafverfahrensrecht, Bd. I, RN 484 ff; *Denninger*, Kriminalistik 1987, 505 ff; vgl. auch *Weßlau*, Vorfeldermittlungen, S. 193; BT-DrS. 12/989, S. 41; *Isensee*, HStR v § 111 RN 66 i. V. m. RN 107; *Kloepfer*, FS-BVerfG, Bd. II 1976, S. 404, 415 ff; *ders.*, Datenschutz als Grundrecht 1980, S. 25; vgl. auch *Rogall*, JZ 1996, 944 ff.

B) Die gesetzesfreie Verwaltung

I) Handlungsfreiräume jenseits von Ermessen und Beurteilungsspielraum

Der Verweis auf Verwaltungsermessen oder die Ausnutzung eines Beurteilungsspielraumes als Grundlage der behördlichen Zustimmung zur Antastung eines strafrechtlich geschützten Gutes des Staates oder der Allgemeinheit führt dort nicht mehr weiter, wo die Anknüpfung an einzelne normative Befugnisse zugunsten der Exekutive nicht mehr möglich ist und auch individuelle Eingriffswirkungen des Verwaltungshandelns fehlen. Denn sowohl bei einer Ermessensentscheidung als auch beim Ausnutzen eines Beurteilungsspielraumes geht es stets um eine Abwägung von Interessen der Allgemeinheit gegenüber Individualinteressen. Bei der behördlichen Einwilligung geht es dagegen meist nur um die Abwägung von Interessen der Allgemeinheit gegeneinander. Lediglich im Fall der Berührung von Individualinteressen könnte die entsprechende verwaltungsrechtliche Zustimmung auf Handlungsermächtigungen zur Ausübung von Ermessen oder eines Beurteilungsspielraumes überhaupt nur zu stützen sein.

Auch jenseits von Ermessens- und Beurteilungsspielräumen und Eingriffen in Individualrechtssphären wird der Verwaltung allerdings ein rechtlich zulässiges Handeln in regelungsfreien Räumen zugestanden werden müssen. Solche Handlungsfreiräume der Verwaltung sind nicht gleichsam vorbehaltsartiger Natur zugunsten der Verwaltung und deshalb auch nicht vor gesetzgeberischer Normierung geschützt. Es handelt sich vielmehr um solche exekutiven Freiräume die subtraktiv aus dem Fehlen ausdrücklicher Handlungsverbote der Verwaltung gefolgert werden dürfen. *Maurer* spricht diesbezüglich von gesetzesfreien Räumen.[1] Damit möchte *Maurer* einen Freiraum beschreiben, der weder gesetzesfest noch rechtsfrei ist. Es handelt sich also nicht nur um einen exekutiven Freiraum, den der Gesetzgeber grundsätzlich durch gesetzliche Regelungen reduzieren oder gar schließen darf.[2] Sowohl aus der Wesentlichkeitstheorie[3] als auch aus der aus dem Gewaltenteilungsprinzip folgenden Bestandsgarantie der Verwaltung[4] sollen faktisch jedenfalls solange Handlungsfreiheiten erwachsen, bis der Gesetzgeber diese im konkreten Fall der Verwaltung entzieht. *Herzog* bezeichnet derartige behördliche Handlungsfreiräume als sogenannte vorbehaltsähnliche Räume.[5] Im Ergebnis wird die

---

[1] *Maurer*, VVDStRL 43 (1984) 135, 156.

[2] *Maurer*, a. a. O., ebenda.

[3] *Schnapp*, VVDStRL 43 (1985), 173 ff.

[4] *Stettner*, DÖV 1984, 611 ff; *Thieme*, VVDStRL 43 (1985), 204 f; *Scholz*, VVDStRL 34 (1975), 145, 149; *Schröder*, HStR IV § 67 RN 22; *Kopp*, BayVBl. 1983, 673 ff; *Kloepfer*, VVDStRL 40 (1982), 63 ff.

[5] *Herzog*, Maunz/Dürig Art. 20 V RN 112; ebenso im Ergebnis *Degenhardt*, NJW 1984, 2184.

Bezeichnung als „vorbehaltsähnlich" oder „gesetzesfrei" dahinstehen können, wenn nur das Bestehen eines entsprechenden Freiraumes, der sich durch mangelnde normative Regulierung auszeichnet und in dem die Verwaltung nach funktionalen Gesichtspunkten einen Handlungs- und Gestaltungsfreiraum besitzt, anerkannt wird.

Eine kaum zu durchschauende Mischung aus einer Reihe von Umständen wird schließlich oft dazu führen, dass trotz umfangreicher gesetzlicher Regelungen stets Handlungsspielräume der Verwaltung bestehen bleiben werden. Das wird die Folge dessen sein, dass es nicht nur aufgrund einer verfassungsrechtlich abstrakt definierbaren Wesentlichkeitstheorie an einem ubiquitären Vorrang für parlamentarisches Handeln fehlt[6], sondern dass vor allem auch aus tatsächlichen Gründen eine gesetzgeberische Regelung in Bezug auf bestimmte Sachverhalte oder Sachverhaltsgruppen niemals lückenlos sein wird[7]. Gleichwohl wird aber für die Verwaltung im Rahmen des für sie bestimmten Handlungsauftrages das Recht des ersten Zugriffs bestehen.[8] Das wird von ihr verlangen, Handlungsmaximen selbständig zu entwickeln. Unter Verweis auf die Bestandsgarantie der Verwaltung[9] und einem Verständnis vom Gewaltenteilungsprinzip als Garant für eine organisatorisch-funktionale Teilung der drei Gewalten lässt sich dann ein Freiraum der Verwaltung skizzieren[10], in dem diese ihr Verhalten nach den Gesichtspunkten von Flexibilität und Praktikabilität gegenüber sich ständig verändernden Realitäten in die notwendige Kongruenz mit den bestehenden Gesetzen bringt.[11] Insoweit darf auch auf eine wichtige Voraussetzung für die Implementierung parlamentarischer Gesetze aufmerksam gemacht werden. Es handelt sich also um einen solchen Freiraum, in dem Verwaltungshandeln nicht unter Verstoß gegen bestehende Gesetze erfolgen darf und der eher funktional als sachlich-inhaltlich zu bestimmen sein wird. Der Freiraum wird dabei durch ein gegenüber dem Gesetzgeber als überlegen zu bezeichnendes Sachwissen der

---

6 Darauf hinweisend *Schröder*, DVBl. 1984, 814, 817; *Achterberg*, Allgemeines Verwaltungsrecht, § 9.

7 Vgl. dazu exempl. die Regelung des § 331 III StGB und dazu *Sturm*, JZ 1975, 6, 13 ff; BT-DrS. 7/550, S. 272 ff.

8 Dazu *Stettner*, DÖV 1984, 611, 617; *Schröder*, HStR IV § 67 RN 26; *Scholz*, VVDStRL 34 (1975), 145, 149; ebenda; *Kloepfer*, VVDStRL 40 (1982), 63, 74.

9 *Stettner*, a. a. O., S. 613.

10 *Herzog*, a. a. O., RN 1; *Gusy*, JuS 1983, 189 ff.

11 *Wolff/Bachof/Stober*, § 24 RN 18; *Stober*, GewArch 1993, 187, 188 f; *Ossenbühl*, DÖV 1980, 845, 849 ff; *ders.* auch in *Götz/Klein/Starck*, Die öffentliche Verwaltung zwischen Gesetzgebung und richterlicher Kontrolle, 1985, S. 9 ff; *Maurer*, VVDStRL 43 (1984) 135, 140 f; *Schröder*, a. a. O., 821 ff.

Verwaltung ebenso bestimmt sein[12], wie er dazu dienen kann, eine bestimmte Prärogativfunktion beim exekutiven Prozess der Gemeinwohlbestimmung in Bezug auf einen konkreten Sachverhalt[13] auszuüben. Die Verwaltung entscheidet innerhalb dieses Freiraumes, ob sie im Hinblick auf ein bestimmtes vom Gesetzgeber artikuliertes Ziel tätig wird und welches Mittel sie dabei wählt, ohne dass die typischen Voraussetzungen für eine Ermessensentscheidung oder die Ausnutzung eines Beurteilungsspielraumes vorlägen. Dabei wird die Exekutive insbesondere der Beachtung allgemeiner Rechtsgrundsätze für das Verwaltungshandeln verpflichtet sein.

Verwaltungshandeln hat sich an Handlungsgeboten messen zu lassen, die ihre Bedeutung auch für die Wirkung von Verwaltungshandeln nach innen und nicht bloß nach außen, gegenüber individuellen Rechtsinteressen entfalten. Im Einzelnen darf insoweit auf das Gebot der Zweckmäßigkeit[14], beziehungsweise das Verbot der Widerzwecklichkeit, das Gebot, die Belange der der Verwaltung anvertrauten Sachbereiche zu fördern und zu pflegen[15], dabei wirtschaftlich und sparsam zu Handeln[16], sowie das Verbot, Leistungen zu verschenken[17] und Gemeinwohlinteressen[18] sowie nicht zuletzt der Regierungspolitik[19] zu dienen, verwiesen werden. Für das Handeln der Verwaltung in Bezug auf andere Verwaltungsteile und -einheiten werden insbesondere das Gebot des loyalen Zusammenwirkens[20] sowie Verbote zur Überschreitung von Organ-, Ressort- und Verbandskompetenzen[21] beachtlich sein.

Als Beispiel für einen exekutiven Handlungsfreiraum im hier beschriebene Sinne wird immer wieder auf den Regierungsvorbehalt verwiesen.[22] Der Regierungsvorbehalt spiegelt sich in der Richtlinienkompetenz des Bundeskanzlers und einer damit unter Einbeziehung des Kabinetts- und Ressortprinzips bestehenden politischen Gestaltungsfreiheit weitgehend

---

[12] *Kopp*, BayVBl. 1983, 673 ff; *Lerche*, Bayerisches Schulrecht und Gesetzesvorbehalt, 1981, S. 32ff, 93 ff; K. *Nevermann*, VerwArch 71 (1980), 241, 254 f.

[13] *Scholz*, a. a. O., S. 149 f; *Stettner*, a. a. O., S. 622.

[14] BGH VerwRspr. 18 (1967), 463.

[15] *Wolff/Bachof/Stober*, VerwR I, § 30 II 2c.

[16] *Wahl*, VVStRL 41 (1983), 151, 157.

[17] Exempl. BGH DÖV 1967, 385.

[18] *Isensee*, JZ 1981, 3, 6; *ders.* in HStR III § 57 RN 124.

[19] Vgl. dazu BVerwG DVBl. 1962, 789.

[20] *Wolff/Bachof/Stober*, VerwR I, § 30 II 2d.

[21] BVerfGE 8, 122.

[22] *Stettner*, a. a. O., S. 615.

außerhalb judikativer Kontrolle und legislativer Befugnisse wider.[23] Dazu wird etwa auf die Regelung der auswärtigen Angelegenheiten verwiesen.[24] Dort soll es sich um eine Entscheidungsprärogative der Regierung handeln, die aus einer grundsätzlich angenommenen Nichtnormierbarkeit der außenpolitischen Angelegenheiten folgt.[25] Ebenso kommt der Regierungsvorbehalt im Erlass von Gnadenakten oder der Ausübung der Kommandogewalt zum Ausdruck.[26] Der Regierungsvorbehalt erschließt also selbst keine Sachbereiche gleichsam im Wege der Kompetenz-Kompetenz. Er bezieht sich vielmehr auf das Handeln der Regierung im Hinblick auf die ihr verfassungsmäßig zukommenden Kompetenzen.[27] Der auf Regierungsebene bestehende Handlungsfreiraum findet sich auch auf den vielfältigen Ebenen des Verwaltungshandelns im übrigen. Freilich wird der insoweit zur Verfügung stehende Handlungsspielraum ungleich kleiner sein. Ursache dafür ist die erheblich höhere Regelungsdichte und eine dadurch wesentlich engere Bindung des Exekutivverhaltens an den Willen des Gesetzgebers. Auch ist das Handlungsfeld der Verwaltung gegenüber dem der Regierung wesentlich einfacher zu regeln. Die Verwaltung bezieht ihren Daseinszweck und mithin ihre Handlungsaufträge stets aus einer gesetzgeberischen Festlegung. Diese ermöglicht es grundsätzlich, Verwaltungshandeln im Hinblick auf seine jeweiligen Zwecksetzung wesentlich strikter zu normieren als das für das Regierungshandeln zutrifft.

II) Die Bedeutung für die behördliche Zustimmung zur Antastung strafrechtlichen Güterschutzes

In den vorstehenden Ausführungen wurde das Bestehen eines funktional bestimmten Handlungsfreiraumes der Exekutive ausgemacht. Die Verwaltung verfügt also über Handlungsfreiräume, die subtraktiv infolge nicht bestehender gesetzlicher Regelungen bestimmt werden können und in denen Verwaltungshandeln deshalb nur noch an den allgemeinen, dazu entwickelten Rechtsgrundsätzen zu messen sein kann. In seiner sachlichen Ausrichtung hat das maßgebliche Verwaltungshandeln insbesondere die vom Gesetzgeber gesetzten

---

[23] BVerfGE 68, 186; zum Ganzen auch *Hitzel-Cassagnes*, KJ 2000, 63 ff.

[24] Vgl. dazu *Hitzel-Cassagnes*, KJ 2000, 63 ff; kritisch und einschränkend zur Nichtnormierbarkeit allerdings *Menzel*, VVDStRL 12 (1954), 179 ff.

[25] *Ehrenzeller*, Legislative Gewalt und Außenpolitik, S. 34 ff; vgl. auch *Borer*, Legalitätsprinzip und auswärtige Angelegenheiten, S. 52 ff.

[26] *Stettner*, a. a. O., 615; *Schroeder*, HStR, a. a. O. RN 1 ff; BVerfG zur Entführung von Hanns-Martin Schleyer, Urt. v. 16.10.1977, AZ: 1 BvQ 5/77; im Fall des Art. 113 GG ist sogar eine Kontrollfunktion der Regierung gegenüber der Legislativen festgeschrieben.

[27] BVerfGE 68, 1, 79 ff.

Verwaltungszwecke zu beachten und sich nicht selbst Sachbereiche im Wege der Kompetenz-Kompetenz zu erschließen. Ein solche Freiheit kann strukturell auch den Raum für die behördliche Zustimmung zur Antastung eines strafrechtlich geschützten Gutes der Allgemeinheit oder des Staates eröffnen. In Ansehung des ultima ratio-Gedankens des Strafrechts erscheint die innerhalb eines funktional bestimmten gesetzesfreien Handlungsraumes gegebene behördliche Zustimmung zur Antastung des strafrechtlich geschützten Gutes zulässig, wenn

- im Hinblick auf die Realisierung von Interessen der Allgemeinheit gehandelt worden ist,
- die erstrebte Interessenwahrnehmung in den sachlichen und gesetzlich bestimmten Kompetenzbereich der zustimmenden Behörde fällt,
- die zuvor genannten Grundsätze des Verwaltungshandelns im übrigen eingehalten worden sind[28] und
- auf diese Weise verhindert worden ist, dass die Rechtsordnung sich gegen sich selbst wendet.[29]

Die Individualeinwilligung wurde als individuelles Instrument des Einwilligenden zur Interessenwahrnehmung durch Verzicht auf strafrechtlichen Güterschutz bestimmt.[30] Dabei sollte der Einwilligende nicht mit staatlich gewährleistetem Güterschutz belastet werden, obwohl er diesen gar nicht benötigte. Das Strafrecht, dass insoweit eine Garantiefunktion des Güterschutzes für den Einzelnen hat, würde sich im Fall der Aufrechterhaltung dieser Schutzfunktion gegenüber einem ausdrücklich abweichenden Individualwillen gegen den Einwilligenden wenden, anstatt diesem mit seiner Garantiefunktion zu nützen und in seiner freien Entfaltung durch Sicherstellung von staatlichem Rechtsgüterschutz vor Angriffen Dritter zu unterstützen.[31]

Die Verwaltung darf ihr Handeln nur auf Interessen der Allgemeinheit beziehen, soweit sie zu deren Wahrnehmung einen Handlungsauftrag durch den Gesetzgeber erhalten hat. Ihre Zustimmung zum Verzicht auf strafrechtlichen Güterschutz kann sie daher nicht auf eigene – mithin verwaltungsinterne[32] –

[28] Vgl. dazu o., 3 Kap./B/I.

[29] Darauf verweisend etwa *Marx*, Die behördliche Genehmigung im Strafrecht, S. 150 ff; *Winkelbauer*, NStZ 1988, 201 ff; *Evers*, NJW 1987, 153 ff; *Goldmann*, Die behrördliche Genehmigung als Rechtfertigungsgrund, S. 218 ff; *Langkau*, Völkerrechtliche Probleme der Kriegs- und Friedensspionage, S. 162 ff; *Tröndle/Fischer*, vor § 32 RN 5; *Borgs/Ebert*, BVerfSchG § 3 a. F. RN 149 ff.

[30] Vgl. nochmals *Amelung*, JuS 2001, 937 ff unter Verweis auf Geilen dort in Anm. 17.

[31] Vgl. dazu *Isensee*, Grundrecht auf Sicherheit, S. 40 ff.

[32] Zu verwaltungsinternen und von normativ artikulierten allgemeinen Interessen abweichende Verwaltungsinteressen vgl. *Mayntz*, Soziologie der öffentlichen Verwaltung, S. 64 ff.

Interessen stützen. Wie der Einzelne situativ im Fall der individuellen Einwilligung aufgrund einer individuellen Wertepräferenz das Interesse am strafrechtlich angebotenen Güterschutz verloren hat, könnte unter den vorstehend beschriebenen Voraussetzungen aus behördlicher Sicht ein Interesse am strafrechtlichen Schutz des maßgeblichen Rechtsgutes der Allgemeinheit oder des Staates entfallen. Insbesondere beim fiskalischen Handeln des Staates scheint der Bedarf der Ausnutzung eines gesetzesfreien Handlungsspielraumes in Verbindung mit behördlichem Verzicht auf strafrechtlichen Güterschutz von Bedeutung. Andere Fälle sind etwa die Verteidigung der äußeren Sicherheit der Bundesrepublik Deutschland und sicherlich auch die Strafverfolgung und Straftatenprävention im übrigen.

1) Behördliche Zustimmung zu Verfügungen über Verwaltungs- und Finanzvermögen des Staates

Eine besondere Bedeutung kommt der behördlichen Zustimmung zur Verfügung über Rechtsgüter in Bezug auf sachenrechtliche Verfügungen über Verwal tungs-[33] und Finanzvermögen[34] zu. Bezüglich der entsprechenden und dem jeweiligen Vermögen unterfallenden Güter stehen dem Staat grundsätzlich dieselben im Privatrecht wurzelnden Handlungsfreiheiten wie einem Privaten zu. Der Eigentumsbegriff umfasst unbewegliche Sachen und bewegliche Sachen im Sinne von § 90 BGB gleichermaßen.[35] Der vom Bürgerlichen Gesetzbuch vorgestellte Eigentumsbegriff zeichnet sich durch Totalität und Abstraktheit der mit ihm verknüpften Befugnis zur Ausübung der Sachherrschaft sowie durch die Absolutheit eines mit ihm durch §§ 823, 1004 BGB verbundenen Klageschutzes aus.[36] Infolgedessen darf der Eigentümer über die maßgebliche Sache verfügen, Verfügungen gegen seinen Willen sind allerdings ausgeschlossen. Zur privatrechtlichen Verfügbarkeit bedarf es der Verkehrsfähigkeit der Sache. Nicht verkehrsfähig sind Sachen, die privatrechtsunfähig sind, weil ihnen mangels Substanzhaltigkeit die notwendige Sachqualität im Sinne des § 90 BGB fehlt[37] oder weil sie nicht beherrschbar sind und infolgedessen ihrer Handhabung entzogen sind.[38] Das römische Recht verwies dabei auf aer, aqua profluens, mare

[33] Zum Begriff des Verwaltungsvermögens vgl. u. 3. Kap./B/II1a.

[34] Zum Begriff des Finanzvermögens vgl. u. 3. Kap./B/II/1b.

[35] *Säcker*, MüKo, § 903 RN 1.

[36] *Säcker*, MüKo, § 903 RN 4.

[37] *Friedrichs*, AöR 40, 257

[38] *Larenz*, I § 16 II a; *Dilcher*, Staudinger, vor §§ 90 ff RN 8.

et litora.[39] Die freie Luft, das freie Wasser[40] oder der Meeresboden zählen noch heute zu den res extra commercium.[41]

In Anknüpfung an die mit der Entstehung einer juristischen Person des öffentlichen Rechts automatisch verbundenen Privatrechtsfähigkeit derselben[42] stellt sich aus strafrechtlicher Sicht nunmehr die Frage, ob hier nicht willentliche Verfügungen einer Behörde über ein Gut des Verwaltungs- oder Finanzvermögens einer behördlichen Einwilligung entsprechen. Denn freilich wird mit der willentlichen Verfügung der Behörde über das Gut das Interesse an seinem strafrechtlichen Schutz wegfallen.

a) Behördliche Verfügungen über das Verwaltungsvermögen

Das Verwaltungsvermögen umfasst solche Gegenstände, die einem öffentlichen Zweck dienen. Die zum Verwaltungsvermögen gehörenden Gegenstände unterliegen mehr oder weniger spezifischen Zweckbestimmungen, welche durch das Verwaltungsrecht ihre gesetzliche Ausformung erhalten haben. Unter dem Begriff des Verwaltungsvermögens treffen verwaltungsrechtliche Zweckbestimmungen und privatrechtliches Eigentum aufeinander. Die privatrechtlich anerkannte Verfügungsfreiheit des § 903 BGB besteht dabei nicht ohne weiteres, wenn die maßgebliche Sache zwar Sache im Sinne des § 90 BGB ist, gleichzeitig aber auch bestimmten Verwaltungszwecken zu dienen hat und deshalb eben gerade als sogenannte öffentliche Sache dem Verwaltungsvermögen unterfällt.[43]

Die Sache unterliegt dann nämlich einer verwaltungsrechtlichen Bindung. Daraus sich für die privatrechtliche Verfügung ergebende Beschränkungen werden auch als öffentlich-rechtliche Dienstbarkeit bezeichnet.[44] Der Umfang einer solchen öffentlich-rechtlichen Dienstbarkeit ergibt sich aus Gesetzen im Sinne des § 903 S. 2 BGB. Die Qualität der Sache als öffentlich-rechtliche Sache ergibt sich aufgrund einer Widmung oder der entsprechenden Indienststellung der Sache.[45] Unterschieden werden öffentlich-rechtliche Sachen im Gemeingebrauch,

---

[39] Inst. 2, 1, 1; *Dilcher*, Staudinger, vor §§ 90 ff RN 28.

[40] BVerfGE 58, 300, 333; BGHZ 84, 223, 226.

[41] *Dilcher*, Staudinger, § 90 RN 27 ff.

[42] *Wolff/Bachof/Stober*, VerwR I, § 34 I 3.

[43] *Dilcher*, Staudinger, vor §§ 90 ff RN 32.

[44] *Dilcher*, a. a. O., RN 34.

[45] *Pappermann/Andriske* in Pappermann/Löhr/Andriske, Recht der öffentlichen Sachen, § 3 II; *Papier*, Recht der öffentlichen Sachen, S. 38 ff; vgl. zum Rücktritt der aus dem Eigentum folgenden Befugnisse hinter die Widmungsaussage des öffentlichen Rechts auch BGHZ 33, 230 ff; BayObLG 80, 121 ff.

sogenannte öffentliche Einrichtungen beziehungsweise Sachen im Anstaltsgebrauch und Sachen im Verwaltungsgebrauch.

Eine Sache steht im Gemeingebrauch infolge eines gesetzlich ausdrücklich vorgesehenen Widmungsaktes. Die Widmung hat dort privatrechtsgestaltende Wirkung. Sie entzieht dem Eigentümer die Verfügungsbefugnis im Sinne des § 903 BGB völlig. Ist die Exekutive Eigentümerin der Sache, bleibt sie es auch weiterhin. Als anwendbare Normen des Zivilrechts verbleiben ihr lediglich die der Störungsabwehr.[46] Die Verfügbarkeit der Sache unterliegt ausschließlich dem öffentlichen Recht. Gegenüber unzulässigen Verfügungen durch die Exekutive macht der Einzelne Teilhabeansprüche auf dem Verwaltungs-gerichtsweg geltend.[47]

Keine privatrechtsgestaltende Wirkung besitzt die Widmung öffentlicher Einrichtungen.[48] Dort hat die Widmung die Funktion, einen konkreten Leistungszweck festzulegen und subjektiv-öffentliche Teilhaberechte neben bestehenden privatrechtlichen Rechtsverhältnissen zu begründen.[49] Die Widmung benötigt keine gesetzliche Grundlage. Sie ist Akt der Leistungsverwaltung und kann auch in konkludenter Form erfolgen.[50] Es gilt weiterhin das Sachenrecht des Bürgerlichen Gesetzbuches.[51] Die Verfügbarkeit der Sache ergibt sich sowohl aus § 903 BGB als auch aus öffentlichem Recht. Eine Verfügbarkeit der Sache wird solange anzunehmen sein, als durch sie nicht ihre Nutzung durch Dritte im Sinne des widmungsmäßigen Zweckes beschränkt wird. Kommt es dazu, können diese eigene Rechte auf Zugang beziehungsweise Nutzung geltend machen. Dabei

---

[46] *Bassenge*, Palandt § 903 RN 28; zum Verbleib des Eigentums trotz Widmung zum Gemeingebrauch vgl. *Pappermann/Andriske* in Pappermann/Löhr/Andriske § 8 IV 2b; *Papier*, Recht der öffentlichen Sachen, S. 39, 54.

[47] *Pappermann/Andriske* in Pappermann/Löhr/Andriske, Recht der öffentlichen Sachen § 8 IV 2a; *Papier*, Recht der öffentlichen Sachen, S. 18.

[48] Zum Begriff der öffentlichen Sachen im Anstaltsgebrauch und zum Begriff der öffentlichen Einrichtung vgl. *Papier*, a. a. O., S. 25; *Papier* weist darauf hin, dass unter öffentlichen Sachen im Anstaltsgebrauch solche Sachen zu verstehen sind, die aufgrund einer öffentlich-rechtlichen Nutzungsordnung von Privatpersonen genutzt werden können. Der Begriff der Anstalt wird dabei mit Blick auf seine historische Entwicklung nicht bloß auf eine rechtlich subjektivierte und institutionalisierte Organisation (*Wolff/Bachof/Stober*, VerwR II, § 98 RN 1 ff) bezogen. Der Anstaltsbegriff hier erfasst infolgedessen auch öffentlich-rechtliche Einrichtungen nach dem Kommunalrecht, die in den Organisationsformen „nicht rechtsfähige Anstalt", „Regiebetrieb" oder „Eigenbetrieb" betrieben werden. Vgl. dazu auch *Löhr* in Pappermann/Löhr/Andriske, Recht der öffentlichen Sachen § 12 I.

[49] *Erichsen*, Jura 1986, 148, 149; *Ossenbühl*, DVBl. 1973, 289, 290.

[50] *Erichsen*, a. a. O., S. 151; *Ossenbühl*, a. a. O., S. 290; OVG-Münster JZ 1969, 512.

[51] *Papier*, Recht der öffentlichen Sachen, S. 45 ff; *Pappermann/Andriske* in Pappermann/Löhr/Andriske, Recht der öffentlichen Sachen, § 4 III.

werden sich Dritte auf subjektiv-öffentliche Rechte unter Beschreitung des Verwaltungsgerichtsweges stützen.[52]

Sachen im Verwaltungsgebrauch sind Sachen, die dem verwaltungsinternen Dienstbetrieb zugewiesen sind. Auch hier erfolgt die Widmung konkludent; und zwar letztendlich durch die faktische Nutzung oder die Anschaffung zu einer bestimmten Nutzung. Mithin entfaltet auch hier die Widmung keine privatrechtsgestaltende Wirkung. Dritte können hier eigene Rechte im Hinblick auf die Nutzung der Sache durch die Verwaltung nicht geltend machen. Das Maß an verwaltungsoriginärer Autonomie ist infolgedessen dort am größten.[53] Die Verwendung im Verwaltungsgebrauch befindlicher Sachen wird allerdings regelmäßig zumindest haushaltsrechtlichen Normen unterliegen. Sie erlauben die Anschaffung eines konkreten Gegenstandes und sichern die Verwendung desselben im Sinne des sich aus der sachlichen Zuständigkeit der Verwaltung ergebenden Verwaltungszweckes.[54]

§ 903 BGB gewährt der Verwaltung mithin nur in sehr engen Grenzen Handlungsfreiheiten hinsichtlich ihres Vermögens. Regelmäßig wird die gesetzliche Beschränkung der aus § 903 BGB folgenden Verfügungsmacht bei Sachen im Verwaltungsgebrauch einen geringeren Grad besitzen als bei Sachen im Anstalts- oder gar im Gemeingebrauch. Verwaltungsrecht und Zivilrecht räumen der Verwaltung also hinsichtlich des Verfügens über ihr Eigentum einen Handlungsfreiraum ein. Die Bandbreite der zur Verfügung stehenden Handlungsoptionen ergibt sich dabei aus dem Gesamtzusammenhang zivilrechtlicher und verwaltungsrechtlicher Normen, wobei der zivilrechtliche Eigentumsbegriff zunächst eine behördliche Verfügungsfreiheit eröffnet, die dann ihre Grenzen in Normen des Verwaltungsrechts findet. Bei den maßgeblichen Normen des Verwaltungsrechts handelt es sich um haushaltsrechtliche Normen wie auch Gesetze im übrigen. Letztere regeln die förmliche Widmung bezüglich solcher Sachen, die dem Gemeingebrauch unterworfen werden sollen, oder legen Teilhaberechte Dritter hinsichtlich öffentlicher Einrichtungen und dazugehöriger Sachen im Anstaltsgebrauch fest. Insbesondere im Bereich der Anschaffung von Sachen im Verwaltungsgebrauch oder ihrer Verwertung wird der Ausnutzung bestehender Verfügungsfreiheiten die größte Bedeutung zukommen. Dort sind die aus dem Verwaltungsrecht herrührenden Handlungsschranken an geringsten. Die mit einer Verfügung über die Sache verbundene Verfügung über ein strafrechtlich geschütztes Fiskalgut legt aus strafrechtlicher Perspektive das Vorliegen einer

[52] *Pappermann/Andriske* in Pappermann/Löhr/Andriske, Recht der öffentlichen Sachen, § 4 III 1.

[53] *Pappermann/Andriske* a. a. O., ebenda.

[54] Vgl. zu daraus gegebenenfalls folgenden Handlungsschranken *Velten*, StV 1987, 544 ff.

behördlichen Einwilligung nahe. Es wird durch gewillkürtes Verwaltungshandeln im Rahmen der maßgeblichen Verfügung über die Sache die Erlaubnis zur Antastung eines strafrechtlich geschützten Gutes gegeben.

Im Fall der Sprengung eines Loches in die Mauer der Justizvollzugsanstalt Celle wurde eine Einwilligung zur damit verbundenen Sachbeschädigung angenommen.[55] Die Justizvollzugsanstalt mit ihren Bestandteilen stellt eine im Verwaltungsgebrauch befindliche Sache dar. Denn es handelt sich bei der Justizvollzugsanstalt nicht um eine öffentliche Einrichtung, die einem spezifischen Nutzerkreis, der Teil der Öffentlichkeit ist, die freie Nutzung der Einrichtung auf der Basis bestehender Teilhaberechte erlaubt. Vielmehr dient die Justizvollzuganstallt allein der Justizverwaltung zur Vollstreckung von Freiheitsstrafen. Mithin folgen auch aus der Widmung des Gebäudes zur Justizvollzugsanstalt keine besonderen Verfügungsschranken hinsichtlich des mit ihr verknüpften privatrechtlichen Eigentums. Die äußerste Grenze behördlichen Handelns stellen folglich nur noch die haushaltsrechtlichen Regelungen dar. Die Sprengung des sogenannten Celler Lochs weist noch auf einen weiteren Aspekt. Ungeachtet der Frage der Zulässigkeit der Verfügung über eine Sache aus haushaltsrechtlicher Sicht wird die behördliche Zustimmung gerade bei im Verwaltungsgebrauch befindlichen Sachen aus strafrechtlicher Sicht nicht immer nur die Sachen selbst betreffen, sondern darüber hinaus zusätzliche Rechtsgüter berühren, wie sie etwa durch die §§ 304, 316b StGB geschützt werden.

Im Ergebnis wird festgehalten werden dürfen, dass jedenfalls die Qualifikation einer behördlichen Verfügung über zum Verwaltungsvermögen gehörende Sachen aus strafrechtlicher Sicht als behördliche Einwilligung dort zulässig erscheint, wo die Verfügung in privatrechtlich fundierten Freiräumen stattfindet. Soweit dieser Freiraum durch öffentlich-rechtliche Normen beschränkt ist, müssen behördliche Verfügungen im Hinblick auf durch sie berührte Individualinteressen in Form von Teilhaberechten dem Ermessens- oder Beurteilungsspielraum zugeordnet werden. Insoweit erfolgender Verzicht auf strafrechtlichen Güterschutz kann entweder aufgrund ausdrücklicher Amts- oder Dienstrechte erfolgen oder als zulässige, nicht ausdrücklich bezeichnete Konsequenz der Ausnutzung eines Ermessens- oder Beurteilungsspielraumes anzusehen sein.

b) Behördliche Verfügungen über das Finanzvermögen

Nicht zu den Sachen im Verwaltungsvermögen zählen solche Gegenstände, die dem „Finanzvermögen der öffentlichen Hand“[56] zugerechnet werden können und

---

[55] Ausfhrl. zur haushaltsrechtlichen Problematik vgl. *Velten*, StV 1987, 544, 545 ff.

[56] *Dilcher*, Staudinger, vor §§ 90 ff RN 32.

dabei lediglich durch ihre Erträge oder ihren Verkaufswert der öffentlichen Verwaltung dienen sollen. Hierunter fallen etwa Grundstücke, die eine Kommune erwirbt, um sie nach Erstellung eines Bebauungsplanes unter Berücksichtigung des Wertzuwachses erneut zu veräußern. Hierzu wird auch das Eigentum der öffentlichen Hand an Wertpapieren im Sinne von Kapitalbeteiligungen gehören. Solche Gegenstände unterliegen vollständig der Anwendung des Zivilrechts. Mithin folgt ihre Verfügbarkeit allein aus § 903 BGB, beziehungsweise den entsprechenden Normen des Wertpapierrechts. Diesbezügliche Verfügungen erwecken aus strafrechtlicher Sicht erst recht die Annahme, es dürfe auch vom Bestehen einer behördlichen Einwilligung zum Verzicht auf strafrechtlichen Güterschutz ausgegangen werden.

2) Spionageabwehr durch die Ausgabe von Spielmaterial

Zur Durchführung nachrichtendienstlicher Tätigkeit steht der Verwaltung traditionell ein weiter Handlungsspielraum zur Verfügung. Dieser wurde erst durch das BND-G und MAD-G und die Neufassung des BVerfSchG deutlicher umrissen. Der BND war aus der *Organisation Gehlen* hervorgegangen. Seine Arbeit beruhte im Wesentlichen auf einem Kabinettsbeschluss der Bundesregierung vom 11.7.1955.[57] Die Aufgaben des BND wurden durch eine Dienstanweisung vom 4.12.1968 normiert.[58] Hinsichtlich ihrer Umsetzung war die zuständige Exekutive bis 1990 nicht an ein konkretes Gesetz mit Handlungsbefugnissen oder -verboten, sondern lediglich im Rahmen des Art. 20 III GG gebunden.[59] Entsprechendes galt auch für den MAD. Seine Zentrale war das Amt für Sicherheit der Bundeswehr in Köln.[60] Bis zur gesetzlichen Fassung seines Auftrags und entsprechender Handlungsbefugnisse im Jahr 1990 beruhte auch seine Tätigkeit allein auf verwaltungsinternen Regelungen, freilich ebenfalls gebunden durch Art. 20 III GG.

Gemäß § 3 I BVerfSchG kommt dem Verfassungsschutz des Bundes – wie auch dem der Länder – die Aufklärung und Überwachung des politischen Extremismus zu[61]. Gemäß der §§ 1, 2 BND-G hat der Bundesnachrichtendienst außen- und insoweit sicherheitspolitische Gefahren gegenüber der Bundesrepublik abzuwehren, während der MAD als „Verfassungsschutzbehörde der Bundeswehr"[62] bezeichnet werden kann. Ihm ist der sogenannte Abschirmauftrag im Hinblick auf

---

[57] *Gusy*, Die Verwaltung 1984, 273 ff.

[58] BT-DrS. 7/3246, S. 47; ausfhrl. zum BND und seiner Entwicklung, *Langkau*, Völker- und Landesrechtliche Probleme der Kriegs- und Friedensspionage, 1971.

[59] *Gusy*, a. a. O., ebenda.

[60] Vgl. umfassend zur Geschichte des MAD, *Gröpl*, Die Nachrichtendienste im Regelwerk der deutschen Sicherheitsverwaltung, S. 45.

die Bundeswehr gemäß § 1 I MAD-G übertragen.[63] Alle drei Dienste sind mithin in unterschiedlichen und sich gleichwohl auch überschneidenden Feldern des Staatsschutzes tätig, sei es hinsichtlich seiner völkerrechtlichen Qualität[64] oder des materiellen Verfassungsschutzes, wobei im letzteren Fall der Schutzgegenstand im Kern durch die freiheitlich demokratische Grundordnung fixiert ist.[65]

Durch die Gesetze zur Regelung der verschiedenen nachrichtendienstlichen Tätigkeiten wurde die Herstellung einer Legende und mithin die behördliche Zustimmung zum entsprechenden Verzicht auf strafrechtlichen Güterschutz nach den §§ 267 ff StGB insoweit zwischenzeitlich legitimiert, in Bezug auf Beamte ebenso wie auf behördenexterne Vertrauenspersonen.[66] Darüber hinaus wurden keine Befugnisse für die Preisgabe strafrechtlichen Güterschutzes geschaffen. Wollte man davon ausgehen, dass dabei nur das in eine gesetzliche Regelung gefasst worden ist, was vorher ohnehin schon stattgefunden hatte[67], hat die Exekutive im Fall des Verzichts auf strafrechtlichen Güterschutz zuvor lediglich einen ihr zugestandenen Freiraum entsprechend ausgenutzt. Dabei galt damals wie auch heute noch in Bereichen jenseits der gesetzlichen Regelungen zur Legendenbildung, dass die Eingehung eines straftatbestandlich relevanten Risikos zum Zweck der Erhöhung staatlicher Sicherheit in der einen oder anderen Form mit behördlicher Einwilligung schon seiner Sachnatur nach im Ergebnis nicht straftatbestandlich vertyptes Unrecht realisieren sollte.[68] Dem Staat – und dabei

[61] *Gröpl*, a. a. O., S. 222; vgl. auch BT-DrS 7/3246; *Roewer*, PKK-G § 1 RN 16; *Gusy*, Die Verwaltung, 1984, 273, 280.

[62] *Gröpl*, a. a. O., S. 232.

[63] *Roewer*, PKKG § 1 RN 31; BT-DrS 11/4306, S. 66.

[64] Vgl. dazu *F. C. Schroeder*, Schutz von Staat und Verfassung im Strafrecht, S. 399 ff.

[65] *Gröpl*, Die Nachrichtendienste im Regelwerk der deutschen Sicherheitsverwaltung, S. 59 ff; *Gusy*, AöR 105 (1980), S. 279 ff; *Bulla*, AöR 98 (1973), S. 340, 357 ff; *Evers* in EStL S. 3780; *F.C. Schroeder*, Schutz von Staat und Verfassung im Strafrecht, S. 421.

[66] Vgl. dazu §8 BVerfSchG, § 4 I MAD-G, § 3 BND-G, dort ist allerdings der Spielraum weiter gefasst als das für die Polizei und die Strafverfolgungsbehörden zutrifft, nicht nur Beamte sondern auch Außenstehende, sogenannte Vertrauenspersonen können eine Legende erhalten, vgl. dazu den in der Öffentlichkeit diskutierten Fall *Mauss* (z. B. TAZ 25.11.1996, S.1).

[67] Darauf deutet nicht zuletzt die Wendung bei *Borgs/Ebert* hin, wonach Verrat ohne Verrat nicht auf zu decken sei, *dies.*, § 3 a.F. RN 145 ff; vgl. aber auch *Friedrichs*, Der Einsatz von V-Leuten durch die Ämter des Verfassungsschutz, 1981; indiziell i. d. S. auch *Wagner*, GA 1962, 3 ff, Nr. 1, 6, 8, 11, 12, 21.

[68] *Goldmann*, Die behördliche Genehmigung als Rechtfertigungsgrund, S. 218 ff; *Langkau*, Völker- und Landesrechtliche Probleme der Kriegs- und Friedensspionage, S. 162 ff.

gerade auch der Exekutive – wurde insoweit ein Handlungsfreiraum zugesprochen, den dieser in Anspruch nehmen durfte, um sich nicht selbst durch gegen ihn gerichtetes Verhalten seinen eigenen Handlungsfreiraum nehmen zu lassen. Der strafrechtliche Schutz des Staates als Völkerrechtssubjekt wie auch in seiner materiellen verfassungsrechtlichen Ausformung und mithin seiner Rechtsordnung kann sich schließlich nicht gegen ihn selbst wenden.

Die Vergabe von Spielmaterial sollte und soll deshalb ebenso wie Agent provocateur-Einsätze hinsichtlich anderer Rechtsgüter aufgrund der „Quasiinhaberschaft"[69] staatlicher Rechtsgüter zulässig sein. Die Rechtsgrundlagen der Nachrichtendienste verbieten entsprechendes Vorgehen nicht ausdrücklich. Das maßgebliche Handeln gewinnt seine rechtsstaatlich positive Qualität daraus, Ausdruck eines Willens des geschützten Gemeinwesens zu sein. Der Staat handelt also gleichsam in eigener Sache.[70] Das macht nicht zuletzt auch die Nähe der Materie zum dem Regierungsvorbehalt unterfallenden Sachbereich der auswärtigen Angelegenheiten deutlich.[71]

Hinzukommen wird oft genug der Umstand, dass gerade ein alternatives Vorgehen, also ein solches, das strafrechtlichen Güterschutz nicht in Frage stellt, um denselben Erfolg zu erzielen, nicht dasselbe Ergebnis zu versprechen scheint.[72] Im Hinblick auf die Spionageabwehr zum Schutz des Staates als Völkerrechtssubjekt nach außen ist zugunsten der Zulässigkeit einer behördlichen Zustimmung zum Verzicht auf den entsprechenden strafrechtlichen Güterschutz auch noch auf einen sogenannten „Legalitätszwiespalt"[73] zu verweisen. Die Spionagetätigkeit ist dem zufolge nach dem nationalen Recht des den Spion entsendenden Staates ebenso regelmäßig zulässig, wie sie regelmäßig aus der Sicht des Staates, in dem der Spion schließlich tätig wird, unzulässig ist. Spionage kann mithin sogar aus völkerrechtlicher Sicht als gewohnheitsrechtlich

---

[69] *Marx*, Die behördliche Genehmigung im Strafrecht, S. 152 f, der allerdings zum Ergebnis kommt, die behördliche Einwilligung sei im Sinne eines tatbestandsausschließenden Einverständnisses zu verstehen, jedenfalls nimmt *Marx* aber eine Disponibilität der insoweit einem strafrechtlichen Schutz unterworfenen Güter an; vgl. auch *Langkau* in einer das Handeln des BND rechtfertigenden Diss., Völker- und Landrechtliche Probleme der Kriegs- und Friedensspionage, S. S. 162 ff; *Wagner* in GA 62, 3 ff, Nr. 1, 6, 8, 12.

[70] *Marx*, Die behördliche Genehmigung im Strafrecht, S. 150 ff; *Goldmann*, Die behördliche Genehmigung als Rechtfertigungsgrund, S. 218 ff; *Langkau*, Völkerrechtliche Probleme der Kriegs- und Friedensspionage, S. 162 ff.

[71] *Langkau*, a. a. O., ebenda.

[72] Vgl. dazu nochmals besonders anschaulich *Borgs/Ebert*, § 3 a. F. RN 145 ff, wonach der Verrat niemals ohne Verrat aufzudecken sei.

[73] *Gröpl*, Die Nachrichtendienste im Regelwerk der deutschen Sicherheitsverwaltung, S. 45.

unter Völkerrechtssubjekten für zulässig erachtet werden.[74] [75] Wenn mithin Spionage auch in Friedenszeiten schon den Status völkerrechtlichen Gewohnheitsrechts haben kann, muss dem Staat auch ein umfassender Handlungsspielraum zur Verfügung stehen, derartiges Verhalten abzuwehren. Die gesetzlichen Grundlagen der Nachrichtendienste haben dem Rechnung getragen, in dem sie einen weiten Handlungsspielraum eingeräumt und bisherige Freiheiten kaum eingeschränkt haben. Die Zulässigkeit staatlichen Verzichts auf strafrechtlichen Güterschutz soll also ihre besondere Berechtigung vor dem Hintergrund finden, dass aus völkerrechtlicher Sicht die Spionage ein durchaus normaler Vorgang ist und das Zur-Verfügung-Stellen von Spielmaterial oft genug das einzig effektive Mittel dagegen zu sein scheint.[76]

Beim Zur-Verfügung-Stellen von Spielmaterial zu Spionageabwehrzwecken soll daher der handelnde Amtsträger schließlich nicht schon allein deshalb zur strafrechtlichen Verantwortung gezogen werden können, weil sich im nachhinein herausstellt, dass der dabei verursachte Eigenschaden größer war als der erlangte

[74] Zur Definition von Völkergewohnheitsrecht vgl. *Ipsen*, Völkerrecht, S. 54.

[75] Die Anknüpfung der Sanktion von Spionage erfolgt nicht etwa an die Verletzung territorialer Integrität, sondern allein an den eben gerade typischen Geheimnisverrat. Während die Art. 29 bis 31 HLKO ausschließlich für Kriegszeiten Spionage annehmen. kann schon aus einer umfangreichen Praxis zum Austausch von Spionen aus völkergewohnheitsrechtlicher Sicht Spionage auch als in Friedenszeiten nicht unzulässiges Verhalten zwischen Völkerrechtssubjekten angesehen werden. „The involving state practice of exchanging spies has indicated a significant development in the history of espionage." (*Kish*, International Law and Espionage, S. 83) Die Spionage wird weder durch die völkerrechtliche Garantie gleicher Souveränität der Völkerrechtssubjekte gemäß Art. 2 Ziff. 1 UN-Charta noch durch die Garantie territorialer Unversehrtheit gemäß Art. 2 Ziff. 4 UN-Charta ausgeschlossen. In Art. 3 II lit. a im Zusatzabkommen zum NATO-Truppenstatut wird Spionage ebenfalls als Mittel zum Selbstschutz unter Völkerrechtssubjekten angesehen, wobei stets die eigene nachrichtendienstliche Tätigkeit zur Abwehr entsprechender fremder Tätigkeit zum Ausdruck gebracht wird. Es heißt dort: „Die in Absatz (1) vorgesehene Zusammenarbeit erstreckt sich insbesondere auf [...] den Austausch und den Schutz aller Nachrichten, die für diese Zwecke von Bedeutung sind." (*Evers*, BK Art. 73 Nr. 10 RN 64) Die grundsätzliche völkerrechtliche Unverbotenheit von Spionagetätigkeit darf weiterhin auch aus der ausdrücklichen Beschränkung ihrer Ausübung für Angehörige des diplomatischen Corps gemäß Art. 31 WÜD gefolgert werden. Zur Zulässigkeit der Spionage aus völkerrechtlicher Sicht vgl. auch *Gröpl*, Die Nachrichtendienste im Regelwerk der deutschen Sicherheitsverwaltung, S. 45 f; *Kish*, a. a. O., p. 83 ff; *Evers*, a. a. O.; ebenso *Langkau* in einer das Handeln des BND rechtfertigenden Diss., Völker- und Landrechtliche Probleme der Kriegs- und Friedensspionage, S. 162 ff.

[76] *Langkau*, a. a. O., ebenda; *Borgs/Ebert*, zu § 3 BVerfSchG a. F: RN 145 ff; *Marx*, Die behördliche Genehmigung, S. 145; *Goldmann*, Die behördliche Genehmigung als Rechtfertigungsgrund, S. 218 ff.

Nutzen. Würde man hier die Rechtsordnung dazu zwingen, sich gegen sich selbst zu wenden, würde das die Gefahr in sich bergen, zu einer exekutiven Handlungsunfähigkeit zu gelangen, mit der Folge, dass es früher oder später zur völligen Auflösung der staatlichen Identität kommen könnte. Vom Gesetzgeber kann diesbezüglich nicht von vornherein eine umfassende Regelung erwartet werden.[77] Zu komplex in tatsächlicher Hinsicht werden die Sachverhalte sein, bei denen zum Zweck der Spionageabwehr die Preisgabe sogenannten Spielmaterials zur Ermittlung von Spionen notwendig sein kann. Eine Berufung auf § 34 StGB unter Verweis darauf, dass anders Straftaten gegen die äußere Sicherheit der Bundesrepublik kaum aufklärbar sein werden, wird bei der Vergabe von Spielmaterial regelmäßig ausgeschlossen sein. Nachrichtendienstliche Tätigkeit ist in der Regel eine präventive Tätigkeit im Vorfeld straftatbestandlicher Rechtsgutverletzungen.[78] Deshalb wird in der Regel auf die für § 34 StGB typische, mit einer Gefahrensituation verknüpfte Notstandslage insoweit nicht zurückgegriffen werden können. Aus strafrechtlicher Sicht würde die behördliche Zustimmung zur Aufgabe strafrechtlichen Güterschutzes nach §§ 93 ff StGB daher als behördliche Einwilligung erscheinen. So lange es an einer gesetzlichen Regelung der nachrichtendienstlichen Tätigkeit fehlte, konnte die Zulässigkeit des behördlichen Verzichts auf strafrechtlichen Güterschutzes nur durch den hier als gesetzesfrei oder vorbehaltsähnlich bezeichneten exekutiven Handlungsfreiraum begründet sein.

Vor dem Hintergrund eines veränderten Verständnisses von Eingriffen in die Individualrechtssphäre entstand im Wege eines Artikelgesetzes 1990 das Bundesdatenschutzgesetz sowie ein Gesetz für den Bundesnachrichtendienst und den Militärischen Abschirmdienst. Die Gesetzesgenese stand unter dem Eindruck im Zweifel eine Ermächtigungsgrundlage zu Eingriffen in das Recht auf informationelle Selbstbestimmung durch die Nachrichtendienste schaffen zu wollen. Diese sollte gleichwohl so allgemein wie möglich bleiben. Es entstanden die Befugnisnormen § 3 BND-G und § 4 MAD-G mit dürren Verweisen auf § 8 BVerfSchG. In dem Maße, wie gesetzliche Regelungen insbesondere in Form ausdrücklich formulierter Handlungsaufträge und allgemein gefasster Handlungsbefugnisse entstanden sind, wird behördlicher Verzicht auf strafrechtlichen Güterschutz als ein dem durch diese Befugnisnormen eingeräumten Ermessensspielraum zuzuordnendes Verhalten zu deuten sein. Behördlicher Verzicht auf strafrechtlichen Güterschutz wird stets in den Gesamtkontext nachrichtendienstlicher Informationsgewinnung und damit als ein mögliches behördliches Verhalten zur Gewinnung von belastenden Informationen

[77] Vgl. dazu auch BVerfGE 57, 250 ff.

[78] *Gusy*, Die Verwaltung, 1984, 273 ff.

über Einzelpersonen einzuordnen sein. Es stellt sich sogar die Frage, ob nicht die § 8 BVerfSchG, § 3 BND-G, § 4 MAD-G und auch § 161 I StPO gleichermaßen den behördlichen Verzicht strafrechtlichen Güterschutzes umfassen, wenn das ein geeignetes und im Hinblick auf dabei entstehende Eingriffswirkungen auch verhältnismäßiges Instrument zur Erfüllung des jeweiligen Verwaltungsauftrages ist.

3) Der Verzicht auf strafrechtlichen Güterschutz durch die RiStBV

Ein Beispiel für die Bedeutung behördlicher Zustimmung zum Verzicht auf strafrechtlichen Schutz eines Rechtsgutes der Allgemeinheit außerhalb gesetzlicher Normierung ist die Regelung durch die RiStBV zur Verwendung einer Legende bei Verdeckten Ermittlern gewesen. 1986 kam es in der RiStBV zur Festschreibung einer Möglichkeit der Strafverfolgungsbehörden, zum Zweck der Straftatenaufklärung Verdeckte Ermittler unter einer Legende zum Einsatz bringen zu können.[79] Die Herstellung der Legende schloss auf Seiten der Strafverfolgungsbehörden den Verzicht auf den durch die §§ 267 ff StGB gewährten Güterschutz mit ein. Die Regelung in den RiStBV war darauf gerichtet, der Exekutive mithin die Möglichkeit zur Disposition über den nach §§ 267 ff StGB durch den Gesetzgeber geschaffenen Güterschutz zu geben.

Die RiStBV sind ihrer Rechtsnatur nach bundeseinheitlich geltende Verwaltungsanordnungen.[80] Sie sind dabei als Verwaltungsvorschriften zu verstehen. Primär entfalten die RiStBV lediglich eine Binnenwirkung in der Verwaltung, da sie sich allein an die nachgeordneten Behörden und Bediensteten richten. Rechte und Pflichten für den Bürger begründen sie nicht.[81] Sie zielen damit auf die technische Ausgestaltung der gesetzlichen Regeln des Strafverfahrens unter funktionalen Aspekten.[82] Als Ausdruck eines bestimmten Sachwissens sind die Regeln der RiStBV dazu geeignet, im Sinne von Praktikabilität und Flexibilität Verwaltungshandeln so zu leiten, dass gesetzliche Handlungsaufträge und sich verändernde Realitäten im Hinblick auf die Strafverfolgung in Kongruenz zueinander geführt werden. Der Gesetzgeber vermag wegen der Komplexheit strafrechtlicher Ermittlungen kaum im Voraus diese bis in jede Detailfrage abstrakt-generell re-

---

[79] Seit 1986 wird unter Anlage D, Ziff. II/2 der Einsatz Verdeckter Ermittler unter einer Legende geregelt, schon damals hieß es dort: „Verdeckte Ermittler sind besonders ausgewählte und ausgestattete Polizeivollzugsbeamte, die unter einer Legende Kontakte zur kriminellen Szene aufnehmen, um Anhaltspunkte für Maßnahmen der Strafverfolgung zu gewinnen, und deren Identität auch im Strafverfahren geheim gehalten werden soll."

[80] *Schaefer*, NJW 1977, 22 ff; *Roxin*, Strafverfahrensrecht[24], § 3 D.

[81] *Maurer* Allg. VerwR, § 24 III 1.

[82] *Schaefer*, NJW 1977, 22 ff.

geln zu können. Insbesondere wird er auch nicht mit der gebotenen Eile in der Lage sein, sich veränderten Verhaltensweisen, krimineller Kreise anpassen zu können. Mithin obliegt es der zuständigen Verwaltung, die notwendigen Entscheidungen zu fällen. Dabei soll freilich ein der Rechtsordnung an sich dienendes Verhalten, die Erfüllung staatlicher Strafverfolgungspflichten[83], nicht daran scheitern dürfen, dass der Gesetzgeber von ganz anderen Überlegungen ausgehend die Strafbarkeit eines dabei notwendig werdenden Verhaltens in Bezug auf das gesellschaftliche Ganze durchaus zutreffend geregelt hat. Aus heutiger Sicht stellt sich die Frage nach der Zulässigkeit des Einsatzes Verdeckter Ermittler unter Gebrauch einer Legende im Hinblick auf §§ 267 ff StGB allein aufgrund der RiStBV nicht mehr. In einer Vielzahl von Gesetzen, wie etwa der Strafprozessordnung, den Landespolizeigesetzen, dem Bundesverfassungsschutzgesetz, dem Bundesnachrichtendienstgesetz oder dem Gesetz für den Militärischen Abschirmdienst sind heute Regelungen dazu getroffen worden.[84] Zur Zeit der ausschließlichen Regelung durch die RiStBV fiel allerdings die Entscheidung der zuständigen Behörden über den Einsatz von Verdeckten Ermittlern bei gleichzeitiger Disposition über den strafrechtlichen Güterschutz gemäß der §§ 267 ff StGB, typischerweise in den zuvor als vorbehaltsähnlich oder gesetzesfrei charakterisierten Handlungsspielraum. Unter funktionalen Gesichtspunkten sollte die entsprechende Regelung in den RiStBV der zuständigen Verwaltung eine Möglichkeit zur Disposition des durch die §§ 267 ff StGB gewährleisteten Güterschutzes einräumen. Die Annahme der Zulässigkeit einer behördlichen Einwilligung als Basis für die hier dargestellten Güterdispositionen in einem Handlungsfreiraum jenseits von Ermessen und Beurteilungsspielraum liegt daher insoweit nahe.

[83] BVerfGE 46, 214, 224.

[84] Vgl. aus jüngerer Zeit zur Frage der Verfassungsmäßigkeit insoweit etwa BVerfG NJW 1985, 1767; Sächs VerfGH, Urteil v. 14.5.1996, GVBl. S. 251.

C) Zusammenfassung des 3. Kapitels

Die Verwaltung kann Handlungsautonomie nur in Bezug auf gesetzliche Bestimmungen für sich reklamieren. Die behördliche Zustimmung zur Preisgabe strafrechtlichen Schutzes eines Gutes der Allgemeinheit oder des Staates kann im Wege einer autonomen Abwägungsentscheidung[1] immer dann erfolgen, wenn der Behörde hierzu aus verwaltungsrechtlicher Perspektive ein entsprechender Freiraum zur Verfügung steht. Das ist keineswegs nur dann der Fall, wenn der Verzicht auf strafrechtlichen Güterschutz wie etwa bei den §§ 110a ff StPO oder § 43 BRRG ausdrücklich als zulässige Rechtsfolge festgelegt ist.[2] Die Preisgabe strafrechtlichen Güterschutzes erscheint auch unter Zugrundelegung von Ermessens-[3] und Beurteilungsspielräumen[4] nicht unzulässig, wenn der entsprechende behördliche Verzicht auf Güterschutz nicht ausdrücklich in der maßgeblichen Norm Erwähnung findet. Der behördliche Verzicht auf Güterschutz wird dann lediglich eine von mehreren in Frage kommenden Maßnahmen sein müssen, um den normativen Regelungszweck realisieren zu können. Beispielhaft wurde in diesem Zusammenhang auf die zum 01.09.2000 neu gefasste Regelung des § 161 I StPO[5] ebenso wie auf die 1990 entstandenen Befugnisse der Nachrichtendienste[6] verwiesen.

Neben dem Ermessens- und Beurteilungsspielraum wurde ein als gesetzesfrei oder vorbehaltsähnlich bezeichneter behördlicher Handlungsfreiraum bestimmt. Es soll sich dabei um einen subtraktiv gegenüber dem normativ formulierten Handlungsauftrag der Verwaltung und ausdrücklicher Ermächtigungen zu ermittelnden Freiraum handeln. Innerhalb dieses Freiraumes steht der Verwaltung die Entscheidung über ihr Handeln in funktionaler Hinsicht zu. Die sachlichen Grenzen des Verwaltungshandelns ergeben sich dabei aus den bestehenden Rechtsnormen und insbesondere auch aus dem Vorrangprinzip mit der Bindung der Verwaltung an Recht und Gesetz im Sinne von Art. 20 III GG. Eine sachliche Kompetenz-Kompetenz steht der Verwaltung also nicht zu. Der Handlungsfreiraum ist daher nicht rechtsfrei. Er kann auch jederzeit durch Aktivitäten des Gesetzgebers verändert oder aufgehoben werden.[7]

---

[1] Vgl. dazu o. 2. Kap./A/I;II.

[2] 3. Kap./A/I.

[3] 3. Kap./A/I/1.

[4] 3. Kap./A/I/2.

[5] 3. Kap./A/II/2.

[6] Dazu auch im 3. Kap./A/II/2.

[7] 3. Kap./B/I.

Innerhalb eines so bestimmten Handlungsfreiraumes würde auch die behördliche Zustimmung zum Verzicht auf strafrechtlichen Schutz von Gütern der Allgemeinheit oder des Staates fallen können. Staatlicher Verzicht auf strafrechtlichen Güterschutz wird in diesem Freiraum – wenn überhaupt – nur soweit möglich sein als dieser Verzicht unter administrativ-funktionalen Aspekten auf die Erreichung eines vom Gesetzgeber formulierten Verwaltungszweckes gerichtet ist. Im Einzelnen werden auf jeden Fall für die autonome behördliche Zustimmung zur Preisgabe strafrechtlichen Schutzes von Gütern der Allgemeinheit und des Staates die folgenden Voraussetzungen zu fordern sein müssen:[8]

- Es muss im Hinblick auf die Realisierung von Interessen der Allgemeinheit gehandelt werden.
- Die behördlich erstrebte Interessenwahrnehmung wird innerhalb des sachlichen und gesetzlich bestimmten Kompetenzbereich der zustimmenden Behörde fallen müssen.
- Es sind die allgemeinen Rechtsgrundsätze des Verwaltungshandelns im übrigen einzuhalten.
- Die behördliche Zustimmung zur Preisgabe des strafrechtlichen Güterschutzes muss verhindern wollen, dass sich die Rechtsordnung gegen sich selbst wendet.

Der gesetzesfreie oder vorbehaltsähnliche und unter funktionalen Aspekten bestimmte exekutive Handlungsfreiraum wird seine Bedeutung für behördliche Verfügungen über dem Verwaltungsvermögen unterfallende Sachen[9] wie auch dem Finanzvermögen der öffentlichen Hand[10] haben. In der Vergangenheit wurde insbesondere auch bei Maßnahmen der Strafverfolgung[11] oder der Abwehr von Angriffen auf die äußere Sicherheit[12] auf Maßnahmen zurückgegriffen, deren Rechtmäßigkeit allein auf zulässiges Handeln im hier beschriebenen Freiraum der Verwaltung begründet sein sollte.

Die Frage der Zulässigkeit der behördlichen Zustimmung zur Preisgabe strafrechtlichen Schutzes von Gütern der Allgemeinheit oder des Staates ist nunmehr freilich immer noch offen. Es sind bis hierher lediglich behördliche Handlungsformen aufgezeigt worden, die die Zulässigkeit einer solchen Zustimmung, die aus der Perspektive des Strafrechts als behördliche Einwilligung

[8] 3. Kap./B/II.

[9] 3. Kap./B/II/1a.

[10] 3. Kap./A/II/1b.

[11] 3. Kap./A/II/3.

[12] 3. Kap./A/II/2.

zu charakterisieren wäre, nahe legen. Dabei wurde deutlich, dass die zur behördlichen Einwilligung erforderliche Verwaltungsautonomie stets nur eine vergleichsweise eingeschränkte sein kann. Anders als der Einzelne wird die Verwaltung schon deshalb nicht nahezu jede beliebige Disposition über den strafrechtlichen Schutz von Rechtsgütern der Allgemeinheit und des Staates treffen können, weil der dazu erforderliche Handlungsfreiraum überhaupt nur in Relation zu bestehenden gesetzlichen Regelungen zu ermitteln sein kann. Unterschieden wurden zwei Fälle: im ersten Fall soll die behördliche Preisgabe strafrechtlichen Güterschutzes nicht ausdrücklich geregelte aber doch zulässige Rechtsfolge der Ausnutzung eines Ermessens- oder Beurteilungsspielraumes sein; im zweiten Fall soll die behördliche Preisgabe strafrechtlichen Güterschutzes innerhalb eines gesetzes-, aber nicht rechtsfreien exekutiven Freiraumes in Frage kommen. Die mangelnde normative Ausformung einer behördlichen Zustimmung zur Preisgabe strafrechtlichen Güterschutzes in beiden Fällen wird allerdings eine endgültige Antwort auf die Frage nach ihrer Zulässigkeit erst nach einem Blick auf verfassungsrechtliche Prinzipien erlauben.

4. Kapitel
Die behördliche Einwilligung im Licht verfassungsrechtlicher Prinzipien

Die behördliche Einwilligung wurde im zweiten Kapitel als Güterabwägung qualifiziert, der, wie im Fall der Individualeinwilligung, eine Kosten-Nutzen-Abwägung zugrunde liegen muss. Im dritten Kapitel wurden Handlungsfreiräume aus der Perspektive des Verwaltungsrechts aufgezeigt, die ihrer Struktur nach aus verwaltungsrechtlicher Sicht die behördliche Zustimmung zur Antastung eines strafrechtlich geschützten Gutes zulassen können.

Es bedarf nunmehr der Erörterung, ob die mit der hier zu untersuchenden behördlichen Einwilligung einhergehende behördliche Antastung eines strafrechtlich geschützten Gutes der Allgemeinheit oder des Staates ein von der Rechtsordnung hinzunehmender Preis für den dabei von der Verwaltung im Einzelfall erstrebten Interessengewinn ist. Die Zulässigkeit der behördlichen Zustimmung zur Antastung strafrechtlich geschützter Güter der Allgemeinheit oder des Staates, mithin also zunächst die Disponibilität dieser Rechtsgüter, bedarf dazu einer Klärung unter Berücksichtigung der Rolle, die einerseits die Verfassung der Verwaltung zugeschrieben hat sowie andererseits der verfassungsrechtlichen Qualität materiell-strafrechtlicher Normen. Die zuvor skizzierte Kosten-Nutzen-Abwägung[1] wird dafür zu den aufgezeigten verwaltungsrechtlichen Handlungsfreiräumen vor dem Hintergrund der Verfassung in Beziehung zu setzen sein.

A) Die behördliche Einwilligung im Licht des Demokratieprinzips

I) Begriff

1) Das Prinzip der Repräsentation

Das Demokratieprinzip bindet die Staatsgewalt an den Volkswillen, vor dem mithin jegliches staatliches Handeln seiner Legitimation bedarf.[2] Auch die hier zu untersuchende behördliche Einwilligung wird daher vor dem Hintergrund des Demokratieprinzips ihrer Erörterung bedürfen. Demokratie bedeutet zunächst verkürzt Volksherrschaft.[3] Das Demokratieprinzip des Grundgesetzes wird in einer Reihe verfassungsrechtlicher Normen konkretisiert, ohne dabei explizit als Strukturprinzip eine ausdrückliche Definition erfahren zu haben.[4] Laut Art. 20 II S. 1 GG übt das Volk die Staatsgewalt selbst aus. Dazu bedient es sich Wahlen und Abstimmungen sowie besonderer Organe der

[1] Vgl. o. 2. Kap./A/II/1.

[2] *Stern*, Staatsrecht, Bd. I, § 18 II 1.

[3] *Stern*, a. a. O., ebenda, m. w. N.; *Böckenförde*, HStR II, § 30 RN 12 ff.

[4] *Stern*, a. a. O., § 18 II 4.

Gesetzgebung, der Exekutive und der Rechtsprechung. „Das Wesen des demokratischen Prinzips verlagert sich damit von der Identität auf die Bestimmung und Legitimation der tatsächlich Herrschenden, der Repräsentanten."[5] Die politische Teilhabe und die Selbstbestimmung des Staatsvolkes als unbedingte Voraussetzung von Demokratie werden auf der Basis der Repräsentation mit der daraus erwachsenden Notwendigkeit zusammengeführt, staatliches Handeln demokratisch, das heißt vor dem Volk zu legitimieren. Das Demokratieprinzip verbindet die Herrschaft des Volkes mit dem Gedanken der Volkssouveränität durch Repräsentation und erklärt so die Legitimation staatlichen Handelns. Formale und inhaltliche Legitimation staatlichen Handelns sind danach Voraussetzung für deren Verfassungsmäßigkeit in einem gemäß Art. 20 I GG als demokratisch bezeichneten Staat.

a) Die formale Legitimation staatlichen Handelns

Die formale Legitimation staatlichen Handelns unterscheidet die institutionelle, die organisatorisch-personelle und die sachlich-inhaltliche Legitimation eines konkreten Verhaltens staatlicher Organe, beziehungsweise der ihnen angehörenden Personen.[6] Ein maßgebliches staatliches Handeln muss sich durch alle drei Legitimationsstränge gleichermaßen auszeichnen. Für seine Verfassungsgemäßheit darf nicht auch nur eine dieser Legitimationen fehlen.[7]

Die institutionelle Legitimation staatlichen Handelns tritt für die verfassungsrechtliche Fundierung der Existenz der staatlichen Organe und deren arbeitsteiliges Verhältnis zueinander ein. Staatliches Handeln muss seiner Art und Weise nach einem staatlichen Organ, der Legislative, der Exekutive oder der Judikative, zugewiesen sein.[8] Die organisatorisch-personelle Legitimation staatlichen Handelns zielt auf die individuelle Berufung eines jeden Amtswalters.[9] Der Einsatz des Amtswalters selbst bedarf bereits der Autorisation, welche schließlich sein Handeln in einen Zurechnungszusammenhang zum vom Volk gewählten Parlament stellt.[10] Der im Parlament repräsentierte Volkswille wird der Regierung zunächst vom Parlament vermittelt. Durch den jeweiligen Akt der Ernennung eines Amtsträgers durch den dem Parlament verantwortlichen Minister hält

---

[5] *Stern*, a. a. O., § 18 II 4b.

[6] Zum Ganzen vgl. etwa *Böckenförde*, HStR II, § 30, insbes. RN 15; BVerfGE 34, 258, 270 ff; 44, 125, 138; 47, 253, 275; 49, 89, 125; 68, 1, 87 ff, 100 ff; 83, 60, 72.

[7] Dazu *Velten*, Transparenz staatlichen Handelns und Demokratie, S. 51.

[8] *Böckenförde*, a. a. O., RN 12; *Velten*, a. a. O., S. 50

[9] Dazu etwa BVerfGE 68, 1 ff.

[10] *Böckenförde*, a. a. O., RN 14 ff.

schließlich der handelnde Amtsträger selbst ein Stück demokratischer Legitimation bei der Ausübung seines Dienstes in den Händen. Die sachlich inhaltliche Legitimation staatlichen Handelns ist freilich nicht darauf gerichtet, dass ein maßgebliches Verhalten den konkreten Volkswillen inhaltlich zu repräsentieren hat.[11] Ausreichend ist vielmehr ein Zusammenhang zwischen der Wahl des Parlamentes durch das Volk einerseits und dem Inhalt staatlichen Handelns andererseits. Verkürzt formuliert spiegelt sich dieser Legitimationszusammenhang zum einen in der Bindung von Exekutive und Judikative an Recht und Gesetz sowie zum anderen in der Bindung der Legislativen an die verfassungsmäßige Ordnung. Hinzu kommen wird noch die Zurückverfolgbarkeit eines verwaltungsinternen Weisungszuges zwischen dem Handeln eines Amtsträgers und dem dem Parlament nicht zuletzt immer auch politisch verantwortlichen Minister.[12]

Staatliches Handeln muss zu seiner demokratischen Legitimation also einer der drei Gewalten zuzuordnen sein. Darüber hinaus muss der Handelnde als Amtsträger sich für die Ausübung seines Amtes auf einen entsprechenden Ernennungsakt stützen können und sein Verhalten muss ein rechtmäßiges, im Sinne der in Art. 20 II GG ausgesprochenen Bindung der staatlichen Organe sein. Im Einzelnen können die Anforderungen an die so dargestellten Legitimationsketten staatlichen Handelns bis zu einem gewissen Grade gelockert werden. So können etwa auch solche Personen, die nicht Amtsträger im statusrechtlichen Sinne sind, aufgrund eines bestimmten rechtlichen Verhältnisses zu einem solchen Amtsträger oder einer Behörde für diesen beziehungsweise für die Behörde und damit in einem dem Staat zurechenbaren Sinne tätig werden. Das wird etwa mit Blick auf die inhaltliche Reichweite von § 11 I Ziff. 4 StGB deutlich. Dort wird eine Vielzahl von Personen bezeichnet, die im Zurechnungszusammenhang staatlichen Handelns tätig werden können.[13] Aber auch sogenannte Informanten und V-Personen im Sinne von Ziff. 2, Anlage D der RiStBV werden insbesondere im Hinblick auf die Zusicherung der Vertraulichkeit nach Ziff. 3.1.a, Anl. D, der RiStBV zu diesem Personenkreis zu zählen sein.[14]

Auch die Gesetzesbindung ist durch eine Vielzahl von Verordnungs- und Satzungsermächtigungen ebenso gelockert wie durch die Anerkennung von Gewohnheitsrecht oder richterlicher Rechtsfortbildung. Im Einzelnen wird es aller-

---

[11] Dazu *Velten* m. w. N., a. a. O., S. 50 ff.

[12] *Velten*, a. a. O., S. 51.

[13] Umfassend dazu *Lenckner*, ZStW 106 (1994), 502, 541.

[14] *Friedrichs*, Hans-Georg, Der Einsatz von V-Leuten durch die Ämter für Verfassungsschutz, Göttingen 1981, S. 13; *Wagner*, JZ 1987, 594 ff.

dings hier nicht nötig sein, diese Fälle detailliert auszuführen.[15] Festzuhalten ist lediglich, was die Möglichkeiten der zulässigen Lockerung in Bezug auf exekutives Verhalten bedeutet: Verwaltungshandeln muss im Fall der Entfaltung von individueller Eingriffswirkung auf eine Ermächtigungsgrundlage gestützt werden.[16] Dort wo das Prinzip des Gesetzesvorbehaltes nicht zum Tragen kommt, weil das Verwaltungshandeln ausschließlich interne Wirkungen zeitigt, muss das maßgebliche Verwaltungshandeln seine demokratische Legitimation über eine Kette von Weisungen und Verantwortlichkeiten vom Volk zum handelnden Amtsträger im Rahmen des geltenden Rechtes erfahren.[17]

b) Die inhaltliche Legitimation staatlichen Handelns

Die inhaltliche Legitimation stellt nunmehr auf die tatsächliche Beziehung zwischen dem zu repräsentierenden Staatsvolk und dem Repräsentanten ab; wobei hier unter den Repräsentanten all jene verstanden werden sollen, die in irgendeiner Form für den Staat handeln, sei es als Parlamentarier, als Regierung oder als Angehörige der Exekutive oder Judikativen.[18] Danach ist es für das Funktionieren der Demokratie neben der Einhaltung der aufgezeigten formalen Legitimationsketten unabdingbar, dass die von den Repräsentanten vertretenen Sachverhalte auch diejenigen der zu Repräsentierenden sind.[19] Die Repräsentation beruht dabei auf einem Prozess, der auf die Herstellung der inhaltlichen Repräsentation des zu repräsentierenden Volkes durch die Repräsentanten gerichtet ist. Dazu muss nicht nur das Verhalten der Repräsentanten auf die tatsächliche Verwirklichung der Interessen des Volkes gerichtet sein. Dazu bedarf es darüber hinaus der „Darstellung und Aktualisierung dessen, was von den Bürgern als verbindend Gemeinsames der Ordnung ihres Zusammenlebens gewusst und empfunden wird“.[20] Kommunikationsgrundrechte[21], die Parteifreiheit gemäß Art. 21 GG[22] und nicht zuletzt die individuelle Chance zur Teilhabe am politischen Willensbildungsprozess auf der Basis des Gleichheitssatzes[23] stellen das

[15] *Wolff/Bachof/Stober*, VerwR I, § 25 RN 35 ff.

[16] Vgl. etwa *Kisker*, NJW 1977, 1319; BVerfGE 49, 126.

[17] *Velten*, a. a. O., S. 51.

[18] Zu einem weiten Begriff der Staatsgewalt i. S. allen amtlichen Handelns mit Entscheidungscharakter vgl. BVerfGE 93, 37, 68.

[19] *Böckenförde*, HStR II § 30 RN 22.

[20] *Böckenförde*, a. a. O., ebenda.

[21] BVerfGE 7, 111, 119; 27, 17, 81; 69, 315, 345 ff.

[22] BVerfGE 2, 1, 13; 3, 19, 26; 5, 85, 134 ff.

[23] *Herzog*, Maunz/Dürig, Art. 20 II RN 6 ff.

„normative Moment“[24] dazu zur Verfügung. Der so entstehende normative Rahmen soll die politische Willensbildung vom Volk zu den Regierenden beziehungsweise der Exekutive im Allgemeinen, von unten nach oben, im Sinne eines unabdingbaren Wesensmerkmals von Demokratie sichern helfen.[25] Von wesentlicher Bedeutung ist dabei die sogenannte öffentliche Meinung als Instrument politischer Willensbildung. Die Realisierung des Demokratieprinzips verlangt geradezu nach einem öffentlichen und der Allgemeinheit, mithin jedem Einzelnen gleichermaßen zugänglichen Prozess politischer Willens- und Meinungsbildung.[26] Politische Freiheit und Gleichheit gehören zu den Kerngehalten der Demokratie.[27] Der öffentlichen Meinung ist dabei durchaus ein eigener politischer Wert neben der jeweils stattgefundenen Wahlentscheidung zuzuschreiben.[28] Das begründet das Interesse, die öffentliche Meinung gerade auch als Regierung, beziehungsweise Exekutive für sich zu gewinnen und freilich auch für sich zu beeinflussen, um so die Akzeptanz des eigenen Handelns zu erhöhen.

c) Die behördliche Einwilligung und ihre Beziehung zur demokratischen Legitimationsstruktur

aa) Die formale Legitimationsstruktur

Das Demokratieprinzip bindet also staatliches Handeln über die Brücke der Repräsentation an die Volkssouveränität. Die Staatsgewalt gemäß Art. 20 II S. 1 GG umfasst nach außen wirksame Verwaltungsentscheidungen.[29] Das Demokratieprinzip gewinnt für die Untersuchung mithin Bedeutung im Hinblick darauf, welche Güter im Einzelnen strafrechtlichem Schutz unterworfen werden. Denn in der Strafnorm manifestiert sich ein gesellschaftlicher Diskurs, der, wie *Sternberg-Lieben* ausführt, regelmäßig mit einer „Dezision sozialethischer Kontroversen“ verknüpft ist.[30] Dabei kann es dahingestellt bleiben, ob die durch das Strafrecht schließlich unter Schutz gestellten Rechtsgüter dem Gesetzgeber vorgegeben sind oder gerade Ausfluss eines diskursiven Prozesses

---

[24] *Böckenförde*, a. a. O., ebenda.

[25] BVerfGE 20, 56, 98 ff; 44, 125, 148 ff; 57, 295, 320 ff; *Häberle*, JZ 1977, 361 ff.

[26] *Stern*, a. a. O., § 18 II 5e; *Kriele*, VVDStRL 29 (1971).

[27] *Pieroth*, Jarass/Pieroth, Art. 20 RN 7.

[28] *Stern*, a. a. O., ebenda.

[29] *Schmidt-Assmann*, AöR 116 (1991), 329, 341 f.

[30] *Sternberg-Lieben*, Die objektiven Schranken der Einwilligung im Strafrecht, S. 335.

sind.[31] Die wegen einer behördlichen Einwilligung sanktionslose Antastung eines strafrechtlich geschützten Gutes deckt sich jedoch zunächst nicht mit der durch den Gesetzgeber vorgenommenen „Dezision sozialethischer Kontroversen".

Allerdings wird der Verweis auf die allgemeinen Bedingungen formaler Legitimation exekutiven Handelns der Annahme einer vor dem Hintergrund des Demokratieprinzips zulässigen behördlichen Einwilligung nicht von vornherein im Wege stehen müssen. Mit ihnen können nämlich auch die generellen Voraussetzungen für die zulässige Antastung strafrechtlich geschützter Rechtsgüter des Staates oder der Allgemeinheit außerhalb ausdrücklicher verwaltungsrechtlicher Handlungsbefugnisse durchaus erfasst werden.[32] Die formale Legitimation der behördlichen Einwilligung wird im Hinblick auf die institutionelle Legitimation ihre Zuordnung zur staatlichen Exekutive verlangen. Das ist unproblematisch, denn das maßgebliche Verhalten soll ja gerade von einer Behörde und mithin einem Teil der Exekutive ausgehen. Die organisatorisch-personelle Legitimation der behördlichen Einwilligung wird aus der ordentlichen Ernennung des insoweit der Güterverletzung zustimmenden Amtsträgers, beziehungsweise aus der im Rahmen seiner Zuständigkeit übertragenen Zustimmungsberechtigung auf eine andere Person, die nicht Amtsträger ist, folgen.

Die sachlich-inhaltliche Legitimation muss schließlich aus einem durch den Gesetzgeber vorformulierten Verwaltungsauftrag wie auch dem exekutiven Ziel, diesen gerade durch die behördliche Genehmigung verwirklichen zu wollen, folgen. Die Verwaltung wird dabei in ihrem sachlich und gesetzlich bestimmten Kompetenzbereich handeln müssen und deshalb ihr Vorgehen auch auf die Erreichung von Allgemeininteressen zu richten haben. Im übrigen wird sie sich an die allgemeinen Rechtsgrundsätze des Verwaltungshandelns halten müssen.[33] Die Kollision der behördlichen Einwilligung mit strafrechtlichen Handlungsverboten müsste ihre verfassungsrechtliche Zulässigkeit aus der Perspektive des Demokratieprinzips mindestens daraus ableiten, dass das entsprechende exekutive Verhalten einem Handlungsfreiraum zugeordnet werden kann, in dem die Verwaltung ihr Handeln nach funktionalen Gesichtspunkten selbst gestalten kann. Weiterhin wird hinzu kommen müssen, dass der Verweis auf die Strafbarkeit des maßgeblichen Handelns im konkreten Fall, abweichend von der abstrakt generellen straftatbestandlichen Regelung

[31] *Horstkotte*, JZ 1974, 84 ff; *Hanack*, NJW 1974, 1 ff; *Hassemer*, AK, vor § 1 RN 254 ff; *Haft*, Lb, 70.

[32] *Velten*, a. a. O., S. 50 ff m. w. N.

[33] Vgl. o. 3. Kap./B/I.

durch den Gesetzgeber, dazu führen würde, die Rechtsordnung sich gegen sich selbst wenden zu lassen.[34]

bb) Die inhaltliche Legitimationsstruktur

Durch das Demokratieprinzip wird auf der Grundlage der oben aufgezeigten Legitimationsstränge die staatliche Entscheidungsmacht dem Volk als Souverän zugewiesen. Die politische Willensbildung von ‚unten nach oben' wurde als Ausfluss des Demokratieprinzips bestimmt.[35] Mit der Option, über den strafrechtlichen Güterschutz disponieren zu können, würde der Exekutive schließlich nicht nur eine autonome Definitionsmacht hinsichtlich dessen, was – freilich ‚nur' situationsbezogen – als schützenswertes ethisches Minimum anzusehen ist, überlassen. Darüber hinaus besteht jedenfalls die Wahrscheinlichkeit, dass der Exekutive in bestimmten Sachbereichen auch ein erheblicher Zuwachs an Definitionsmacht hinsichtlich der inhaltlichen Gestaltung politischer Willensbildung zukommen kann. Die Disposition über strafrechtlichen Güterschutz in Verbindung mit dem öffentlichen Behaupten von Straftaten, die Dritte begangen haben, obgleich diese einzig staatliches Produkt sind, beinhaltet die Möglichkeiten der Beeinflussung der öffentlichen Meinung.[36] Die Exekutive erhielte so die Chance, für eine politische Willensbildung von oben nach unten einzutreten und den eigentlichen Weg der Willensbildung, von unten nach oben, umzukehren. Auf diese Weise könnte sie die Akzeptanz ihres Verhaltens beim Bürger steigern und die Willensbildung von ‚unten nach oben' einseitig in ihrem Interesse lenken und zumindest in Teilbereichen so zu einem nur noch vermeintlichen Willensbildungsprozess hinführen. Durch das Vortäuschen von Kriminalitätsformen könnte die Exekutive etwa die Akzeptanz für entsprechende eigene Gesetzentwürfe in der Öffentlichkeit erhöhen.

Berücksichtigt man, dass die Exekutive, jedenfalls wenn sie im Sinne einer Regierung verstanden wird, auch im politischen Alltagsgeschäft über das System der bloßen Repräsentation hinaus von der sogenannten öffentlichen Meinung und ihrer Zustimmung abhängig ist, wird für sie das Bestehen von Chancen zur Beeinflussung von Prozessen der öffentlichen Meinungsbildung von

---

[34] Vgl. o. 3. Kap./A/II/2; vgl. dazu aber etwa auch *Marx*, Die behördliche Genehmigung im Strafrecht, S. 148 ff, wonach im Ergebnis die Vergabe von Spielmaterial ungeachtet dessen, ob damit schließlich eine konkrete Gefährdung der Sicherheitsinteressen verbunden ist oder nicht, erlaubt sein soll; im Fall des Eintritts einer konkreten Sicherheitsgefährdung, könnte diese nämlich immer noch geringer sein als der erhoffte Aufklärungs- oder Abwehreffekt.

[35] BVerfGE 8, 104, 113; 20, 56, 98; *Herzog*, a. a. O., ebenda; *Velten*, a. a. O., ebenda.

[36] Dazu *Velten*, Transparenz staatlichen Handelns und Demokratie, S. 40 f.

erheblicher Bedeutung sein.[37] Schließlich sind bereits heute schon die Mehrzahl der eingebrachten Gesetzesinitiativen solche, die von den Regierungen – sei es auf Bundes- oder Länderebene – selbst ausgehen.[38] Die behördliche Einwilligung kann also als Werkzeug von der Exekutive zur Manipulation der öffentlichen Meinung gebraucht werden. Die daraus resultierende Einflussnahme auf den politischen Willensbildungsprozess würde das Demokratieprinzip in Bezug auf die Sicherung inhaltlicher Legitimation staatlichen Handelns durchaus essentiell berühren. Andererseits wird allein aus der abstrakten Möglichkeit des Missbrauchs exekutiver Verhaltensweisen noch nicht deren generelle Verfassungswidrigkeit vor dem Hintergrund des Demokratieprinzips zu folgern sein. Aus der Perspektive des Demokratieprinzips muss vielmehr die entscheidende Frage immer die nach der Sicherstellung der ausreichenden öffentlichen Kontrolle staatlichen Handelns sein.[39]

2) Die Wesentlichkeitslehre

Das Demokratieprinzip fordert die formale und die inhaltliche Legitimation staatlichen Handelns. Die Einhaltung formaler und inhaltlicher Legitimation staatlicher Handlungsweisen bedingen einander. Die Missachtung formaler Legitimationsketten kann auch bei inhaltlicher Betrachtungsweise staatlichen Handelns keine demokratische Legitimation mehr erwarten lassen. Während es freilich im Einzelfall schwierig ist, das Bemühen um eine Repräsentation des Volkes durch die Regierung und ihre Organe, mithin auch Verwaltungen, in inhaltlich-materieller Hinsicht zu bestreiten, ist die Kontrolle der Einhaltung der formalen Legitimationsketten vergleichsweise einfach. Denn schließlich wird etwa jedes Verwaltungshandeln daran gemessen werden können, ob es über die drei Legitimationsketten, der institutionellen, der organisatorisch-personellen und der sachlich-inhaltlichen Legitimation, eine Rückbindung an den Volkswillen zu erfahren vermag. Fraglich ist nunmehr freilich, in welchem Ausmaß Verwaltungshandeln aus der Perspektive des Demokratieprinzips einer Kontrolle zu unterwerfen ist. Grundsätzlich wird man formulieren dürfen, dass

[37] *Kloepfer*, HStR II § 35 RN 17 ff; BVerfGE 8, 104, 113; 44, 125, 139.

[38] *von Arnim*, DÖV 1982, 917, 919 f.

[39] *Velten*, Transparenz staatlichen Handelns und Demokratie, S. 35; zur Notwendigkeit der Kontrolle exekutiven Handelns vgl. BVerfGE 89, 155, 172; 88, 203, 310; *Velten*, Transparenz staatlichen Handelns und Demokratie, S. 56; SächsVerfGH, Urt. v. 14.5.1996, GVBl. S. 251), AZ: Vf. 44-II-94, S. 81; *Roewer*, § 9 G 10 RN 10 ff; § 2 PKKG RN 2 ff: *Miltner*, Die parlamentarische Kontrolle des Verfassungsschutzes in Verfassungsschutz in der Demokratie, S. 53, 56; zum G 10-G, BT-DrS V/18880, S. 1; BT-DrS 10/4253, 5049.

diese entweder nicht unbedingt[40] oder aber lückenlos[41] zu sein hat. Letztendlich wird für die Entscheidung, wie Kontrolle gewährleistet sein muss, maßgeblich sein, ob schließlich die gesamte Staatstätigkeit oder nur deren wesentlicher Teil der Willensbildung durch das Volk unterworfen sein soll.[42]

a) Begriff

Nach der Wesentlichkeitstheorie ist „der Gesetzgeber verpflichtet, [...] im Bereich der Grundrechtsausübung, soweit diese staatlicher Regelung zugänglich ist, alle wesentlichen Entscheidungen selbst zu treffen".[43] An anderer Stelle heißt es dazu, dass „die Entscheidung aller grundsätzlichen Fragen, die den Bürger unmittelbar betreffen", vom Gesetzgeber selbst zu treffen sind.[44] Wenn freilich auch kein Thema von vornherein von seiner öffentlichen Diskussion ausgeschlossen werden kann, wird jedenfalls nicht gleichwohl die politische Willensbildung jedes Verhalten der Exekutive betreffen können. Die Wesentlichkeitstheorie erhellt danach maßgeblich die inhaltliche Qualität des Demokratieprinzips.[45] Es werden schließlich die jeweils essentiellen politischen Fragen sein, die zum Tätigwerden des Gesetzgebers führen und die insbesondere dann auch öffentliche Kontrollbedürfnisse, freilich in der Abwägung mit anderen – ebenfalls öffentlichen – Interessen, in Gesetzesinitiativen verwandeln werden.[46] Mithin wird vom Gesetzgeber nicht nur zu verlangen sein, etwa Eingriffe in Grundrechte entsprechenden Eingriffsermächtigungen zu unterwerfen und insbesondere auch heimliches staatliches Handeln, beispielsweise im Bereich der Strafverfolgung[47] oder der nachrichtendienstlichen Tätigkeit[48], so einer Kontrolle zu unterwerfen.[49]

---

[40] BVerfGE 89, 155, 172; BVerfGE 40, 296, 327, *Badura*, BK, Art. 38 RN 36; *Herzog*, Maunz/Dürig, Art. 20 II RN 46 ff; vgl. dazu auch unten zu a).

[41] *Velten*, a. a. O., S. 62 ff; vgl. dazu auch unten zu b).

[42] *Velten*, a. a. O., S. 60.

[43] BVerfGE 61, 260, 275.

[44] BVerfGE 40, 237, 249.

[45] BVerfGE 9, 268 ff; 20, 162, 214; 47, 253, 274; 68, 1, 110, 89, 155, 207; vgl. zur Rolle des Wesentlichkeitsprinzips bei der Strafgesetzgebung *Ransiek*, Gesetz und Lebenswirklichkeit, S. 44 ff; *Sternberg-Lieben*, Die objektiven Schranken der Einwilligung im Strafrecht, S. 335.

[46] *Fischbach*, Referat zum 39 DJT, S. 33 ff; *Arndt*, 40. DJT, C47; *Grewe*, 39. DJT C9.

[47] Auf die nunmehr durch das OrgKG vom 15.07.1992 (BGBl. I 1302) geregelte Tätigkeit Verdeckter Ermittler gem. Ziff. 2, Anl. D zu den RiStBV verweist etwa *Pfeifer*, StPO, § 110a RN 1 m. w. N.

[48] *Gusy*, Die Verwaltung 1984, 273 ff; nunmehr §§ 3 BVerfSchG, 8 II BND-G, 4 MAD-G.

[49] BVerfGE 57, 250, 284; BVerwG NJW 1990, 2765 ff; *Herzog*, Maunz/Dürig, Art. 20 Abs. VI RN 55; *Ossenbühl*, HStR III, § 62 RN.

Es wird von ihm ebenfalls zu erwarten sein, die Kontrolle insbesondere auch des exekutiven Verhaltens im übrigen durch entsprechende Gesetze sicherzustellen. Denn auch dort, wo Verwaltungshandeln von erheblicher faktischer Wirkung für den Einzelnen ist, obgleich ihm wegen des Fehlens eines subjektiv-öffentlichen Rechts eine Handlungskontrolle kaum möglich ist, wird das Demokratieprinzip die effektive Kontrolle staatlichen Handelns und mithin auch des Verwaltungshandelns einfordern. Ein solcher Bereich notwendiger Kontrolle staatlichen Handelns ist etwa das Haushaltswesen.[50]

Die Wesentlichkeitstheorie lässt zwei Aspekte deutlich werden. Der erste ist der, dass nicht jedes staatliche und also auch nicht jedes Verwaltungshandeln ausdrücklich auf eine parlamentarische Willensbildung zurückführbar sein muss.[51] Der zweite Aspekt ist der, dass auch die Kontrolle staatlichen und also wiederum auch exekutiven Verhaltens nicht an die völlige Transparenz jedes Verwaltungshandelns anknüpft und eine heimliche Verwaltungstätigkeit im Hinblick auf Grundrechtseingriffe ebenso wenig ausschließt[52] wie ein einfach nur nicht öffentliches Verwaltungshandeln, weil es allein verwaltungsinterne Belange betrifft. Beispielhaft sei insofern nur auf die eingeschränkten Möglichkeiten der Kontrolle nachrichtendienstlicher Tätigkeit verwiesen. Dort besteht ein sogenannter Quellenschutz zugunsten der Nachrichtendienste; im übrigen wird die Beschränkung der Kontrolle nachrichtendienstlicher Tätigkeit gemäß den § 9 II G 10-G und § 2 PKKG für ausreichend erachtet, um eine demokratische Legitimation der insoweit maßgeblichen Exekutivhandlungen anzunehmen.[53] Ein anderes Beispiel ist die Bindung fiskalischen Handelns des Staates an die Haushaltsgesetzgebung sowie an die einschlägigen vergaberechtlichen Regelungen, insbesondere gemäß den §§ 97 ff GWB. Dort erfolgt die Kontrolle, exekutiver Verfügung über Vermögenswerte, indem subjektiv-öffentliche Rechte hinsichtlich der Einhaltung des Vergabeverfahrens geschaffen worden sind. Voraussetzung dafür ist allerdings, dass die Investitionsschwelle von € 200.000,00 überschritten wird. Unterhalb dieser Schwelle wird die Vergabeentscheidung als Akt fiskalischen Handelns angesehen, der lediglich im Rahmen der einschlägigen zivilrechtlichen Institute, insbesondere im Hinblick auf c.i.c., neben den §§ 823 ff BGB, §§ 20, 33 GWB

---

[50] Umfassend dazu etwa *Kisker*, HStR IV, § 89.

[51] *Ossenbühl*, DÖV 1980, 545, 549.

[52] *Sternberg-Lieben*, Jura 1995, 299 ff; Urt. d. SächsVerfGH vom 14.05.1996, AZ Vf. 44-II-94, S. 77.

[53] Dazu vgl. *Miltner*, Die parlamentarische Kontrolle des Verfassungsschutzes in der Demokratie, S. 53.

überprüft werden kann und im übrigen freilich seine rechtlichen Grenzen in der einschlägigen Haushaltsgesetzgebung findet.

b) Das Erfordernis lückenloser Kontrolle nach *Velten*

Die Lückenlosigkeit der Kontrolle staatlichen Handelns verbietet nach *Velten* kurz gesagt heimliches exekutives Handeln.[54] Damit ist auf den ersten Blick ein plausibles und einfach zu handhabendes Kriterium für den Verlust demokratischer Legitimation bereitgestellt. Die Forderung nach lückenloser Kontrolle staatlichen Handelns wird auf eine Kritik der Wesentlichkeitstheorie gestützt. Ihr wird vorgehalten, keineswegs sicherzustellen, dass die getroffenen Entscheidungen auch tatsächlich die wesentlichen Entscheidungen im Hinblick auf den nach der Verfassung gebotenen Grundrechtsschutz sind.[55] Tatsächlich wird man auch nicht einmal am Prinzip des Gesetzesvorbehaltes anknüpfen können, um stets sicher zu sein, der Gesetzgeber treffe eine Entscheidung von wesentlicher Bedeutung für das Gemeinwesen. So unterliegt etwa die Auferlegung eines Bußgeldes wegen eines geringfügigen Verstoßes gegen die Straßenverkehrsordnung zwar dem Gesetzesvorbehalt. Allerdings wird die entsprechende Regelung für das Gemeinwesen nur von vergleichsweise geringer Bedeutung sein.[56] Was im Einzelnen wesentlich ist, vermag mit Hilfe der Wesentlichkeitstheorie nicht immer eindeutig bestimmt zu werden.[57] Folglich wird man mit *Velten* der Wesentlichkeitstheorie auch entgegenhalten dürfen, dass durch sie etwa staatliches Handeln im für den Bürger Verborgenen nicht von vornherein ausgeschlossen wird. Der damit verbundene Ausschluss öffentlicher Kontrolle staatlichen Handelns oder wenigstens ihre Verminderung erlaube schließlich auch, so *Velten*, einen manipulativen Angriff auf den Prozess der öffentlichen Meinungsbildung durch die Regierung beziehungsweise die Exekutive in ihrer Gesamtheit. Dabei greift *Velten* auf das Beispiel des Einsatzes Verdeckter Ermittler gemäß den in der Rechtsordnung dafür einschlägigen Normen zurück.[58] Das herkömmliche Verständnis von Art. 20 II GG führe im Grunde dazu, in der Regelung lediglich noch eine zentrale Organisationsnorm zu sehen.[59]

---

[54] *Velten*, a. a. O., S. 61, 68 ff.

[55] *Velten*, a. a. O., S. 68.

[56] *Ossenbühl*, HStR III, § 62 RN 46.

[57] *Evers*, JuS 1977, 804, 807; *Pieske*, DVBl. 1977, 673, 677.

[58] *Velten*, a. a. O., S. 66 ff.

[59] *Velten*, a. a. O., S. 68 unter Verweis auf *Meyn*, Kontrolle als Verfassungsprinzip, 1982 und *Emde*, Die demokratische Legitimation der funktionalen Selbstverwaltung, 1991 in Anm. 121; vgl. dazu auch *Ipsen*, Referat am 40. DJT, C 3, 11 ff.

c) Die Kritik am Erfordernis lückenloser Kontrolle

Der Verweis auf die Lückenlosigkeit der Kontrolle staatlichen Handelns birgt den Vorteil in sich, auf der Grundlage der Wesentlichkeitstheorie die Voraussetzungen für die Notwendigkeit ausdrücklicher demokratischer Legitimation staatlichen Handelns gegenüber der herrschenden Auffassung zu präzisieren: Heimliches staatliches Handeln soll im Hinblick auf seine Grundrechtsberührung von vornherein völlig ausgeschlossen werden.[60]

Allerdings wird auch auf diese Weise nicht eine Forderung nach lückenloser demokratischer Legitimation staatlichen Handelns durchgesetzt werden können. Denn ein allgemeiner ubiquitärer Parlamentsvorbehalt wird selbst aus der Forderung nach lückenloser Kontrolle staatlichen Handelns in Ansehung der Erreichung eines effektiven Grundrechtsschutzes nicht zu folgern sein.[61] Insbesondere bleibt es aber offen, welche Anforderungen an die demokratische Legitimation exekutiven Verhaltens zu stellen sind, wenn Betroffenenöffentlichkeit gar nicht mehr herstellbar ist, weil der Staat gleichsam in eigener Sache und bestenfalls nur noch unter sehr mittelbarer Berührung von Individualinteressen oder sogar kollusiv mit Einzelnen gemeinsam handelt. Auch würde eine quantitativ umfassende Kontrolle staatlichen Handelns in Bezug auf eine verhältnismäßig große Anzahl von Einzelhandlungen im Ergebnis eher zu weniger individuellem Einfluss führen als eine Erhöhung der qualitativen Kontrolle staatlichen Handelns im Hinblick auf große, vom Gesetzgeber durch entsprechende Gesetze bezeichnete oder konkretisierte Ziele.[62]

Schließlich wird auch die Forderung nach lückenloser Kontrolle exekutiven Handelns nicht darüber hinweg sehen lassen, dass der Gesetzgeber eben nicht in der Lage ist, ein umfassendes abstraktes Handlungsinstrumentarium zur Lösung aller denkbaren Problemstellungen in der Verwaltungspraxis von vornherein zur Verfügung zu stellen. Es muss daher eine Vermutung für die Zulässigkeit eines exekutiven Verhaltens vor dem Hintergrund des Demokratieprinzips und der aus ihm gegenüber der Exekutive erwachsenden Kontrollerfordernisse streiten, wenn es ein Ziel verfolgt, dass der Gesetzgeber grundsätzlich einer gesetzlichen Regelung unterworfen hat und es infolgedessen seine Billigung durch die Rechtsordnung genießt.[63] Dadurch kann im konkreten Einzelfall die sachlich-inhaltliche Legitimation exekutiven Handelns auch dann noch gewahrt bleiben, wenn das konkrete Verhalten keine ausdrückliche normative Regelung erfahren

[60] *Velten*, a. a. O., S. 68.

[61] *Schnapp*, VVDStRL (1985), 172 ff.

[62] Darauf verweisend *Velten*, a. a. O., S. 75, wenn auch im Ergebnis schließlich ablehnend.

[63] *Kloepfer*, VVDStRL 40 (1982), S. 63, 74; *Herzog*, Maunz/Dürig, Art. 20 V RN 118.

hat. Mit der Lückenlosigkeit der Kontrolle staatlichen Handelns kann im Ergebnis nicht mehr als ein Kriterium für das situationsbezogene Erfordernis der Intensität einer Regelung und der damit korrespondierenden Kontrolldichte zur Gewährleistung ihrer Einhaltung erwartet werden.

II) Freiräume für eine behördliche Einwilligung nach der Wesentlichkeitstheorie

1) Die demokratische Legitimation der behördlichen Einwilligung

In der vorliegenden Untersuchung geht es um die Frage der Zulässigkeit der behördlichen Einwilligung zur Antastung des strafrechtlichen Schutzes von Gütern des Staates oder der Allgemeinheit. Dabei sollte die behördliche Einwilligung in zwei Fällen von Bedeutung sein. Im ersten Fall könnte sie eine mögliche, aber vom Gesetzgeber nicht ausdrücklich bezeichnete Handlungsvariante der Verwaltung innerhalb eines durch eine Eingriffsermächtigung zur Verfügung gestellten Handlungsrahmens sein. Im zweiten Fall fehlt es selbst an einer solchen gesetzlichen Regelung und die Verwaltung wird in einem noch mehr als gesetzesfrei zu bezeichnenden Handlungsfreiraum tätig.[64] Soweit im ersten Fall mit der behördlichen Zustimmung zur Antastung eines strafrechtlich geschützten Gutes ein individuell wirkender Eingriff erfolgt, wird man diesem seine verfassungsrechtliche Rechtfertigung jedenfalls im Hinblick auf die entsprechende Eingriffsermächtigung zugestehen können. Die behördliche Einwilligung erscheint dort also nicht mehr als ein Vorbehaltsproblem.[65] Im zweiten Fall soll von vornherein davon ausgegangen werden, dass die behördliche Einwilligung gar keine Eingriffswirkung zu entfalten vermag.

Der festgestellte Preis der behördlichen Einwilligung liegt in erster Linie in der situativen Aufhebung von strafrechtlichem Güterschutz.[66] Infolgedessen kann das maßgebliche behördliche Verhalten keineswegs mehr als unwesentlich bezeichnet werden. Denn die gesellschaftliche Diskussion um die strafrechtliche Unterschutzstellung eines Gutes muss als von besonderer Bedeutung angesehen werden, da durch die Fassung eines Straftatbestandes, wie bereits ausgeführt, ein sozialethisches Minimum der Gesellschaft im Hinblick auf ein bestimmtes Verhalten fixiert wird. Diese Entscheidung wird für die Gesellschaft und ihre Alltagsrealität deshalb stets von wesentlicher

[64] Vgl. o. 3. Kap./A/I.

[65] Vgl. o. 3. Kap./A/I.

[66] Vgl. o.2. Kap./A/II/1.

Bedeutung sein, die sogar über die bloße Schaffung einer Eingriffsnorm hinausreichen wird.[67]

Die behördliche Einwilligung wird also nicht schon deshalb nicht gegen das Demokratieprinzip verstoßen, weil sie im Ergebnis einen Sachbereich berührt, der nur von unwesentlicher Bedeutung zu sein vermag. Nicht zu folgen ist daher etwa *Schnapp*, der unter Verweis auf die Wesentlichkeitstheorie den Wirkungskreis des Parlaments zugunsten der Verwaltung zu begrenzen suchte.[68] Dabei geht er vom Bestehen eines sogenannten Verwaltungsvorbehaltes aus. Es soll sich um einen gegenüber der Legislative und auch der Judikative eingriffsfesten Handlungsfreiraum handeln, in welchem die Verwaltung zwar nicht eigene Sachkompetenzen, aber doch unter funktionalen Aspekten ihr Handeln frei bestimmen kann.[69] Die Wesentlichkeitstheorie wird danach zu einem Instrument, parlamentarische Handlungsgrenzen unter Verweis auf das Fehlen eines ubiquitären Vorranges parlamentarischen Handelns und ebenso das Fehlen eines Totalvorbehaltes zu bestimmen.[70] Der Wesentlichkeitstheorie wird dabei eine Entlastungsfunktion zugewiesen.[71] Dem muss allerdings entgegen gehalten werden, dass die Verfassung dem Parlament nicht von vornherein Regelungsgegenstände zu entziehen vermag.[72] Infolgedessen ist es auch nicht gelungen, einen Verwaltungsvorbehalt positiv zu definieren.[73] Es verbleibt deshalb

---

[67] Vgl. im Ergebnis so dazu *Ransiek*, Gesetz und Lebenswirklichkeit, S. 47; zum Inhalt des Wesentlichkeitsprinzips vgl. BVerfGE 9, 268, 280 ff; 20, 162, 214; 68, 1 ff; 89, 155, 207; *Menzel*, DÖV 1970, 433 ff; *Stern*, Staatsrecht I, § 22 II 3, III 3; vgl. zur sozialen Steuerungsfunktion auch BVerfGE 44, 125, 139; *Herzog*, Maunz/Dürig, Art. 20 II RN 9; *Velten*, StV 1987, 544, 552.

[68] *Schnapp*, VVDStRL (1985), 172 ff; s. a. *Herzog*, VVDStRL 24 (1966), 183, 188.

[69] *Schnapp*, a. a. O., S. 176.

[70] Darauf hinweisend *Schröder*, DVBl. 1984, 814, 817; *Achterberg*, Allgemeines Verwaltungsrecht, § 9.

[71] Auf die Verknüpfung der Diskussion um das Bestehen eines Verwaltungsvorbehaltes mit der über das Bestehen einer Überregulierung des gesellschaftlichen Daseins infolge legislativer Aktivitäten verweist *Schröder*, a. a. O., 816.

[72] *Kisker*, NJW 1977, 1319.

[73] *Ossenbühl*, Erichsen/Martens, Allg. VerwR, § 5 II; *Maurer*, a. a. O., S. 156; in diese Richtung weisend auch *Schmidt-Assmann*, AöR 116 (1991), 329, 336; *Herzog*, Maunz/Dürig Art. 20 V RN 112; ebenso im Ergebnis *Degenhardt*, NJW 1984, 2184; ein extremes Beispiel für einen Fall der Beschränkung exekutiven Handlungsfreiraumes ist das Gesetz über den Bau des Abschnitts Wismar/West-Wismar/Ost der Bundesautobahn A 20 von Lübeck zur Bundesgrenze (A 11) vom 2.3.1994, BGBl. I, S. 734, dort § 1 II, S. 1, 2; vgl. dazu zustimmend BVerfG JZ 1997, 300; vgl. dazu auch *Blümmel*, DVBl 1997, 205, 216, der darauf verweist, dass infolgedessen „der Phantasie des Bundesgesetzgebers [...] kaum noch Grenzen gesetzt“ sind.

lediglich der Verweis auf in der vorliegenden Untersuchung bereits an anderer Stelle als „gesetzesfrei" bezeichnete Handlungsfreiräume zugunsten der Verwaltung. Diese sind allerdings nicht regelungsfest gegenüber dem Parlament[74]

Die Betrachtung der Wesentlichkeitstheorie hat jedoch, wie bereits ausgeführt wurde, deutlich werden lassen, dass erstens nicht jedes staatliche Handeln ausdrücklich auf einen Akt parlamentarischer Willensbildung zurückzuführen sein muss, und dass zweitens auch nichtöffentliches Verwaltungshandeln keineswegs aus der Perspektive des Demokratieprinzips seiner Verfassungsgemäßheit entbehren muss.[75] Die in der vorliegenden Untersuchung aufgeworfene Frage nach der Zulässigkeit einer behördlichen Einwilligung ist also keineswegs schon mit dem Hinweis auf einen Verstoß gegen das Demokratieprinzip zu verneinen.

In exekutiven Handlungsfeldern, die durch das Vorbehaltsprinzip nicht beschränkt werden, wird es für die sachlich-inhaltliche Legitimation des Verwaltungshandelns darauf ankommen, dass dieses auf gesetzliche Vorabfestlegungen zurückzuführen ist und insbesondere durch eine entsprechende Weisungs- und Verantwortungskette vom Volk bis schließlich zum handelnden Amtsträger ihre Legitimation erfährt.[76] Für die Zulässigkeit einer behördlichen Einwilligung, wie sie hier untersucht wird, würde das bedeuten, dass die sachlich-inhaltliche Legitimation aus einem durch den Gesetzgeber vorformulierten Verwaltungsauftrag wie auch dem exekutiven Streben, diesen gerade durch die behördliche Einwilligung verwirklichen zu wollen, folgen kann. Die Verwaltung wird dabei in ihrem sachlich und gesetzlich bestimmten Kompetenzrahmen handeln und deshalb ihr Vorgehen auch auf die Erreichung von Allgemeininteressen richten müssen.[77] Im übrigen wird sie sich an die allgemeinen Rechtsgrundsätze des Verwaltungshandelns halten müssen. Das sanktionslose Antasten eines strafrechtlich geschützten Gutes, mithin die Kollision des maßgeblichen Handelns mit einem straftatbestandlich gefassten Verbot, würde seine Billigung vor dem Demokratieprinzip zum einen daraus ableiten, dass das entsprechende exekutive Verhalten wenigstens einem funktional bestimmten gesetzesfreien Handlungsraum zugeordnet werden kann. Der entsprechende Freiraum wurde subtraktiv, gegenüber normativ gefassten Handlungsaufträgen definiert, wobei der Verwaltung lediglich in funktionaler Hinsicht ein Bestimmungsrecht über das Mittel, einen bestimmten

[74] Vgl. o. 3. Kap./B.

[75] Vgl. o. 4. Kap./A/I.

[76] *Velten*, a. a. O., S. 51.

[77] Vgl. o. 3. Kap./B/II; vgl. auch *Wolff/Bachof/Stober*, VerwR I, § 30 II 2 c.

Handlungsauftrag zu erreichen, zuerkannt worden ist.[78] Zum zweiten würde die sachlich-inhaltliche Legitimation daraus folgen, dass im Fall des Rückgriffs auf das straftatbestandlich gefasste Handlungsverbot in dem konkreten Fall in Kauf genommen würde, dass sich die Rechtsordnung gegen sich selbst wendet.[79]

2) Die Forderung nach lückenloser Kontrolle – kein Hindernis für die behördliche Einwilligung

Auch die Forderung nach lückenloser Kontrolle staatlichen Handelns verschließt nur auf den ersten Blick die generelle Zulässigkeit der behördlichen Einwilligung zur Preisgabe staatlicher Rechtsgüter oder Rechtsgüter der Allgemeinheit. Der entsprechende Ansatz greift insbesondere die Gefahr der Manipulation öffentlicher Meinungsbildung als Grundlage politischer Willensbildung und Voraussetzung für die Wahrung inhaltlicher Legitimation staatlichen Handelns auf. Gerade auch die behördliche Einwilligung kann in dieser Weise missbraucht werden.[80] Ebenso scheint ein Zulassen der behördlichen Einwilligung in besonderem Maße deshalb gegen die Forderung nach lückenloser Kontrolle staatlichen Handelns zu verstoßen, weil es sich in aller Regel beim entsprechenden Verwaltungshandeln um ein Verwaltungsinternum handeln wird.

Die von *Velten* vertretene Auffassung vermag die behördliche Einwilligung aus der Perspektive des Demokratieprinzips tatsächlich jedoch nicht von vornherein zu verbieten. Zunächst hat der Ansatz von *Velten* nur solches exekutives Verhalten im Blick, welches auf Grundrechtseinwirkungen abzielt. Der Ansatz vermag damit etwa im Hinblick auf fiskalisches Handeln kein Ausschlusskriterium zu begründen, denn von ihm geht auch nach *Velten* selbst keine Eingriffswirkung aus.[81] Auch etwa der Fall einer Gefangenenfreilassung, die in der Hoffnung geschieht, dadurch eine angenommene Wahrscheinlichkeit bevorstehender Straftaten durch Sympathisanten oder Komplizen zu senken, erfährt insoweit keinen Ausschluss. Es fehlt am belastenden Grundrechtseingriff.

Lediglich dort, wo die behördliche Einwilligung mit Grundrechtseingriffen verknüpft ist, weil sie der staatlichen Informationssammlung dient, vermag überhaupt nur ein Rückgriff auf den Ansatz von *Velten* in Betracht zu kommen. *Velten* wird aber insoweit etwa im Hinblick auf alle möglichen denkbaren Fälle von Agent provocateur-Einsätzen und auch den aufgrund bestehender Eingriffs-

[78] Vgl. o. 3. Kap./B/II.

[79] Vgl. o. 3. Kap./B/II.

[80] *Velten*, a. a. O., S. 81 ff.

[81] *Velten*, StV 1987, 544 ff.

ermächtigungen erfolgenden Einsätzen Verdeckter Ermittler entgegen gehalten werden dürfen, dass ein Grundrecht zur heimlichen Begehung von Straftaten nicht angenommen werden kann.[82] Vielmehr muss auf die Schranken und Schranken-Schranken zum Eingriff in Grundrechte verweisen werden.[83] Dabei wird im Hinblick auf die zunächst vom Gesetzgeber bei der Normsetzung zu treffende Güterabwägung lediglich vom Erfordernis einer höheren Regelungsdichte gesprochen werden können, je intensiver der zu erwartende staatliche Eingriff sein kann. Grundrechtsbeeinträchtigungen durch geheime Ermittlungsmaßnahmen werden dort hinzunehmen sein, „wo die Geheimhaltung zur Verfolgung anderer, gleichwertiger und mit Verfassungsrang ausgestatteter Ziele“[84] das erfordert. Die Geheimhaltung wird also aus Gründen praktischer Konkordanz zugunsten „überragend wichtiger Gemeinschaftsgüter“[85] hinzunehmen sein.[86] Die Forderung nach lückenloser Kontrolle staatlichen Handelns vermag somit keineswegs der Frage nach der Zulässigkeit einer behördlichen Einwilligung gerade auch im Hinblick auf die Anwendung bestehender Generalermächtigungen eine von vornherein abschlägige Antwort zu geben.

III) Zwischenergebnis

Das Demokratieprinzip bleibt im Hinblick auf die Disposition strafrechtlichen Schutzes staatlicher Rechtsgüter oder Rechtsgüter der Allgemeinheit unberührt – so ließe sich vortragen –, wenn dadurch vom Gesetzgeber selbst gesetzte Verwaltungsaufträge schließlich ihre Erfüllung finden würden, beziehungsweise diese zumindest angestrebt würde.[87] Das maßgebliche Verwaltungshandeln würde sich dann noch immer im Rahmen einer sachlich-inhaltlichen Legitimation bewegen. Die Wirkung des Strafrechts darf demzufolge dort enden, wo sie im Blick auf die Erreichung anderer wesentlicher Ziele kontraproduktiv wäre, weil sie im Ergebnis exekutives Handeln in unzweckmäßiger Form begrenzen würde, und es so zur Wendung des Strafrechts gegen die Rechtsordnung selbst käme.

Vor dem Hintergrund des Demokratieprinzips scheint somit die Aufgabe strafrechtlichen Schutzes staatlicher Rechtsgüter oder Rechtsgüter der Allgemeinheit in Abhängigkeit von damit verfolgten Zwecken betrachtet werden zu müs-

[82] *Sternberg-Lieben*, Jura 1995, 299 ff.

[83] *Sternberg-Lieben*, a. a. O., S. 302.

[84] SächsVerfGH, Urt. v. 14.5.1996, GVBl. S. 251), AZ: Vf. 44-II-94, S. 77.

[85] SächsVerfGH, Urt. v. 14.5.1996, GVBl. S. 251), AZ: Vf. 44-II-94, S. 77.

[86] Vgl. zum Ganzen auch BVerfGE 57, 250, 284; BVerwG NJW 1990, 2765.

[87] *Maurer*, VVDStRL 43 (1985), S. 135, 156.

sen. Das würde auch ganz den aus strafrechtlicher Perspektive vertretenen Ansätzen entsprechen, die jedenfalls im Ergebnis auf eine irgendwie teleologisch fundierte Betrachtung von maßgeblicher Handlung und Anwendbarkeit der entsprechenden Strafnorm verweisen oder aber auch die Gefahrlosigkeit exekutiven Handelns behaupten wollen.[88]

[88] *Kühne*, JuS 1987, 188 ff; *Evers*, NJW 1987, 153 ff; *Hund*, NStZ 1993, 571 ff.

B) Die behördliche Einwilligung im Licht des Prinzips des Gesetzesvorrangs

Der Gesetzesvorrang beinhaltet sowohl einen demokratischen als auch einen rechtsstaatlichen Gehalt. Deshalb soll in der Untersuchung hier auf die Bedeutung des Gesetzesvorrangs für die Zulässigkeit der behördlichen Einwilligung zur Antastung eines strafrechtlich geschützten Gutes des Staates oder der Allgemeinheit an der Schnittstelle zwischen Demokratie- und Rechtsstaatsprinzip eingegangen werden. Das Gesetz wird als Willensäußerung des Gesetzgebers – dem Repräsentanten des Staatsvolkes – begriffen.[1] Das Erfordernis einer sachlich-inhaltlichen Legitimation des Verwaltungshandelns wird erst erfüllt sein, wenn die Verwaltung die bestehenden Gesetze bei ihrem Handeln auch einhält.[2] Der Gesetzesvorrang richtet sich deshalb zuerst an die Exekutive. Sie ist an die bestehenden Gesetze gemäß Art. 20 III GG gebunden und wird dabei auf dem Rechtsstaatsprinzip zuzuordnende Handlungsprinzipien verwiesen. Die Gesetzesbindung der Exekutive umfasst das Gebot, bestehende Gesetze anzuwenden sowie das Verbot, von ihnen abzuweichen.[3] Normanwendungsgebot und Normabweichungsverbot stellen mithin die Ausführungs- und Beachtungspflichten der Exekutive im Hinblick auf die bestehenden Gesetze dar.[4] Auf die individuelle Einklagbarkeit exekutiven Verhaltens durch den einzelnen Bürger kommt es für einen Verstoß gegen den Gesetzesvorrang nicht an. Mithin ist gerade auch innerorganschaftliches Verhalten der Exekutive vor dem Hintergrund des Vorrangs des Gesetzes rechtlich nicht irrelevantes Verhalten.[5] Das lässt nunmehr auch hier die Frage nach der Zulässigkeit der behördlichen Einwilligung, die keineswegs mit einer individuellen Eingriffswirkung einhergehen muss, aufkommen.

I) Begriff

1) Das Normanwendungsgebot

Das dem Gesetzesvorrang immanente Normanwendungsgebot zwingt die Exekutive, die bestehenden Gesetze anzuwenden.[6] Für die Verwaltung besteht damit eine sogenannte Ausführungspflicht. Sie beinhaltet die Verpflichtung der Verwaltung alles zu tun, um den im Gesetz durch das Parlament zum Ausdruck

---

[1] *Ossenbühl*, a. a. O., RN 1 unter Verweis auf *Mayer*, Deutsches Verwaltungsrecht Bd. I.

[2] *Gusy*, JuS 1983, 189 ff.

[3] *Gusy*, JuS 1983, 189, 192.

[4] *Ossenbühl*, a. a. O., RN 4.

[5] *Velten*, StV 1987, 544, 548; vgl. auch BVerfGE 40, 237, 247; *Schencke*, DÖV 1977, 27 ff.

[6] Umfassend dazu etwa *Wolff/Bachof/Stober*, VerwR I, § 30; *Ossenbühl*, HStR III, §§ 61, 62.

gebrachten Regelungswillen in entsprechender Weise umzusetzen.[7] Der exekutive Gesetzesvollzug steht infolgedessen nicht zur Disposition der Verwaltung.[8] Dem Normanwendungsgebot kommt damit aus der Perspektive des Demokratieprinzips eine wichtige Funktion zu. Es enthält den Appell an die Verwaltung, den im Gesetz zum Ausdruck und auch zum Abschluss gekommenen Prozess der politischen Willensbildung unter Beachtung der formalen Legitimationsketten in die Realität umzusetzen. Während durch das Demokratieprinzip die Legitimation staatlichen und also auch exekutiven Handelns bestimmt wird, garantiert das Normanwendungsgebot, dass die im Hinblick auf ihre formale Legitimation jeweils gebotene Verhaltensweise auch tatsächlich stattfindet. Das Normanwendungsgebot tritt mithin für die Umsetzung des im Gesetz zum Ausdruck gekommenen Volkswillens ein.

2) Das Normabweichungsverbot

Das Normabweichungsverbot verbietet es der Exekutive, gegen bestehende Gesetze zu verstoßen. Exekutives Handeln darf demzufolge nicht im Widerspruch zum geltenden Recht stehen.[9] Das Verbot, gegen geltendes Recht zu verstoßen, findet seinen Spiegel auf der einfachgesetzlichen Ebene in den §§ 35, 38 BRRG sowie in § 56 BBG. Das Verbot der Normabweichung wird dort als beamtenrechtliche Treuepflicht bestimmt. Durch das Normabweichungsverbot wird die Bedeutung des Gesetzes als Handlungsschranke für das Verwaltungshandeln in den Vordergrund gestellt.[10] Dabei hat sich die Verwaltung nicht nur an den ihr zur Verfügung gestellten Rahmen von Eingriffsermächtigungen in Individualrechte zu halten. Sie hat darüber hinaus vom Gesetzgeber formulierte Handlungsaufträge nicht eigenmächtig unter Inanspruchnahme einer sachlichen Kompetenz-Kompetenz zu überschreiten und also auf solche exekutiven Verhaltensweisen auszudehnen, die nicht mehr mit dem Willen des Gesetzgebers übereinstimmen. Das Abweichungsverbot umfasst damit also nicht nur den unmittelbaren Gesetzesverstoß, sondern auch das Konterkarieren gesetzlicher Regelungen infolge vorgenommener Gesetzesinterpretation.[11] Die zumindest auch den Regelungszweck und den Willen des Gesetzgebers berücksichtigende Auslegung wie auch die Analogie verstoßen nicht gegen das Normabweichungsverbot. Denn sowohl die Auslegung als auch die Analogie knüpfen, wenn auch in

[7] *Ossenbühl*, HStR III, § 61.

[8] *Ossenbühl*, HStR III, § 62 RN 4; BVerfGE 13, 248, 254; 16, 332, 338.

[9] *Herzog*, Maunz/Dürig, Art. 20, VI RN 37; *Gusy*, a. a. O., S. 191.

[10] *Scheuner*, DÖV 1969, 585 ff.

[11] *Ossenbühl*, HStR III, § 62 RN 5.

ganz unterschiedlicher Weise, an den Zweck einer fraglichen gesetzlichen Regelung an.

Das Normabweichungsverbot erhält insbesondere für den Bereich der hier als gesetzesfrei bestimmten Handlungsräume der Verwaltung Bedeutung.[12] Als gesetzesfreies Verwaltungshandeln wurde in der vorliegenden Untersuchung unter Bezug auf *Maurer* Verwaltungshandeln innerhalb eines subtraktiv bestimmten Freiraumes bezeichnet.[13] Dabei wurde davon ausgegangen, dass es Regelungslücken gibt, die unter Umständen sogar vom Gesetzgeber bewusst hingenommen werden[14] und die schließlich nach den Gesichtspunkten von Flexibilität und Praktikabilität durch Verwaltungshandeln auszufüllen sind. Den bestehenden Gesetzen im Sinne von allgemein formulierten exekutiven Handlungsaufträgen wie auch der Beschreibung bestimmter einzuhaltender Handlungsverfahren kommt insoweit eine wichtige Schrankenfunktion zu.

Auch das Normabweichungsverbot verfügt über einen demokratischen Gehalt. Es verbietet, den vom Gesetzgeber zum Ausdruck gebrachten Willen zu missachten und zu negieren. Es verbietet aber auch, den vom Gesetzgeber normativ zum Ausdruck gebrachten Willen gerade im Wege der Gesetzesanwendung zu konterkarieren.

II) Die behördliche Einwilligung als Verstoß gegen das Prinzip des Gesetzesvorrangs?

1) Die behördliche Einwilligung als Verstoß gegen das Normabweichungsverbot

Der Gesetzesvorrang lenkt den Blick auf das Parlamentsgesetz als Handlungsauftrag ebenso wie auch als Grenze staatlichen Handelns. Sein demokratischer Gehalt liegt darin, eine Rückbindung des Verwaltungshandelns – wie freilich auch der Rechtsprechung – an den Volkswillen, wie er im Parlamentsgesetz zum Ausdruck gekommen ist, zu gewährleisten. Der rechtsstaatliche Gehalt des Gesetzesvorrangs kommt in der aus der Gesetzesbindung folgenden Berechenbarkeit des Verwaltungshandelns für jedermann zum Tragen.[15] Dem Gesetzesvorrang kommt in Bezug auf die Frage nach der Zulässigkeit der behördlichen Einwilli-

[12] *Ossenbühl*, a. a. O., ebenda.

[13] Vgl. m. w. N. 3. Kap./B/I.

[14] Vgl. dazu ausdrücklich in der Entwurfsbegründung zur Generalermächtigung § 161 n. F. StPO BR-DrS 620/94, S. 16; bzgl. § 331 III StGB vgl. dazu *Blei*, JA 1974, 377 ff; *Jutzi*, NStZ 1991, 105 ff.

[15] *Wolff/Bachof/Stober*, VerwR I, § 30 RN 1, 7; *Gusy*, a. a. O., S. 192; *Ossenbühl*, HStR III, § 62 RN 5.

gung zur Antastung eines strafrechtlich geschützten Gutes des Staates oder der Allgemeinheit besondere Bedeutung zu. Denn die behördliche Einwilligung ist auf ein Verhalten gerichtet, das einen Straftatbestand erfüllt und mithin auf die Realisierung solchen Verhaltens gerichtet ist, das im Widerspruch zu einer vom Gesetzgeber getroffenen Entscheidung steht. Die Antastung strafrechtlichen Güterschutzes infolge einer behördlichen Einwilligung stellt damit eine Verletzung des Normabweichungsverbotes und folglich auch der Regelung des Art. 20 III GG dar. Die Antastung strafrechtlichen Güterschutzes richtet sich dagegen nicht gegen das Normanwendungsgebot. Denn erst nach dem rechtskräftigen Abschluss eines Strafverfahrens kann die Anwendung materiellen Strafrechts erfolgen.

Freilich greift allein die Feststellung, dass bei Zulassung einer behördlichen Einwilligung exekutives Verhalten gegen den Gesetzesvorrang verstoße, weil es einen Straftatbestand erfülle, zu kurz. Augenscheinlich gegen geltendes Gesetz verstoßendes Verwaltungshandeln wird dann mit der Rechtsordnung in Einklang zu bringen sein, wenn es auf einen ebenfalls gesetzlich begründeten Dispens zurückzugreifen vermag.[16]

Auch die behördliche Einwilligung und die mit ihr verbundene Antastung eines strafrechtlich geschützten Gutes wird vor der Rechtsordnung ihre Billigung finden, wenn der Rückgriff auf einen solchen, auf formellem Gesetz beruhenden Dispens gelingt. Dabei muss die maßgebliche Norm keine ausdrückliche Befugnis zur Güterantastung, wie dies etwa bei den § 43 BRRG und § 70 BBG der Fall ist, beinhalten. Ausreichend wird es sein, dass die Güterantastung als eine von mehreren rechtlich zulässigen Handlungen in Betracht kommt oder aber in einem in der vorliegenden Untersuchung als gesetzesfrei bezeichneten Raum im Einklang mit einem bestehenden Verwaltungsauftrag erfolgt. Die Antastung des strafrechtlichen Güterschutzes muss dann gegebenenfalls im Wege der Auslegung auf ihre Kongruenz mit dem Normabweichungsverbot überprüft werden.

Ein solcher Dispens würde auch erreichbar sein, wenn ausdrückliche Handlungsbefugnisse bei analoger Anwendung die Antastung des hier in Frage stehenden strafrechtlichen Güterschutzes zuließen. Ob das noch ein Fall einer behördlichen Einwilligung im Sinne der vorliegenden Untersuchung ist, wäre dann zu klären. Die zulässige Analogie würde im Hinblick auf die exekutive Antastung strafrechtlichen Güterschutzes einen Verstoß gegen das Normabweichungsverbot und insoweit auch gegen den Gesetzesvorrang ausschließen und auch vor dem Hintergrund des Demokratieprinzips solange nicht zu kritisieren sein, wie sie sich auf rechtskonforme Ziele erstreckt.[17]

---

[16] Vgl. dazu schon *Mußgnug*, Der Dispens von gesetzlichen Vorschriften, 1964.

[17] *Larenz/Canaris*, Methodenlehre der Rechtswissenschaft, S. 68.

2) Die analoge Anwendung von Normen der Strafprozessordnung an Stelle einer behördlichen Einwilligung

Die zulässige Analogie erfordert zunächst jenseits des Anwendungsbereichs der zur Analogie in Betracht gezogenen Norm das Bestehen einer Gesetzeslücke. Ohne sie ist eine Analogie von vorne herein ausgeschlossen. Eine solche Gesetzeslücke bedarf der Abgrenzung von einem Gesetzgebungsfehler aus rechtspolitischer Sicht. Die Gesetzeslücke muss eine planwidrige sein. Dafür kommen zwei Fälle in Frage[18]: erstens, das Gesetz enthält keine Regelung für einen Fall, für den es im Hinblick auf seinen Zweck eine Regelung enthalten sollte; zweitens, das Gesetz enthält eine Regelung, der Fälle bestimmter Art gerade nicht unterfallen sollen. Dabei kommt es für einen konkreten Einzelfall deshalb zu einem unvorhergesehenen Wertungswiderspruch, weil entgegen der generellen Regelung diese nach ihrem Sinn und Zweck genau jetzt anwendbar sein müsste. Hier kommt nur die Erörterung einer Gesetzeslücke nach dem zuerst genannten Fall in Betracht. Untersucht werden soll die analoge Anwendbarkeit der §§ 110a ff, 153c, 153d, 154 und 154a StPO.

Die §§ 110a ff StPO erlauben unter einschränkenden Voraussetzungen den behördlichen Verzicht auf den strafrechtlichen Güterschutz im Sinne der §§ 267 ff StGB.[19] Die §§ 153c, 153d StPO erlauben mit Blick auf politische Erwägungen ein Strafverfahren zur Einstellung zu bringen und mithin gerade auch behördliches Handeln schließlich nicht einer Unrechtsbewertung zu unterwerfen. Die §§ 154, 154a StPO erlauben, das Strafverfolgungsinteresse im Blick auf eine Tat unter Bezugnahme auf eine andere Tat in den Hintergrund treten zu lassen. Es wird daher in allen Fällen auf die Frage ankommen, ob die Gesetze ihrem Sinn und Zweck nach eine weitergehende Anwendung erlauben, die dem Ergebnis nach den Wirkungen einer behördlichen Einwilligung, wie sie hier diskutiert wird, zu entsprechen vermag. Dazu muss sich die jeweilige gesetzliche Regelung und ihre entsprechende Anwendung auf einen gleichwertigen Tatbestand beziehen.[20] Mithin muss das Regelungsinteresse der Normen, zu der der jeweilige Analogieschluss gezogen werden soll, mit dem hier von staatlicher Seite erstrebten Ziel der situativen Außerkraftsetzung straftatbestandlicher Normgeltung vergleichbar sein.

[18] *Larenz/Canaris*, a. a. O., S. 198.

[19] Die Normen zum Einsatz Verdeckter Ermittler unter einer Legende entsprechen in ihrem Regelungsgehalt den zwischenzeitlich in nahezu allen Landespolizeigesetzen eingeführten Regelungen wie auch den vielfältigen Regelungen zur nachrichtendienstlichen Tätigkeit. Es wird daher nicht für notwendig erachtet, diese jeweils im Einzelnen einer Betrachtung hinsichtlich ihrer Analogiefähigkeit zuzuführen.

[20] *Larenz/Canaris*, a. a. O., S. 198.

Für die Zulässigkeit einer Aufgabe strafrechtlichen Güterschutzes im Wege einer Analogie zu Normen der Strafprozessordnung spricht, dass an anderer Stelle in der Rechtsprechung strafprozessuale Ermächtigungen analoge Anwendung gefunden haben. So wurde etwa in einem Fall der wiederholten Begehung einer Straftat im Sinne des Kataloges nach § 112a I StPO Wiederholungsgefahr als Haftgrund gemäß § 112a StPO anerkannt, obgleich im fraglichen Fall der Katalogtatbestand im Zustand des Vollrausches verwirklicht war. Die maßgebliche Katalogstraftat war infolgedessen nur noch objektive Bedingung der Strafbarkeit im Rahmen von § 323a StGB, der nicht zu den Katalogtaten des § 112a I StPO gehört.[21] In einem anderen Fall wurde die Rechtsfolge der Freiheitsentziehung nach § 230 II StGB auf einen zwar in der Hauptverhandlung anwesenden, allerdings aufgrund vorherigen Medikamentenkonsums verhandlungsunfähigen Angeklagten angewandt.[22] Im Fall einer analogen Anwendung eines Haftgrundes aus dem Deutschen Auslieferungsgesetz, § 30 DAG[23], wurde darin allerdings ein Verstoß gegen das Prinzip des Gesetzesvorbehalts in Verbindung mit den Art. 2 II, 104 GG, gesehen.[24]

Die Zulässigkeit analoger Anwendung strafprozessualer Eingriffsermächtigungen wird verteidigt mit dem Verweis darauf, dass das strafrechtliche Analogieverbot[25] – der Grundsatz nullum crimen sine lege – gemäß Art. 103 II GG nur im Bereich des materiellen Strafrechts gelte.[26] Infolgedessen sei er zur Abwehr strafprozessualer Grundrechtseingriffe auch nicht einschlägig.[27] Auch die Literatur geht jedenfalls in den von der Rechtsprechung entschiedenen Fällen[28] zum Teil durchaus von der Zulässigkeit einer analogen Anwendung strafprozessualer

---

[21] OLG-Hamm NJW 1974, 1667, ähnlich OLG-Ffm NJW 1965, 1728; a. A. mit dem Verweis auf die Entstehungsgeschichte, die gegen eine planwidrige Lücke spricht *Blei*, JA 1974, 377 ff; *ders.*, StR 198 ff; im Ergebnis ebenso *Deckers*, AK, § 112a RN 9; auch *Roxin*, Strafverfahrensrecht, § 30 II 2d aa.

[22] OLG-Düsseldorf JR 1991, 294 ff.

[23] BGHSt 22, 58, 65 ff.

[24] BVerfGE 29, 183, 195.

[25] Zur geschichtlichen Entwicklung des Analogieverbotes vgl. *Krey*, Blau-FS, S. 123, 127 ff; vgl. Art. 7, 8 der franz. Menschenrechtserklärung, abgedr. bei *Gauchet*, Die Erklärung der Menschenrechte, S. 11.

[26] BGHSt 18, 138, 139 f; BVerfGE 71, 108, 114 ff; *Jescheck/Weigend*, Lb, § 15 III 2; *Rudolphi*, SK, § 1 RN 23; a. A. zu Art 103 *Dürig* in Maunz/Dürig, RN 231 ff.

[27] *Krey*, ZStW 101 (1989), S. 838, 854; *Welp*, JR 1991, 265, 267.

[28] OLG-Hamm NJW 1974, 1667, OLG-Ffm NJW 1965, 1728; OLG-Düsseldorf JR 1991, 294 ff.

Eingriffsnormen aus.[29] Dabei werden oft genug allerdings Gründe für die eigene Haltung nicht angeführt oder nur unbefriedigend dargestellt; so etwa, wenn *Globig* ausführt, es gelte in der Strafprozessordnung nicht das strafrechtliche Analogieverbot und im übrigen gäbe es kein „Interpretationsverbot"[30]. Zum Teil wird die jeweilige Entscheidung als Beispiel für die Anwendbarkeit der entsprechenden Norm auf den konkreten Fall einfach nur angeführt.[31] Entsprechendes gilt auch für *Körner*, der die §§ 110a StPO ohne weiteres für analogiefähig hält, wenn nur ein „Gelegenheits-VE" eingesetzt wird. Darunter soll man sich den Polizisten vorstellen, der immer mal wieder unter einer Legende kurzfristig im Milieu auftritt, in der Regel, um Straftaten zu provozieren oder dieselben abzuwickeln.[32] Hier schlagen wohl, soweit auf einen Analogieschluss zurückgegriffen wird, bloße Praktikabilitätserwägungen durch. Denn der kurzfristige Einsatz schließt eigentlich das Erfordernis einer Legende – wie es bei den §§ 110a ff StPO vorgesehen ist – aus.[33]

Keinen Fall analoger Anwendung der §§ 110a ff StPO betrifft eine jüngere Entscheidung des Bundesgerichtshofes[34], soweit sie den Einsatz kurzfristig verdeckt, unter einer Legende ermittelnder Beamter zugelassen hat. Die Entscheidung hatte sich damit zu befassen, ob ein Agent provocateur kurzfristig gegen eine andere Person eingesetzt werden dürfte, mit der Folge, dass gegenüber dieser Person der Verdeckte Ermittler lediglich ein verdeckt ermittelnder Beamter für einen kurzen Zeitraum ist. Das Gericht verwies darauf, dass eine erneute Prüfung zu erfolgen habe, ob in dem Fall eine staatsanwaltliche Zustimmung gemäß § 110b StGB überhaupt erteilt worden sei.

Die bereits erwähnte Entscheidung des Bundesverfassungsgerichts zu § 30 DAG[35] verweist für die Vornahme eines Freiheitsentzuges auf das aus dem Gesetzesvorbehalt zu entwickelnde Verbot analoger Anwendung von diesbezüglichen Ermächtigungen. Allerdings liegt dieser Entscheidung keine Beurteilung einer Freiheitsentziehung nach der Strafprozessordnung zugrunde. Hinsichtlich der analogen Anwendung strafprozessualer Normen ist eine ausdrück-

---

[29] *Boujong*, KK § 112a RN 14; *Kleinknecht/Meyer-Gossner*, § 112a RN 4; *ders.*, Einl RN 198; *Hengsberger*, JZ 1966, 211; *Peters*, Strafprozessrecht[4], § 14 II 1; *Globig*, ZRP 1991, 290; offen bleibend *Wendisch*, LR § 112a RN 28 f.

[30] *Globig*, ZRP 1991, 290.

[31] So etwa für die Fälle des Vollrausches bei *Boujong* u. *Kleinknecht/Meyer-Gossner*, beide a. a. O., ebenda.

[32] *Körner*, § 31 RN 244.

[33] Vgl. exempl. m. w. N. *Kleinknecht/Meyer-Gossner*, § 110a RN 4; BTDrS 12/989, S. 12 ff.

[34] BGHSt 41, 64 ff.

[35] BVerfGE 29, 183 ff.

liche Entscheidung des Bundesverfassungsgerichts noch nicht ergangen.[36] So steht etwa im sogenannten *Schily*-Beschluss die Frage nach einem zulässigen Rückgriff auf Gewohnheitsrecht für die Zulässigkeit der Kontaktsperre im Zentrum der Entscheidung.[37] Die Frage nach einer zulässigen Analogie wurde umgangen. Im Ergebnis wurde dort davon ausgegangen, dass es für die Durchsetzung einer Kontaktsperre zwischen Verteidigern und ihren inhaftierten Mandanten eines Gesetzes bedürfe und im Ermangelung desselben diese unzulässig sei.[38] Der Gesetzgeber hat in diesem Fall schließlich durch die Regelungen der §§ 31, 32 EGGVG gehandelt.

Ebenso wurde vom Gesetzgeber im Fall des § 231a StPO – zur vorsätzlich herbeigeführten Verhandlungsunfähigkeit – verfahren. Die Norm ist im Zusammenhang mit den Verfahren gegen die Angehörigen der RAF eingeführt worden. Dabei stand man unter dem Eindruck, dass die Inhaftierung allein dann nicht mehr die Verfahrensdurchführung zu sichern vermag, wenn sich die Angeklagten nach Anklageverlesung durch Hungerstreik in den Zustand der Verhandlungsunfähigkeit versetzen.[39] Auf andere Weise wurde keine Möglichkeit gesehen, den mit dem Verhandeln ohne den Angeklagten verbundenen Verlust des Anspruchs auf rechtliches Gehör zu rechtfertigen.

In anderen Fällen von Verfahren gegen Anwälte wegen ihrer Beteiligung an Straftaten hat das Bundesverfassungsgericht[40] entsprechende Entscheidungen des Bundesgerichtshofes für rechtswidrig erklärt. Dabei stellte es fest, dass grundsätzlich Rechtsanalogien mit individueller Eingriffswirkung zulässig seien. Allerdings bedürfe es stets einer Abwägung. Diese können dann im Einzelfall die Analogie am Vorbehalt des Gesetzes scheitern lassen. Bei Erwägungen für die analoge Anwendung etwa von § 100a StPO stellte der BGH in einer Reihe von Entscheidungen fest, dass im Ergebnis eine Analogie unzulässig sei. Die Norm sei nicht anwendbar auf solche Fälle, die im Tatbestand nicht ausdrücklich ausgeführt sind. Ausdrücklich auf das Analogieverbot wird allerdings auch dort nicht Bezug genommen.[41]

[36] Darauf auch verweisend *Krey*, ZStW 101 (1989), S. 838, 857.

[37] BVerfGE 49, 24 ff.

[38] BVerfGE 49, 24, 64 ff.

[39] BT-DrS 7/2989; *Welp*, a. a. O., 267; zur Entstehungsgeschichte vgl. auch BGHSt 26, 228, 229, 230.

[40] BVerfGE 15, 226, 233 f; 34, 293, 301 f; vgl. auch BVerfGE 9, 109, 117.

[41] BGHSt 26, 228 ff; 28, 122, 125; 29, 244, 249; BGH JZ 1984, 385 (Raumgespräch); BGH JZ 1984, 386 (Selbstbelastung durch Telefonat mit V-Mann während dessen Anrufes); BGH JZ 1984, 387 (rechtswidr. Abhörbeschluss); BGHSt 34, 39 (Stimmprobenfall; Schleyerentführung).

a) Die analoge Anwendung der §§ 110a ff StPO

Die Disposition über den strafrechtlichen Schutz eines staatlichen Rechtsgutes oder eines Rechtsgutes der Allgemeinheit wird im Hinblick auf die §§ 267 ff StGB durch die §§ 110a StPO für zulässig erklärt. Eine Ausdehnung des in §§ 110a ff StPO enthaltenen Rechtsgedankens auf andere Fälle exekutiver Disposition über den strafrechtlichen Güterschutz liegt mithin nahe.[42]

Allerdings weisen die zuvor im Bundestag geführten Debatten darauf hin, dass sogenannte milieubedingte Straftaten nicht durch die §§ 110a ff StPO legitimiert werden sollten. Diesbezügliche Forderungen, etwa vom seinerzeitigen Ministerpräsidenten Bayerns, *Stoiber*, vorgetragen[43], wurden zurückgewiesen, jedenfalls konnten sie sich schließlich eben gerade nicht durchsetzen. Auch das Schrifttum äußert sich überwiegend in diesem Sinne – wenn auch manchmal mit Einschränkung.[44] Es wird somit deutlich, dass im Fehlen einer entsprechenden Regelung nicht eine Gesetzeslücke zu sehen ist, wie sie Voraussetzung einer Analogie sein müsste. Vielmehr hat der Gesetzgeber gerade einen bis dahin nicht geregelten Bereich einer abschließenden Normierung unterzogen.[45] Im Zentrum der Überlegungen stand dabei der Ausgleich von staatlichen Ermittlungsinteressen einerseits und der Schutz des Grundrechts der informationellen Selbstbestimmung andererseits.[46]

Wer sich dabei aus rechtspolitischen Gründen mehr gewünscht hat, dem ist, soweit er leer ausgegangen ist, auch nunmehr der Weg zur Analogie versperrt.[47] Das Zulassen des staatlichen Rechtsgutverzichts im Wege einer Analogie würde infolgedessen die demokratische Komponente des Gesetzesvorranges missachten und eine Missbilligung der dem Gesetzgeber zustehenden und von ihm auch

---

[42] Vgl. *Körner*, § 31 RN 244.

[43] 1. Beratung v. 20.9.1991, 42. Sitzung Plenarprot. 12/42 S. 3504; vgl. dazu bestätigend aus der Praxis *Koriath*, KR 1992, 370 ff.

[44] Deutlich *Nack*, KK, § 110c RN 4; *Körner*, § 31 RN 247; *ders*., Kriminalistik 1992, 601 ff; *Lesch*, StV 1993, 94; *Krekeler*, AnwBl. 1987, 443; *Eisenberg*, NJW 1993, 1093 ff; *Gropp*, ZStW 105, 425; *Ostendorf*, JZ 1991, 69 ff; *Riess*, LR, § 110c RN 2; im Ergebnis einschränkend *Kleinknecht/Meyer-Gossner*, § 110c RN 2 der allerdings dann ggfls. schon den Wegfall der Tatbestandsmäßigkeit aufgrund des behördlichen Ermittlungsauftrages sieht; a. A. *Krey/Haubrich*, JR 1992, 315, der ausdrücklich gegen den Umkehrschluss eintritt, aus der Regelung in §§ 110a ff StPO folge, dass einsatzbedingte Straftaten darüber hinaus nicht zulässig seien.

[45] Auch in anderen Bereichen, wie etwa den landespolizeirechtlichen Regelungen oder den gesetzlichen Regelungen der Nachrichtendienste, reichen die vom Gesetzgeber gegebenen Befugnisse über das Zulassen einer Legende nicht hinaus.

[46] BVerfGE 65, 1 ff.

[47] *Larenz/Canaris*, Methodenlehre der Rechtswissenschaft, S. 195.

ausgenutzten Definitionsprärogative bedeuten.[48] Der Gesetzgeber hat im Strafprozessrecht „das Prinzip der Spezialermächtigung" in den Vordergrund gestellt.[49] Er hat ferner auch in der Begründung seines Entwurfes zu den §§ 110a ff StPO deutlich gemacht, dass es ihm beim Einsatz von Agents provocateurs auf eine gerichtliche Kontrolle des Einsatzes ankommt, um willkürliche, unverhältnismäßige Einsätze von Agents provocateurs und damit auch von Dispositionen über das durch die §§ 267 ff StGB geschützte Rechtsgut zu verhindern.[50] Eine Analogiefähigkeit der §§ 110a ff StPO ist im Hinblick auf den staatlichen Verzicht anderer Rechtsgüter – wenn auch nur hinsichtlich der hier in Rede stehenden Rechtsgüter – also nicht ersichtlich, was hinsichtlich des § 100a StPO gilt, trifft also bezüglich der §§ 110a ff StPO in entsprechender Weise zu.

b) Die analoge Anwendung der §§ 153c, 153d StPO

Die §§ 153c, 153d StPO – Nichtverfolgung von Auslandstaten und von politischen Taten – sind verfahrensrechtliche Vorschriften. Sie normieren Gründe zur Verfolgungseinstellung. Sie erlauben es, die Strafverfolgung zur Abwendung der Gefahr eines schweren Nachteils für die Bundesrepublik Deutschland oder zugunsten sonst überwiegender öffentlicher Interessen einzustellen. Dabei besitzt die Generalbundesanwaltschaft allein die Einstellungsbefugnis. Die §§ 153c, 153d StPO stellen somit eine Durchbrechung der Regel des in § 156 StPO manifestierten Immutabilitätsprinzips für die Fälle der Staatsschutzdelikte dar – mithin also diejenigen Delikte, die staatliche Rechtsgüter im engeren und weiteren Sinne schützen. Die Generalbundesanwaltschaft kann das Verfahren jederzeit, auch nach Anklageerhebung und ohne Zustimmung des Gerichts, einstellen. Die Entscheidung nach §§ 153c, 153d StPO wird als politische „Zweckmäßigkeitsentscheidung unter Staatsorganen"[51] bezeichnet, welche als nicht justiziabel angesehen wird.[52]

Damit repräsentieren die §§ 153c, 153d StPO einen Fall, wonach durch willkürliche Exekutiventscheidung strafrechtlicher Güterschutz im Ergebnis aufge-

[48] Freilich betrifft das nicht nur das Prinzip des Vorranges des Gesetzes, sondern ebenso das Vorbehaltsprinzip – vgl. dazu *Rudolphi*, SK-StPO, vor § 94, RN 27; *Wolff/Bachoff/Stober*, VerwR I, § 29 RN 13.

[49] *Rogall*, Informationseingriff und Gesetzesvorbehalt im Strafprozess, S. 75.

[50] BT-DrS 12/989, S. 12 ff; daran anknüpfend, freilich nur Bezug nehmend auf Sachsen und polizeirechtliche Fragestellungen, Urteil d. SächsVerfGH v. 14.5.1996.

[51] *Kleinknecht*, JZ 1967, 407, 409.

[52] *Grauhan*, GA 1976, 225, 235; *Martin*, DRiZ 1975, 314, 318; *Bernsmann*, JZ 1988, 539, 544.

geben werden kann, ohne dass eine gerichtliche Kontrolle einer solchen Entscheidung möglich wäre. Besondere Bedeutung verdient die Regelung insbesondere vor dem Hintergrund, dass die Verfahrenseinstellung keinesfalls der „vorherigen Einleitung eines Strafverfahrens“[53] bedarf. Die Verfügbarkeit des durch eine Strafnorm des Kataloges der §§ 153c IV, 153d StPO geschützten Rechtsgutes ist damit im Ergebnis gegeben. Schließlich ist so jedenfalls bezüglich der im Katalog genannten Tatbestände die freiwillige Aufgabe des strafrechtlich gegebenen Schutzes von Rechtsgütern durch die exekutiven Organe allein möglich. Dabei ist freilich auf die Einschränkung zu verweisen, dass die Aufgabe des strafrechtlichen Güterschutzes schließlich immer nur im Einvernehmen zwischen der sachlich zuständigen Fachbehörde und der Staatsanwaltschaft beziehungsweise des Generalbundesanwaltes erfolgen kann. Anders als im Fall der Einwilligung bei § 331 III StGB liegt die Verfügungskompetenz nicht allein bei der konkret sachlich zuständigen Behörde.

Auch in anderer Hinsicht weist der Rechtsgutverzicht durch die §§ 153c, 153d StPO eine Gemeinsamkeit mit dem Verzicht durch Einwilligung auf. Die Aufgabe des strafrechtlichen Güterschutzes ist schon im Vorfeld einer notstandstypischen Gefahr vorgesehen.[54] Denn der Gesetzgeber hat mit dem Einstellungsgrund „Abwendung einer Gefahr eines schweren Nachteils der Bundesrepublik Deutschland“ nicht nur eine normative Konkretisierung des Notstandsgedanken als „allgemeines Konfliktlösungsschema“[55] in der Rechtsordnung vorgenommen. Darüber hinaus können auch „sonstige überwiegende öffentliche Interessen“ zu einer Einstellung führen. Diese müssen zwar ähnlich gewichtig sein wie das Interesse an der Abwehr der Gefahr von Nachteilen der Bundesrepublik Deutschland, auf die Abwendung von solchen Gefahren müssen sie jedoch gerade nicht gerichtet sein.[56] *Sax* und *Jescheck*[57] haben schon in den sechziger Jahren die Auffassung vertreten, dass politische Gründe Argumente für das Unterlassen einer Strafverfolgung liefern können. *Grauhan* spricht davon, dass es am Sinnzusammenhang zwischen Tat und Rechtsgüter-

[53] BTDrS V/2860, S. 29.

[54] Darauf allerdings unter Verweis auf einen dauerhaften Ermittlungsnotstand abstellend *Bernsmann*, JZ 1988, 539 ff.

[55] *Riess*, Dünnebier-FS, S. 149, 156; unter Verweis auf eine Ermittlungsnotstand *Bernsmann*, JZ 1988, 539, 544.

[56] *Grauhan*, GA 1976, 225, 235; *Krauth/Kurfess/Wulf*, JZ 1968, 731, 734; *Lüttger*, JZ 1964, 569, 573; *Faller*, Maunz-FS (1971), S. 69, 71; im Ergebnis, jedoch ohne weitere Ausführungen auch *Riess*, Dünnebier-FS, S. 149, 152.

[57] *Sax*, JZ 1964, 41, 44; *Jescheck*, JZ 1967, 6, 12; beide weisen darauf hin, dass für ein rechtsstaatliches System die Existenz eines Legalitätsprinzips nicht zwingend ist.

schutz fehlen kann.[58] § 153d I StPO ist in Verbindung mit § 120 I Ziff. 3 GVG auf das hier als Spionagefall bezeichnete Beispiel unmittelbar anwendbar. Wenn nunmehr in den §§ 153c, 153d StPO lediglich ein allgemeines Prinzip für das Strafverfahren einer ausdrücklichen normativen Regelung unterzogen worden ist, dürfte einer entsprechenden Anwendung der den §§ 153c, 153d StPO innewohnenden Rechtsgedanken im übrigen nichts im Wege stehen.

Soweit die §§ 153c, 153d StPO auf die sonstigen überwiegenden öffentlichen Interessen der Bundesrepublik abstellen, umfassen sie nicht schon jedes achtenswerte oder gar besonders bedeutsame öffentliche Interesse. Vielmehr handelt es sich um solche Interessen, die nahezu das gleiche Gewicht haben wie die Interessen an der Abwehr von Gefahren für die Bundesrepublik Deutschland.[59] Dabei muss berücksichtigt werden, dass das Strafverfolgungsinteresse per se ein öffentliches Interesse ist[60], das gerade in den das Legalitätsprinzip festschreibenden Normen manifest geworden ist. Die §§ 153 ff StPO sind Einschränkungen dessen und zwar folglich zugunsten anderer Interessen als denen der Strafverfolgung.[61] Dabei ist es das Ziel der §§ 153c, 153d StPO, besondere Fälle der Pflichtenkollision der Strafverfolgungsbehörden im Voraus durch eine abstrakt-generelle Regelung zu verhindern.[62] Keineswegs ist es aber Regelungsziel, ein Strafverfolgungsinteresse gegen ein anderes Strafverfolgungsinteresse abzuwägen. Zu gerade einer solchen Abwägung käme es aber im Fall der Erteilung einer behördlichen Einwilligung in Verbindung mit Agent provocateur-Einsätzen.[63]

Auch die Entstehungsgeschichte der §§ 153c, 153d StPO macht deutlich, dass es gerade nicht das Strafverfolgungsinteresse gewesen ist, das dort zur Abwägung gelangen sollte. Vielmehr sind beide Normen ohne das Bestehen zweier deutscher Staaten undenkbar. Dabei ist die Entstehung der Normen Folge einer Rechtsprechung, die die DDR als Inland angesehen hat. Die Folge dessen war, dass Staatsschutzdelikte, die nur in der DDR zu begehen waren, so zu betrachten waren, als ob sie in der Bundesrepublik Deutschland begangen worden seien.[64] Man stand nunmehr vor der Wahl, die Anwendbarkeit des materiellen Staatsschutzstrafrechts einzuschränken oder die Verfolgung entsprechend zu beschränken. Der Gesetzgeber hat sich zwar für eine gewisse materiell-

[58] *Grauhan*, GA 1976, 225 ff.

[59] BTDrS V/898, S. 43.

[60] *Grauhan*, GA 1976, 225.

[61] Vgl. dazu BTDrS V/898, S. 43; *Riess*, Dünnebier-FS, S. 149, 152; *Grauhan*, GA 1976, 225.

[62] *Kleinknecht*, JZ 1967, 407, 409.

[63] Vgl. o. 2. Kap./A/II/1.

[64] Ausführlich dazu *Lüttger*, JZ 1964, 569, 570.

rechtliche Beschränkung des Staatschutzstrafrechts entschlossen.[65] In der Hauptsache jedoch hat er im Strafverfahrensrecht Möglichkeiten zur Rechtfertigung des Unterlassens von Strafverfolgung geschaffen. Heute ist in diesem Sinne auf die §§ 153c, 153d StPO und auch auf § 153e StPO zu verweisen. Der Gesetzgeber hatte mithin keineswegs das Ziel im Sinn, staatliches Unrecht, etwa begangen zur staatlichen Informationssammlung, auf diese Weise einer Strafverfolgung zu entziehen und schließlich vor der Rechtsordnung zu rechtfertigen. Nicht zuletzt wird das dadurch deutlich, dass der Gesetzgeber den Strafverfolgungsverzicht zugunsten der Ermöglichung von Strafverfolgung zum einen in § 153e StPO mitgeregelt hat und daneben in der jüngeren Vergangenheit zahlreiche sogenannte Kronzeugenregelungen getroffen hat. Dort ist jeweils der Verzicht auf Strafverfolgung zugunsten von Strafverfolgung geregelt. Allerdings nicht im Wege einer generellen Abwägungsoption zugunsten der Exekutive in jedweder Erscheinungsform. Vielmehr ist das Ingangkommen der Abwägung stets an ein bestimmtes Täterverhalten geknüpft.

Im Ergebnis kann mithin festgehalten werden: so vergleichbar die Interessenlage in den Anwendungsfällen der §§ 153c, 153d StPO auf den ersten Blick mit der behördlichen Einwilligung in den hier in Rede stehenden Fällen auch zu sein scheint, so wenig besteht andererseits Raum für ihre entsprechende Anwendung zur Abwägung von Strafverfolgungsinteressen gegeneinander.

c) Die analoge Anwendung der §§ 154, 154a StPO

Einen im Ergebnis unbefriedigenden Versuch zur Lösung des Problems unternimmt *Lammer*. Er schlägt vor, „den Fall rein faktischer Nichtverfolgung", der im Hinblick auf strafrechtliche Informationsgewinnung „von Anfang an erkennbar die endgültige Nichtverfolgbarkeit der Tat bedeutet"[66], entsprechend nach den §§ 154, 154a StPO zu lösen. Dabei will er den Regelungsgehalt der Normen, welche hinsichtlich ein und derselben Person von der Verfolgung einer Tat in Erwartung der Aburteilung einer anderen Tat absehen, auf den Fall übertragen, einen Beschuldigten straffrei ausgehen zu lassen, wenn die Verurteilung eines anderen Beschuldigten zu erwarten ist. Damit verbundene Beschneidungen des Legalitätsprinzips sollen als notgedrungen zulässig erachtet werden.[67]

Ziel der §§ 154, 154a StPO ist die Verfahrensbeschleunigung durch teilweisen Verfolgungsverzicht. Aus diesem Grunde erlaubt § 154 StPO den Verfolgungsverzicht einer Tat eines Mehrfachtäters und § 154a StPO eine Beschränkung der

[65] *Lüttger*, JZ 1964, 569 ff; *Schulz*, MDR 1958, 18.

[66] *Lammer*, Verdeckte Ermittlungen im Strafprozess, S. 172.

[67] Für ein derartiges Vorgehen finden sich allerdings in Literatur und Rechtsprechung – vgl. dazu selbst die mangelnden Nwe. bei *Lammer* a. a. O.

aus § 264 StPO folgenden Kognitionspflicht.[68] Gemeinsam ist beiden Tatbeständen, dass der Verzicht auf Strafverfolgung im Hinblick auf die konkrete Tat deshalb erfolgt, weil den Betreffenden eine andere strafrechtliche Sanktion trifft, die bezüglich seiner Person in ausreichendem Maße die Strafzwecke erfüllt und den staatlichen Strafanspruch befriedigt.[69] Mithin ist kennzeichnend für beide Normen, dass die Einstellung in Bezug auf eine andere Tat erfolgt, bezüglich derer es schließlich zur Verurteilung kommt. Käme es nicht zur Verurteilung, wäre die Wiederaufnahme der Verfolgung bezüglich des nach §§ 154, 154a StPO eingestellten Teils gemäß der §§ 154 III, IV, 154a III StPO möglich. Es kann insoweit von einer Bezugstat und im Hinblick auf die daraus folgende Sanktion von einer Bezugssanktion gesprochen werden. Zweck der beiden Regelungen ist vor allem die Verfahrensbeschleunigung und Effektivierung der Strafverfolgung.[70]

Für eine Analogie spricht zunächst, dass die §§ 154, 154a StPO anders als die §§ 153c, 153d StPO gerade die Abwägung von Strafverfolgungsinteressen gegeneinander zulassen. In Ansehung der Bezugstat entfällt das Strafverfolgungsinteresse hinsichtlich einer anderen Tat. Insoweit scheint die Vergleichbarkeit der von den §§ 154, 154a StPO erfassten Fälle mit den hier in Rede stehenden der behördlichen Einwilligung gegeben zu sein.[71] Allerdings hat die Abwägung der Strafverfolgungsinteressen das Ziel, ein durchzuführendes Strafverfahren zu beschleunigen und damit die Strafverfolgung zu effektivieren.

Die bei Agent provocateur-Einsätzen in Rede stehende Disposition strafrechtlichen Schutzes von staatlichen Rechtsgütern im engeren oder weiteren Sinne oder von Rechtsgütern der Allgemeinheit ist jedoch darauf gerichtet, dass ein anderes Strafverfahren überhaupt erst eingeleitet werden kann. Außerdem führt die hier diskutierte behördliche Einwilligung im Hinblick auf die insoweit begünstigte Person nicht gleichwohl bei dieser zu einer Strafverfolgung und Verurteilung, sondern lässt diese anders als die Regelung der §§ 154, 154a StPO vielmehr von jeder Anwendung des Strafrechts von vorne herein gänzlich unberührt. Das gilt selbst dann, wenn ihr Einfluss auf das Verhalten des Dritten, gegen den nunmehr ein Strafverfahren durchgeführt wird, von solcher Intensität war, dass daraus ein unmittelbar aus dem Rechtsstaatsprinzip folgendes Verfahrenshindernis oder zumindest ein Strafmilderungsgrund ableitbar wird.[72]

---

[68] *Kleinknecht/Meyer-Gossner*, § 154a RN 1.

[69] *Lammer*, a. a. O. ebenda.

[70] Umfassend dazu *Riess*, LR, § 154 RN 2; *Schoreit*, KK § 154 RN 1, § 154a RN 1.

[71] 2. Kap./A/II/1.

[72] BGH NStZ 1984, 78; BGH NStZ 1982, 156; BGH NJW 1981, 1626; BGH NStZ 1984, 519; auch BGH JZ 1986, 103; BGH StV 1988, 296.

Im Ergebnis ist mithin nicht davon auszugehen, dass der Situation des staatlichen Rechtsgutverzichts, wie er hier diskutiert wird, und dem Verzicht auf Strafverfolgung gemäß der §§ 154, 154a StPO dieselben Interessenlagen zugrunde liegen. Die Verletzung des Grundsatzes der Aktenwahrheit[73] durch das eventuelle Verschweigen der Agent provocateur-Tätigkeit führt aus rechtsstaatlicher Sicht zu weiteren Bedenken. Auch würde schließlich die Aufsicht der Staatsanwaltschaft über die Strafverfolgungstätigkeit der Polizei nach §§ 160, 163 II StPO vollends aufgegeben.[74]

d) Zwischenergebnis

Im Ergebnis ist festzuhalten, dass eine Analogie zu den §§ 110a ff, 153c, 153d, 154, 154a StPO zur Rechtfertigung der Antastung des strafrechtlichen Schutzes von Rechtsgütern des Staates im engeren oder weiteren Sinne oder der Allgemeinheit nicht in Betracht kommt. Es ist der Verwaltung insoweit daher nicht möglich, für Beeinträchtigungen staatlicher Rechtsgüter im engeren oder weiteren Sinne oder solcher der Allgemeinheit, die infolge von Agent provocateur-Einsätzen stattfinden, eine Billigung auf dem Boden des Vorrangprinzips zu erhalten.

3) Das Fehlen einer ausdrücklichen materiellen Ermächtigung zur behördlichen Einwilligung

Dort, wo eine ausdrückliche Befugnis zur Antastung eines strafrechtlich geschützten Gutes des Staates oder der Allgemeinheit fehlt, muss noch nicht in einer den Straftatbestand verwirklichenden Handlung ein Verstoß gegen den Gesetzesvorrang liegen. Die mit einer behördlichen Einwilligung einhergehende Antastung strafrechtlichen Güterschutzes könnte auch durch Auslegung als eine mögliche von mehreren zulässigen Maßnahmen ermittelt werden.

a) Der Fall des § 161 I StPO n. F.

Es wurde bereits darauf hingewiesen, dass nach h. M. etwa § 161 StPO in seiner alten Fassung die tatbestandsmäßige Verletzung oder Gefährdung von Rechtsgütern zulassen sollte, solange die Tatprovokation zwanglos erfolgte.[75] § 161 I StPO sollte schon vor seiner Neufassung durch das StVÄG 1999 in Verbindung mit 163 StPO die Bedeutung einer Art Auffangbefugnis für solches

[73] *Eisenberg*, Kriminologie, § 27.

[74] Vgl. exempl. *Wache*, KK, § 163 RN 2 ff m. w. N.

[75] Vgl. o. 3. Kap./A/II/2.

Verhalten zukommen, das keine ausdrückliche Regelung durch die Strafprozessordnung erfahren hat. Es wurde an den Grundsatz der freien Gestaltung des Ermittlungsverfahrens angeknüpft. Dieser findet seinen Niederschlag in den §§ 160, 161, 163 und 244 II StPO.[76] Er ist Ausfluss des verfassungsrechtlichen Gebotes strafprozessualer Sachverhaltsaufklärung durch den Staat als Inhaber des Gewaltmonopols. § 161 StPO hatte also schon in seiner alten Fassung nahezu die Bedeutung, für die Staatsanwaltschaft eine Generalermächtigungen zu sein.[77] Sofern es dabei zu Grundrechtsberührungen kam, sollten diese im Bereich von Bagatelleingriffen oder bloßen Belästigungen liegen.[78] Entscheidend war somit allein, ob das maßgebliche staatliche Handeln, etwa auch durch Lockspitzel, ober- oder unterhalb einer Intensitätsschwelle für den Eingriff in grundrechtliche Schutzbereiche lag. Einen Versuch, die insoweit notwendigen Abgrenzungskriterien zu bezeichnen, machte *Rogall*.[79] Dabei bezeichnet er § 161 StPO a. F. an anderer Stelle als „Erhebungskompetenz mit prozessübergreifender Wirksamkeit".[80]

Die Straftatprovokation sollte ebensowenig wie die Observation[81] in Verbindung mit staatlicher Unrechtsverwirklichung einen Grundrechtseingriff darstellen. Unbeteiligte Dritte könnten vom staatlichen Verzicht auf strafrechtlichen Güterschutz im Ergebnis kaum betroffen sein, denn es sollte lediglich zur Antastung des strafrechtlichen Schutzes von Rechtsgütern des Staates oder der Allgemeinheit kommen.[82] Diese Betroffenheit würde angelegentlich notwendiger Strafverfolgung entstehen und wäre daher als von nur geringer Bedeutung

---

[76] So die Rspr. BGHSt 41, 64 ff; 41, 42 ff;40, 211 ff; 32, 115; 32, 345 ff; BGH NStZ 1981, 394; BGH NStZ 1982, 126; 1982, 156; 1984, 78 ff; BGH JZ 1986, 103; BGH NJW 1980, 1761; BVerfGE NStZ 1991, 445; BGH NStZ 1988, 550 ff; BGH NJW 1984, 2300; *Rebmann*, NJW 1985, 1, 3; *Wache*, KK § 163 RN 11; *Kleinknecht/Meyer-Gossner*, § 163 RN 47; *Riess*, LR § 163 RN 25; *Endriss*, CILIP 1995, 63 ff; *Wolter*, GA 1988 (60) 129, 138 f.

[77] *Rebmann*, a. a. O., S. 3; BGHSt 41, 42, 44; kritisch darauf verweisend *Rudolphi*, SK vor § 94 RN 20; *Rogall*, JZ 1996, 421.

[78] *Rebmann*, a. a. O., S. 3; ebenso aber auch BT-DrS 12/989, S. 41, dort wird insoweit von Eingriffen geringerer Intensität gesprochen, sie seien auch ohne ausdrückliche gesetzliche Regelung zulässig, erst eine Intensivierung des Eingriffs wie etwa im Fall des Betretens von Wohnungen, erfordere eine gesetzliche Ermächtigung; *Kloepfer*, FS-BVerfG, Bd. II, 1976, S. 404, 415; *ders.*, Datenschutz als Grundrecht 1980, S. 25; *Isensee*, HdBStR V § 111 RN 66 i.V.m. RN 107.

[79] *Rogall*, JZ 1996, 944 ff.

[80] *Rogall*, Information und Gesetzesvorbehalt im Strafprozessrecht, S. 74.

[81] Vgl. *Krey/Haubrich*, JR 1992, 304, 314.

[82] *Riehle*, KrimJ 1985, 44, 50.

hinzunehmen.[83] Im Grunde würde die Verwaltung also nur in eigener Sache tätig.[84] Sofern dabei Individualrechte berührt würden, habe dies lediglich den Charakter einer unselbstständigen Begleitmaßnahme.[85] Die Strafverfolgungsorgane verfügten über eine informationelle Grundsatzkompetenz, deren Ausübung letztendlich leichte Grundrechtseingriffe nicht ausschließen würde.[86]

Auch bei einer historischen Betrachtung lässt sich ins Feld führen, dass es Agent provocateur-Einsätze schon in der Vergangenheit gegeben hat.[87] Ein Fall ist etwa der des Polizeispitzels *Horsch*. Der Schneider *Horsch*, der wegen Unterschlagung in Haft einsaß, ist von dem Frankfurter Polizeirat *Rumpf* Ende des Jahres 1880 in eine staatsfeindliche Verbindung im Sinne der §§ 128, 129 RStGB eingeschleust worden. Dort sollte *Horsch* die Gruppe zu einem Attentat auf eben diesen Polizeirat *Rumpf* anstiften. Zu dem Attentat kam es nicht mehr. Ziel war es letztendlich, Unterorganisationen des von *Most* initiierten Communistischen Arbeiter Bildungsvereins während seiner Illegalität aufgrund der Sozialistengesetze der Strafverfolgung zuzuführen. *Mehring* sieht in seinen Aufzeichnungen in der schließlich zum Schein erfolgten Festnahme von *Horsch* eine Straftat nach § 341 RStGB.[88] Auch in den misslungenen Sprengstoffanschlag auf das Niederwalddenkmal bei Rüdesheim/Rhein soll die Polizei verwickelt gewesen sein.[89] Überhaupt schien Bespitzelung durch Polizeikräfte ein regelmäßig eingesetztes Mittel im Kampf insbesondere gegen kommunistische und anarchistische Aktivitäten zu sein.[90] Weitere Fälle des Ein-

[83] *Rebmann*, a. a. O., S. 3; vgl. zu Bagatelleingriffen auch *Kloepfer*, FS-BVerfG II, 1976, S. 415 ff, Datenschutz als Grundrecht, S. 25; *Isensee*, HdBStR V § 11 RN 66, 107m. w. N.

[84] So ausdrücklich *Goldmann*, a. a. O., S. 221, 222, sich später auf ihn berufend *Marx*, Die behördliche Genehmigung Strafrecht, S. 148.

[85] *Rudolphi*, SK-StPO vor § 94 RN 31 ff.

[86] *Rogall*, Informationseingriff und Gesetzesvorbehalt im Strafprozess, S. 73 f.

[87] *Mehring*, Geschichte der deutschen Soziademokratie, Teil I (Bd. 2) S. 201 ff.

[88] Zum Ganzen vgl. *Grässle-Münscher*, Kriminelle Vereinigung, S. 47 ff; zu dem schließlich wegen Hochverrats (§86 RStGB) und wegen Bildung einer staatsfeindlichen Verbindung (§§ 128, 129 RStGB) eingeleiteten Verfahren vgl. RGSt 5, 60 ff; vgl. dazu auch *Mehring*, Geschichte der deutschen Soziademokratie, Teil II (Bd. 4), S. 203, der allerdings zu dem geplanten Attentat gegen Rumpf nichts vorträgt; vgl. auch schon vorher S. 200 f zum Einsatz der Polizeispitzel *Neumann*, *Wolf* und *Wichmann* gegen *Most*, wobei dem hier als *Flugblattfall* bezeichneten Beispiel ähnelnde Konstellationen entstanden sind, da die Spitzel beleidigende Texte gegen sozialdemokratische Abgeordnete oder den Kaiser geschrieben haben.

[89] *Mehring*, Geschichte der deutschen Soziademokratie, Teil II (Bd. 4), S. 237.

[90] Vgl. umfangreich dazu *Wermuth/Stieber*, Die Communistischen Verschwörungen des 19. Jahrhunderts.

satzes von Agents provocateurs sind aus der Rechtsprechung des Reichsgerichts bekannt. Es sei auf die verschiedenen Fälle der Diebesfalle verwiesen[91] sowie auf andere Fälle zur Aufdeckung früher, Wirtschaftskriminalität'. Zur Abtreibung sollte eine „im Einverständnis mit dem Polizeikommissar" verfasste Anzeige ermuntern, die von einer vermeintlich gewerbsmäßige Abtreibungen durchführenden Frau, einer Polizei-Assistentin, stammte und in der Tagespresse abgedruckt wurde.[92] An diese Tradition knüpfte schließlich die Entscheidung des Bundesgerichtshofes aus dem Jahr 1977 mit dem Verweis auf die Rechtsprechung zur Diebesfalle an.[93]

Der Schritt, die Antastung strafrechtlichen Güterschutzes nach der Neufassung von § 161 I StPO als Generalermächtigung nicht mehr von vornherein für unzulässig zu halten, scheint, gerade mit Blick auf die Rechtsprechung des Bundesgerichtshofes im 41. Band, nunmehr nahe zu liegen.[94] Der Gesetzgeber wollte der Staatsanwaltschaft eine Generalermächtigung an die Hand geben, die der Rechtsprechung des Bundesverfassungsgerichts genügt.[95] Insbesondere werden dabei die Anforderungen an den Schutz des Grundrechts auf informationelle Selbstbestimmung gemeint sein. Denn § 161 I StPO soll das Sammeln von strafverfolgungsrelevanten Informationen erleichtern.[96] Staatliche Informationsgewinnung stößt nicht mehr an die Grenzen der sogenannten Schwellentheorie. Ein mit der Antastung strafrechtlichen Güterschutzes gegebenenfalls verbundener Individualeingriff erscheint aus der Perspektive des Vorbehaltsprinzips gerechtfertigt. Die straftatbestandliche Verletzung oder Gefährdung von Rechtsgütern des Staates oder der Allgemeinheit erscheint dann nicht mehr als Verstoß gegen das Vorrangprinzip, wenn die entsprechende Maßnahme der Ermittlung von Straftaten dient. In diesem Zusammenhang wurde die Regelung des § 161 I StPO n. F. geschaffen. Agent provocateur-Einsätze erscheinen somit nicht unbedingt als Verstoß gegen das Vorrangprinzip, wenn sie der Aufklärung von Straftaten dienen. § 161 I StPO würde bei Zugrundelegung der hier skizzierten Auslegung den notwendigen Dispens bieten, damit das entsprechende Verwaltungshandeln nicht gegen das Normabweichungsverbot verstößt.

---

[91] RGSt 53, 336 ff; 65, 145 ff.

[92] Vgl. ZStW 33 (1912) 688 ff.

[93] BGH GA 1977, 333.

[94] BGHSt 41, 64 ff; aber auch in der Literatur würde ein solches Vorgehen Zustimmung finden können, insoweit sei hier der Verweis auf *Krey/Haubrich*, JR 1992, 309 ff erlaubt, die sich dort allerdings noch für eine analoge Anwendung der §§ 110a ff StPO aussprachen.

[95] BR-DrS 620/94, S 13.

[96] BR-DrS 620/94, S 16 ff.

b) Die nachrichtendienstliche Tätigkeit

Die nachrichtendienstliche Tätigkeit ist ein weiteres Beispiel für einen Sachbereich, in dem die bestehenden gesetzlichen Generalermächtigungen den Schluss zulassen, dass die Verwaltung auch solche Maßnahmen durchführen darf, die schließlich zu einer straftatbestandlichen Verletzung beziehungsweise Gefährdung der strafrechtlich – hier etwa durch die §§ 93 ff StGB – geschützten Rechtsgüter führen können. Die Aufgabenbereiche und Handlungsaufträge des Bundesnachrichtendienstes sowie des Militärischen Abschirmdienstes sind 1990 einer gesetzlichen Regelung durch das Gesetz zur Fortentwicklung der Datenverarbeitung und des Datenschutzes unterzogen worden.[97] Die nachrichtendienstliche Tätigkeit wird durch die Gesetze des Bundesamtes für Verfassungsschutz sowie durch das Bundesnachrichtendienstgesetz wie auch durch das Gesetz für den Militärischen Abschirmdienst geregelt. Eine Befugnis zum staatlichen Rechtsgutverzicht wird allerdings in allen gesetzlichen Regelungen zur Nachrichtendienstlichen Tätigkeit ausdrücklich auf das durch die §§ 267 ff StGB geschützte Rechtsgut beschränkt. Eine darüber hinausgehende Befugnis zum Rechtsgutverzicht folgt aus den Normen des Gesetzes für das Bundesamt für Verfassungsschutz, des Militärischen Abschirmdienstes und des Bundesnachrichtendienstes nicht. Dem entsprechen auch die Richtlinien der Landesjustizminister zum Einsatz von Verdeckten Ermittlern, wonach diese selbst keine Straftaten begehen dürfen. Gleichwohl machen *Borgs/Ebert* ausdrücklich deutlich, dass staatliche Informationsbeschaffung im nachrichtendienstlichen Bereich immer auch mit Verrat und folglich auch mit straftatbestandlichem Verhalten zusammen hänge.[98] Der Gedanke, dass insbesondere bedingter Geheimnisverrat ein probates Mittel zur Spionageabwehr sei, ist dabei keineswegs neu. Hinweise darauf finden sich nicht nur in der Rechtsprechung.[99] Die Friedensspionage wurde schon bei *Langkau* als ein „völkerrechtlich nicht unzulässiger Friedensbrauch“ bezeichnet.[100] Sie erfordert natürlich die Ergreifung von Präventions- und Aufklärungsmaßnahmen. Diese dürfen nicht zu rechtsstaatswidrigen Eingriffen in die Privatsphäre Einzelner führen.[101] Vor dem Hintergrund des Vorliegens entsprechender Generalermächtigungen, insbesondere gemäß § 3 BND-G und § 4 MAD-G, mag die Vergabe von Spielma-

[97] BGBl. I, S. 2954 ff.

[98] *Borgs/Ebert*, § 3 RN 156 ff; vgl. zur Zulässigkeit des Rechtsgutverzichts im übrigen Wagner, GA 1961, 340 ff, Nr. 14, 15, 17; GA 1962, 3 ff, Nr. 1, 6, 8, 11, 12, 21.

[99] Vgl. zur Zulässigkeit des Rechtsgutverzichts im übrigen Wagner, GA 1961, 340 ff, Nr. 14, 15, 17; GA 1962, 3 ff, Nr. 1, 6, 8, 11, 12, 21, siehe auch *Borgs/Ebert*, § 3 RN 156 ff

[100] *Langkau*, Völker- und Landesrechtliche Probleme der Kriegs- und Friedensspionage, S. 162.

[101] *Langakau*, a. a. O. S. 182.

terial im Hinblick auf die dabei erstrebte Gewinnung von Informationen über eine Person jedenfalls aus heutiger Sicht mit einem Verständnis von einem Grundrecht auf informationelle Selbstbestimmung problematisch gewesen sein.[102] Nachdem mittlerweile sämtliche Formen nachrichtendienstlicher Tätigkeit mit Generalermächtigungen versehen wurden, wird allein die staatliche Informationsgewinnung und damit verbundene Eingriffe in das Recht auf informationelle Selbstbestimmung nicht schon der Vergabe von Spielmaterial zum Zweck entsprechender Informationsgewinnung – wie im Fall hier dargestellt – entgegenstehen. Im Grunde stellt sich dieselbe Frage wie im Fall der Regelung von § 161 I StPO n. F. Diese Frage lautet hier: Umfassen die Generalermächtigungen die Möglichkeit einer Verfügung über das durch die §§ 93 ff StGB geschützte Gut der äußeren Sicherheit? Die gesetzlichen Regelungen für die verschiedenen Nachrichtendienste schließen die sogenannte Vergabe von Spielmaterial nicht von vornherein aus. Aus der Perspektive des Strafrechts wird das Interesse, im Wege einer behördlichen Einwilligung über das durch die §§ 93 StGB geschützte Gut disponieren zu können, keineswegs unberechtigt sein.

Die §§ 93 ff StGB normieren keine starre Anwendung des Strafrechts in Situationen, wie sie hier durch den Spionagefall beschrieben worden sind. Beim Tatbestandsmerkmal der „Gefahr eines schweren Nachteils für die äußere Sicherheit der Bundesrepublik Deutschland“ in § 94 StGB handelt es sich um ein normatives Tatbestandsmerkmal.[103] Seine Prüfung lässt eben gerade die Saldierung einer eingetretenen Gefährdung der äußeren Sicherheit mit gegebenenfalls erlangten Sicherheitsvorteilen durchaus zu.[104] Insoweit bedarf es dann gegebenenfalls auch nicht mehr der behördlichen Einwilligung. Problematisch ist allerdings, dass die maßgebliche Abwägung nicht bei der sachlich zuständigen Behörde – etwa dem Bundesnachrichtendienst –, sondern bei den Gerichten getroffen wird.[105] Dringlicher kann das Bedürfnis nach der Zulässigkeit behördlicher Einwilligung insbesondere dann werden, wenn die Saldierung negativ ausgehen würde, weil sie auf einer zuvor stattgefundenen Fehleinschätzung der Gefährdung der äußeren Sicherheit beruhen würde. Der Rückgriff auf die behördliche Einwilligung würde unter diesen Umständen zum Unrechtsausschluss füh-

---

[102] Vgl. zur Kritik an der rechtlichen Ausgestaltung nachrichtendienstlicher Tätigkeit schon Mitte der 80-er Jahre *Gusy*, Die Verwaltung 1984, 273 ff.

[103] *Kühl*, AT, § 5 RN 92.

[104] BT-DrS V/2680, S. 18; *Träger*, LK, § 94 RN 9, *Krey*, ZStW 79 (1967) 103, 119; *Arndt*, NJW 1963, 465, 467.

[105] Dass hier kein Raum für ministerielle Weisungen besteht, folgt schon aus den besonderen Regelungen zur Einstellung entsprechender Straftaten gem. 153c, II, III, 153d, 153e StPO, dazu *Träger*, LK, vor § 93 RN 10.

ren können. Ebenfalls könnte die behördliche Einwilligung auch Interessen der inneren Sicherheit gegenüber herbeigeführten Gefahren der äußeren Sicherheit zur Saldierung gelangen lassen – eine Interessensaldierung, die ebenfalls die Tatbestände der §§ 93 ff StGB nicht erlauben.[106]

Die Pönalisierung des Verrates von Staatsgeheimnissen und der strafrechtliche Schutz der äußeren Sicherheit zielen darauf ab, „der Bundesrepublik den Freiraum zu sichern, den sie benötigt, um sich in den Gegenläufigkeiten der internationalen Politik unbehindert und wirksam bewegen zu können".[107] Wie auch im Fall von Agent provocateur-Einsätzen wird unter Bezugnahme auf § 161 I StPO bei der Vergabe von Spielmaterial ein Handeln des Staates gleichsam in eigener Sache angenommen. Erfolgt die Antastung des strafrechtlichen Schutzes der äußeren Sicherheit bei der Durchführung einer Maßnahme im Sinne der einschlägigen Generalermächtigung, wird ein Verstoß gegen den Gesetzesvorrang jedenfalls dann nicht ohne weiteres anzunehmen sein, wenn andernfalls gerade das Schutzziel der strafrechtlichen Normen der §§ 93 ff StGB konterkariert und deshalb genau das Gegenteil erreicht würde.[108] Freilich muss auch dann wieder die formelle und sachliche Zuständigkeit der handelnden Verwaltung bestehen. Die nachrichtendienstlichen Generalermächtigungen würden, so betrachtet, den Dispens bereithalten, der zur Rechtfertigung des Verstoßes gegen das dem Gesetzesvorrang immanente Normabweichungsverbot erforderlich ist.

4) Die behördliche Einwilligung im gesetzesfreien Raum

In dem Bereich, der in der vorliegenden Untersuchung als gesetzesfreier exekutiver Handlungsfreiraum bezeichnet wurde, handelt die Verwaltung keinesfalls innerhalb eines rechtsfreien Raumes. Es wurde bereits ausgeführt, dass dort wegen des Fehlens ausdrücklicher, das Handeln der Verwaltung bestimmender Normen, es der Vorrang des Gesetzes von der Verwaltung fordert, sich im Rahmen von Recht und Gesetz zu verhalten. Konkretes Verwaltungshandeln darf also nicht gegen geltendes Recht verstoßen. Der Gesetzesvorrang erscheint damit in erster Linie als Verbot der Gesetzwidrigkeit von Verwaltungshandeln, als Normabweichungsverbot.[109] Das schließt insbesondere die Bindung des

---

[106] Vgl. für eine Ausdehnung des behördlichen Handlungsfreiraumes, *Marx*, Die behördliche Genehmigung, S. 148 ff; *Goldmann*, Die behördliche Genehmigung als Rechtfertigungsgrund, S. 218 f; auch *Träger* weist insofern noch auf die mögliche Anerkennung von Rechtfertigungsgründen hin, *ders.*, LK, § 94 RN 9.

[107] *Marx*, a. a. O. S. 151.

[108] *Träger*, LK, § 99 RN 15.

[109] *Ossenbühl*, HStR III, § 62 RN 5.

Verwaltungshandelns an die gesetzlichen Institutionen, wie etwa Eigentum, Besitz oder den Abschluss von Verträgen unter Einhaltung der dafür einschlägigen Bedingungen, ein.[110] Sofern die Verwaltung bei der Entscheidung darüber frei ist, in welcher Weise sie rechtsverbindlich nach innen oder außen, gegenüber Dritten, tätig zu werden begehrt, ist sie gleichwohl zur Einhaltung bestimmter Handlungsgrundsätze verpflichtet. Auch hierauf wurde bereits verwiesen.[111] Darüber hinaus ist der Verwaltung die Erschließung neuer Sachkompetenzen verwehrt. Ihre Bindung an bestehende Handlungsaufträge des Gesetzgebers erklärt, weshalb gesetzesfreie Handlungsspielräume lediglich im Hinblick auf die Art und Weise der Erreichung eines vom Gesetzgeber festgelegten Verwaltungszwecks ausgenutzt werden können und nicht auch für die Bestimmung des Verwaltungszwecks selbst zur Verfügung stehen.

Als Beispiel für Verwaltungshandeln innerhalb gesetzesfreier aber eben gerade nicht rechtsfreier Spielräume wurde bereits auf exekutive Verfügungen über Gegenstände des Verwaltungs- oder des Finanzvermögens verwiesen.[112] Da es an einer in sich abgeschlossenen „Staatsvermögensordnung" fehlt und Verfügungen auch kaum für jeden Einzelfall abstrakt generell vorhersehbar sind, ist die Exekutive insoweit nur an einen gesetzlichen Rahmen gebunden.[113] Dieser regelt zum einen die Ermittlung und rechnerische Darstellung des zur Verfügung stehenden Vermögens, sowie schließlich auch die Prozedur von in Frage kommenden Verfügungen selbst.

Die Verwaltungen haben etwa über ihre Ministerien Haushaltspläne zu erstellen, welche schließlich in Haushaltsgesetze münden[114] und dabei – verkürzt formuliert – zum Ausdruck bringen, für was wie viel ausgegeben werden darf. Bei der Haushaltsplanung sind insbesondere die Grundsätze der Vollständigkeit des Haushaltes[115], der Haushaltswahrheit[116], der Einheit des Haushaltes[117] und der Gesamtdeckung[118] zu berücksichtigen. Die rechtlichen Grundlagen folgen insoweit aus der Verfassung selbst[119], wie auch aus dem Haushaltsgrundsätze-

[110] *Friauf*, HStR IV, § 90 RN 1 ff; *Hoppe/Schulte*, BVDl. 1991, 1041 ff.

[111] Vgl. o. 3. Kap./B/I.

[112] Vgl. o. 3. Kap./B/II/1a, b.

[113] Zum Umfang vgl. die exempl. Aufführung einschlägiger Gesetze bei *Friauf*, a. a. O., RN 16.

[114] *Kisker*, HStR IV, § 89 RN 62; BVerfGE 20, 56, 91; 38, 121, 126.

[115] *Maunz*, Maunz/Dürig, Art. 110 RN 28 ff.

[116] *Maunz*, a. a. O., RN 37; *Kisker*, a. a. O., RN 63.

[117] *Kisker*, a. a. O., RN 66 ff, m. w. N.

[118] *Kisker*, a. a. O., RN 77 ff, m. w. N.

[119] *Birk*, JA 1983, 563 ff; *v. Arnim*, DVBl. 1985, 1286 ff ff; Kisker, a. a. O., RN 62.

gesetz[120] oder der Bundeshaushaltsordnung[121], beziehungsweise den Haushaltsordnungen der jeweiligen Länder. Die aufzustellenden Haushalte müssen mithin vollständige Auskunft über das vorhandene Verwaltungs- und Finanzvermögen geben und etwa die Kosten für dessen Erhalt oder Erneuerung ebenso ausweisen wie Vermögenseinnahmen.[122] Hinzu kommt die Einbettung des Haushaltsplanes in eine mehrjährige Finanzplanung auf der Grundlage von Art. 109 III GG und dem Stabilitätsgesetz.[123] Dort werden insbesondere langfristige wirtschaftspolitische und politische Ziele hinsichtlich der mit ihnen erwarteten Kosten oder Einnahmen zum Ausdruck gebracht. Diese werden dann freilich unter Zugrundelegung einer ausreichenden Flexibilität schließlich in Haushaltspläne und Haushaltsgesetze überführt.[124] Ziel ist es dabei, eine langfristige Verknüpfung von Ressourcen- und Aufgabenplanung herzustellen.[125]

Verfügungen über Vermögenswerte der Verwaltung unterliegen dem Vergaberecht wie auch etwa der Bundeshaushaltsordnung. Auf jeden Fall darf die Verwaltung Vermögensverfügungen lediglich zum Zweck der Erfüllung öffentlicher Aufgaben vornehmen.[126] Das gilt für das mehr oder weniger stark widmungsgebundene Verwaltungsvermögen[127] ebenso wie für das Finanzvermögen der öffentlichen Hand[128].

Innerhalb der hier aufgeführten verwaltungsgesetzlichen Grenzen des Haushalts- und Vergaberechts ist der Exekutive also die Verfügung über Vermögensgegen-stände aus dem Verwaltungs- oder Finanzvermögen möglich. Die damit verbundene Aufgabe von Gewahrsam, Verfügungsmacht und dergleichen mehr verdient aus strafrechtlicher Sicht freilich keine Sanktionierung. Der insoweit bestehende Schutz fiskalischer Rechtsgüter wird aufgrund voluntativen Verwaltungshandelns aufgegeben. Da es an einer konkreten rechtfertigenden Norm wie etwa im Fall der §§ 331 I, III StGB gerade eben fehlt, erscheint insoweit die Annahme einer behördlichen Einwilligung berechtigt.

[120] *Patzig*, BHO.

[121] Vgl. dazu exempl. dazu *Velten*, StV 1987, 544 ff.

[122] *Friauf*, HStR IV, § 90, RN 18.

[123] *Kisker*, a. a. O., § 89 RN 78; *Patzig*, BHO, § 8 RN 2.

[124] *Schmidt/Wille*, Die mehrjährige Finanzplanung, Wunsch und Wirklichkeit, S. 74

[125] *Kisker*, HStR IV § 89 RN 89.

[126] *Friauf*, a. a. O., RN 3 ff.

[127] Vgl. dazu o. 3. Kap. B/II/1b.

[128] Bei der Verwaltung des Finanzvermögens haben Bund und Länder den "Erfordernissen des gesamtwirtschaftlichen Gleichgewichts" Rechnung zu tragen. *Schmidt*, HStR III, § 83 RN 27 ff; *Friauf*, a. a. O., § 89 RN 48.

III) Zu den Fällen im Einzelnen

Folgt man dem hier zu § 161 I StPO skizzierten Ansatz, würde im *Flugblattfall* die Antastung strafrechtlichen Güterschutzes im Sinne der §§ 86 I Ziff. 2, 130 II Ziff. 1a StGB vor dem Hintergrund des Gesetzesvorrangs zulässig sein. Denn der Einsatz des Agent provocateur in diesem Fall, soll der Aufklärung von Straftaten dienen.

Die *Gefangenenfreilassung* zum Zweck der Gefahrenabwehr im Sinne der *zweiten Variante des vierten Beispielfalles* vermag § 161 I StPO jedoch nicht zu rechtfertigen. Denn eine solche Maßnahme steht nicht in Verbindung mit dem durch § 161 I StPO verfolgten Regelungsziel der Aufklärung von Straftaten. Dem Zweck der Straftatenaufklärung und der Straftatenprävention steht dagegen die Gefangenenfreilassung im Fall der *Celler Aktion* wiederum näher. Auch später eingeleitete Maßnahmen der vermeintlichen Fahndung nach den ausgebrochenen Straftätern und die damit verbundene Antastung strafrechtlichen Güterschutzes mögen nach dem hier skizzierten Ansatz zu § 161 I StPO zumindest aus heutiger Sicht mit dem Vorrang des Gesetzes in Einklang stehen.

Allerdings wird im Hinblick auf die *Celler Aktion* die Frage nach der Kongruenz der Beschädigung der Gefängnismauer mit der Rechtsordnung zu verneinen sein. Sie ist bereits ungeachtet der mit der Beschädigung verbundenen Berührung der durch die §§ 304, 316b StGB strafrechtlich geschützten Rechtsgüter nicht mehr als mit den haushaltsrechtlichen Regelungen in Einklang stehend zu betrachten.[129] § 61 IV NdSLHO hat die Nutzung eines Vermögensgegenstandes zu einem anderen als dem Zweck seiner Anschaffung untersagt, es sei denn, es erfolgt die volle Erstattung des Nutzungswertes. Die Gefängnismauer ist zur Durchführung des Freiheitsstrafvollzuges und mithin auch zum Schutz der Allgemeinheit vor ausbrechenden Straftätern errichtet worden. Ob hier eine Erstattung erfolgt ist, bleibt offen. Jedenfalls schließt die Erstattung eines Nutzungswertes den Ersatz von „alt“ und mithin „zerstört“ gegen „neu“ schon begrifflich aus. Regelmäßig ist daher die zur Verfügung stellende Verwaltung um den zeitbedingten Wertverlust der Sache gebracht. Mithin ist § 61 IV NdSLHO eine die konkrete Verfügung über eine im Verwaltungsgebrauch stehende Sache einschränkende Norm, gegen die die Sprengung verstoßen hat. Sie verstößt gegen das Normabweichungsverbot.

Die zweckwidrige Nutzung personeller Ressourcen im Fall der *Celler Aktion* stellt ebenfalls einen Verstoß gegen die Normen dar, die die Verwaltung verpflichtet, Haushaltsmittel nur zu dem ihnen zugewiesenen Zweck zu verwenden – damals § 27 HGrG und § 45 NdSLHO. Die sinnlose Verschwendung von Personalmitteln zugunsten der Durchführung umfangreicher Fahndungsmaßnah-

[129] *Velten*, StV 1987, 544, 545 ff.

men nach den vermeintlichen Tätern der Befreiungsaktion hat in erheblichem Maße Personalmittel gebunden. Dadurch wurde sogar die Einsatzfähigkeit der niedersächsischen Polizeikräfte in erheblichem Maße beeinträchtigt. Hier half ein Verweis auf die Normen der Amtshilfe nicht weiter. Das Zur-Verfügung-Stellen von Dienstkräften darf nach § 5 I Ziff. 2 VwVfG nur erfolgen, wenn die ersuchende Behörde selbst nicht über fachlich entsprechend geeignete Dienstkräfte zur Durchführung der maßgeblichen Aufgabe verfügt.[130] Insofern können etwa für das Landesamt für Verfassungsschutz einzelne Maßnahmen von Angehörigen der Justizbehörden durchgeführt werden. Die Amtshilfe behält aber stets den Charakter einer ergänzenden Funktion.[131] Aus § 5 III Ziff. 2 VwVfG folgt, das eine Amtshilfe, die nur mit unverhältnismäßig großen Aufwand zu leisten ist, nicht erbracht zu werden braucht. „Die ernstliche Gefährdung der eigenen Aufgaben bildet aber die Zumutbarkeitsgrenze."[132] Sie war im Fall der *Celler Aktion* nach den Bekundungen der Betroffenen überschritten.[133] Darüber hinaus umfasst das Zur-Verfügung-Stellen von Amtshilfe gemäß §§ 4, 5 VwVfG jedenfalls nicht solche Fälle, die von vornherein auf ein zweckwidriges Verhalten gerichtet sind.

Die Berührung der §§ 304, 316b StGB wird über den Verstoß gegen Haushaltsrecht hinaus einen zusätzlichen Verstoß gegen das Normabweichungsverbot darstellen.[134] Im Hinblick auf die Sachbeschädigung im Sinne des § 303 StGB im Fall der *Celler Aktion* ist mithin der Verweis auf das Vorliegen einer behördlichen Einwilligung auf jeden Fall unzutreffend gewesen.[135] Es wurde neben einem Verstoß gegen Haushaltsrecht auch übersehen, dass die Gefängnismauer nicht nur durch § 303 StGB hinsichtlich ihrer Sachintegrität geschützt ist[136], sondern darüber hinaus in Bezug auf die durch die §§ 304 oder 316b StGB geschützten Güter strafrechtlichem Schutz unterworfen ist.[137]

Die Vergabe von Spielmaterial zum Zweck der *Spionageabwehr* könnte nach dem in der vorliegenden Untersuchung getroffenen Ausführungen ebenfalls auf § 161 I StPO gestützt werden. Voraussetzung ist freilich dann, dass die Maß-

[130] *Clausen*, Knack § 5 RN 3.2.

[131] *Clausen*, Knack § 4 RN 2.1.

[132] *Clausen*, Knack § 5 RN 5.3.3.

[133] *Velten*, StV 1987, 544 m. w. N.

[134] Vgl. dazu *Löhr* in Pappermann/Löhr/Andriske, Recht der öffentlichen Sachen, § 14 II 1, hinsichtl. der Verletzung von individuellen Teilhaberechten.

[135] So aber *Kühne* JuS 1988, 198, dem nachfolgend *Tröndle/Fischer/Fischer*, § 304 RN 11.

[136] Zum durch § 303 StGB geschützten Rechtsgut vgl. *Groppengießer*, JR 1998, 89 ff.

[137] Zur Abgrenzung zwischen § 304 StGB und § 316b StGB vgl. *Loos*, JuS 1979, 699 ff; *ders.*, JR 1984, 167 ff.

nahme als eine im Sinne der Aufklärung von Straftaten anzusehen sein muss und aufgrund entsprechenden Anfangsverdachts durch die Strafverfolgungsbehörden gehandelt wird. Aber auch jenseits des Anwendungsbereichs von § 161 I StPO erscheint aufgrund der verschiedenen nachrichtendienstlichen Generalermächtigungen die Vergabe von Spielmaterial bei Zugrundelegung der vorstehenden Ausführungen[138] nicht ausgeschlossen.

Der *Demonstrationsfall* lässt sich wegen des Vorliegens einer rechtfertigenden Pflichtenkollision ohnehin ohne eine Berührung des Gesetzesvorrangs lösen.[139] Entsprechendes trifft auch für die erste Fallvariante zum Beispiel der Gefangenenbefreiung zu. Dort kann auf § 34 StGB zurückgegriffen werden.

IV) Zwischenergebnis

Die behördliche Einwilligung stellt grundsätzlich eine Verletzung des dem Gesetzesvorrang immanenten Normabweichungsverbot dar.[140] Der Gesetzesvorrang steht gleichwohl nicht ohne weiteres einer behördlichen Einwilligung entgegen. Dort, wo diese wegen des Fehlens ausdrücklicher Handlungsbefugnisse deshalb nicht von einer Verletzung des Normabweichungsverbotes zu dispensieren vermag, kann durch Auslegung oder etwa auch durch Analogie gleichwohl der erforderliche Dispens von der Verletzung des Normabweichungsverbotes herbeigeführt werden.[141] Dort, wo es völlig an gesetzlichen Regelungen fehlt, wird die behördlichen Einwilligung so lange zulässig erscheinen, wie sie innerhalb eines Rahmens von Gesetzen und allgemeinen Handlungsprinzipien der Verwaltung erfolgt und gerade auch von diesem Rahmen getragen wird. Verfügungen über Rechtsgüter, die strafrechtlichen Schutz erhalten haben, würden dann auch vor dem Hintergrund des Strafrechts zulässig sein. Als Beispiel wurde auf Verfügungen über zum Verwaltungs- oder Finanzvermögen gehörende Güter verwiesen.[142]

---

[138] Vgl. dazu 4. Kap./B/II/3b.

[139] Vgl. dazu schon oben unter 2. Kap./A/II/3.

[140] 4. Kap./B/II/1.

[141] 4. Kap./B/II/1.

[142] 4. Kap./B/II/4.

C) Die behördliche Einwilligung im Licht des Rechtsstaatsprinzips

Das demokratische Prinzip erfährt seine nach *Stern* „wohl wesentlichste Ausfüllung“ wie auch seine Grenze[1] durch das Rechtsstaatsprinzip. Freiheit und Schranke liegen für den Souverän – mithin dem Gesetzgeber – im materiellen Gehalt der Verfassung sowie in dem darauf erwachsenen Recht. Das Rechtsstaatsprinzip wird nicht als eigenständiges Prinzip verstanden. Vielmehr vereinigt es eine Reihe unterschiedlicher Verfassungsprinzipien. Durch ihre Bündelung unter dem Rechtsstaatsprinzip wird im jeweiligen Anwendungsfall ihre Reichweite einerseits wie auch ihre begrenzende Wirkung andererseits im Sinne miteinander konkurrierender Prinzipien bestimmt.[2] Einzelne Verbote oder Gebote enthält das Rechtsstaatsprinzip deshalb nicht.[3] Neben formalen Anforderungen, die aus dem Rechtsstaatsprinzip für das Handeln der drei Gewalten folgen, erwächst aus ihm auch die Forderung nach der Verwirklichung materieller Gerechtigkeit im Hinblick auf die Rechtsanwendung.[4]

Für die hier zu betrachtende Frage bedeutet das einerseits, wie bereits ausgeführt, dass die Regelung einzelner Sachfragen nicht einem ubiquitären Parlamentsvorbehalt unterliegen kann, sondern der organisatorischen Gewaltenteilung und einer daraus folgenden Zuordnung von Aufgaben an Legislative, Exekutive und Judikative zu folgen hat. Im Hinblick auf das Ziel der Verwirklichung materieller Gerechtigkeit wird daher eine vom Gesetzgeber getroffene Entscheidung stets als wertgebunden und im System verfassungsstaatlicher Formen und Zuständigkeiten eingebettet anzusehen sein.[5] Dabei wird nicht nur der Gesetzgeber an die verfassungsmäßige Ordnung und die Exekutive, wie freilich auch die Judikative, an Recht und Gesetz gebunden. Die Folge muss auch die Einhaltung eines ausdrücklichen verfassungsrechtlich begründeten Sachvorbehaltes zur Regelung einer Materie allein durch die Legislative aufgrund verfassungsrechtlich ausdifferenzierter Organzuständigkeiten sein. Aus der Perspektive des Rechtsstaatsprinzips soll deshalb die Frage nach der Zulässigkeit einer behördlichen Einwilligung

[1] *Stern*, Staatsrecht, Bd. I, § 18 II 6b.

[2] Zum Rechtsstaatsprinzip als allgemeiner Rechtsgrundsatz vgl. BVerfGE 7, 89, 92 ff; 45, 187, 246; 52, 131, 144 ff; *Herzog*, Maunz/Dürig, Art. 20 Abs. VII RN 32.

[3] Vgl. zur Unbestimmtheit des Rechtsstaatsprinzips BVerfGE 57, 250, 276; 70, 297, 308.

[4] BVerfGE 20, 323, 331; 45, 228; 52, 131, 144 ff; 70, 297, 308; vgl. auch *Naucke*, Strafrecht[4], S. 103 ff.

[5] *Stern*, Staatsrecht, Bd. I, § 18 II 6b.

zur Preisgabe strafrechtlichen Schutzes von Rechtsgütern der Allgemeinheit und des Staates vor dem Hintergrund

- des Legalitätsprinzips[6]
- des Bestehens eines staatlichen Strafanspruchs[7]
- des Bestehens staatlicher Schutzpflichten gegenüber dem Einzelnen[8]
- des Bestimmtheitsgebotes[9]
- des Gewaltenteilungsprinzips[10]
- und schließlich des Parlamentsvorbehaltes[11]

erörtert werden.

I) Das Legalitätsprinzip

1) Inhalt des Legalitätsprinzips

Das Legalitätsprinzip enthält die Aufforderung an die staatlichen Ermittlungsbehörden bei Erlangung eines Anfangsverdachts über das Vorliegen einer Straftat die notwendigen Ermittlungen durchzuführen und die Anklage zur Herbeiführung einer gerichtlichen Entscheidung dann zu erheben, wenn solche Ermittlungen den Anfangsverdacht ausreichend bestätigt haben.[12] Das Legalitätsprinzip ist im Sinne einer Garantie für eine objektive und am Gleichheitssatz orientierte Strafverfolgung zur endlichen Erreichung von Rechtsgüterschutz zu verstehen.[13] Es soll schließlich der Durchsetzung materieller Gerechtigkeit im Rahmen des Möglichen auf der Basis des Gleichheitssatzes und der daraus erwachsenden Forderung dienen, jeden vor dem Gesetz gleich zu behandeln.[14] Der verfassungsrechtliche Gleichheitsgrundsatz, das Demokratieprinzip, der Gesetzesvorrang und der Bestimmtheitsgrundsatz fließen dabei in den das Legalitätsprinzip zum Ausdruck bringenden Normen der Strafprozessordnung zusammen.[15] Schließlich wird auch

[6] Zum Legalitätsprinzip als Bestandteil des Rechtsstaatsprinzips vgl. u. 4. Kap./C/I.

[7] Zur Beziehung des staatlichen Strafanspruchs zum Rechtsstaatsprinzips vgl. u. 4. Kap./C/II.

[8] Zum Bestehen staatlicher Schutzpflichten zugunsten des Einzelnen als Bestandteil des Rechtsstaatsprinzips vgl. u. 4. Kap./C/III.

[9] Zum Bestimmtheitsgebot als Bestandteil des Rechtsstaatsprinzips vgl. u. 4. Kap./C/V/1b.

[10] Zum Gewaltenteilungsprinzip als Bestandteil des Rechtsstaatsprinzips vgl. u. 4. Kap./C/IV.

[11] Zum Parlamentsvorbehalt als Bestandteil des Rechtsstaatsprinzips vgl. u. 4. Kap./C/V.

[12] Vgl. dazu exempl. *Roxin*, Strafverfahrensrecht, § 14 A I ff.

[13] BVerfG NStZ 1982, 430.

[14] *Eckl*, ZRP 1973, 139.

[15] *Roxin*, Strafverfahrensrecht, § 14 B II; *Krey*, Strafverfahrensrecht II, RN 197; *Rieß*, NStZ 1981, 2, 4; *Schmidt-Jortzig*, NJW 1989 130, 132.

ein staatliches Anklagemonopol nur vor dem Hintergrund eines grundsätzlichen und insoweit verfassungsrechtlich bestimmbaren staatlichen Strafverfolgungszwanges seine Rechtfertigung finden können.[16] Das Legalitätsprinzip findet seine Verwurzelung im Rechtsstaatsprinzip.[17]

Der dem Legalitätsprinzip inne wohnende Anklagezwang und der Unrechtsausschluss aufgrund einer behördlichen Einwilligung ohne ausdrückliche gesetzliche Grundlage passen auf den ersten Blick nicht zusammen. Jedoch vermag das Legalitätsprinzip nur scheinbar jegliche Formen behördlicher Einwilligung zur Antastung strafrechtlichen Schutzes von Rechtsgütern des Staates oder der Allgemeinheit gegenüber an sich straftatbestandlichem Handeln außerhalb diesbezüglich der Exekutive eingeräumter Handlungsbefugnisse zu verbieten.

2) Nullum crimen sine poena?

Tatsächlich vermag das Legalitätsprinzip eine Strafverfolgung nicht unter allen Umständen zu gewährleisten. Es beabsichtigt dies auch gar nicht.[18] Vielmehr soll die Strafverfolgung nur im Rahmen des Möglichen stattfinden. Dabei ist zunächst zu berücksichtigen, dass das Legalitätsprinzip einer Reihe von praktischen Hemmnissen, die entgegen noch so guter Tätigkeit des Gesetzgebers nicht auszuschließen sind, unterworfen ist. So gibt es nicht nur eine Reihe von Straftaten, die schon deshalb nicht zur Kenntnis der Strafverfolgungsbehörden gelangen, weil sie nur selten überhaupt zur Anzeige gelangen.[19] Begrenzte staatliche Ermittlungskapazitäten führen weiter dazu, dass trotz Kenntniserlangung von einer Straftat ihre Verfolgung – als Folge „amtlichen Wegschauens“[20] – nicht stattfindet.[21] In ungewöhnlicher Deutlichkeit findet sich bei *Serwe* sogar die Bemerkung, dass das Legalitätsprinzip „bei der Verbrechensbekämpfung (...) eher hinderlich“ ist.[22] Denn die strenge Beachtung des Verfolgungszwanges würde „die Welt des Verbrechens zu schematisch in Opfer und Täter“ dividieren.[23] Die Arbeitsteilung zwischen Staatsanwaltschaft und Polizei wie auch das überlegene Sachwissen bei der Polizei in praktischen Fragen der Straftatenermittlung im Tatsächlichen, führen schließlich weiter zu Kontrolldefiziten bei den Staatsanwaltschaften gegenüber der Polizei hinsichtlich der Einhaltung des Legalitätsprinzips. *Schulz* und *Leppin* sprechen dabei von der faktischen Herrschaft der Polizei über das Ermittlungsverfahren.[24] Eine derartige Verteilung der praktischen Ermittlungsherrschaft entspricht zwar durchaus den Leitsätzen für die Regelung des Verhältnisses zwischen Staatsanwaltschaft und Polizei.[25] Sie schließt daneben auch ein nicht unerhebliches Risiko von Strafverfolgungslücken gegenüber einem an sich

[16] BGHSt 15, 159.

[17] *Wache*, KK, § 160 RN 2; *Kleinknecht/Meyer-Goßner*, § 160 RN 1; BGH StV 1985, 398 ff.

strafbarem Verhalten von Beamten oder von ihnen eingesetzten Vertrauenspersonen während ihrer Ermittlungstätigkeit mit ein.[26]

Was gleichsam hier als Mangel der normativen Implementierung des Legalitätsprinzips angeführt worden ist, kann aber auch im Sinne rechtsstaatlich durchaus nicht unerwünschter prinzipienimmanenter Schranken verstanden werden. Ein funktionsfähiges System der Strafrechtspflege ist nicht nur Voraussetzung der Garantie materieller Gerechtigkeit und strafrechtlicher Normgeltung. Es ist darüber hinaus auch nicht unter dem Preis einer tatsächlich selektiven Strafverfolgung zu erlangen.[27] Die automatische Beziehung zwischen dem Erhalt eines Anfangsverdachts, der Einleitung eines Ermittlungsverfahrens, der Anklageerhebung und endlich der Verurteilung wird nicht nur dem Gedanken der Resozialisation des Täters nicht immer gerecht.[28] Generalpräventiven wie auch spezialpräventiven Aspekten genügt ein derartiger Automatismus dann nicht mehr, wenn er die Begehung neuer Straftaten eher begünstigt als verhindert.[29] Auch vor dem Hintergrund knapper Verfolgungsressourcen kann es dem rechtsstaatlichen Ziel der Gewährleistung materieller Gerechtigkeit durch Strafrechtseinsatz nicht entsprechen, jede Straftat zu verfolgen.[30] Die Gleichheit der Verfolgungsintensität würde zwangsläufig zu Ungleichgewichten im Vergleich der Aufklärung von leichten

[18] *Wolfslast*, Staatlicher Strafanspruch und Verwirkung, S. 111.

[19] Vgl. etwa *Zipf* zur privaten Ahndung kleiner Ladendiebstähle in K. Peters-FS S. 487, 494; *Kaiser*, ZStW 90 (1978) 890.

[20] Insoweit auf das Problem des „over- and underforcement“ verweisend *Zipf*, a. a. O., S. 492; ebenso *Kaiser*, ebenda; zur „selektiven Strafverfolgung“ *Rieß*, NStZ 1981, 4; *Schmidt Jortzig*, NJW 1989, 13o, 134; *Sack*, KJ 1971, 399; vgl. ferner die Nwe. zu rechtstatsächlichen Untersuchungen insoweit bei *Rieß*, LR § 152 RN 95; *Weigend*, ZStW 109 (1997) 103, 105

[21] Vgl. umfassend hierzu *Eisenberg*, § 40, dort etwa zum Problem des Rückgriffs auf sogenannte „Alltagstheorien“ RN 13.

[22] *Serwe*, KR 1970, 377; i. d. S. äußert sich im Ergebnis auch *Evers*, NJW 1987, 153, 159 i. V. m. Ausführungen zur Celler-Aktion; deutlich ebenso *Kniesel*, ZRP 1992, 164, 165 in Anm. 12.

[23] *Serwe*, a. a. O., S. 378.

[24] *Schulz/Leppin*, Jura 1981, 528; ebenso *Wolf*, KR 1975, 389 ff; *Weyer*, Die Neue Polizei, 1972, 50.

[25] Vgl. dort Ziff. 3, Abdruck der Leitlinien in KR 1976, 545 ff.

[26] *Eisenberg*, Kriminologie, § 27 RN 27.

[27] *Weigend*, ZStW 109 (1997), 103, 105.

[28] *Weigend*, a. a. O., S. 104 ff.

[29] *Kaiser*, Kriminologie, 1989.

[30] *Weigend*, a. a. O., S. 105.

und schweren Straftaten führen. Die Gleichsetzung des Legalitätsprinzips mit dem Gedanken nullum crimen sine poena wäre daher kontraproduktiv gegenüber dem Ziel der Verwirklichung materieller Gerechtigkeit durch Strafrechtseinsatz.[31] Praktisch schlägt sich dies in wachsender Einstellungsbereitschaft nach den §§ 153 ff StPO nieder, die sich keineswegs nur auf Bagatelldelikte bezieht.[32]

3) Die neue Opportunität

In Verbindung mit einem Begriff von der „neuen Opportunität" verweist *Weigend* darauf, dass außerhalb der traditionellen Ausnahmen vom Legalitätsprinzip gemäß der §§ 153 ff StPO das Legalitätsprinzip etwa auch durch verschiedene Kronzeugenregelungen erhebliche Einschränkungen erfahren habe.[33] Strafverfolgung unterbleibt im Hinblick auf die Erlangung von Informationen, die schließlich andere, für bedeutsamer angesehene Ermittlungsergebnisse herbeiführen sollen. Die Nichtahndung von Straftaten soll also „das Funktionieren des Gesamtsystems der Strafjustiz" verbessern.[34] Das vom Kronzeugen verwirklichte Unrecht wird zu einem „Abwägungsfaktor reduziert", wobei der Nutzen der vom Kronzeugen gewonnenen Information dem Umfang des von ihm verübten Unrechts gegenübergestellt wird.[35] Diese den Kronzeugenregelungen zugrundeliegende Argumentation, verwirklichtes Unrecht gegen zu verhinderndes Unrecht abzuwägen, findet sich wieder in der Diskussion um die Zulässigkeit von Agent provocateur-Einsätzen, etwa im Bereich der Bekämpfung von Organisierter Kriminalität oder in der Diskussion um das Zur-Verfügung-Stellen von Spielmaterial zum Zweck der Spionageabwehr.[36]

Der unter dem Begriff der neuen Opportunität vorgetragene Gedanke von einer Abwägung zwischen der Antastung strafrechtlichen Güterschutzes einerseits und der Verhinderung dessen andererseits, um das „Funktionieren des Gesamtsystems der Strafjustiz"[37] zu verbessern, muss aber keineswegs in seiner Realisierung auf procedurale Verfahrensregelungen beschränkt sein. *Weigend* hält es vielmehr systematisch nur für konsequent, einen großen Teil der Anwendungsfälle der

---

[31] *Weigend*, a. a. O., S. 104.

[32] *Dahs*, NJW 1996, 1192; dazu auch *Erb*, Legalität und Opportunität, S. 204ff; 245 ff.

[33] *Weigend*, a. a. O., S. 110.

[34] *Weigend*, a. a. O., S. 111; vgl. auch *Hoyer* dazu in JZ 1994, 233 ff, der einen Vergleich zieht zwischen dem Notstand und der Kronzeugenregelung. Dabei gelangt er zu dem Ergebnis, dass sich im Fall des Notstandes Güter- und im Fall der Kronzeugenregelungen Präventionsinteressen gegenüber stehen sollen.

[35] *Kunert/Bernsmann*, NStZ 1989, 449, 457; *Weigend*, a. a. O., S. 113.

[36] *Körner*, § 31 RN 173 ff; *Träger*, LK, § 99 RN 15; *Dreher*, vor § 32 RN 5 m. w. N.

[37] Vgl. nochmals *Weigend*, a. a. O., S. 111; *Hoyer* a. a. O., ebenda.

§§ 153 ff StPO bereits auf materiell-strafrechtlicher Ebene und nicht erst durch Strafverfahrensregeln zu lösen. Die behördliche Einwilligung zielt, jedenfalls im Zusammenhang mit Agent provocateur-Einsätzen, auf genau diese Abwägung zwischen straftatbestandlicher Güterverletzung und dem Ziel, diese an anderer Stelle zu verhindern. Die behördliche Einwilligung könnte, freilich nur in einem Zusammenhang mit staatlichen Ermittlungshandlungen, eine Anknüpfung dazu bieten, Fälle, die bisher gemäß §§ 153 ff StPO gelöst wurden, schon auf materiell-rechtlicher Ebene zu regeln. Dafür müsste die Voraussetzung sein, dass ausschließlich staatliche Rechtsgüter beziehungsweise Rechtsgüter der Allgemeinheit betroffen sind[38]; dass die Verwirklichung des Unrechtstatbestandes einem öffentlichen Interesse dient, das durch den Gesetzgeber zumindest in irgendeiner Weise an irgendeiner Stelle in der Rechtsordnung bezeichnet worden sein muss[39]; dass nur die in jeder Hinsicht zuständige Behörde die behördliche Einwilligung gibt.[40]

Die Transparenz exekutiven Handelns muss im Fall des Zulassens einer behördlichen Einwilligung keine schlechtere sein als in dem Fall, in dem entsprechende Opportunitätsüberlegungen den Ermittlungsbehörden überlassen bleiben. Verfahrenseinstellungen während eines Ermittlungsverfahrens können im Ergebnis einer justiziellen Kontrolle ebensowenig unterworfen sein wie exekutiver Verzicht auf strafrechtlichen Güterschutz.[41] Allerdings würde im letzteren Fall sichergestellt, dass der maßgebliche Belang ausschließlich von der formal-rechtlich zuständigen und mithin auch über das nötige spezielle Sachwissen verfügenden Behörde entschieden wird. Das wäre ein Vorzug der behördlichen Einwilligung. Mit dem Zulassen einer behördlichen Einwilligung würde man schließlich dem Umstand gerecht, dass der Gesetzgeber nicht jeden Sachverhalt im Voraus einer Normie-

[38] Vgl. zum Umstand, dass Verletzungen von staatlichen Rechtsgüter, beziehungsweise solchen des Fiskus oder der Allgemeinheit der einzelne nach verbreiteter Auffassung unberührt bleibt o. unter Einführung/III sowie die folgenden Nw.: *Riehle*, KrimJ 1985, 44, 48; vgl. dazu auch *Isensee* a. a. O., S. 20 ff; *Jescheck/Weigend*, Lb, § 34 II 2; ausdrückl. zur Straftatenprävention auch *Weßlau*, a. a. O., S. 42 ff; *Nitz*, Einsatzbedingte Straftaten Verdeckter Ermittler, S. 72, diskutiert im Ergebnis allerdings ablehnend unter Verwendung des Begriffs der Fernziele; *Rebmann*, NJW 1985, 1 ff; *Lorenz*, JZ 1992, 1000 ff; *Rogall*, Informationseingriff und Gesetzesvorbehalt im Strafprozeß, 1992, *ders.*, ZStW 103 (1991) 907 ff.

[39] Vgl. dazu ausdrücklich i. d. S. auch BGHSt 41, 62, 68; vgl. im Hinblick auf die §§ 98, 99 StGB *Träger*, LK, § 99 RN 15; vgl. auch *Körner*, § 31 RN 173 ff.

[40] Vgl. dazu zu § 331 III StGB, *Blei* JA 1974, 377 ff.

[41] Auf das „Dunkel", innerhalb dessen Ermittlungsbehörden über die Einstellung eines Strafverfahrens entscheiden, verweist *Weigend*, a. a. O., S. 108; eine von ihm vorgeschlagene materiell-rechtliche Lösung unterscheidet sich gegenüber der Anknüpfung an die behördliche Einwilligung allerdings im Grad der gerichtlichen Kontrolle.

rung unterziehen konnte, aber gleichwohl die Rechtsordnung der jeweils zuständigen Verwaltung das Recht des ersten Zugriffs zuweist.

4) Zwischenergebnis

Die behördliche Einwilligung steht nicht im Gegensatz zum Legalitätsprinzip und dem ihm immanenten Anklagezwang. Sie vermag vielmehr sogar Durchbrechungen des Legalitätsprinzips im Ergebnis systemgerechter auf materiell-strafrechtlicher Ebene zu lösen. Das bei der Betrachtung des Demokratieprinzips und dem Gesetzesvorrang erreichte Ergebnis findet hier durchaus seine Entsprechung auch aus rechtsstaatlicher Sicht. Es konnte gezeigt werden, dass die Durchsetzung rechtsstaatlich fundierter Gerechtigkeit keinesfalls die strafrechtliche Ahndung jeder Güterverletzung oder strafrechtlich relevanten Gütergefährdung voraussetzt. Es wurde vielmehr deutlich, dass zur Gewährleistung einer gerechten Strafrechtsanwendung die Hinnahme von strafrechtlich vertypten Unrecht durchaus notwendig sein kann. Die im Legalitätsprinzip verankerte und auf der Basis des Gleichheitsgrundsatzes wirkende staatliche Strafverfolgungspflicht schließt daher keineswegs das Zulassen einer behördliche Einwilligung zum Ausschluss materiellen Unrechts von vornherein aus. Das Zulassen der behördlichen Einwilligung würde dazu führen, dass gegebenenfalls die sachlich zuständige und fachlich kompetente Behörde unabhängig von der Strafverfolgungsbehörde ein Strafverfahren abwenden könnte. Dadurch würde die Gefahr unterbunden, dass die Strafverfolgungsbehörden mit ihrer Praxis der Verfahrenseinstellung faktisch in Sachentscheidungen der sachlich zuständigen Behörde hineinwirken könnten. Die behördliche Einwilligung bliebe innere Angelegenheit der handelnden Behörde.

II) Der staatliche Strafanspruch

Die Betrachtungen zum Legalitätsprinzip dürfen verkürzt auf den Punkt gebracht werden, dass bereits ein gezieltes Unterlassen von Strafverfolgung zu einem Mehr an Gerechtigkeit führen kann. Erst recht scheint dann das behördliche Einwilligen in die straftatbestandliche Verletzung oder Gefährdung der hier in Rede stehenden Güter zulässig, wenn es der Verhinderung geplanter oder der Verfolgung begangener Straftaten zu dienen vermag. Dadurch, so heißt es, würde der staatliche Strafanspruch durchgesetzt.[42] Fraglich ist also, ob die behördliche Einwilligung insoweit als Instrument dient, das zur Durchsetzung eines staatlichen Strafanspruchs angesehen werden kann.

[42] Dazu etwa BGH JZ 1986, 103; BGHSt 41, 42 ff; 41, 64 ff; BGH GA 1975, 333; BGH NJW 1980, 1761; BGH NJW 1981, 1626; BGH StV 1985, 398.

1) Der staatliche Strafanspruch in der Rechtsprechung

In der Rechtsprechung wird einerseits angenommen, dass sich die Provokation von Straftaten aus rechtsstaatlichen Gründen verbiete.[43] Der Verstoß gegen das Rechtsstaatsprinzip habe die Folge, dass sich der Staat dem Vorwurf eines widersprüchlichen oder arglistigen Verhaltens aussetze und schließlich seinen Strafanspruch verwirke.[44] Andererseits wird aber gerade in der Bekämpfung der Rauschgiftkriminalität sowie in dem begrifflich praktisch nur schwer eingrenzbaren Feld der Organisierten Kriminalität[45] zunehmend auf die Tatprovokation als Mittel der Straftatenprävention gesetzt.[46] Durch die staatlich kontrollierte Auslösung und Begehung von Straftaten, sollen die entsprechend zur Tat geneigten Personen auf eine für die Gesellschaft vergleichsweise ungefährliche Art der Strafverfolgung und damit schließlich dem geschlossenen Strafvollzug zugeführt werden.[47]

Die straftatbestandliche Verletzung oder Gefährdung von Rechtsgütern wird dabei von den maßgeblichen exekutiven Stellen in Kauf genommen und von der Rechtsprechung sogar ausdrücklich gebilligt.[48] Mithin erfolgt im Ergebnis eine behördliche Einwilligung zur Verletzung von Rechtsgütern, die nicht individuellen Trägern zugewiesen sind, gerade mit dem Ziel, einen staatlichen Strafanspruch zu realisieren.[49] Deutlicher wird insoweit der Bundesgerichtshof in einer Entscheidung des fünften Senates.[50] Dort heißt es, das dem Staat „übertragene

[43] BGH NJW 1980, 1761; BGH NStZ 1981, 70; BGH StV 1981, 276.

[44] Vgl. dazu ausdrücklich hinsichtlich der Lockspitzelproblematik BGH NJW 1980, 1761; BGH NStZ 1981, 70; auch im Fall überlanger Verfahrensdauer wurde von der Rechtsprechung und Literatur das Bestehen staatlichen Strafanspruches mehr oder weniger deutlich angenommen: LG-Ffm JZ 1971, 234; LG-Krefeld JZ 1971, 733; LG-Düsseldorf NStZ 1988, 427; OLG-Zweibrücken NStZ 1989, 134; LG-Berlin (Schmücker-Prozeß) in Vereinigung Berliner Strafverteidiger e. V. (Hrsg.), Das Urteil, Ende des Schmücker-Prozesses? 1991, S. 187; OLG-Stuttgart StV 1993, 289 – a. A. BGH 21, 81; 24, 239; 35, 157; BVerfG NJW 1984, 967; I. *Roxin*, Die Rechtsfolgen schwerwiegender Rechtsstaatsverstöße in der Strafrechtspflege, S. 255; *Schroth*, NJW 1990, 29, 31; *Hillenkamp*, JR 1975, 133; *ders.*, NJW 1989, 2841; *Peters*, JR 1978, 247; *Ulsenheimer*, wistra 1983, 12.

[45] Vgl. zur Definition RiStBV, Anlage E Ziff. 2.

[46] *Dencker*, Dünnebier-FS, S. 447, ff; BGH GA 1975, 333; BGH NJW 1980, 1761; BGH NJW 1981, 1626, BGHSt 32, 345 ff; BGH NStZ 1993, 584.

[47] *Lüderssen*, Karl Peters-FS, S. 349 ff; *Franzheim*, NJW 1978, 2014 ff; *Gribbohm*, NJW 1981, 305, 307; *Mache*, StV 1981, 600 ff; *Sieg*, StV 1981, 636 ff; BGHSt 41, 64 ff.

[48] BGHSt 41, 64 ff.

[49] *Plate*, ZStW 84 (1972) 294 ff, BGH StV 1985, 398; vgl. dazu später auch BGHSt 41, 64 ff.

[50] BGH StV 1985, 398.

Recht auf Strafverfolgung" sei „unlösbar mit der Pflicht zur Verfolgung von Straftaten verbunden". „Es geht insoweit um Schutz- und Friedensrechte aller und die Pflicht, sie zu sichern, die ihren Niederschlag im Legalitätsprinzip findet. Der Staat kann daher auf die Wahrnehmung der Verfolgungsrechte und -pflichten nicht verzichten, noch können diese durch *rechtswidrige Handlungen*[51] seiner Organe bei der Strafverfolgung ‚verwirkt' werden."[52]

Der Verweis auf einen staatlichen Strafanspruch scheint also ebenso als Grund wie auch als Grenze einer zulässigen behördlichen Einwilligung zu dienen.[53] Sein materieller Gehalt bleibt allerdings eher undeutlich. Undeutlich bleibt auch seine Ableitung aus dem Rechtsstaatsprinzip und was infolgedessen die Annahme eines Verstoßes gegen dasselbe zu rechtfertigen vermag, beziehungsweise wann dieser ausgeschlossen sein soll.[54]

2) Der staatliche Strafanspruch in der Geschichte

Die Verwendung des Begriffs eines subjektiven Strafrecht des Staates erfolgte bereits im 19. Jahrhundert. *Berner* spricht vom „Inbegriff der Befugnisse, die dem

[51] Hervorhebung durch den Verfasser.

[52] BGH StV 1985, 398.

[53] Zum staatlichen Strafanspruch als Grenze exekutiven Verhaltens vgl. AG-Heidenheim NJW 1980, 1626; LG-Berlin StV 1984, 457, 460: „Er (die VP) hat um des Geldes willen eine Verabredung der angeklagten F., V., und M. zu einem Verbrechen provoziert", deshalb sei der staatliche Strafanspruch verwirkt, es bestehe ein Verfahrenshindernis; ebenso LG-Ffm StV 1984, 415 (Einstellung von BGH NStZ 1984, 78); LG-Stuttgart StV 1984, 197; LG-Verden StV 1982, 364, dort kam es sogar zum Freispruch wegen eines von Amts wegen zu beachtenden Verfahrenshindernis unter Verweis auf NJW 1980, 1626; im übrigen mit ausdrücklichem Hinweis darauf, dass wer im öffentlichen Interesse – der Straftatenbekämpfung – der besonderen Gefahr einer eigenen Verstrickung in Schuld und Strafe ausgesetzt wird, es nicht verdiene, bei Eintritt der Verstrickung genauso wie 'normale' Straftäter der Beurteilung seiner Schuld unterworfen zu werden; BGH NStZ 1984, 519

[54] Die Palette der vertretenen Argumentationen für zulässiges Agent provocateur-Verhalten ist entsprechend breit. Sie reicht von dem Ansatz, die Tatprovokation dürfe nur einen ohnehin schon vorhandenen Tatentschluss konkretisieren (BGH GA 1975, 333), bis dahin, dass sogar jeglicher Tatverdacht vor der Tatprovokation fehlen kann (BGH NJW 1981, 1626). Es wird auf unterschiedliche Kriterien verwiesen, wie Ausmaß des bestehenden Verdachts, Art, Intensität und Einflussnahme des Lockspitzels, Tatbereitschaft sowie die eigene, nicht fremdgesteuerte Entfaltung von Aktivitäten des Verlockten (BGH NJW 1980, 1761; BGH StV 1981, 163; 1981, 276; ebenso, wenn dort die Kriterien auch nur als Indizien verstanden werden, BGH NStZ 1981, 70; vgl. im übrigen mit weiteren Kriterien BGH NStZ 1982, 126; 1982, 156). Die abstrakte Vorhersehbarkeit der Strafbewehrtheit eines maßgeblichen Verhaltens im Einzelfall – ebenfalls Gebot der Rechtsstaatlichkeit staatlichen Handelns – ist damit allerdings in Frage gestellt.

Staate als dem ausübenden Subjekt der Straftätigkeit zustehen“[55]. Von einem Strafrecht im subjektiven Sinne wird bei *Heffter* ausgegangen.[56] Das jus puniendi – die staatliche Befugnis zum Strafen – wurde als Ausfluss des jus poenale und damit des positiven Strafrechts betrachtet. Wer gegen eine Strafnorm verstoßen hat, wurde gleichsam zum Schuldner gegenüber der staatlichen Autorität, welche ausgehend vom bestehenden Strafrecht infolgedessen ein Recht auf Bestrafung erworben hatte.[57] Eine Rechtfertigung für das staatliche Strafen, die über das positive Recht hinausging, wurde dabei nicht angenommen.[58]

Das war noch zu Beginn des 19. Jahrhunderts anders. Das jus puniendi wurde als staatliche Strafhoheit eigenen Ursprungs und damit als Voraussetzung für Strafrechtssetzungsbefugnis und anschließender Strafbefugnis angesehen. Strafrecht war Staatsrecht aus der Natur der Sache heraus. *Binding* knüpfte an den Bestand eines subjektiven staatlichen Straf-Rechts an. Dabei ging *Binding* allerdings davon aus, dass das Strafgesetz nicht ein Verbot oder Gebot enthalte. Vielmehr würde dies gerade hinter der jeweiligen Strafnorm stehen.[59] Konsequenz dessen war, wer einen Straftatbestand verwirklicht, hat nicht gegen ein Strafgesetz verstoßen, sondern diesem gemäß konform gehandelt und gleichzeitig dabei gegen das von der Norm intendierte Verbot – etwa „Du sollst nicht töten“ oder „Du sollst nicht stehlen“ – verstoßen. Die Strafnorm selbst sei nur Anordnung, dass eine Strafe zu erfolgen habe.[60] Der Staat wird sowohl als der zum Strafen Berechtigte als auch als der dazu Verpflichtete angesehen. Straf-Recht und Straf-Pflicht folgen aus der Strafnorm. Der Staat als Institution und nicht der Einzelne wird somit zum Adressat der Strafnorm.[61] Basierend auf der staatlichen Straf-Pflicht tritt der Staat in eine Selbstbindung zur Durchführung der Strafverfolgung ein.

Der Gedanke einer Strafpflicht rückt bei *Binding* später zugunsten des Straf-Rechts in den Hintergrund.[62] Schließlich wird die Strafpflicht neu definiert. Sie ist nicht mehr der aus der Strafnorm an den Staat folgende Normbefehl „Strafe!“, sondern einfach nur Kehrseite der staatlichen Strafberechtigung. Aus der Strafberechtigung folgt nämlich die staatliche Pflicht, den Einzelnen gemäß der Strafnorm zu bestrafen. Ferner soll daraus auch die Pflicht des Einzelnen folgen, seine

---

[55] *Berner*, Lb, S. 4.

[56] Vgl. dazu *H. Kaufmann*, Strafanspruch – Strafklagerecht, S. 70 ff.

[57] *Heffter*, Lb, S. 8; *Beling*, Grundzüge des Strafrechts, S. 11.

[58] *Wolfslast*, Staatlicher Strafanspruch und Verwirkung, S. 74.

[59] *Binding*, Normen I, S. 7.

[60] *Binding*, a. a. O., ebenda.

[61] *Binding*, a. a. O., S. 22.

[62] Darauf verweisend *H. Kaufmann*, Strafanspruch Strafklagerecht, S. 74.

Strafe zu erdulden.[63] Schließlich wird die staatliche Strafberechtigung zum „Zwangsrecht von Haus aus" aufgewertet. Gleichzeitig wird darin aber auch der wesentliche Unterschied zwischen einem staatlichen Strafanspruch und einem zivilrechtlichen Anspruch gesehen.[64]

Für das Strafrechtsverständnis bei *Binding* bedeutet das schließlich zweierlei: erstens ist der Strafanspruch – wie der Zivilrechtsanspruch – ein subjektives Recht; zweitens unterscheiden sich beide Anspruchsformen dadurch, dass der Strafanspruch die Realisierung eines dem Staat von Haus zukommenden Zwangsrechts ist, während der Zivilanspruch an besondere Entstehungsgründe geknüpft ist.[65] Wenn auch die von *Binding* hergestellte Differenzierung zwischen einen subjektiven Strafanspruch und zivilrechtlichen Ansprüchen übernommen wurde, kam es dennoch zu einem Festhalten am Bild eines subjektiven staatlichen Strafanspruchs. So spricht *Köhler* davon, dass ein subjektiver Strafanspruch bestehe, dieser aber nicht „im bürgerlich rechtlichen Sinne" zu verstehen sei.[66] Bei *Schmidt* findet sich die Formel vom „Strafen-Dürfen des Staates"[67]. Von „Rechten des Staates" spricht im Bereich der Staatslehre etwa *Thoma*.[68] *Mayer* führt aus, „der Staat verleiht Rechte eben dadurch, dass er Klagerecht verleiht, und schreibt sich einen subjektiven Strafanspruch zu, indem er sich ein Strafklagerecht nimmt"[69].

Zipf versucht den Begriff vom Strafanspruch durch den der Strafberechtigung zu ersetzen. Grund ist für ihn eben gerade die Bindung des Staates an das positive Recht und die unlösbare Verknüpfung des bestehenden Strafanspruchs damit. Im Ergebnis tritt dabei aber keine Veränderung ein. Deutlich wird das, wenn *Zipf* ausführt, dass der Strafanspruch sogar nach Ergehen eines rechtskräftigen Freispruches fortbestehen bleibe, wenn eine Straftat tatsächlich vorliege.[70]

[63] *Binding*, HdB des Strafrechts, S. 191; dieser Gedanke findet sich später auch noch bei *Beling*, Grundzüge des Strafrechts, S. 11, wieder, wenn er ausführt: „Die Strafduldungspflicht ist höchstpersönlich. Eine Stellvertretung in der Strafverbüßung ist nicht zugelassen (auch bei Geldstrafe nicht)."

[64] *Binding*, Abhandlungen II, S. 269.

[65] Vgl. dazu *H. Kaufmann*, Strafanspruch Strafklagerecht, S. 75; später so dazu auch *Wolfslast*, Staatlicher Strafanspruch, S. 88.

[66] *Köhler*, Deutsches Strafrecht, AT, S. 24.

[67] *Eb. Schmidt*, HStR, Bd. II, 1932, S. 563, 568.

[68] *Thoma*, HStR, Bd. II, 1932, 607 ff.

[69] *H. Mayer*, Strafrecht AT, S. 347.

[70] *Zipf*, GA 1969, 234, 235 f.

In der Strafrechtslehre *Sauers* wird von einer am Gemeinwohl orientierten Strafwürdigkeit gesprochen. Strafwürdigkeit wird getrennt von Strafbarkeit.[71] Dabei bliebe letztere hinter der ersteren ähnlich weit zurück wie das Recht hinter der Gerechtigkeit. Strafbarkeit umfasse mithin den Strafanspruch aufgrund strafwürdigen Verhaltens hinsichtlich seiner Durchsetzbarkeit. Die Strafwürdigkeit wird definiert als „der Inbegriff der normativen Strafvoraussetzungen für Gesetz und Urteil gemäß den Anforderungen der Rechtsidee (der Gerechtigkeit und des Gemeinwohls); Strafwürdigkeit ist der Inbegriff derjenigen Strafvoraussetzungen, die im Gesetz und Urteil verwirklicht werden sollen, damit der Rechtsidee genügt wird“[72]. Bei *Sax* soll das Kriterium der Strafwürdigkeit infolgedessen dann tatbestandsbegrenzend wirken. An sich tatbestandsmäßiges Verhalten soll bei fehlender Strafwürdigkeit nicht strafbar sein.[73] In die gleiche Richtung weist *Günther*. Auch er führt den Begriff der Strafwürdigkeit als Kriterium für das Vorliegen von Unrecht an.[74] Damit gewinnt das Kriterium der Strafwürdigkeit doppelte Bedeutung. Zum einen soll es einen staatlichen Strafanspruch rechtfertigen.[75] Zum anderen scheint es aber auch die hier in Rede stehende behördliche Einwilligung rechtfertigen zu können. Aufgrund ihrer besonderen Zielrichtung – Aufklärung begangener und Prävention von für bevorstehend erachteter Straftaten – ließe sich vertreten, es fehle unter Umständen dem an sich tatbestandsmäßigen Verhalten, an der Strafwürdigkeit und mithin am Schutzbedürfnis für das maßgebliche durch den Tatbestand erfasste Rechtsgut.[76]

Letztendlich ist das Kriterium der Strafwürdigkeit jedoch ein ungenaues, das weder zur Begründung noch zur Verneinung eines staatlichen Strafanspruchs tauglich ist. Seine Anwendung führt zu einer Umwertung von zuvor vom Gesetzgeber getroffenen Entscheidungen zugunsten eines strafrechtlichen Schutzes eines Rechtsgutes. Gerade die Rechtsprechung in Zusammenhang mit § 240 II StGB hat dabei deutlich werden lassen, wie verschwommen das Kriterium der Strafwürdigkeit ist und zu welch unterschiedlichen Ergebnissen bei seiner Anwendung gelangt wird.[77]

Aus dem Gedanken des „Verdientsein von Strafe“[78] lässt sich ebenfalls nichts für einen staatlichen Strafanspruch gewinnen. Die Formel wurde von *Beling* genutzt,

[71] *Sauer*, Allgemeine Strafrechtslehre, S. 19.

[72] *Sauer*, a. a. O., ebenda.

[73] *Sax*, JZ 1976, 9 ff.

[74] *Günther*, Strafrechtswidrigkeit und Strafunrechtsauschluß, S. 259.

[75] Vgl. dazu BGHSt 17, 328, 317; 35, 270, 276.

[76] Vgl. dazu o. 1. Kap./VI.

[77] *Nitz*, Ermittlungsbedingte Straftaten Verdeckter Ermittler, S. 67.

[78] *Beling*, Deutsches Reichsprozeßrecht, S.6.

um zu einer Unterscheidung von Strafrechts- und Strafrechtsprozessrechtssätzen zu gelangen.[79] Ohne weitere Begründungsbezüge herzustellen, wird dem Staat ein Strafanspruch zugesprochen, weil er das Strafrecht erlassen hat.[80] Hieran knüpft *Bemmann* an. Er versteht unter dem „Verdientsein des Strafübels" das praktische Ziel, dass ein Täter, der schuldig ist, niemals freigesprochen werden kann.[81] Die Formel vom „Verdientsein des Strafübels" beinhaltet trotz der Bindung an Tatbestandsmäßigkeit, Rechtswidrigkeit und Schuld[82] insoweit den Gedanken, der Einzelne könne sich durch die Erfüllung des Tatbestandes derart eine Schuld aufladen, dass ihr gegenüber ein gleichsam materieller staatlicher Strafanspruch im Sinne einer den Staat begünstigenden Rechtsposition entstehe.

Der Gedanke vom subjektiven Straf-Recht des Staates hat sich also im Grunde bis heute erhalten.[83] Heute findet er seinen Niederschlag in einer Rechtsprechung, die darauf verweist, dass Lockspitzeleinsätze jedenfalls dort zulässig seien, wo anders eine bestimmte Form von Kriminalität nicht mehr aufklärbar und damit insbesondere auch für die Zukunft nicht anders zu unterbinden ist als dadurch, dass man potentielle Täter zu gleichsam unter staatlicher Kontrolle stattfindenden Straftaten verleitet, die dann zum Gegenstand entsprechender Strafverfahren werden können.[84] Tatbestandliche Rechtsgutgefährdungen oder -verletzungen infolge des Agent provocateur-Verhaltens werden dabei ausdrücklich in Kauf genommen.

Der Verweis auf das Bestehen eines staatlichen Strafanspruchs als Rechtfertigung behördlicher Einwilligung im hier diskutierten Sinne vor dem Hintergrund des Rechtsstaatsprinzips erscheint allerdings nicht zuletzt deshalb fraglich, weil dem Grundgesetz eine Entscheidung für eine entsprechende Rechtsbeziehung zwischen Täter und Staat nicht zu entnehmen ist.[85] Insbesondere kann eine Begründung des Straf-Rechts nicht aus Art. 103 GG abgeleitet werden. Diese Norm setzt die staatliche Strafgewalt ihrem Bestand nach vielmehr voraus, indem sie derselben Grenzen setzt. In Bezug auf Art. 103 II GG heißt es etwa: „Die besondere rechtliche Ordnung staatlichen Strafens ist das spezifische Anliegen dieser

---

[79] *Beling*, ebenda S. 4.

[80] *Beling*, Grundzüge des Strafrechts, S. 11.

[81] *Bemmann*, Zur Frage der objektiven Bedingungen der Strafbarkeit, S. 54 f.

[82] *Bemmann*, ebenda, *Beling*, a. a. O.

[83] Vgl. dazu ausfhrl. *Klose*, ZStW 86 (1974) 33, 42 ff, Anm. 51-55.

[84] BGHSt 41, 64 ff; zur staatlich kontrollierten Durchführung von Straftaten vgl. auch *Lüderssen*, Jura 1985, 118; *ders.*, Peters-FS, S. 349, 361; *Grünwald*, StV 1987, 471; *Weßlau*, Vorfeldermittlungen, S. 218; *Lammer*, Verdeckte Ermittlungen im Strafprozeß, S. 166; *Keller*, Rechtliche Grenzen der Provokation von Straftaten, S. 79.

[85] So im Ergebnis *Klose*, ZStW 86 (1974) 33 ff; vgl. dazu auch *Jescheck/Weigend*, Lb, § 2 I 1; *Baumann/Weber/Mitsch*, AT[10], § 3 RN 68; ebenso schon früher *Baumann*, AT[5], S. 20.

Vorschrift."[86] „Die Strafe ist missbilligende hoheitliche Reaktion auf ein schuldhaftes Verhalten"[87]. Art. 103 III GG bindet die Strafe an das Strafgesetz.[88] Über den Grund des Strafens ist damit nichts gesagt. Der Verfassung kann lediglich entnommen werden, dass sie die Strafe als Sanktion nicht ausschließt. Eine Institutionalisierung der Strafe kann ihr dagegen nicht entnommen werden.[89] Im Folgenden soll daher unter Anknüpfung an die Einwendungen venire contra factum proprium oder exceptio doli praeteriti der Weg zum Bestehen eines staatlichen Strafanspruchs im Sinne einer originären Rechtsbeziehung zwischen Täter und Staat von seinen insbesondere in der Rechtsprechung immer wieder angeführten Grenzen aus gesucht werden.[90] Denn mit dem Verweis auf die Grundsätze venire contra factum proprium und exceptio doli praeteriti wird immer auch der Verstoß gegen das Rechtsstaatsprinzip verknüpft sein.

3) Der Einwand venire contra factum proprium

Der Satz venire contra factum proprium gehört eigentlich in das Zivilrecht. Dort erfüllt er den alle Schuldverhältnisse beherrschenden Grundsatz von Treu und Glauben mit Inhalt. Eine Berufung auf ein Zuwiderhandeln gegenüber dem eigenen vorangegangenen Verhalten soll danach den unzulässigen Bruch eines einstmals geschaffenen Vertrauenstatbestandes bedeuten.[91] Ein frühes Urteil zur Ablehnung von staatlichen Agent provocateur-Einsätzen stammt auch von einem Zivilsenat des Bundesgerichtshofes. Dort wurde der Einsatz eines Agent provocateur durch eine Behörde zur Aufdeckung von Verstößen gegen die Preisbildung als „sittenwidrig" bezeichnet. Schließlich hieß es dort sogar: „auch der an sich erlaubte Zweck, den Täter zu überführen, kann ein solches sittenwidriges Mittel nicht heiligen".[92] Menschliches Handeln bedarf Orientierungssicherheit, die durch Rechtsnormen sowie auch durch allgemein anerkannte außerrechtliche Verhaltensnormen begründet wird.[93] Hierzu zählt auch die Gewissheit des Einzelnen in das Vertrauen staatlicher Stellen, dass sich der Bürger zunächst einmal rechtlich

---

[86] *Schmidt-Aßmann*, Maunz/Dürig, Art. 103 II, IX RN 164.

[87] BVerfGE 26, 186, 204.

[88] BVerfGE 26, 186, 203; 21, 378, 383 f; 391, 400.

[89] Für sie aber im Ergebnis eintretend, *Jescheck/Weigend*, Lb, § 2 I 1; *Baumann/Weber/Mitsch*, AT[10], § 3 RN 68; ebenso schon früher *Baumann*, AT[5], S. 20.

[90] AG-Heidenheim NJW 1980, 1626; LG-Berlin StV 1984, 457, 460; LG-Ffm StV 1984, 415 (Einstellung von BGH NStZ 1984, 78); LG-Stuttgart StV 1984, 197; LG-Verden StV 1982, 364; BGH NStZ 1984, 519.

[91] *Teichmann*, Soergel, § 242 RN 312 ff.

[92] BGHZ 8, 83, 87.

[93] *Dencker*, Dünnebier-FS, S., 447, 456.

einwandfrei verhalten möchte.[94] Aus strafrechtlicher Perspektive darf diesbezüglich auf die im Rechtsstaatsprinzip verankerte Unschuldsvermutung verwiesen werden.[95] Eine behördliche Einwilligung im Rahmen von Agent provocateur-Einsätzen wäre danach zunächst zu verbieten, weil sie zumindest eine Tatgeneigtheit beim Verlockten voraussetzt.

Andererseits liegt allein in der Anstiftung eines anderen durch einen Agent provocateur noch nicht der Bruch eines zuvor geschaffenen Vertrauenstatbestandes. Die Unfreiheit des Verlockten ist regelmäßig nicht so groß, dass dieser nur als Tatmittler anzusehen wäre, während eine Strafbarkeit des Agent provocateur aufgrund mittelbarer Täterschaft in Betracht gezogen werden müsste.[96] Wer glaubt, sich selbst in einem bestimmten sozialen Umfeld strafrechtswidrig verhalten zu können, weil dies dort alle so tun, handelt jedenfalls nicht aufgrund eines von staatlicher Seite geschaffenen Vertrauenstatbestandes.

Hinter der Frage nach der Zulässigkeit eines gedachten exekutiven Verstoßes gegen einen zuvor zugunsten eines Einzelnen geschaffenen Vertrauenstatbestand steht vielmehr die Frage der Zulässigkeit des staatlichen Eingriffs in eine individuelle und auch geschützte Rechtssphäre. Was sich also hier hinter der Diskussion um die mögliche Verwirkung eines Strafanspruchs verbirgt, ist die Frage, wie der Staat Informationen über einen Einzelnen ermitteln darf, ohne gegen das Vorbehaltsprinzip zu verstoßen. Es ist also – jedenfalls in erster Linie – eine Diskussion um zulässige und unzulässige Grundrechtseingriffe, insbesondere im Hinblick auf die Durchführung von Strafverfahren und staatlicher Ermittlungen dabei.[97] Dass freilich die Verletzung des Vorbehaltsprinzips auch nicht mit rechtsstaatlichen Grundsätzen vereinbar ist, bedarf keiner weiteren Erörterung.[98] Die Frage nach einem Verstoß gegen das Rechtsstaatsprinzip darüber hinaus kann jedoch erst erörtert werden, wenn entsprechende Eingriffsnormen geschaffen worden sind. Dann kann erst die Frage nach der Beachtung der aus Art. 19 II GG folgenden Schranken-Schranke gestellt werden, wonach Einschränkungen der grundrechtlichen Schutzbereiche jedenfalls nicht unter

---

[94] *Dencker*, a. a. O., S. 459.

[95] Vgl. zum rechtsstaatlichen Gehalt der Unschuldsvermutung BVerfGE 19, 342, 347; 38, 105, 115; 82, 106, 114.

[96] *I. Roxin*, Rechtsfolgen schwerwiegender Rechtsstaatsverstöße in der Strafrechtspflege, S. 105

[97] Deutlich wird das bei *Dencker*, a. a. O., S. 456 ff.

[98] *Herzog*, Maunz/Dürig, Art. 20, Abs. VI RN 55; BVerfGE 49, 89, 126; *Ossenbühl*, HStR III, § 62 RN 12.

Missachtung des Wesensgehaltes des maßgeblichen Grundrechts erfolgen dürfen.[99]

Die Anknüpfung an das Bestehen eines Vertrauenstatbestandes, der gleichsam wie im Zivilrecht durch jemanden gegenüber einem anderen nunmehr durch die Exekutive gegenüber einem Einzelnen geschaffen worden sein soll, vermag die Diskussion um die Zulässigkeit behördlicher Einwilligung im hier diskutierten Sinne aus rechtsstaatlicher Sicht nicht vorwärts zu tragen.[100] Vielmehr ist davon auszugehen, dass ein Vertrauenstatbestand, der den Rückgriff auf einen staatlichen Strafanspruch in bestimmten Grenzen unzulässig erscheinen ließe, gar nicht erst zur Entstehung gekommen ist. Infolgedessen lässt sich aber auch kein Rückschluss von einem solchen Vertrauenstatbestand auf das Bestehen eines staatlichen Strafanspruchs herstellen.

4) Der Einwand exceptio doli praeteriti

Der Einwand der Einrede exceptio doli praeteriti entstammt ebenfalls dem Zivilrecht. Auch diese Einrede füllt den für sämtliche Schuldverhältnisse geltenden Grundsatz von Treu und Glauben mit Inhalt. Danach hat jemand sich von einem anderen gegebenenfalls die Unredlichkeit und Rechtswidrigkeit eines erfolgten Rechtserwerbs entgegen halten zu lassen.[101] Die Übertragung dieses Gedankens auf das Strafverfahren soll im Ergebnis dazu führen, dass der Staat nur dann Rechtstreue von seinen Bürgern verlangen dürfe, wenn er, beziehungsweise seine Amtsträger, diese auch selbst ausüben.[102] Freilich steckt auch dahinter die richtige Überlegung, der Staat dürfe sich nicht rechtswidriger Mittel bedienen, um anderen rechtswidriges Verhalten ihrerseits vorzuwerfen.

Allerdings wird man auch hier die Frage stellen müssen, warum denn der Einsatz des Agent provocateur rechtswidrig sein sollte. Im Ergebnis wird man auch dann wieder zuerst auf die Frage der Zulässigkeit entsprechenden staatlichen Handelns vor dem Hintergrund des Vorbehaltsprinzips kommen. Erst wenn daher eine erst noch zu schaffende Eingriffsermächtigung[103] gegen Art. 19 II GG verstoßen würde, wird das Rechtsstaatsprinzip berührt sein. Mithin führt auch die zivilrechtliche Einrede exceptio doli praeteriti nicht dazu, im Rückschluss einen staat-

[99] *Denninger*, AK, Art. 20 RN 11; *Stern*, Staatsrecht, III/2, S. 865 ff.

[100] *Schumann*, JZ 1986, 66 ff; *Dencker*, Dünnebier-FS, 447 ff; *Bruns*, NStZ 1983, 49 ff.

[101] *Teichman*, Soergel, § 242, RN 281.

[102] *Schumann*, a. a. O., S. 69; dazu vgl. auch *Bruns*, a. a. O., S. 59; BGH NStZ 1981, 70, StV 1981, 276, 1984, 406; LG-Stuttgart StV 1984, 197.

[103] Vgl. dazu *Dencker*, a. a. O., S. 461 ff mit einer Reihe von Kriterien.

lichen Strafanspruch als Grund oder Grenze behördlicher Einwilligung zu definieren.

5) Zwischenergebnis

Der vom Gesetzgeber erteilte Auftrag des Güterschutzes darf nicht mit dem Innehalten eines Gutes verwechselt werden.[104] Auch aus dem Zuweisungsgehalt eines Rechtsgutes folgt noch nicht dessen Inhaberschaft im Sinne einer damit verbundenen umfassenden Verfügungsmacht.[105] Nach den hier bereits ausgeführten Grundsätzen des Vorrangprinzips kommt deshalb dem Staat die Aufgabe zu, die Geltungskraft von Strafrecht zu garantieren. Dazu hat er Straftaten mit den Werkzeugen eines bestehenden Strafverfahrensrechts zu ermitteln und die in der Strafnorm vorgesehene Sanktion zu garantieren. Dem staatlichen Strafen liegt mithin allein ein gesetzgeberischer Auftrag und nicht ein institutionalisierter Strafanspruch im Sinne einer originären Rechtsbeziehung zwischen Täter und Staat zugrunde. Das Bestehen der „staatlichen Funktion zum Rechtsgüterschutz“[106] würde missverstanden, wenn damit ein staatlicher Strafanspruch im Sinne einer eigenen Rechtsbeziehung zwischen Täter und Staat verbunden würde, die soweit reicht, dass der Täter im Wege behördlicher Einwilligung zur tatbestandlichen Verletzung oder Gefährdung staatlicher Rechtsgüter oder Rechtsgüter der Allgemeinheit verleitet werden darf, um dessen vergangene oder geplante Straftaten aufzudecken. Deshalb kommt auch nicht der Rückgriff auf Erscheinungsformen des aus dem Zivilrecht stammenden Grundsatzes von Treu und Glauben als Grenze staatlichen Handelns für tatprovozierendes Verhalten in Frage, um so im negativen Rückschluss das Bestehen eines staatlichen Strafanspruchs, der schließlich Grund behördlicher Einwilligung sein könnte, zu bestimmen.

III) Das Bestehen staatlicher Schutzpflichten

1) Die behördlichen Einwilligung und der status positivus libertatis[107]

Eingangs wurde mit dem Zulassen einer behördlichen Einwilligung die Hoffnung auf eine Steigerung des Maßes an öffentlicher Sicherheit und Ordnung verknüpft. Die öffentliche Sicherheit umfasst nach *Isensee* die Garantie des Schutzes individueller Güter vor Angriffen Dritter durch den Staat, mithin insbesondere durch

---

[104] Zur Verwaltung als Zuordnungssubjekt von Rechtssätzen und mithin von Interessen vgl. *Wolff/Bachof/Stober*, VerwR, I § 4 IV unter Verweis auf § 1 VwVfG; *Rudolf*, Erichsen/Martens, Allg VerwR, § 56 II.

[105] Vgl. dazu *Wolff/Bachof/Stober*, a. a. O., ebenda.

[106] BGHSt 32, 345, 352.

[107] Vgl. zum Begriff des status positivus ausfhrl. *Isensee*, Das Grundrecht auf Sicherheit.

seine Exekutive.[108] Die öffentliche Sicherheit soll aber auch überindividuelle Sicherheitsbelange, die objektive Rechtsordnung als solche sowie staatliche Einrichtungen in Funktion und Bestand umfassen.[109] Für den Einzelnen sind auch diese Belange der öffentlichen Sicherheit nicht bedeutungslos. Denn vom Erhalt der Funktion und des Bestandes staatlicher Einrichtungen wie auch der objektiven Rechtsordnung selbst, beziehungsweise ihrer Geltungsgarantie hängt nicht zuletzt auch die individuelle Lebensqualität ab.[110] Nur wer sich auf das Funktionieren der staatlichen Ordnung – und zwar über das unmittelbare staatliche Gewaltmonopol hinaus – um sich herum verlassen kann, wird auch in der Lage sein, die ihm verfassungsrechtlich gewährten Individualrechte geltend zu machen und durchzusetzen – nicht nur gegenüber dem Staat, sondern gerade auch gegenüber Dritten, allerdings unter Zurhilfenahme des Staates, sei es in Gestalt der Exekutive oder der Judikative.[111] Der behördlichen Einwilligung kann dabei zumindest auch eine mittelbare positive Wirkung zugunsten des Einzelnen zugewiesen werden. Ihre Bedeutung kann sich endlich im Hinblick auf die staatliche Sicherung von Leben, körperlicher Unversehrtheit, Freiheit und Eigentum und damit auf die Gewährleistung des sogenannten status positivus libertatis entfalten.[112] Der status positivus libertatis zielt auf die Sicherheit des Bürgers vor Übergriffen Dritter und auf die Garantie des Schutzes davor durch den Staat als Teil staatlicher Grundrechtsgewährleistung im Sinne grundrechtsimmanenter staatlicher Schutzpflichten ab. Die behördliche Einwilligung dürfte so endlich als ein Instrument des Staates zur allgemeinen Garantie von innerem Frieden und individueller Sicherheit vor Angriffen Dritter verstanden werden.

Die behördliche Einwilligung würde so ihre Bedeutung im Hinblick auf die Durchsetzung von Strafverfolgung und Straftatenprävention gewinnen. Beide Aspekte stehen in direkter Beziehung zur Gewährleistung des status positivus libertatis. Nur solange wie Angriffe Privater auf Leben, körperliche Unversehrtheit, Freiheit und Eigentum Einzelner durch den Staat verhindert beziehungsweise sanktioniert werden, vermag der zum grundrechtlichen Schutzbereich gehörende status positivus libertatis gewahrt zu werden. Darüber hinaus erhielte die behörd-

[108] *Isensee*, a. a. O., S. 22.

[109] *Isensee*, a. a. O., ebenda.

[110] Zum Vorbehalt der Friedlichkeit als „notwendig vorgegebene Grenze jedes Freiheitsgrundrechts, das Freiheit nur im status civilis sichern kann" *Isensee*, Eichenberger-FS, S. 32; vgl. aus kriminologischer Sicht dazu auch *Feltes*, Kommunale Prävention in Baden-Württemberg, S. 11.

[111] Vgl. dazu BGHSt 41, 64 ff; *Träger*, LK § 99 RN 15; *Tröndle/Fischer* vor § 32 RN 5; *Marx*, Die behördliche Genehmigung im Strafrecht, S. 150 ff; *Goldmann*, Die behördliche Genehmigung als Rechtfertigungsgrund, S. 218 ff; *Winkelbauer*, NStZ 1988, 201 ff.

[112] *Isensee*, Das Grundrecht auf Sicherheit, S. 24.

liche Einwilligung aber auch noch Bedeutung im Hinblick auf den Schutz grundlegender Wertauffassungen in der Gemeinschaft, wie sie nicht zuletzt in der objektiven Rechtsordnung ihren Niederschlag gefunden haben. Der staatlichen Garantie des status positivus libertatis käme sie dadurch mittelbar zu Gute. In beiden Fällen rückte dabei die behördliche Einwilligung aus dem Licht der Diskussion darum, Instrument zur Durchsetzung eines hier letztlich nicht angenommenen staatlichen Strafanspruchs zu sein.

Es würde die Kongruenz der behördlichen Einwilligung mit der Rechtsordnung aus der Annahme von aus den Grundrechten resultierenden staatlichen Schutzpflichten erwachsen. Außerdem wäre auch allein durch den Erlass von Gesetzen für die Erfüllung staatlicher Schutzaufgaben noch nichts gewonnen, solange nicht auch deren effektiver Vollzug gewährleistet ist.[113] Dabei kann es aber im Einzelfall zu berücksichtigen sein, dass die grundsätzlich anzutreffende Pönalisierung eines Verhaltens in einem konkreten Einzelfall scheinbar gerade das Gegenteil besorgt. Schon kann etwa eine für die Verfolgung begangener oder Verhinderung künftiger Straftaten notwendige Informationsbeschaffung der Strafbarkeit unterfallen, obwohl sie geeignetes Mittel gerade zum Zweck ihrer Aufklärung wäre. Erneut ist in diesem Zusammenhang darauf zu verweisen, dass der Gesetzgeber kaum in der Lage sein wird, alle denkbaren exekutiven Handlungserfordernisse und -varianten im Voraus abstrakt generell zu lösen.[114]

Schließlich dürfte damit auch noch die behördliche Einwilligung zur straftatbestandlichen Gefährdung der äußeren Sicherheit ihre Legitimation gewinnen. Die äußere Sicherheit soll dabei nicht im Sinne eine Bestandteiles der öffentlichen Sicherheit fehlgedeutet werden.[115] Mit der partiellen Preisgabe der äußeren Sicherheit, wie es etwa der Spionagefall zeigt, kann entweder diese selbst oder auch die innere Sicherheit gestärkt werden. Die Andeutung einer solchen Verbindung zwischen äußerer und innerer Sicherheit erscheint nicht zuletzt im Hinblick auf die Ausdehnung der Befugnisse des Bundesnachrichtendienstes zutreffend. Demzufolge fallen auch solche Bereiche in den Schutz der äußeren Sicherheit, die schließlich in erheblichem Maße auf die innere Sicherheit wirken können. Dies gilt insbesondere im Hinblick auf die Bestimmung des Betätigungsfeldes des Bundesnachrichtendienstes bezüglich der Felder Terrorismus, Rauschgiftkrimina-

[113] *Isensee*, Das Grundrecht auf Sicherheit, S. 21.

[114] Vgl. nur exempl. BR-DrS 620/94, S. 16 ff.

[115] Zum Gegenstand der äußeren Sicherheit unter Verweis auf die Definition des Staatsgeheimnisses vgl. ausfhrl. *Träger*, LK, § 93 RN 13 ff; vgl. dazu auch korrespondierend zum Begriff der auswärtigen Angelegenheiten *Hitzel-Cassagne*, KJ 2000, 63, 65 ff.

lität, Waffenhandel, Geldwäsche und auch andere Bereiche der Organisierten Kriminalität.[116]

Anders als bei der bereits im Rahmen der Anerkennung des Tatbestandsmerkmales eines schweren Nachteils für die äußere Sicherheit der Bundesrepublik notwendigen Abwägung, die allein außenpolitische Interessengewinne und -verluste berücksichtigt[117], würde die Zulässigkeit einer behördlichen Einwilligung darüber hinaus auch die Abwägung äußerer Belange in Bezug auf Aspekte der inneren Sicherheit nicht ausschließen. Denn freilich gewinnt auch der Staat als Völkerrechtssubjekt für die in ihm lebenden Bürger seine Qualität aus einer inneren Ordnung, für die der Bestand des Staates nach außen von erheblicher Bedeutung ist.

Der liberale Verfassungsstaat ist nicht nur ein dynamisches Gebilde im Sinne eines Spiegels demokratischer Prozesse.[118] Ihm kommt auch die Aufgabe zu, den Rahmen dafür zu bieten, die Willkür des einen mit der des anderen auf der Basis von Gesetzen zu einem friedlichen Interessenausgleich zu bringen.[119] Dabei besteht die rechtsstaatliche Qualität staatlichen Handelns darin, sowohl in formal rechtlicher Hinsicht die nötige Rechtssicherheit zu bieten als auch im Ergebnis ein umfassendes Maß an materieller Gerechtigkeit zu gewährleisten.[120] Die behördliche Einwilligung würde die Lücke schließen können, die durch unzureichende Gesetzgebung einerseits aufgerissen ist und deren Schließung andererseits die Tatbestandlichkeit des maßgeblichen Handelns im strafrechtlichen Sinne entgegensteht. Diese Lücke würde dem bereits aufgezeigten Handlungsfreiraum innerhalb eines mehr oder weniger gesetzesfreien Handlungsfeldes der Exekutive infolge einer aus vielfältigen Gründen gegenüber einem Einzelfall unzureichenden Gesetzgebung nahe kommen. Gerade im Bereich der Straftatenverfolgung und -prävention liegt insoweit der Verweis auf die Realisierung staatlicher Schutzpflichten vermittels behördlicher Einwilligung nahe.

---

[116] BT-DrS 11/4306, S. 66; vgl. auch BVerfG NJW 2000, 55, 63 – wenn freilich im Ergebnis auch zurückhaltend und auf die Notwendigkeit der nachrichtendienstlichen Ermittlungsmaßnahme im Hinblick auf die Früherkennung von aus dem Ausland drohender Gefahren hinweisend; kritisch im Hinblick auf die Einhaltung des Trennungsgebotes, *Staff*, KJ 1999, 586 ff (vgl. zum Begriff des Trennungsgebotes *Gusy*, ZRP 1987, 48 ff).

[117] *Stree*, Sch.-Sch., § 94 RN 14.

[118] *Hesse*, Grundzüge des Verfassungsrechts der Bundesrepublik Deutschland[20], RN 6 ff.

[119] *Isensee*, Eichenberger-FS, S. 23, 28 f.

[120] *Isensee*, Eichenberger-FS, S. 23, 29; *Merten*, Rechtsstaat und Gewaltmonopol, S. 29 - 67.

2) Die behördliche Einwilligung und staatliche Schutzpflichten

a) Inhalt staatlicher Schutzpflichten

Die Annahme von staatlichen Schutzpflichten geht vom Bestehen eines dem Staat aufgegebenen Schutzminimums aus, das dieser gegenüber dem Einzelnen ebenso zu realisieren hat, wie er Eingriffe in Individualrechtspositionen jenseits der Grenze des Gesetzesvorbehaltes zu unterlassen hat.[121] Staatliche Schutzpflichten haben als Bestandteil der Grundrechte, ihre Konkretisierung im staatlichen Schutz des Einzelnen vor Übergriffen Dritter erfahren. Der Staat wird danach auf die Herstellung einer die effektive Verwirklichung grundrechtlicher Freiheiten ermöglichenden Ordnung in die Pflicht genommen.[122] Staatliche Schutzpflichten verweisen so auf das staatliche Verbot, die Gewährleistung eines bestimmten, zur Verwirklichung verfassungsrechtlich intendierten Grundrechtsschutzes erforderlichen Maßes realer individueller Freiheit zu unterlassen.[123] Neben die individuelle Abwehr rechtlicher Zugriffe des Staates auf den Einzelnen tritt mithin gleichberechtigt die individuelle Inanspruchnahme des Staates zur Garantie der tatsächlichen Rahmenbedingungen einer individuellen Grundrechtsverwirklichung.[124]

Das grundrechtlich intendierte Abwehrrecht wie auch die staatliche Schutzpflicht stehen dabei in einem Gleichgewichtsverhältnis zueinander, welches durch das Bild kommunizierender Röhren treffend erfasst wird.[125] Die individuelle Sicherheit wird nicht als Gegensatz zur grundrechtlichen Freiheit, sondern als ihr Teil verstanden.[126] Durch die Annahme staatlicher Schutzpflichten insoweit wird verhindert, dass Grundrechte zum Privileg des Rechtsbrechers werden und die Freiheit vor staatlichem Eingriff schließlich in die Freiheit zum privaten Eingriff umschlagen könnte.[127] Die Zulässigkeit der in der vorliegenden Untersuchung erörterten behördlichen Einwilligung unter Bezugnahme auf staatliche Schutzpflichten rückt also das Ziel des staatlichen Grundrechtsschutzes in das Zentrum der Erörterung. Die als klassisch bezeichnete Aufgabe des Staates, für ein gewisses Maß an innerem Frieden und Sicherheit für seine Bürger zu sorgen, erhielte so unmit-

[121] *Dreier*, GK, Vorb. RN 64; *ders.* in Dimensionen der Grundrechte, S. 42, 47 ff.

[122] *Scherzberg*, Grundrechtsschutz und Eingriffsintensität, S. 209; *Dreier*, a. a. O., ebenda; *Isensee*, Das Grundrecht auf Sicherheit, S. 21; *ders.*, HStR V RN 165 ff; *Jarass*, AöR 110 (1985), 363, 378 ff;

[123] *Scherzberg*, a. a. O., S. 208.

[124] *Scherzberg*, a. a. O., S. 210, deutlich dazu auch *Dreier*, Dimension der Grundrechte, S. 47 ff; *Holoubek*, Grundrechtliche Gewährleistungspflichten, S. 277 ff.

[125] *Isensee*, HStR V § 111 RN 85

[126] *Isensee*, a. a. O., ebenda; *Dreier*, Dimensionen der Grundrechte, S. 47 ff; *Holoubek*, a. a. O., S. 279, f, vgl. dort auch Anm. 485.

[127] *Isensee*, a. a. O., ebenda.

telbaren Grundrechtsbezug.[128] Die behördliche Einwilligung würde aus strafrechtlicher Perspektive ein Mittel zur Verwirklichung dieser Aufgabe darstellen, sofern es an ausdrücklichen gesetzlichen Handlungsgrundlagen fehlte. Staatliche Schutzpflichten, verstanden als Ausgangspunkt des den Grundrechten immanenten status positivus libertatis, würden zum Grund der Zulässigkeit behördlicher Einwilligung.

b) Staatliche Schutzpflichten und Strafrecht

Die Umsetzung staatlicher Schutzpflichten kann auch durch Strafrechtsanwendung erfolgen. Dabei werden nunmehr gerade die Grundrechte, die dem Einzelnen einen staatsfreien Raum gewähren sollen, als staatliche Handlungspflichten verstanden, die bis hin zur Schaffung von Strafnormen und folglich – freilich auch mit dem Blick auf das staatliche Gewaltmonopol – zur Garantie ihrer Anwendung reichen.[129] Das ist vor dem Hintergrund, dass Strafgesetzgebung stets als ultima ratio gegenüber dem als unabdingbar angesehenen Schutz eines das sozialethische Minimum definierenden Wertes verstanden wird, nur konsequent. Für die behördliche Einwilligung im hier diskutierten Sinne mag aber aus eben gerade diesem Grunde das Bestehen staatlicher Schutzpflichten als Grundlage in Frage kommen.

So kann vorgetragen werden, dass die behördliche Einwilligung als probates Mittel jedenfalls zur Aufklärung begangener Straftaten oder, sofern es sich um Dauerdelikte handelt, zur Aufklärung von Straftaten, die begangen werden, erscheint, um dadurch das Strafrecht im Rahmen der gesetzgeberischen Vorstellungen schließlich zur Anwendung gelangen zu lassen. Beispielhaft sei hier nur auf die Abwehr von Spionagetätigkeiten durch die Vergabe von Spielmaterial – wie freilich auch auf andere Fälle der Agent provocateur-Einsätze – verwiesen.

Auch wird der Verweis auf den Gesetzgeber und das Erfordernis der Gesetzesmediation der Erfüllung staatlicher Schutzpflichten die Zulässigkeit behördlicher Einwilligungen insoweit nicht von vornherein ausschließen.[130] Denn die Umsetzung staatlicher Schutzpflichten wird nur primär oder überwiegend dem Gesetzgeber zugewiesen.[131] Exekutives Handeln unter Berufung auf die Umsetzung

---

[128] *Isensee*, HStR V § 111 RN 84.

[129] *Jarass*, a. a. O., S. 379; dazu auch *Hain*, DVBl. 1993, 982 ff; *Dreier*, a. a. O., *Scherzberg*, a. a. O., S. 208 ff; *Holoubek*, a. a. O., S. 277 ff; BVerfGE 88, 203, 254 ff.

[130] *Isensee*, Das Grundrecht auf Sicherheit, S. 40 ff.

[131] *Holoubek*, a. a. O., S. 277; *Jarass*, a. a. O., S. 378; BVerfGE 88, 203, 257; *Isensee*, das Grundrecht auf Sicherheit, S. 40 f.

von grundrechtlich gebotenen Schutzpflichten ist dabei nicht von vornherein ausgeschlossen. Ohnehin wird es auch für den Gesetzgeber schwer sein, den aus den staatlichen Schutzpflichten resultierenden Schutzstandard auf einer abstrakten Ebene stets genau zu treffen.[132] Das wird nicht zuletzt auch durch die in jüngerer Zeit vielfach geschaffenen Generalermächtigungen etwa zugunsten der Strafverfolgungsbehörden oder zur Regelung der nachrichtendienstlichen Tätigkeit unterstrichen. Die maßgebliche Strafnorm wird stets in einem Spannungsfeld zwischen Abwehr und Schutz anzusiedeln sein. Mithin wird regelmäßig auch eine Wahrscheinlichkeit dafür bestehen, dass in Bezug auf einen bestimmten Sachverhalt die gesetzgeberische Initiative nicht hinreichend ist. Unter Einbeziehung funktionaler und organisationsspezifischer Aspekte des Verwaltungshandelns erscheint daher die behördliche Einwilligung zur straftatbestandlichen Verletzung oder Gefährdung eines Rechtsgutes nicht ohne weiteres unzulässig.

Ebenfalls steht es dem Verweis auf staatliche Schutzpflichten als Grundlage der Zulässigkeit der behördlichen Einwilligung nicht entgegen, dass die behördliche Einwilligung gerade nicht auf Individualrechtsgüter, sondern auf staatliche Rechtsgüter oder solche der Allgemeinheit zielt. Denn eine ganze Reihe von Straftatbeständen ist auf den Schutz von nicht dem Einzelnen zugewiesener Rechtsgüter gerichtet, obgleich letztendlich der von ihnen ausgehende Rechtsgüterschutz für ebenfalls durch das Strafrecht erfolgenden Individualrechtsgüterschutz von wichtiger Bedeutung ist.[133] *Schroeder* etwa führt aus, dass eine ganze Reihe von Straftatbeständen gerade auf die Straftatenprohylaxe gerichtet seien.[134] Beispielhaft wird insoweit auf die Tatbestände der §§ 111, 140, 145d, 164a, 257, 258, 323a, 357 StGB oder der §§ 33, 34 WStG hingewiesen.[135] Diese Qualität findet schließlich ihren Widerhall in dem Standpunkt, dass im Fall nicht dem Einzelnen zugewiesener Rechtsgüter die Rechtfertigung ihrer strafrechtlichen Unterschutzstellung eben gerade aus deren Bedeutung für den Einzelnen folgen soll.[136] Rechtsgüter der Allgemeinheit wurden als solche definiert, die allgemeine Sicherheitsbedürfnisse betreffen. Staatliche Rechtsgüter im weiteren Sinne zielen im übrigen ebenso auf bestimmte strukturelle Merkmale staatlicher Ordnungsgestalt, deren Realisierung für Individualrechtsgüter wie die Unversehrtheit von Personen und Sachen sowie die Freiheit von Zwang von erheblicher Bedeutung ist. Auch der Schutz staatlicher Rechtsgüter im engeren Sinne wird schließlich Auswirkungen auf die innere Ordnung entfalten und somit für die vorgenannten Individual-

[132] Auf diese Schwierigkeit weist *Holoubek* a. a. O., S. 279 hin.

[133] *F. C. Schroeder*, Straftaten gegen das Strafrecht, S. 10 ff.

[134] *F. C. Schroeder*, a. a. O., S. 11 ff.

[135] *F. C. Schroeder*, a. a. O., S. 15.

[136] Darauf verweisend *Hassemer*, AK, vor § 1 RN 271, Otto, GK, S. 9.

rechtsgüter schließlich Bedeutung gewinnen. Die behördliche Einwilligung zur Verletzung oder Gefährdung dieser Rechtsgüter kann also durchaus zum Nutzen individuell zugewiesener Rechtsgüter und deren strafrechtlichen Schutz interpretiert werden.

c) Die behördliche Einwilligung als Verstoß gegen staatliche Schutzpflichten

Die Annahme, der strafrechtliche Schutz staatlicher Rechtsgüter oder Rechtsgüter der Allgemeinheit erfülle Schutzfunktionen im Hinblick auf ebenfalls durch das Strafrecht geschützte Individualrechtsgüter, stellt die Zulässigkeit einer behördlichen Einwilligung zur straftatbestandlichen Gefährdung oder Verletzung eben dieser staatlichen Rechtsgüter oder die der Allgemeinheit allerdings auch in Frage. Die individuelle Schutzfunktion dieser Rechtsgüter führt dazu, dass gerade sie infolge einer behördlichen Einwilligung wegfallen würde und anstatt ein „Mehr“ ein „Weniger“ an individueller Sicherheit entsteht.

Das rechtsstaatliche Ziel der Strafrechtsanwendung, die Normbestätigung, verliert schließlich vor dem Hintergrund einer Straftatenprophylaxe durch Straftatenprovokation, beziehungsweise Straftatenbegehung an Bedeutung.[137] Generell – auch jenseits der Verfolgung des konkreten Ziels der Straftatenverhinderung – wird der mit der behördlichen Einwilligung einhergehende Verlust an Normbestätigung schließlich neue Gefahren schaffen, die gegenüber der Wahrnehmung von staatlichen Schutzpflichten zur Umsetzung individueller Sicherheitsforderungen kontraproduktiv sein werden. Das rechtsstaatliche Ziel der Normbestätigung wird verfehlt werden. Die Möglichkeit der Umsetzung staatlicher Schutzpflichten vermittels des Strafrechts erfährt dadurch eine generelle Schwächung. Die Garantie der Normgeltung kann vom Strafrecht nicht mehr erwartet werden, wenn die Exekutive situationsbezogen die Geltung strafrechtlicher Normen außer Kraft zu setzen vermag.[138] Die Gewissheit des Einzelnen, dass es das geschriebene Recht ist, welches nicht nur nach Art. 20 III GG die Praxis regieren soll, sondern auch tatsächlich regiert, droht aufgehoben zu werden.[139] Der Verlust des Vertrauens auf die Rechtmäßigkeit staatlichen Handelns droht in einen allgemeinen faktischen Geltungsverfall der Rechtsordnung zu führen und schließlich das staatliche Gewaltmonopol, das eigentlich im Wege der behördlichen Einwilligung gestärkt werden sollte, in Frage zu stellen.[140] Das staatliche Gewaltmonopol zwingt des-

---

[137] So der Titel eines umfassenden Aufsatzes von *Lüderssen* zur Problematik des Lockspitzeleinsatzes in K. Peters-FS, S. 349 ff.

[138] Zur Funktion der Normbestätigung vgl. nur *Jakobs*, AT 1/3; 2/2 ff; *Derksen*, Handeln auf eigene Gefahr, S. 175.

[139] *Velten*, StV 1987, 544, 553.

halb vielmehr dazu, die Schaffung eines strafrechtlichen Güterschutzes durch den Gesetzgeber zu achten und nicht als Konsequenz einer kurzfristigen Nützlichkeitserwägung aufzugeben.

Hinzu kommt, dass die Realisierung staatlicher Schutzpflichten und die Gewährleistung individuellen Schutzes vor staatlichen Eingriffen als zwei Seiten ein und derselben Medaille zu sehen sind.[141] In dem Maße, wie Schutzpflichten einerseits wahrgenommen werden, haben individuelle Abwehrrechte andererseits zurücktreten. Mithin fordert die Ausübung staatlicher Schutzpflichten unter Bezugnahme auf das Strafrecht als Instrument dazu regelmäßig die Beschneidung individueller Abwehrrechte. Das gilt für die Inkraftsetzung von Strafnormen[142] freilich ebenso wie für ihre Außerkraftsetzung etwa infolge einer behördlichen Einwilligung. Die einer solchen behördlichen Einwilligung notwendig vorausgehende Güterabwägung wird stets auch von einer solchen Einwilligung ausgehende Eingriffe in Individualrechtssphären zu berücksichtigen haben. In dem Umfang, wie aber die behördliche Einwilligung auf individuelle Abwehrrechte zugreift, wird es regelmäßig auf die Beachtung des Gesetzesvorbehaltes ankommen. Dass die behördliche Einwilligung insoweit das Prinzip des Gesetzesvorbehaltes zu beachten hat, wurde durch die Diskussion der staatlichen Informationsgewinnung unter Einsatz einer Legende und des damit erforderlichen Verzichts auf den durch die §§ 267 ff StGB gewährten Güterschutz besonders deutlich. Dabei kommt es nicht darauf an, ob die so berührten Individualinteressen ihrerseits strafrechtlichen Schutz oder nur allgemeinen grundrechtlichen Schutz genießen.

3) Zwischenergebnis

Die behördliche Einwilligung wird infolge der vorstehenden Ausführungen dort nicht zulässig sein, wo sie die Verwaltung veranlassen muss, eine Abwägung zwischen individuellen Schutzinteressen einerseits und individuellen Freiheitsinteressen andererseits vorzunehmen. Die behördliche Einwilligung wird dann, auch wenn sie unmittelbar bloß den strafrechtlichen Schutz von Rechtsgütern des Staates oder der Allgemeinheit berührt, am Vorbehaltsprinzip scheitern. Eine solche Interessenabwägung wird daher stets nur gesetzesmediatisiert erfolgen können.[143] Mithin wird auch nicht unter Berufung auf eine Generalermächtigung die

---

[140] *Ostendorf/Meyer-Seitz*, StV 1985, 74, 80; *Ostendorf*, JZ 1991, 62, 69; *Lesch*, StV 1993, 94 ff; *Kreuzer* in V-Leute – die Falle im Rechtsstaat, Hrsg. Lüderssen, S. 55, 57 ff; *Eisenberg*, NJW 1993, 1033, 1039; *Velten*, a. a. O.; *Salzwedel*, H. Peters-GS, S. 756, 780.

[141] *Hain*, a. a. O., S. 983 f; *Dreier*, Dimensionen der Grundrechte, S. 38 ff; *Holoubek*, a. a. O., S. 277.

[142] BVerfGE 88, 203, 257 ff.

[143] Vgl. dazu *Isensee*, Das Grundrecht auf Sicherheit, S. 42.

behördliche Einwilligung jedenfalls dann in Betracht kommen dürfen, wenn die damit verbundene Antastung strafrechtlichen Güterschutzes im behaupteten Interesse der Realisierung staatlicher Schutzpflichten stehen soll. Insoweit würde das Zulassen der behördlichen Einwilligung zu einer Umkehrung des Bedeutungsgehaltes der Einwilligung führen.

Die individuelle Einwilligung knüpft an das Prinzip des mangelnden Interesses an, wobei dem Einzelnen ein aus den Grundrechten abzuleitender Handlungsspielraum zugunsten der Aufgabe des ihm angebotenen strafrechtlichen Güterschutzes zukam. Damit wird die individuelle Einwilligung gleichsam zum Mittel des Einzelnen, sich gegen die aufgedrängte Bereicherung staatlichen Grundrechtsschutzes zu wehren. Die individuelle Einwilligung wirkt freiheitserweiternd. Der individuellen Einwilligung kommt so eine bedeutsame Funktion in Bezug auf die grundrechtliche Garantie individueller Handlungsfreiheit zu.

Betrachtet man die Einwilligung dagegen als Möglichkeit der Exekutive, über den strafrechtlichen Schutz der hier bezeichneten Rechtsgüter disponieren zu können, erhält die Einwilligung einen völlig neuen Bedeutungsgehalt. Sie schützt nicht mehr den Einzelnen in seiner Freiheit vor dem Staat. Vielmehr würde sie zum Mittler staatlicher Dienstleistung vor dem Hintergrund einer Freiheitsverpflichtung des Staates gegenüber dem Bürger. Die Einwilligung würde, nun verstanden als behördliche Einwilligung, wiederum auf die Grundrechte zurückzuführen sein. Anknüpfung sollen die aus den Grundrechten erwachsenden staatlichen Schutzpflichten sein. Schließlich würden so aber die Grundrechte zu Grundlagen staatlicher Eingriffe umgedeutet. Die individuell-freiheitliche Komponente der Einwilligung würde tatsächlich eben gerade verloren gehen und nicht erhalten bleiben.

Die Berufung auf das Argument, dass die Disponibilität staatlicher Rechtsgüter oder Rechtsgüter der Allgemeinheit den Einzelnen nicht betreffe, weil ihm diese Rechtsgüter nicht zugewiesen seien[144], geht also fehl. Mithin kommt eine Ableitung der Zulässigkeit der behördlichen Einwilligung zur tatbestandlichen Gefährdung oder Verletzung staatlicher Rechtsgüter oder Rechtsgüter der Allgemeinheit infolge der Anerkennung staatlicher Schutzpflichten auf der Basis eines den Grundrechten immanenten status positivus libertatis im Ergebnis nicht in Betracht.

IV) Das Gewaltenteilungsprinzip

1) Begriff

Die Erörterung des Gewaltenteilungsprinzips in der vorliegenden Untersuchung soll der Frage nachgehen, ob sich nicht vor seinem Hintergrund administrative

[144] Darauf verweisend *Riehle*, KrimJ 1985, 44 ff.

Freiräume bestätigen lassen, die eine behördliche Einwilligung im hier diskutierten Sinne zuzulassen vermögen. Mithin wird es um das Bestehen eines unantastbaren administrativen Kernbereichs gehen, der sich schließlich auch auf die Disposition über strafrechtlichen Schutz von Rechtsgütern des Staates und der Allgemeinheit erstrecken würde.

Das klassische Verständnis vom Gewaltenteilungsprinzip beruht darauf, die grundlegenden Staatsfunktionen, Gesetzgebung, Verwaltung und Gerichtsbarkeit auf von einander sich unterscheidende Funktionsträger – mithin staatliche Organe – zu überantworten. Das staatsrechtlich erstrebte Ziel ist die Erreichung einer Machtbalance. Das so geprägte Bild von der Gewaltenteilung geht auf die Ideen *Montesqieus* zurück.[145] Allerdings gibt es nicht eine Gewaltenteilung schlechthin.[146] Die in einem Staatswesen gepflegte Gewaltenteilung ist vielmehr abhängig von ihrer jeweiligen verfassungsrechtlichen Ausprägung. Die Gewalten- und damit die Machtbalance ist jeweils eine staatstypische; sie muss von jedem Gemeinwesen selbst gefunden werden.[147] Das Grundgesetz hat den klassischen Gedanken des Gewaltenteilungsprinzips nicht verwirklicht. Gleichwohl ist das Gewaltenteilungsprinzip von zentraler Bedeutung für die Staatsverfassung.[148] Das Gewaltenteilungsprinzip dient in materieller Hinsicht der politischen Machtverteilung.[149] Es ist Ordnungsprinzip der drei staatlichen Gewalten Legislative, Exekutive und Judikative. Dieses bezieht sich in formeller Hinsicht auf die Zuordnung diverser staatlicher Funktionen zu letztentscheidenden Funktionsträgern im Sinne der genannten drei Gewalten.[150] Es garantiert, dass keines der staatlichen Organe seiner Zuständigkeiten, wie sie erforderlich sind, um die verfassungsgemäß zugewiesenen Aufgaben zu erfüllen, beraubt wird.[151] Eine ebenso anerkannte organisatorisch differenzierende Komponente des Gewaltenteilungsprinzips knüpft an die horizontale Differenzierung verschiedener Träger staatlicher Gewalt als autonome Staatsorgane oder subnationale Glieder – insbesondere der Bundesstaaten – an.[152] Deutlich wird so, dass das Gewaltenteilungsprinzip

[145] Dabei wird nur regelmäßig schon übersehen, das *Montesqieus* Konzeption nicht von einer Triologie der staatlichen Gewalten ausging. Die Judikative war en quelque facon nulle; vgl. *Ossenbühl*, DÖV 1980, 545, 546 Anm. 11.

[146] *Ossenbühl*, DÖV 1980, 545, 546.

[147] *Ossenbühl*, ebenda.

[148] *Herzog*, Maunz/Dürig Art. 20 V RN 1; *Gusy*, JuS 1983, 189 ff.

[149] *Stern*, Staatsrecht II, S. 515.

[150] Zum klassischen Verständnis des Gewaltenteilungsprinzips vgl. *Herzog*, Maunz/Dürig Art. 20 V RN 1; *Gusy*, JuS 1983, 189 ff; auch BVerfGE 8, 274 ff; 9, 268, 279 ff; 34, 52, 59; 49, 89 ff.

[151] BVerfGE 9, 268, 279 ff; 34, 52, 59; 3, 225, 247.

[152] *Hitzel-Cassagnes*, KJ 2000, 63, 70.

schließlich auf die Balance einer funktions- und organentsprechenden Kompetenzordnung gerichtet ist, die in ihrer Vielschichtigkeit nicht auf den klassischen Grundsatz der Differenzierung zwischen den drei Gewalten Legislative, Exekutive und Judikative reduziert werden sollte.[153]

Tatsächlich gibt es also eine Vielzahl von Verflechtungen staatlicher Funktionen. Dabei ist keineswegs stets von einer umfassenden Parlamentskontrolle der Legislative gegenüber jedem exekutiven Verhalten auszugehen[154] – wenn auch grundsätzlich ein solches Abhängigkeitsverhältnis infolge der Art. 20, 80, 67 GG besteht. Im Fall des Art. 113 GG – finanzwirksame Bundesgesetze – kehrt sich das klassische Kontrollverhältnis Legislative – Exekutive sogar um.

Es liegt nahe, gerade aus dem Verständnis des Gewaltenteilungsprinzips als Gewährleistung funktionaler Organisationsstrukturen, einen allgemeinen unantastbaren Kernbereich exekutiver Eigenverantwortung zu folgern.[155] Schließlich geht das Grundgesetz nicht von einem allumfassenden Parlamentsvorrang aus.[156] Gerade der Regierungsvorbehalt macht deutlich, dass der Exekutive entscheidende Kompetenzen zukommen können, die nicht parlamentarischer Mitentscheidung unterworfen sind.

2) Das Bestehen einer administrativen Kernkompetenz als Verwaltungsvorbehalt

a) Darstellung

Aus dem Zusammentreffen des exekutiven Rechts des ersten Zugriffs und der in Art. 20 III GG zum Ausdruck gebrachten Gesetzesbindung der Verwaltung folgt, dass ein Spielraum bestehen muss, den die Verwaltung hinsichtlich der Art und Weise ihres Vorgehens auszufüllen hat. Ein solcher Spielraum kann überhaupt nur dort liegen, wo der Gesetzgeber im Ergebnis untätig geblieben ist, sei es weil der maßgebliche Sachverhalt sich einer Normierung entzieht, ein Normierungsbedürfnis verkannt worden ist oder eine Normierung mehr oder weniger bewusst unterblieben ist.[157] Handlungskriterien werden neben den allgemeinen Prinzipien

---

[153] *Ossenbühl*, DÖV 1980, 545, 546 Anm. 11; *Fastenrat*, Kompetenzverteilung im Bereich der auswärtigen Gewalt, S. 75 ff; *Stern*, a. a. O. S. 126 ff; *Ehrenzeller*, Legislative Gewalt und Außenpolitik, S. 16.

[154] *Achterberg*, Allgemeines Verwaltungsrecht, § 9.

[155] Vgl. dazu *Stettner* DÖV 1984, 611, 612; BVerfGE 1, 372 ff; 68, 168; *Grewe*, AöR 1987, 523, 528.

[156] BVerfGE 89, 124 ff.

[157] *Stettner*, DÖV 1984, 611, 617; vgl. dazu auch *Schröder*, HStR, a. a. O., RN 26; *Scholz*, a. a. O., ebenda; *Kloepfer*, aaO, 74; bzgl. der Einsätze von Agents provocateurs vgl. *I. Roxin*,

des Verwaltungshandelns[158] dort insbesondere Flexibilität und Praktikabilität sein.[159] Es handelt sich dabei um die hier als bereits mehr oder weniger „gesetzesfrei" bezeichneten Handlungsspielräume der Verwaltung. Fraglich ist allerdings, ob insoweit von einer unantastbaren administrativen Kernkompetenz ausgegangen werden kann, die schließlich Freiräume für die in der vorliegenden Untersuchung diskutierte behördliche Einwilligung eröffnet.

Nach zum Teil vertretener Auffassung wird das Bestehen eines unantastbaren Kernbereichs administrativen Wirkens angenommen. Ausgehend davon wird ein sogenannter Verwaltungsvorbehalt in der Gestalt eines exekutiven Funktionsvorbehaltes angenommen.[160] Dabei wird ein Bereich der Exekutive behauptet, der nicht einem unbegrenzten Zugriffsrecht der Legislativen oder Judikativen unterliegen soll. Allerdings sei dabei aber auch nicht von einem Gesamtfeld exekutiver Betätigung oder von einer Aufforderung an die Exekutive zur begrifflichen Bestimmung von Verwaltungsfunktionen auszugehen. Es handele sich vielmehr um die „Garantie einer bestimmten Zuständigkeit in der arbeitsteiligen Staatsorganisation".[161] Ein in Verbindung mit dem Verwaltungsvorbehalt definierter exekutiver Funktionsvorbehalt soll den exekutiven Freiraum beschreiben, in dem die vom Gesetzgeber vorgegebenen sowie durch die Rechtsprechung in ihren Konturen verschärften Aufgaben und Ziele selbstbestimmt und gebunden an den verfassungsrechtlichen Rahmen auszuführen sind.[162] Es geht also um einen Freiraum der eigenständigen Aufgabenerfüllung mit spezifischen Verwaltungsmitteln, welche schließlich mit einer aus der arbeitsteiligen Verwaltungsorganisation erwachsenden originären Zuständigkeit verknüpft sein soll. Der Exekutive soll dabei ein originärer Wirkungsraum zustehen, der nicht lediglich dem entspricht, was die Legislative einerseits und die Rechtsprechung andererseits an Freiraum übrig gelassen haben.[163] Die Exekutive soll daraus eine effektive Möglichkeit zur unmittelbaren eigenverantwortlichen Realisierung von Verwaltungszwecken

Die Rechtsfolgen schwerwiegender Rechtsstaatsverstöße in der Strafrechtspflege, S. 130; *Rogall*, Informationseingriff und Gesetzesvorbehalt im Strafprozeß, S. 74.

[158] Vgl. 3. Kap./B/I.

[159] *Wolff/Bachof/Stober*, § 24 RN 18; *Stober*, GewArch 1993, 187, 188 f; *Ossenbühl*, DÖV 1980, 845, 849 ff; *ders.* auch in *Götz/Klein/Starck*, Die öffentliche Verwaltung zwischen Gesetzgebung und richterlicher Kontrolle, 1985, S. 9 ff; *Maurer*, VVDStRL 43 (1984) 135, 140 f; *Schröder*, a. a. O., 821 ff.

[160] *Stettner*, a. a. O., 618.

[161] *Stettner*, a. a. O., 613.

[162] *Stettner*, a. a. O., 614.

[163] *Schröder*, HStR, a. a. O., RN 22, der schließlich im Ergebnis den hier diskutierten Funktionsvorbehalt nicht über den Verweis auf einen positiv bestimmbaren unantastbaren Kern, sondern über die Wesentlichkeitstheorie zu begründen sucht.

schöpfen.[164] Ihr soll insoweit eine Prärogativfunktion im Prozess der Gemeinwohlbestimmung zukommen.[165] Diese soll letztendlich auf einem überlegenen Sachwissen beruhen[166] und nicht zuletzt dort zum Tragen kommen, wo legislatives Eingreifen auch zu spät kommen würde.[167]

Dabei scheint gerade der Blick auf den Regierungsvorbehalt zu helfen. Im Zusammenhang mit dem Regierungsvorbehalt und der Kompetenz zur Regelung auswärtiger Angelegenheiten wurde durch die Rechtsprechung des Bundesverfassungsgerichtes auf das Kriterium der funktionsgerechten Organisationsstruktur verwiesen. Es heißt dort: „Die grundsätzliche Zuordnung der Akte des auswärtigen Verkehrs zum Kompetenzbereich der Exekutive beruht auf der Annahme, dass institutionell und auf Dauer typischerweise allein die Regierung in hinreichendem Maße über die personellen, sachlichen und organisatorischen Möglichkeiten verfügt, auf wechselnde äußere Lagen zügig und sachgerecht zu reagieren und so die staatliche Aufgabe, die auswärtigen Angelegenheiten verantwortlich wahrzunehmen, bestmöglich zu erfüllen."[168] Mit diesen Ausführungen scheint ein Schritt zur Anerkennung eines funktional definierten Verwaltungsvorbehaltes gemacht worden zu sein.

b) Kritik am Bestehen eines Verwaltungsvorbehaltes

Als Ausfluss der Gewaltenteilungslehre vermag der Ansatz vom Bestehen eines unantastbaren Kerns exekutiver Eigenverantwortung nicht zu überzeugen. Der Annahme eines irgendwie gearteten und verfassungsrechtlich fundierten Verwaltungsvorbehaltes, der die Zulässigkeit der hier zu untersuchenden behördlichen Einwilligung begründen soll, steht entgegen, dass ein vorbehaltsartiger Freiraum administrativen Handelns im Grundgesetz nicht ausdrücklich positiv definiert wird und auch nicht mittelbar positiv definierbar ist.[169] Das klassische Gewaltenteilungsprinzip, die Trennung zwischen Exekutive, Legislative und Judikative, findet zwar seinen grundsätzlichen Ausdruck in Art. 20 II GG.[170] Allerdings ist dem Grundgesetz ein festes Modell der Gewaltenteilung fremd. Ziel ist es ledig-

---

164 *Scholz*, VVDStRL 34 (1975), 145, 149.

165 *Stettner*, a. a. O., 622.

166 *Kopp*, BayVBl. 1983, 673 ff; *Lerche*, Bayerisches Schulrecht und Gesetzesvorbehalt, 1981, S. 32 ff, 93 ff; K. *Nevermann*, VerwArch 71 (1980), 241, 254 f.

167 *Kloepfer*, VVDStRL 40 (1982), 63, 74.

168 BVerfGE 68, 1, 86.

169 *Schröder*, HStR IV § 67 RN 22.

170 *Herzog*, Maunz/Dürig, Art. 20 V RN 1; *Gusy*, JuS 1983, 189 ff; BVerfGE 9, 268, 279 ff; 34, 52, 59; 3 225, 247.

lich, die Mäßigung der Macht infolge ihrer Teilung und ihre Kontrolle zugunsten eines Schutzes individueller Freiheit zu erhalten.[171] Darüber hinaus soll das Gewaltenteilungsprinzip eine funktionsgerechte Organisation der Administration gewährleisten.[172] Nicht zuletzt deshalb formuliert etwa *Herzog* nur dahingehend, dass es vorbehaltsähnliche Räume gibt.[173] Freilich wird der Verwaltung stets eine gewisse Selbständigkeit bei der Ausübung der ihr übertragenen Aufträge zukommen, weil nicht gleichsam jeder Handgriff durch einen noch so sorgfältigen und vorausschauenden Gesetzgeber zu regeln ist und weil die Verwaltung gegenüber dem Gesetzgeber auch in aller Regel über ein überlegeneres Sachwissen verfügen wird. Regelungsgegenstände die gleichwohl einer parlamentarischen Regelung von vornherein entzogen sind, gibt es nicht.[174] Gerade das wäre die Voraussetzung für die Annahme eines Verwaltungsvorbehaltes im Sinne eines unantastbaren Kernbereichs. Es gibt also lediglich Sachbereiche und mithin exekutive Handlungsfelder mit einer intensiveren oder eher nur geringeren Regelungsdichte. Es wurde bereits aufgezeigt, dass es dabei sogenannte gesetzesfreie Spielräume für die Verwaltung gibt. Aber auch diese sind nicht rechtsfrei oder in Form ihres aktuellen Bestandes geschützt.[175] Sie zeichnen sich vielmehr allein durch einen Grad sehr geringer Regelungsdichte im Verhältnis zu einem spezifischen von der Verwaltung gewollten Verhalten aus. In der Vergangenheit hat es auch immer wieder Beispiele gegeben, in denen administrative Freiräume durch den Gesetzgeber geschlossen wurden. So wurde etwa die Zustimmung zur Antastung des durch die §§ 267 ff StGB geschützten Gutes im Wege der Legendenbildung zur staatlichen Informationsgewinnung mit dem Gesetz zur Bekämpfung organisierter Kriminalität vom 15.07.1992 einer gesetzlichen Regelung unterworfen.[176] Auch die nachrichtendienstliche Tätigkeit des Bundesnachrichtendienstes und des Militärischen Abschirmdienstes wurde 1990 einer gesetzlichen Regelung unterzogen.[177]

Der Verweis auf den Regierungsvorbehalt vermag im übrigen die hier geführte Diskussion ebenfalls nicht voran zu bringen. Zwar wird man mit Blick auf den

---

[171] Regelmäßig wird schon übersehen, das *Montesqieus* Konzeption nicht von einer Triologie der staatlichen Gewalten ausging. Die Judikative war en quelque facon nulle; vgl. *Ossenbühl*, DÖV 1980, 545, 546 Anm. 11.

[172] *Maurer*, VVDStRL 43 (1984), 135, 150.

[173] *Herzog*, Maunz/Dürig Art. 20 V RN 112; vgl. auch *Degenhardt*, NJW 1984, 2184.

[174] Die Allzuständigkeit des Gesetzgebers führt noch nicht dazu, dass dieser diese auch überall ausnutzt, vgl. *Gusy*, JuS 1983, 189 ff; *Herzog*, Maunz/Dürig, Aart 20 II RN 84.

[175] Vgl. o. 3. Kap./B/I.

[176] BGBl. I 1992, S. 1302 ff.

[177] BGBl. I 1990, S. 2954 ff.

Regierungsvorbehalt von einem exekutiven Handlungsfreiraum sprechen können, der parlamentarischer wie gerichtlicher Entscheidung weitgehend entzogen ist. Dieser Bereich ist aber auch eben gerade sachlich auf die Regierungsarbeit begrenzt. Umfasst wird davon, wie bereits skizziert[178], auch der Bereich der auswärtigen Angelegenheiten. Schon aus der sachlichen Begrenztheit des Regierungsvorbehaltes muss jedoch folgen, dass aus ihm keine Grundsätze für das Verwaltungshandeln im übrigen und unterhalb der Regierungstätigkeit abzuleiten sind. Auch für das Sachgebiet der auswärtigen Angelegenheiten ergeben sich keine Besonderheiten im Hinblick auf den insoweit durch die §§ 93 ff StGB geschützten Teilbereich der äußeren Sicherheit.

Die Annahme der Disponibilität des strafrechtlichen Schutzes der äußeren Sicherheit übersieht, dass mit dem Begriff der auswärtigen Angelegenheiten regelmäßig zwei Aspekte verknüpft sind.[179] Der eine ist der einer völkerrechtlichen Vertretungsmacht auf internationalem Parkett. Insoweit geht es um das Auftreten des Staates als Völkerrechtssubjekt nach außen gegenüber anderen Völkerrechtssubjekten.[180] Der zweite Aspekt der auswärtigen Angelegenheiten betrifft die innenpolitischen Wirkungen des Handelns im ersten Bereich. Insoweit sind die auswärtigen Angelegenheiten durchaus parlamentarischer Willensbildung unterworfen. Deutlich wird dies etwa am parlamentarischen Zustimmungsvorbehalt gemäß Art. 59 II GG. Freilich ist es eine autonome Entscheidung der Bundesregierung, welche Verträge mit welchen Inhalten die Bundesrepublik mit anderen Völkerrechtssubjekten schließt. Der Vertragsschluss beinhaltet aber noch nicht die Auslösung innenpolitischer Wirkungen im Fall des Ausbleibens einer Ratifizierung gemäß Art. 59 II GG. Es wird daher zum Teil auch auf das Bestehen einer kombinierten auswärtigen Gewalt verwiesen, wobei Exekutive und Legislative gemeinsam die insoweit maßgeblichen Staatsfunktionen wahrnehmen.[181] Schnittstellen sind nicht nur die Mit-

---

[178] Vgl. o. 3. Kap.B/I.

[179] Darauf verweisend m. w. N. *Hitzel-Cassagnes*, a. a. O., S. 65; vgl. zum Verhältnis Parlament und Regierung im Bereich der auswärtigen Gewalt auch *Baade*, Das Verhältnis von Parlament und Regierung im Bereich der Auswärtigen Gewalt der Bundesrepublik Deutschland, S. 13.

[180] *Schuppert*, Die verfassungsgerichtliche Kontrolle der Auswärtigen Gewalt, S. 40 ff.

[181] Vgl. dazu *Menzel*, VVDStRL 12 (1954) 179 ff; umfassend *Hitzel-Cassagnes*, KJ 2000, 63 ff.

wirkungsrechte im Sinne von Art. 59 II GG sondern auch Interventionsverträge nach Art. 24 GG[182] oder etwa Bundeswehreinsätze im Rahmen kollektiver Sicherheitsbündnisse.[183]

Wenn auch die äußere Sicherheit sachlich als ein Teilbereich der auswärtigen Angelegenheiten verstanden werden darf, berührt doch gleichwohl die Konstituierung strafrechtlichen Schutzes noch nicht das Auftreten des Staates als Völkerrechtssubjekt. Es ist eine rein innenpolitisch wirksame Entscheidung, ob und wie weit die äußere Sicherheit strafrechtlichem Schutz unterworfen wird. Die Reichweite dessen ist gemäß Art. 103 II GG allein an das Bestehen entsprechender gesetzlicher Regelungen geknüpft und mithin klar dem Entscheidungsbereich der Legislative zugewiesen. Der strafrechtliche Schutz des Gutes der äußeren Sicherheit liegt infolgedessen gerade nicht in einem parlamentarischen und judikativen Zugriff vorbehaltenen exekutiven Handlungsspielraum. Bereits der Verweis auf parlamentarische Mitwirkungsrechte bei Interventionsverträgen, im Rahmen des Art. 59 II GG oder bezüglich des Einsatzes der Bundeswehr im Ausland macht deutlich, dass der Sachbereich der auswärtigen Angelegenheiten und auch sein Teilbereich der äußeren Sicherheit nicht vollständig parlamentarischer Kontrolle entzogen ist. Darüber hinaus zeigen auch die Regelungen von § 9 II G10-G und § 2 II PKKG, dass nachrichtendienstliche Tätigkeit im Interesse der äußeren Sicherheit parlamentarischer Kontrolle und mithin Entscheidungsbefugnis unterworfen ist. Dabei kommt es freilich nicht zu einer Kollision mit dem allgemein angenommenen Regierungsvorbehalt in auswärtigen Angelegenheiten und mithin zu einem Verstoß gegen das Gewaltenteilungsprinzip.[184] Vielmehr geht es um die legislative Durchsetzung einer vor dem Demokratieprinzip als geboten angesehenen Kontrolle der Nachrichtendienste sowohl im Hinblick auf haushaltsrechtliche Aspekte als auch auf die Wahrung des Grundrechtsschutzes gegenüber nachrichtendienstlicher Tätigkeit. Lediglich ein besonderer Quellenschutz wird der Exekutive zugestanden.[185] Dieser mag zwar Kritikern zufolge in der Praxis zu einem Verschwimmen gesetzlich bestehender Erklärungspflichten mit administrativem Erklärungswillen führen. Daraus mag dann auch eine mangelnde Aufklärbarkeit tatsächlich erfolgter behördlicher Einwilligungen folgen. Ihre Zulässigkeit außerhalb von § 8 II BVerfSchG, § 4 I MAD-G und § 3 BND-G in Verbindung mit

[182] BVerfGE 58, 1, 35, 37.

[183] BVerfG NJW 1994, 2207, 2215.

[184] BGBl. I, S. 453; vgl. zum G 10-G BT-DrS V/1880, S. 1; *Borgs/Ebert*, § 9 RN 4; *Miltner*, Die parlamentarische Kontrolle des Verfassungsschutzes in Verfassungsschutz in der Demokratie, S. 53, 56; zur Öffentlichkeit der Geheimdienstkontrolle vgl. BT-DrS 10/4253, 5049; *Roewer*, § 9 G 10 RN 10 ff; § 2 PKKG RN 2 ff.

[185] *Miltner*, Verfassungsschutz in der Demokratie, S. 53, 58; *Velten*, Transparenz staatlichen Handelns und Demokratie, S. 61 ff.

§§ 267 ff StGB folgt aber nicht daraus. Ein Freiraum für die zulässige behördliche Einwilligungen in die straftatbestandliche Verletzung oder Gefährdung lässt sich also nicht einmal in Bezug auf das Gut der äußeren Sicherheit, unter Rückgriff auf einen Regierungsvorbehalt, auf dem Boden des Gewaltenteilungsprinzips bestimmen.

Auch als bloße Institutsgarantie ist die Annahme eines Verwaltungsvorbehaltes schließlich nicht statthaft. Sie würde in einen nicht zu lösenden Konflikt mit dem Prinzip des Vorrangs des Gesetzes führen. Es bleibt somit die Feststellung, dass ein irgendwie auch nur funktional definierter Verwaltungsvorbehalt nicht besteht. Vielmehr bestehen Handlungsspielräume der Verwaltung, die aus unterschiedlicher Regelungsdichte folgen und in denen infolgedessen die Beachtung des Gesetzesvorrangs in unterschiedlichem Ausmaß exekutive Handlungsfreiheiten zulässt. Für die Zulässigkeit und verfassungsrechtliche Fundierung der hier in Rede stehenden behördlichen Einwilligung taugt die Annahme eines Verwaltungsvorbehaltes im Sinne eines aus dem Gewaltenteilungsprinzip abgeleiteten eingriffsfesten administrativen Kernbereich daher nicht.

3) Zwischenergebnis

Das Gewaltenteilungsprinzip vermittelt der Verwaltung keine administrative Kernkompetenz, aus der heraus sich die behördliche Einwilligung einer verfassungsrechtlichen Fundierung zuführen ließe. Der Verweis auf einen Verwaltungsvorbehalt, der freilich nicht der Verwaltung das Recht einer sachlichen Kompetenz-Kompetenz einräumen soll, führt hier nicht weiter. Ein solcher, gegenüber Legislative und Judikative eingriffsfester Vorbehaltsraum zugunsten der Verwaltung lässt sich aus dem Grundgesetz nicht positiv bestimmen. Seine Annahme würde sich in Widerspruch zum Gesetzesvorrang stellen. Lediglich regelungsärmere Handlungsräume, die der Verwaltung angesichts der Verpflichtung gegenüber dem Vorrangprinzip eine größere Freiheit einräumen, können anerkannt werden. Diese geben allerdings für die Zulässigkeit der behördlichen Einwilligung nicht mehr her als bereits zuvor zum Vorrang- und auch zum Demokratieprinzip in der vorliegenden Untersuchung ausgeführt worden ist.[186]

V) Parlamentsvorbehalt

1) Begriff

Der Parlamentsvorbehalt verlangt vom Gesetzgeber, alle wesentlichen Entscheidungen selbst zu treffen und zwar losgelöst vom besonderen Merkmal des Ein-

[186] Vgl. dazu o. 4. Kap./A; B.

griffs.[187] Der Weg zum Parlamentsvorbehalt erschließt sich infolgedessen über die Wesentlichkeitstheorie. Bei der Betrachtung der behördlichen Einwilligung aus der Perspektive des Demokratieprinzips wurde festgestellt, dass diese jedenfalls angesichts dessen nicht von vornherein unzulässig sein muss.[188] Die Betrachtung des Vorrangprinzips konnte diesen Befund nicht widerlegen.[189] Vor dem Hintergrund des Demokratieprinzips blieb es allerdings offen, wie eine Kontrolle des Verwaltungshandelns dahingehend erreicht werden kann, dass auch tatsächlich nur in Einzelfällen und dann unter Vornahme einer zutreffenden Sachverhaltsbewertung die Geltung strafrechtlicher Normen zulasten des von ihnen ausgehenden Güterschutzes im Wege einer behördlichen Einwilligung aufgehoben würde. Die Lehre vom Parlamentsvorbehalt mit ihrer Anknüpfung an die Wesentlichkeitstheorie soll die Frage nach der Zulässigkeit der behördlichen Einwilligung zur Antastung eines strafrechtlich geschützten Gutes des Staates oder der Allgemeinheit abschließend beantworten. Denn man wird feststellen dürfen, dass jedenfalls solche Materien, die nicht dem Parlamentsvorbehalt unterfallen, einer Regelung durch die zuständigen Verwaltungen, insbesondere freilich durch die Ministerialverwaltungen, zugänglich sind.[190]

Ursprünglich wurde die Erforderlichkeit eines Gesetzes mit dem Vorliegen von Eingriffen in Freiheit und Eigentum verknüpft.[191] Parlamentsvorbehalt und Gesetzesvorbehalt deckten sich dabei. Der Parlamentsvorbehalt erschien lediglich als begriffliche Brille beim Blick auf das Vorbehaltsprinzip aus der Richtung des Demokratieprinzips.[192] Dies blieb auch noch so, als schließlich eine Ausdehnung des Gesetzesvorbehaltes auf das Handeln der Leistungsverwaltung erfolgte wird.[193] Der Grundrechtsschutz steht auch dort noch im Vordergrund, wo der Verweis auf den Parlamentsvorbehalt zur Einschränkung von Satzungsgewalt von gewählten Selbstverwaltungsgremien führt, so etwa im Fall der Regelung der Berufsordnung für Rechtsanwälte[194] oder des Erlasses einer Richtlinie über die Abrechnungsfähigkeit von ärztlichen Leistungen mit medizinisch-technischen Groß-

[187] BVerfGE 34, 165, 192 ff; 40, 237, 249; 41, 251, 260; 45, 400, 417 ff; 47, 46, 78 ff; 48, 210, 221; *Kisker*, NJW 1977, 1317; *Vogel*, VVDStRL 24 (1966) 147 ff; zum Ganzen umfassend m. w. N. *Pietzker*, JuS 1979, 711 ff.

[188] Vgl. o. 4. Kap./A/II/2.

[189] Vgl. o. 4. Kap./B/II/2, 3, III, IV.

[190] *Ossenbühl*, HStR III, § 62 RN 37.

[191] BVerfGE 8, 155, 166 f.

[192] *Stern*, Staatsrecht II, § 37 I 4.

[193] BVerfGE 33, 303, 337; 40, 237, 248 ff.

[194] BVerfGE 76, 171, 185 ff.

geräten[195]. Im Kalkar-Beschluss geht das Bundesverfassungsgericht dann einen Schritt weiter. So heißt es dort zunächst: „In welchen Bereichen danach staatliches Handeln einer Rechtsgrundlage im förmlichen Gesetz bedarf, lässt sich nur im Blick auf den jeweiligen Sachbereich und die Intensität der geplanten oder getroffenen Regelung ermitteln. Die verfassungsrechtlichen Wertungskriterien sind dabei in erster Linie den tragenden Prinzipien des Grundgesetzes, insbesondere den vom Grundgesetz anerkannten und verbürgten Grundrechten zu entnehmen."[196] Neben den Grundrechten werden schließlich auch die „weitreichenden Auswirkungen [...] auf die allgemeinen Lebensverhältnisse" benannt.[197] Deutlich wird dieser Bezug auf die weitreichenden Auswirkungen auf die allgemeinen Lebensverhältnisse der Bürger im Staat auch bei der Entscheidung zur Oberstufenreform.[198] Zutreffend bemerkt *Ossenbühl* dazu, dass es bei der Frage der Einführung einer zweiten Fremdsprache als Pflichtfach nicht mehr um Grundrechtsschutz gehe, sondern um die Reichweite möglicher Erlasse der Kultusministerkonferenz.[199] Die Festlegung von Lern- und Bildungszielen ist für die Entwicklung der Gesellschaft zweifelsohne von wesentlicher Bedeutung. Deshalb hat die entsprechende Willensbildung dazu grundsätzlich im Parlament stattzufinden und zwar unbeschadet möglicher Berührungen des durch Art. 6 II, III GG geschützten Elternrechts. Auch die Entscheidung des Bundesverfassungsgerichts, Einsätze der Bundeswehr im Ausland aufgrund eingegangener völkerrechtlicher Verpflichtungen parlamentarischer Kontrolle zu unterwerfen, zielt in erster Linie auf die damit in Zusammenhang stehenden weitreichenden Auswirkungen für die Menschen in der Bundesrepublik.[200]

Der Parlamentsvorbehalt ist also nicht nur die demokratische Komponente des Vorbehaltsprinzips.[201] Er stellt darüber hinaus einen Sachvorbehalt zugunsten des Parlamentes zur Verfügung. Dabei soll nicht einem Gewaltenmonismus das Wort geredet werden. Der Wesentlichkeitsgedanke wird ebenso zum Grund für den Parlamentsvorbehalt wie auch für das Delegieren der Rechtsetzungsbefugnis auf

195 „Großgeräterichtlinie" des Bundesausschusses für Ärzte und Krankenkassen vom 28.03.1986; dazu BSGE 67, 256 ff, wonach diese Richtlinie ohne gesetzliche Ermächtigung entstanden ist und deshalb rechtswidrig und mithin verfassungswidrig sei; umfassend dazu, *Baader*, JZ 1992, 394 ff.

196 BVerfGE 49, 89, 126.

197 BVerfGE 49, 89, 126.

198 BVerfGE 58, 257, 271.

199 *Ossenbühl*, a. a. O., RN 36.

200 BVerfG NJW 1994, 2207, 2215

201 *Ossenbühl*, a. a. O., RN 39.

Verwaltungen oder Selbstverwaltungsorgane.[202] Der Parlamentsvorbehalt verlangt vom Gesetzgeber „eine ‚unwesentliche' Ermächtigungsmaterie klar zu beschreiben und ihren Rahmen zu umreißen".[203] Der Parlamentsvorbehalt hat mithin einen demokratischen und einen rechtsstaatlichen Gehalt.

a) Der demokratische Gehalt des Parlamentsvorbehaltes

Der demokratische Gehalt des Parlamentsvorbehaltes erschöpft sich darin, für das gesellschaftliche Zusammenleben wesentliche Sachverhalte dem Prozess parlamentarischer Willensbildung zu unterwerfen. Wesentliche Entscheidungen haben danach unmittelbar von den demokratisch gewählten Repräsentanten des Volkes selbst getroffen zu werden. Auf diese Weise soll eine intensivere Kontrolle administrativen Handelns und vor allem damit verbundener Willensbildung erreicht werden. Allerdings wird man vom Gesetzgeber niemals in sich völlig geschlossene Regelungen erwarten dürfen. Dazu ist der Gesetzgeber auch nicht angehalten. Es liegt in der Natur abstrakt genereller Regelungen, bestimmte Regelungsvorhaben auch nur zu umreißen und etwa auf unbestimmte Rechtsbegriffe, oder im Strafrecht auf wertausfüllungsbedürftige Straftatbestandsmerkmale, zurückzugreifen.[204] Der für die Entwicklung des Parlamentsvorbehaltes bedeutsame Kalkar-Beschluss stellt zugleich fest, dass die Lehre vom Parlamentsvorbehalt nicht zu einem Gewaltenmonismus zugunsten parlamentarischer Entscheidungen und zulasten exekutiven Handelns verleiten dürfe.[205] Dort, wo es der Inanspruchnahme eines Parlamentsvorbehaltes nicht bedarf, besteht die Möglichkeit zur Delegation von Normsetzungsbefugnis und Entscheidungsfreiheit. Der Verwaltung stehen dann die entsprechenden Ermessens- und Beurteilungsspielräume[206] ebenso zur Verfügung wie auch die sogenannten gesetzesfreien Räume[207], die im Wege einer subtraktiven Betrachtung des Maßes formaler Gesetze und Sekundärnormen ermittelt werden können. Die Option zur Delegation der Normsetzung, beziehungsweise allgemein formuliert, zu einer administrativen Entscheidungsfreiheit, wird eben gerade dem Umstand gerecht, dass auch der vorausschauenste Gesetzgeber damit überfordert wäre, jedes Verwaltungshandeln von vornherein abstrakt generell durch ein Parlamentsgesetz regeln zu wollen. Es entspricht

---

[202] *Baader*, JZ 1992, 394, 398 ff.

[203] *Baader*, a. a. O., S. 398.

[204] *Schmidt-Aßmann*, Art. 103 II, IX RN 186; *Stern*, Staatsrecht II, § 37 I 4; zu wertausfüllungsbedürftigen Tatbestandsmerkmalen vgl. etwa BGHSt 31,348; BVerfGE 73, 206, 237 ff; 76, 211, 216 ff.

[205] BVerfGE 49, 89, 124 ff.

[206] Vgl. o. 3. Kap./A.

[207] Vgl. o. 3. Kap./B.

durchaus dem Bild der Verfassung, wie es nicht zuletzt gerade die Betrachtung des Demokratieprinzips gezeigt hat, der Exekutive in Erwartung erhöhter Selbstbetroffenheit und Sachkenntnis bestimmte Handlungsfreiräume bewusst zu überlassen.[208]

b) Der rechtsstaatliche Gehalt des Parlamentsvorbehaltes

Der rechtsstaatliche Gehalt des Parlamentsvorbehaltes liegt in seiner Bedeutung für das Bestimmtheitsgebot staatlicher Normsetzung und die besondere Forderung zur Berücksichtigung des Gewaltenteilungsprinzips im Sinne einer organisatorischen und mithin funktional bestimmten Gewaltenteilung.[209] Es muss nicht nur das vom Parlament verabschiedete Gesetz klar und unmissverständlich sein. Darüber hinaus hat die Delegation von Normsetzungsbefugnissen so zu erfolgen, dass sie klar und verständlich ist, das gilt insbesondere für ihre sachliche Reichweite. Die Grenzen der Delegation haben aus der entsprechenden Ermächtigungsnorm unmissverständlich hervorzugehen.[210] Nur die Beachtung ausreichender Bestimmtheit bei Ausübung der Normsetzungsbefugnis vermag schließlich den sachverhaltsbezogenen exekutiven Funktionsbereich gegenüber dem Gesetzgeber hinreichend abzugrenzen. Die größere Sachnähe und Selbstbetroffenheit des Sekundärnormgebers sollen ihre Rechtfertigung für die Setzung von Sekundärrecht gerade eben aus der ihnen vorgelagerten und nach der Wesentlichkeitstheorie ausgeführten formalen Gesetzgebung erhalten.[211] Schließlich wird so auch gewährleistet, dass der Vollzug der Gesetze gegenüber sich ständig wandelnden tatsächlichen Verhältnissen die ausreichende Anpassungsdynamik behält.[212]

2) Der besondere Parlamentsvorbehalt des Strafrechts

Der Parlamentsvorbehalt ist für das Strafrecht in Art. 103 II GG ausdrücklich festgehalten. Staatliches Strafen ist danach an das Bestehen eines Parlamentsgesetzes gebunden. Art. 103 II GG verlangt schließlich nicht nur die Bestimmtheit des Strafgesetzes, sondern auch die Gesetzesbestimmtheit des Strafens[213] und macht dabei die Doppelfunktion des Parlamentsvorbehaltes in besonderer Weise

---

[208] *Baader*, a. a. O. S. 396 ff; *Ossenbühl*, a. a. O. RN 47; vgl. auch o. 4. Kap./A/III.

[209] *Schmidt-Aßmann*, Maunz/Dürig, Art. 103 II, IX RN 180; BVerfGE 7, 108, 114; 67, 207, 224; 87, 399, 411.

[210] *Schmidt-Aßmann*, a. a. O., RN 185.

[211] *Baader*, a. a. O., S. 397.

[212] BVerfGE 75, 329, 342; 81, 70, 94.

[213] So deutlich formulierend *Schmidt-Aßmann*, a. a. O., RN 180.

deutlich.[214] Die zwei bereits dargestellten Facetten des Parlamentsvorbehaltes, die individuelle Freiheitssicherung und der institutionell wirkende Sachvorbehalt, werden so in ihrer Bedeutung für das Strafrecht betont.

Der dem Parlamentsvorbehalt immanente freiheitssichernde und freiheitsgewährende Gehalt ist insbesondere auf die Einhaltung des rechtsstaatlichen Bestimmtheitsgebotes gerichtet.[215] Das generelle Bestimmtheitsgebot ist eine Ausprägung des rechtsstaatlichen Gebotes der Rechtssicherheit. Normen sind danach so bestimmt zu fassen, „wie dies nach der Eigenart der zu ordnenden Lebenssachverhalte mit Rücksicht auf den Normzweck möglich ist".[216] Dabei gilt der Grundsatz, je schwerwiegender die Auswirkungen einer normativen Regelung sein sollen, desto präziser müssen die gesetzlichen Vorgaben sein.[217] In Bezug auf die Strafnormsetzung verlangt das Bestimmtheitsgebot mehr als nur die ausreichende Bestimmtheit des normativen Inhaltes des jeweiligen Straftatbestandes – nullum crimen sine lege.[218] Es verlangt darüber hinaus, dass der Einzelne von vornherein weiß, was bei Strafe verboten ist und mit welcher Sanktion er zu rechnen hat, wenn er dieses Verbot missachtet.[219] Diese als Strafandrohungsbestimmtheit bezeichnete Anforderung, nulla poena sine lege, stellt darüber hinaus die Grundlage für das Analogieverbot und das Verbot der Anwendung von Gewohnheitsrecht sowie für das Rückwirkungsverbot.[220] Auch dabei gilt wiederum: je schwerer die angedrohte Strafe, desto bestimmter muss die Strafnorm gefasst sein.[221] Das strafrechtliche Bestimmtheitsgebot fordert, Inhalt und Wirkung einer Strafnorm aus der Sicht des einzelnen Bürgers klar und verständlich werden zu lassen.[222] Eine „relative Bestimmtheit des Strafgesetzes", die im Wege der Auslegung zwar nach rechtsdogmatischen Kriterien aber auf eine für den Bürger nicht auf den ersten Blick ersichtliche Weise zu ermitteln ist, soll nicht ausreichend sein.[223] Die Folge

---

[214] *Ransiek*, Gesetz und Lebenswirklichkeit, S. 40 ff.

[215] *Ransiek*, a. a. O., S. 82; vgl. dazu auch BVerfGE 47, 109, 120; 73, 206, 234, 75, 329, 341; 78, 374, 382.

[216] BVerfGE 93, 213, 238.

[217] BVerfGE 49, 169, 181; 59, 104, 114; 86, 288, 311; BVerwG NVwZ-RR 90, 47.

[218] BVerfGE 49, 168, 181; 59, 104, 114.

[219] BVerfGE 25, 269, 285; 49, 168, 181; 78, 374, 381 ff; 87, 363, 391 ff; 92, 1, 12 ff.

[220] *Schmidt-Aßmann* m. w. N. Maunz/Dürig, Art. 103 II, IX RN 222 ff.

[221] BVerfGE 14, 245, 251; 41, 314, 320; 75, 329, 342 f; 66, 337, 355; BVerwGE 93, 269, 274.

[222] Vgl. dazu *Schmidt-Aßmann*, a. a. O., RN 189; einschränkend BVerfGE 48, 48, 57.

[223] A. a. *Schmidthäuser*, Martens-GS, S. 240, 241 ff, vgl. einschränkend auch BVerfGE 48, 48, 57 zu Strafnormen, die sich ausschließlich an einen in bestimmter Weise vorgebildeten Personenkreis richten.

der erhöhten Anforderungen an das Bestimmtheitsgebot soll im Zweifel das Übrigbleiben einer Strafbarkeitslücke sein.[224] Das soll nicht zuletzt auch das besondere Ordnungsbedürfnis erfordern, auf dem die Strafgewalt erwächst und das willkürliche Entscheidungen verbietet.[225]

Die ausdrückliche Bindung staatlichen Strafens an das Gesetz räumt darüber hinaus dem Parlament aber auch einen umfassenden Sachvorbehalt ein, der auch nicht delegierbar ist.[226] Es ist allein das Parlament, das darüber entscheiden soll, was strafbar ist. Die Verwendung von Generalklauseln und wertausfüllungsbedürftiger Begriffe als Tatbestandsmerkmale ist damit jedoch ebenso wenig schon ausgeschlossen wie zur Strafbegründung die Anknüpfung an verwaltungsrechtliche Entscheidungen.[227] Die Festschreibung des Parlamentsvorbehaltes in Art. 103 II GG entfaltet somit eine ausdrücklich kompetenzwahrende Funktion zugunsten des Parlaments. Der Parlamentsvorbehalt spiegelt insoweit das bereits in Art. 20 II GG zum Ausdruck gebrachte Prinzip der Gewaltenteilung gerade auch vor dem Hintergrund eines funktional orientierten Verständnisses von einer organisatorischen Gewaltenteilung.[228] Mit der Entscheidung über die Setzung einer Strafnorm ist nach *Sternberg-Lieben* eine Dezision darüber getroffen, was, weil es als sozial-ethisches Minimum des gesellschaftlichen Zusammenlebens identifiziert worden ist, dem besonderen und intensivsten Schutz, den die Rechtsordnung zu bieten vermag, unterworfen werden soll. Die Entscheidung, ein Gut unter strafrechtlichen Schutz zu stellen, ist eine Entscheidung von wesentlicher Bedeutung im Sinne der Wesentlichkeitstheorie.[229] Dabei reicht die wesentliche Bedeutung der Entscheidung über die strafrechtliche Unterschutzstellung eines Rechtsgutes deutlich weiter als nur zum Eingriff in Grundrechte.[230] Die Pönalisierung von Verhaltensweisen hat umfangreiche Auswirkungen auf die tatsächliche Gestalt des gesellschaftlichen Zusammenlebens. Dem Strafrecht kommt somit eine die soziale Realität gestaltende Wirkung zu. Freilich wird es im Einzelfall fraglich sein, ob es sich dabei immer auch um genau die gewünschte Wirkung handelt.[231] Gleichwohl wird

---

224 BVerfGE 71, 108, 116; 73, 206, 236; BVerfG NJW 1988, 2945.

225 *Schmidt-Aßmann*, a. a. O., RN 185.

226 *Ransiek*, a. a. O., S. 40 ff; *Rudolphi*, SK, § 1 RN 2 m. w. N.; vgl. dazu auch *Sternberg-Lieben*, Die objektiven Schranken der Einwilligung im Strafrecht, S. 335 ff.

227 Umfassend dazu *Schmidt-Aßmann*, a. a. O., Art. 20, V RN 202 ff.

228 *Ransiek*, a. a. O. S. 83; *Krey*, Blau-FS, S. 130 ff; *Grünwald*, ZStW 76 (1964), 1, 13 ff;

229 *Sternberg-Lieben*, a. a. O., ebenda.

230 *Sternberg-Lieben*, a. a. O., ebenda.

231 Vgl. etwa *Tiedemann*, JZ 1986, 865 ff; *Weber*, ZStW 98, (1984), 376 ff; *Volk*, JZ 1982, 86 ff.

man aber *Sternberg-Lieben* zustimmen dürfen, dass jedenfalls ein für das soziale Zusammenleben als unerlässlich angesehenes sozial-ethisches Minimum durch das Setzen von Strafnormen festgeschrieben wird. Deshalb hat die Schaffung einer Strafnorm durchaus weitreichende Auswirkungen auf die allgemeinen Lebensverhältnisse[232], die viel weitergehend sind als ‚nur' ihre eingreifende Wirkung in Grundrechtspositionen.

3) Administrative Freiräume trotz strafrechtlicher Bestimmtheitsanforderungen

Die aus dem Parlamentsvorbehalt erwachsenden besonderen Anforderungen an die Bestimmtheit strafrechtlicher Handlungsgrundlagen würden freilich überspannt, wenn nunmehr Strafnormen erwartet würden, die trotz ihrer abstrakt generellen Ausrichtung jedes konkrete Verhalten im Voraus erfassten. Dem Einzelfall wird bei allen Anforderungen, die das strafrechtliche Bestimmtheitsgebot an Gesetze stellt, nur ein solches Gesetz gerecht werden, das nicht so starr und kasuistisch geformt ist, dass es einen Wandel der tatsächlichen Verhältnisse über eine gewisse Geltungsperiode zu erfassen vermag.[233] Neben der Konkretisierung der Strafnorm durch den Richterspruch[234] sind zum Teil auch offene Tatbestandsmerkmale auf eine Konkretisierung durch andere Rechtsakte angelegt, die in den sachlichen Zuständigkeitsbereich der Exekutive fallen. Insbesondere sind es administrative Einzelakte, häufig Verwaltungsakte, die hier eine Rolle spielen. Aber auch Verwaltungsvorschriften vermögen den Bedeutungsinhalt von Strafnormen zu konkretisieren.[235] Hier erscheint zunächst auch wiederum eine Anknüpfung an die Frage nach der Zulässigkeit der behördlichen Einwilligung und die mit ihr verbundene Antastung strafrechtlichen Güterschutzes möglich.

Die Regelung der Legendenbildung und die damit verknüpfte staatliche Zustimmung zur Antastung des durch die §§ 267 ff StGB geschützten Gutes der Allgemeinheit in den RiStBV von 1986 bis zur gesetzlichen Regelung durch die §§ 110a ff StPO 1992[236] oder die Rechtsgrundlagen des Bundesnachrichtendienstes[237] wie auch des Militärsichen Abschirmdienstes[238], die bis 1990 alleinige Handlungsgrundlage der Nachrichtendienste waren, sind Beispiele, die im Zu-

[232] BVerfGE 49, 89, 126.

[233] *Hill*, HStR VI, § 156 RN 64.

[234] *Schmidt-Aßmann*, a. a. O., Art. 103 II, IX RN 187.

[235] *Schmidt-Aßmann*, a. a. O., RN 188.

[236] BGBl. I 1992, S. 1302.

[237] BGBl. I 1990, S. 2954, 2979.

[238] BGBl. I 1990, S. 2954, 2977.

sammenhang mit der hier diskutierten Fragestellung gleich ins Blickfeld geraten. Denn ungeachtet dessen, dass schließlich der Gesetzgeber nicht zuletzt infolge des Volkszählungsurteils[239] und einem sich wandelnden Verständnis des Schutzes der Persönlichkeit Handlungsbedarf gerade auch im Hinblick auf die Frage der Legendenbildung und des damit verbundenen Strafnormverstoßes gesehen hat, kann doch festgehalten werden, dass zuvor die entsprechende administrative Willensbildung über die Strafbarkeit bestimmten Verhaltens selbst ohne Einbeziehung der Justiz, sei es auch nur in Form der Staatsanwaltschaft, vollzogen wurde.[240] Die Diskussion um die Zulässigkeit von Agents provocateurs lässt im übrigen zumindest erahnen, dass die in den RiStBV 1986 festgeschriebenen Grundsätze zur Legendenbildung und damit auch zum administrativen Verzicht auf strafrechtlichen Güterschutz genutzt worden sind.[241] Auch die Rechtsprechung zu § 161 StPO in Bezug auf Agent provocateur-Einsätze im Bereich der Betäubungsmittelkriminalität legt es nahe, das in bestimmten Situationen der Exekutive die Möglichkeit zur behördlichen Einwilligung vor dem Hintergrund der Konkretisierung formal-gesetzlicher Straftatbestände zukommen soll.[242]

4) **Konkretisierung von Strafnormen durch Verwaltungsvorschriften und Einzelweisungen**

Die Bezugnahme auf Verwaltungsvorschriften zur Konkretisierung von Straftatbeständen ist allerdings einer differenzierten Betrachtungsweise zu unterwerfen. Verwaltungsvorschriften haben zwar die Bedeutung von Normen, gleichwohl kommt ihnen bei der Tatbestandskonkretisierung nur eine sehr eingeschränkte Bedeutung zu. Im Fall des Subventionsbetruges gemäß § 264 I Nr. 3 StGB, wobei ein Subventionsgeber „entgegen den Rechtsvorschriften über die Subventionsvergabe“ über „subventionserhebliche Tatsachen in Unkenntnis“ belassen wird, reichen allein Verwaltungsvorschriften für die Konkretisierung der subventionserheblichen Tatsachen nicht aus.[243] Der in Art. 103 II GG manifestierte Par-

---

[239] BVerfGE 65, 1 ff.

[240] Zur Rechtsnatur der RiStBV vgl. *Schaefer*, NJW 1977, 22 ff; *Roxin*, Strafverfahrensrecht[24], § 3 D; zur Geschichte der Nachrichtendienste vgl. *Gröpl*, Die Nachrichtendienste im Regelwerk der deutschen Sicherheitsverwaltung, S. 45 ff; vgl. auch die Dienstanweisung zur Regelung der BND-Tätigkeit, BT-DrS. 7/3246, S. 47.

[241] *Materialien zum „undercover agent“ AK II der Arbeitgemeinschaft der Innenminister der Bundesländer* am 27./28.1.1983, StV 1984, 350.

[242] BGHSt 41, 64, 68; 32, 345 ff; BGH NStZ 1982, 156; 1992, 275; 1993, 584; BGH StV 1988, 296.

[243] BGHSt 44, 233; vgl. auch zu Normierung von Handlungspflichten in Bezug auf § 258, *Lackner*, § 258 RN 7; *Papier*, NJW 1988, 1113 ff.

lamentsvorbehalt verlangt im Hinblick auf die normative Bestimmtheit des Straftatbestandes vielmehr, dass zur Tatbestandskonkretisierung herangezogene Verwaltungsvorschriften auf einer gesetzlichen Grundlage beruhen müssen, und dass diese Verwaltungsvorschriften lediglich solche Handlungspflichten nur noch unselbständig ausformulieren, die sich bereits ihrem Inhalte nach aus dem maßgeblichen Gesetz selbst ergeben.[244] Auf in Verwaltungsvorschriften festgelegte Subventionsrichtlinien darf daher nur insoweit zurückgegriffen werden, als diese Handlungspflichten nach §§ 3, 4 SubvG, also durch ein Parlamentsgesetz, konkretisieren.

Auch durch administrative Einzelakte vermag die Strafbarkeit eines Verhaltens bestimmt zu werden, wenn etwa Straftatbestände auf das Bestehen eines Verwaltungsaktes Bezug nehmen. Es wird insoweit von der Verwaltungsakzessorietät des Strafrechts gesprochen.[245] Der Verwaltungsakt beruht auf einer formal-gesetzlichen Grundlage, die für die Behörde die erforderliche Befugnis für den Erlass eines solchen Verwaltungsaktes bereit hält. Dadurch wird dem Parlamentsvorbehalt des Art. 103 II GG ausreichend Rechnung getragen. Fraglich ist zunächst einmal, ob die behördliche Einwilligung überhaupt als Verwaltungsakt zu qualifizieren ist. Dafür mag sicherlich der Umstand sprechen, dass die behördliche Einwilligung insoweit eine Außenwirkung zeitigt, als angenommen wird, dass der von der Einwilligung Begünstigte straffrei handelt.[246] Die vorliegenden Erörterungen haben jedoch gezeigt, dass gerade bei Agent provocateur-Einsätzen keineswegs das Ergebnis der behördlichen Einwilligung ein schließlich völlig strafloses Verhalten sein muss. Der in Unkenntnis der Einwilligung vom Agent provocateur zur Tat Verlockte könnte sowohl aus Versuch als auch aus vollendeter Tat bestraft werden.[247] Im Fall der Annahme, die behördliche Einwilligung sei ein Verwaltungsakt, würde es erhebliche Schwierigkeiten geben, dessen Nichtigkeit gemäß § 44 II Nr. 5 VwVfG – gegen Strafrecht verstoßendes Verhalten – zu umgehen. Das Problem der Nichtigkeit der behördlichen Einwilligung aus verwaltungsrechtlicher Sicht wegen § 44 II Nr. 5 VwVfG stellt sich nicht, wenn man die behördliche Einwilligung als inneradministrative Weisung qualifizieren wollte. Dann allerdings müssten an diese dieselben Anforderungen gestellt werden wie an normkonkretisierende Verwaltungsvorschriften. Die Einzelweisung dürfte lediglich eine bereits gesetzlich zum Ausdruck gebrachte Handlungspflicht nur nochmals unselbständig ausformulieren.

[244] *Schmidt-Aßmann*, Maunz/Dürig, Art. 103 II, IX RN 213.

[245] *Winkelbauer*, Verwaltungsakzessorietät des Umweltstrafrechts, S. 29 ff; *Schwarz*, GA 1993, 318 ff; *Perscke*, wistra 1996, 165 ff.

[246] Dafür *Plate*, ZStW 84 (1972), 294 ff.

[247] Vgl. o. 1. Kap./VI m. w. N.

Die beiden Funktionen des Parlamentsvorbehaltes werden nunmehr erneut sichtbar in der Forderung, die Konkretisierung eines Tatbestandsmerkmales durch Verwaltungshandeln nur dann zuzulassen, wenn das Verwaltungshandeln eine gesetzlich bereits formulierte Verhaltenspflicht nur ein weiteres Mal unselbständig zum Ausdruck bringt. Diese Anforderung, die sich als Teil des besonderen strafrechtlichen Bestimmtheitsgebotes niederschlägt, führt zum einen dazu, dem Parlament den Sachvorbehalt des Strafrechts auf jeden Fall zuzuweisen. Es kann nicht durch die Wahl nur mangelhaft bestimmter Tatbestandsmerkmale wesentliche Aspekte der Tatbestandskonkretisierung der Exekutive überantworten. Zum anderen führt dies dazu, dem Einzelnen ein Höchstmaß an Rechtssicherheit darüber zu vermitteln, was strafbares Verhalten ist und wann er deshalb mit Eingriffen in von ihm vermeintlich in Anspruch genommene Handlungsfreiräume rechnen muss.

Der dem Parlamentsvorbehalt innewohnende Sachbereichsvorbehalt schützt somit in der Gestalt des Bestimmtheitsgebotes davor, dass die Verwaltung individuelles Verhalten als strafbar einstuft, ohne dass dies gesetzlich bestimmt worden ist. Der dem Parlamentsvorbehalt innewohnende Sachbereichsvorbehalt schützt aber auch davor, dass die Verwaltung, aus welchem Interesse heraus auch immer, selbst geltendes Strafrecht durch voluntatives Verhalten situationsbezogen außer Kraft setzt. Denn der Parlamentsvorbehalt steht vor jeglichen administrativen Versuchen, Einfluss auf die Anwendungsreichweite einer Strafnorm zu nehmen. Das trifft in positiver wie auch negativer Hinsicht zu. Auch Rechtfertigungsgründe bedürfen deshalb einer gesetzlichen Grundlage. Ausnahmen sind die rechtfertigende Pflichtenkollision oder die individuelle Einwilligung.

Die rechtfertigende Pflichtenkollision zeichnet sich durch eine Zwangslage aus, die jemandem von außen aufgegeben wird und aus der der Betroffene nicht ohne straftatbestandliches Eigenverhalten entkommen kann.[248] Im Interesse der Rechtsordnung ist es, dass der Betroffene wenigstens eine Pflicht erfüllt. Mit der Pönalisierung der Verletzung der zweiten Pflicht würde die Rechtsordnung schließlich Unmögliches vom Einzelnen verlangen.[249]

Die individuelle Einwilligung findet ihre Wurzeln in den Grundrechten, deren Schutz die Rechtsordnung in erster Linie zu dienen hat.[250] Dort wo daher die strafrechtliche Unterschutzstellung eines Individualgutes zu einem für den Einzelnen im konkreten Fall unerwünschten Ergebnis führt, verdient das Rechtsgut seinen Schutz nicht mehr. Die Freiheit vor dem Staat schützt den Einzelnen nicht nur vor ungerechtfertigten staatlichen Eingriffen in die Individualrechtssphäre, son-

248 Vgl. o. 2. Kap./A/II/3.

249 Vgl. nur *Samson*, SK, § 34 RN 59 m. w. N.

250 Vgl. o. 2. Kap./A/I/2.

dern garantiert ihm auch die ungehinderte Nutzung grundrechtlicher Freiheiten. Deshalb soll die Disponibilität eines individuellen strafrechtlichen Güterschutzes als Bestandteil des grundrechtlichen Schutzbereichs angesehen werden.[251] Die individuelle Einwilligung schützt den Einzelnen also gleichsam vor einer staatlicherseits aufgedrängten Bereicherung an Güterschutz.

Sowohl der Fall der rechtfertigenden Pflichtenkollision als auch der der rechtfertigenden Individualeinwilligung unterscheiden sich allerdings gravierend von der Außerkraftsetzung strafrechtlicher Normgeltung durch administratives Handeln dadurch, dass beide Fälle des Unrechtsausschlusses den in Art. 103 II GG zum Ausdruck gebrachten Parlamentsvorbehalt unberührt lassen. Der Parlamentsvorbehalt räumt dem Parlament einen Regelungsvorbehalt im Interesse des individuellen Freiheitsschutzes ein. Der Parlamentsvorbehalt hat damit aus der Perspektive des Einzelnen in erster Linie eine freiheitsbewahrende Funktion. In den parlamentarischen Regelungsvorbehalt greift weder die rechtfertigende Pflichtenkollision noch die Individualeinwilligung ein. Beide Institute haben vielmehr für den Einzelnen, wenn auch aus ganz unterschiedlichen Motiven, eine ebenfalls freiheitserweiternde Funktion. Diese steht in ihrer Wirkung neben der des Parlamentsvorbehaltes, ohne zu diesem in der Beziehung einer Konkurrenz zu stehen.

Auch der institutionell wirkende Sachvorbehalt in Verbindung mit der kompetenzwahrenden Funktion des Parlamentsvorbehaltes zugunsten des Parlaments wird nicht durch die nicht auf Gesetz beruhenden Rechtfertigungsgründe, der individuellen Einwilligung oder der rechtfertigenden Pflichtenkollision berührt. Der Parlamentsvorbehalt zielt auf die Bestimmung des Verhältnisses der Legislativen zur Exekutiven und Judikativen.[252] Nicht aber geht es dort um eine Abgrenzung der parlamentarischen Handlungsweite gegenüber individuellen Freiheiten. Das Parlament ist schließlich das Repräsentationsorgan des Volkes und mithin jedes Einzelnen.

Ein die Anwendung der Strafnorm konkretisierendes Verhalten der Verwaltung wird stets freiheitsverpflichtetes Verhalten sein. Es bedarf deshalb im Strafrecht in Ansehung des ausdrücklich insoweit vorgesehenen Parlamentsvorbehaltes einer gesetzlichen Grundlage, die in ihrer Bestimmtheit über das hinausgehen muss, was bereits dort als erforderlich angesehen wurde, wo der Verwaltung in Verbindung mit der sogenannten normativen Ermächtigungstheorie Handlungsfreiräume infolge gesetzlicher Vorgaben im Sinne von Ermessens- und Beurteilungsspielraum zugestanden wurden.[253] Der der normativen Ermächtigungstheorie zugrunde liegende Gedanke findet sich aber in Bezug auf das Zur-Verfügung-Stehen von

---

[251] *Amelung*, Einwilligung in die Beeinträchtigung eines Grundrechtsgutes, S. 30 ff.

[252] Stern, Staatsrecht II, § 37 I 4; *Ossenbühl*, HStR III, § 62 RN 38 ff.

[253] Vgl. dazu o. 3. Kap. /A/I/2a.

administrativen Handlungsfreiräumen im Hinblick auf die Konkretisierung strafrechtlicher Tatbestände in weitaus intensiverer Form wieder als er im Verwaltungsrecht selbst aufgegriffen worden ist.[254] Der Grund dafür liegt darin, dass sich das Strafgesetz ausschließlich in einem Bereich des intensivsten Eingriffs, den die Rechtsordnung vorzusehen vermag, bewegt.[255] Im Verwaltungsrecht unterliegt die Einhaltung des rechtsstaatlichen Bestimmtheitsgebotes einer erheblich größeren Bandbreite zulässigen Handelns des Gesetzgebers wie auch der Administration im Hinblick auf von ihr gesetztes Recht.[256] Damit wird allerdings dem strafrechtlichen Bestimmtheitsgebot, wie es durch den Bezug auf den Parlamentsvorbehalt in Art. 103 II GG zum Ausdruck gebracht wird, nicht Rechnung getragen.[257] Administratives Handeln kann deshalb nur dann strafrechtlich in der einen oder anderen Weise Bedeutung erhalten, wenn es selbst wiederum unmittelbar in der beschriebenen Weise auf gesetzlichen Grundlagen beruht.

5) Die Bedeutung des Parlamentsvorbehaltes für die behördliche Einwilligung

Die Manifestation des Parlamentsvorbehaltes in Art. 103 II GG vermag auch die Frage der vorliegenden Untersuchung nach der Zulässigkeit der behördlichen Einwilligung zu beantworten. Die behördliche Einwilligung beruht zunächst einmal auf einer inneradministrativen Willensbildung, die mit einer Abwägung verknüpft ist und schließlich die „Erlaubnis zur Antastung eines rechtlich geschützten Gutes“[258] ausspricht. Die Folge der behördlichen Einwilligung wird schließlich die durch sie erlaubte Antastung des strafrechtlich gewährten Güterschutzes sein. Damit und ungeachtet des weiteren Umstandes, dass sie den von der Einwilligung Begünstigten vor staatlicher Sanktion in welchem Ausmaß auch immer[259] schützt, ist die behördliche Einwilligung auf die Konkretisierung der Anwendung eines Straftatbestandes gerichtet. Die behördliche Einwilligung möchte nämlich mindestens unter den oben im 3. Kapitel unter B/II/1 aufgeführten Kriterien die Geltung der Strafnorm bezüglich einer an sich straftatbestandsmäßigen Handlung außer Kraft setzen. Für ihre Rechtmäßigkeit sind daher mindestens dieselben Voraussetzungen zu verlangen, wie sie für die Strafnormkonkretisierung durch Rechtsetzung der Verwaltung erwartet werden. Denn in Bezug auf den

---

[254] *Schmidt-Aßmann*, Maunz/Dürig, Art. 103 II, IX RN 187 ff.

[255] *Schmidt-Aßmann*, a. a. O., RN 187 und nochmals RN 189.

[256] *Schmidt-Aßmann*, a. a. O., RN 185.

[257] *Schmidt-Aßmann*, a. a. O., ebenda.

[258] So *Amelung* über die Wirkung der Individualeinwilligung, ZStW 109 (1997), 490 ff.

[259] Zur Bandbreite der in Frage kommenden Reaktionsmöglichkeiten vgl. nochmals o. 1. Kap./VI.

vom Parlamentsvorbehalt vorgehaltenen legislativen Sachvorbehalt hat es dieselbe Bedeutung, ob eine gesetzliche Regelung aus Praktikabilitätsaspekten heraus mit verwaltungsrechtlicher Normsetzung angereichert oder ob das Vorliegen eines Unrechtsausschlusses bestimmt werden soll. In beiden Fällen geht es stets um die Anwendbarkeit eines Straftatbestandes in Anbetracht einer konkreten Sachverhaltssituation. In beiden Fällen besteht keine Einflussmöglichkeit des Parlaments auf die entsprechende inneradministrative Willensbildung über eine formal-gesetzliche Festlegung hinaus. Deswegen muss der Parlamentsvorbehalt es verlangen, die behördliche Einwilligung und damit die behördliche Zustimmung zur straftatbestandlichen Antastung eines strafrechtlich geschützten Gutes des Staates oder der Allgemeinheit ebenso intensiv wie die normausfüllende Verwaltungstätigkeit an das formale Gesetz zu binden. Die behördliche Einwilligung, wie sie in der Untersuchung diskutiert worden ist, wird also überall dort am Parlamentsvorbehalt scheitern, wo sie nicht lediglich aufgrund Gesetzesvorschriften ohnehin erlaubtes Verhalten nur unselbständig zum Ausdruck bringt.

Die behördliche Einwilligung scheitert mithin überall dort am Parlamentsvorbehalt, wo der Verwaltung die Verfügung über ein auch strafrechtlich geschütztes Gut von der Rechtsordnung, sei es aus verwaltungsrechtlicher oder zivilrechtlicher Perspektive nicht ausdrücklich erlaubt ist. Nicht darauf ankommen darf es dagegen, ob die konkrete, die Verfügung begründende Einzelhandlung selbst durch ein Gesetz ausdrücklich vorgesehen ist. Deshalb wird man etwa in Fällen der Verfügung über Gegenstände des Verwaltungs- und des Finanzvermögens der öffentlichen Hand, die innerhalb der maßgeblichen zivilrechtlichen und verwaltungsrechtlichen formal-gesetzlichen Vorgaben stattfindet, aus strafrechtlicher Sicht von einer behördlichen Einwilligung sprechen dürfen.

Im Ergebnis erscheint es durchaus angemessen, dort von einer behördlichen Einwilligung zu sprechen und nicht nur auf ein Handeln innerhalb verwaltungsrechtlicher Befugnisse zu verweisen, wo die behördliche Disposition über den strafrechtlichen Güterschutz unter Ausnutzung eines verwaltungsgesetzlich oder sogar auch zivilgesetzlich normierten Verfügungsrahmen erfolgt. Zwar handelt die Verwaltung insoweit stets auch innerhalb ihr zustehender Befugnisse.[260] Im Hinblick auf Verfügungen über Verwaltungs- oder Finanzvermögen konnte aber gezeigt werden, dass diese nicht unbedingt allein aufgrund verwaltungsrechtlicher Befugnisse rechtmäßig erfolgen, sondern auch aufgrund zivilrechtlicher Rechtspositionen, die durch Verwaltungsrecht nicht eingeschränkt worden sind, vor der Rechtsordnung bestehen können.[261] Schon deshalb wird allein der Verweis auf ein behördliches Erlaubnisrecht, der die Diskussion um eine Einwilligungsmög-

---

[260] Etwa *Jescheck/Weigend*, Lb, 34 IV 4.

[261] Vgl. o. 4. Kap./B/III; 3. Kap./B/II/1b.

lichkeit zugunsten der Verwaltung und in Bezug auf Rechtsgüter des Staates oder der Allgemeinheit obsolet machen soll[262], zu kurz greifen. Rechtmäßiges Verhalten der Verwaltung wird stets solches sein, das innerhalb eines ihr vom Gesetzgeber zugebilligten Befugnisrahmens liegt. Deshalb muss natürlich auch die behördliche Einwilligung im Rahmen rechtlicher Befugnisse der Verwaltung liegen. Der Verweis auf das Verwaltungshandeln im Rahmen verwaltungsrechtlicher Befugnisse vermag jedoch die Grenzen dieser Befugnisse nicht auf Anhieb erkennen zu lassen.

Die gesetzlichen Grundlagen der exekutiven Güterdisposition müssen also erstens nicht allein aus dem Verwaltungsrecht selbst erwachsen, sie können auch dem Zivilrecht entstammen. Entscheidend ist zweitens, ob die Verwaltung für die Verfügung über den strafrechtlichen Güterschutz eine Wahlmöglichkeit hat, die sie im Wege einer Abwägungsentscheidung dahingehend nutzen kann, schließlich die „Erlaubnis in die Antastung eines rechtlich geschützten Gutes“ zu geben, weil sie sich vom Verzicht auf den strafrechtlichen Güterschutz einen Vorteil verspricht, den sie anders nicht zu erreichen vermag. Die Güterdisposition wie auch der erstrebte Vorteil selbst müssen zwar in Anbetracht des für das Strafrecht geltenden Parlamentsvorbehaltes den jeweiligen Bestand vor Rechtsordnungen einzig aus formalen Gesetzen ableiten. Es bedarf jedoch nicht einer ausdrücklichen gesetzlichen Regelung, die genau diese von der Verwaltung erstrebte Güterdisposition erfasst. Die Grenze der insoweit bestehenden Befugnis der Verwaltung zur Disposition über den strafrechtlichen Schutz eines Gutes des Staates oder der Allgemeinheit folgen aus dem Parlamentsvorbehalt.

Diese Grenze des Parlamentsvorbehaltes ist enger als die des Demokratieprinzips. Das Demokratieprinzip verbietet exekutives Handeln allein vor dem Hintergrund eines fehlenden Parlamentsgesetzes noch nicht ohne weiteres.[263] Dem entsprechenden Verwaltungshandeln muss keineswegs schon die demokratische Legitimation fehlen. Erst durch den für das Strafrecht in Art. 103 II GG festgelegten Parlamentsvorbehalt wird unter Bezugnahme auf den parlamentarischen Sachvorbehalt als Voraussetzung für staatliches Strafen ein Parlamentsgesetz notwendig und der Verwaltung lediglich noch unselbständige Konkretisierungsmaßnahmen zur Strafnormanwendung erlaubt.[264] Infolge dessen konnte das Demokratieprinzip die Zulässigkeit der behördlichen Einwilligung nicht von vornherein ausschließen. Der Parlamentsvorbehalt zieht auch im Vergleich zum Prinzip des Vorranges des

[262] *Keller*, Rechtliche Grenzen der Provokation von Straftaten, S. 330; *Nitz*, Einsatzbedingte Straftaten Verdeckter Ermittler, S. 92; *Jescheck/Weigend*, a. a. O., ebenda; *Tröndle/Fischer*, vor § 32 RN 5; Jakobs, AT, 16/1, 6.

[263] Vgl. zu den Legitimationssträngen des Demokratieprinzips hier 4. Kap./I/1.

[264] Vgl. im Ergebnis dazu etwa *Ransiek*, Gesetz und Lebenswirklichkeit, S. 40 ff.

Gesetzes engere Grenzen für das Verwaltungshandeln. Nach dem Prinzip des Vorranges des Gesetzes wird der Verwaltung solches Verhalten erlaubt, das nicht mit geltendem Recht kollidiert.[265] Im Wirkungsbereich des Parlamentsvorbehalt verläuft die gezogene Linie enger: wiederum steht der Verwaltung nur die Möglichkeit zu, gleichsam deklaratorisch das selbst zu regeln, was der Gesetzgeber bereits durch Parlamentsgesetz ausformuliert hat.[266] Die Frage der Zulässigkeit der behördliche Einwilligung ließ sich daher aus der Perspektive des Vorrangprinzips nicht deutlicher beantworten als aus der des Demokratieprinzips. Auch im Hinblick auf das Prinzip der Gewaltenteilung sind im Wirkungsbereich des Parlamentsvorbehaltes die Konturen insbesondere zwischen der Legislative und der Exekutive schärfere. Der Verweis auf das Gewaltenteilungsprinzip konnte in der vorliegenden Untersuchung lediglich sicherstellen, dass ein eingriffsfester Vorbehaltsraum der Exekutive nicht zur Verfügung steht und sich aus der Verfassung nicht begründen lässt. Im Geltungsbereich des Parlamentsvorbehaltes ist die funktionale Zuordnung einer organschaftlichen Handlungskompetenz dagegen zweifelsfrei zugunsten der Legislative vorgenommen. Der Parlamentsvorbehalt konkretisiert mithin die Gewaltenteilung zwischen der Legislativen und Exekutiven im Bereich der Entscheidung über die Frage der Strafbarkeit eines bestimmten Verhaltens.

Im Fall der Einräumung von Ermessensspielräumen hinsichtlich der Wahl eines konkreten Handlungsinstrumentes wie etwa im Fall des § 161 StPO n. F. oder aber auch von § 3 BVerfSchG, §§ 2, 3 BND-G und der §§ 4, 5 MAD-G fehlt es regelmäßig daran, dass die Verfügung über den strafrechtlichen Schutz von Gütern des Staates oder der Allgemeinheit entweder generell oder wenigstens bezogen auf bestimmte Güter des Staates oder der Allgemeinheit ausdrücklich durch Gesetz vorgesehen ist. Daher wird die Anwendung des § 161 StPO und der § 3 BVerfSchG, §§ 2, 3 BND-G §§ 4, 5 MAD-G beispielsweise eben gerade nicht auch solches administratives Verhalten umfassen, das die Antastung strafrechtlich geschützter Güter des Staates oder der Allgemeinheit mit einschließt, etwa im Wege eines Agent provocateur-Einsatzes.

Die Regelung der Erteilung der behördlichen Zustimmung zur Antastung des durch die §§ 267 ff StGB geschützten Gutes allein durch die RiStBV, beruhte bis zum Inkrafttreten des OrgKG am 15.07.1992 ausschließlich auf Verwaltungsinnenrecht.[267] Mithin stellte die Regelung in den RiStBV einen Verstoß gegen den laut Art. 103 II GG für das Strafrecht umfassend geltenden Parlamentsvorbehalt dar. Der Sachvorbehalt der zugunsten des Parlaments im Hinblick auf die Rege-

[265] Vgl. ausfhrl. hier dazu o. 4. Kap./B.

[266] *Schmidt-Aßmann*, a. a. O., RN 213.

[267] BGBl. I 1992, S. 1302; *Schaefer*, NJW 1977, 22 ff; *Roxin*, Strafverfahrensrecht[24], § 3 D.

lung dessen besteht, was strafbar ist und was von Strafbarkeit ausgenommen werden soll, wird durch die ausschließliche Regelung der an sich tatbestandlichen Güterantastung durch Verwaltungsinnenrecht missachtet. Auch die Handlungsgrundlagen des Bundesnachrichtendienstes und des Militärischen Abschirmdienstes konnten aufgrund ihrer Rechtsnatur als reines Verwaltungsinnenrecht jedenfalls nicht Grundlage für die behördliche Zustimmung zur Antastung strafrechtlich geschützter Güter der Allgemeinheit oder des Staates bieten. Auch insoweit wäre der aus dem das Strafrecht bestimmende Parlamentsvorbehalt folgende legislative Sachvorbehalt missachtet worden. Erst durch die 1990 erfolgten gesetzlichen Regelungen konnte behördlicherseits über strafrechtlichen Güterschutz disponiert werden, allerdings lediglich über das durch die §§ 267 ff StGB geschützte Gut der Allgemeinheit. Die im Gesetz für den Bundesnachrichtendienstgesetz und den Militärischen Abschirmdienst im übrigen eher generalklauselartig gefassten Befugnisnormen vermögen die behördliche Zustimmung zur Antastung strafrechtlichen Güterschutzes im übrigen nicht mit ihrem Anwendungsbereich zu erfassen. Das Bestehen einer verwaltungsrechtlichen Befugnis, aufgrund einer Generalermächtigung bestimmte Handlungen vorzunehmen, schließt die Disposition über strafrechtlichen Güterschutz nicht gleichsam automatisch mit ein, wenn nur schon die bereits im 3. Kapitel unter B/II/2 genannten Voraussetzungen erfüllt sind[268] und im einzelnen wie folgt lauten:

- Die Verwaltung handelt in Bezug auf die Realisierung von Interessen der Allgemeinheit.
- Die erstrebte Interessenwahrnehmung fällt in den sachlichen und gesetzlich bestimmten Kompetenzbereich der zustimmenden Behörde.
- Es werden darüber hinaus die allgemeinen Grundsätze des Verwaltungshandelns im übrigen eingehalten.
- Es soll auf diese Weise verhindert werden, dass die Rechtsordnung sich gegen sich selbst wendet.

6) Die Übergangsregelung gemäß Bundesverfassungschutzgesetz als Ausnahme

Durch den Parlamentsvorbehalt wird jedoch die Anwendung einer Strafnorm aufgrund einer Übergangsregelung infolge der Nichtigkeitserklärung einer entsprechenden Norm durch das Bundesverfassungsgericht nicht ausgeschlossen. Die Nichtigkeitserklärung einer Strafnorm durch eine Vollstreckungsanordnung etwa nach § 35 BVerfGG in Verbindung mit einer Übergangsregelung soll zulässig sein, soweit durch die Übergangsregelung vom Gesetzgeber gesetzte Grenzen

[268] Vgl. dazu o. 3. Kap./B/II/2.

nicht überschritten werden.[269] Ebensowenig wird vor diesem Hintergrund die behördliche Einwilligung zu einem straftatbestandlichen Verhalten unzulässig sein, nachdem die Nichtigkeitserklärung der entsprechenden Handlungsbefugnis durch die zuständige Verfassungsgerichtsbarkeit erfolgt ist.

Ein Beispiel hierfür ist die Zulässigkeit des Verzichts auf strafrechtlichen Güterschutz gemäß §§ 267 ff StGB infolge einer solchen Übergangsregelung durch eine Entscheidung des Sächsischen Verfassungsgerichtshofes. Dieser hatte in seinem Urteil vom 14.05.1996 zum Sächsischen Polizeigesetz entschieden, dass der Einsatz Verdeckter Ermittler unter einer Legende mit Zustimmung des Sächsischen Staatsministers des Inneren zulässig sei.[270] Allerdings wird verlangt werden müssen, dass die Übergangsregelung hinreichend bestimmt ist und zwar sowohl in ihrer inhaltlichen Gestalt als auch hinsichtlich ihrer zeitlichen Dauer.[271] Keineswegs können solche Übergangsregelungen die entsprechenden gesetzgeberischen Aktivitäten auf unbestimmte Zeit ersetzen.[272] Vielmehr handelt es sich um einen gegenüber der rechtlichen Normalität bestehenden Ausnahmezustand.[273]

Im Hinblick auf die zur Verfügung stehenden staatlichen Maßnahmen zur Informationsgewinnung zum Zweck der Straftatenprävention und -verfolgung wird zum Teil angenommen, es dürfe sich bezüglich eines entsprechenden exekutiven Verzichts auf strafrechtlichen Güterschutz auf einen Übergangsbonus berufen werden.[274] Der Beginn der Übergangsfrist liegt danach im sogenannten Volkszählungsurteil. Ein konkreter Übergangszeitraum ist aber mit Hilfe der Entscheidung nicht benennbar gewesen.[275]

Gegen den Fortbestand einer Übergangsregelung insoweit spricht nicht nur, dass der Gesetzgeber auf Bundes- wie auch auf Länderebene inzwischen zahlreiche Regelungen zur verdeckten Informationssammlung und Verarbeitung getroffen

---

[269] BVerfGE 88, 203, 208, 209 f, 336 f; BVerfG-K NJW 1983, 1258 f; zum Blankettstrafgesetz und zur Reichweite behördlicher Regelungskompetenz vgl. BVerfGE 14, 245, 252; 37, 201, 208f; 75 329, 342; 78, 374, 382; BGHSt 37, 266, 272; *Schmidt-Aßmann*, Maunz-Dürig, Art. 103 RN 201.

[270] Sächs GVBl. 1996, S. 251.

[271] BVerfGE 33, 13; 41, 251, 267.

[272] *Gusy* verweist in diesem Zusammenhang auf die Gefahr, dass insoweit „als ‚Ermächtigungsgrundlage' eine ‚umfangreiche Rechtsprechung' in Verbindung mit dem Übermaßverbot" verbliebe – vgl. insoweit *Gusy*, StV 1991, 499 ff.

[273] *Rudolphi*, SK-StPO vor § 94 RN 53; *ders.*, ebenda vor § 151 RN 95; *Alberts*, ZRP 1987, 193 ff; *Scholderer* NStZ 1989, 586.

[274] *Rogall*, Informationseingriff und Gesetzesvorbehalt im Strafprozeß, S. 102; vgl. zur Problematik auch *Gusy*, a. a. O., ebenda und *Rudolphi*, SK-StPO vor § 151 RN 95a m. w. N.

[275] Vgl. *Groß/Fünfsinn*, NStZ 1992, 100, 112.

hat.[276] Dabei zeichnen sich alle Regelungen durch eine Gemeinsamkeit aus. Sie nehmen ausdrücklichen Abstand von einsatzbedingten Straftaten jenseits der §§ 267 ff StGB, deren ‚Missachtung' durch die Ermächtigung zum Aufbau einer Legende die Bundes- oder Landesgesetzgeber zugelassen haben. Von Einzelfällen abgesehen wurde das Erfordernis einer Ermächtigung zugunsten einsatzbedingter Straftaten nicht ernsthaft gefordert.[277] Auf landesrechtlicher Ebene verbietet etwa in Nordrhein-Westfalen § 36 I Ziff. 4 NGefAG für den Fall des Einsatzes von Vertrauenspersonen durch die Polizei ausdrücklich, das von diesen eine Verleitung Dritter zu strafbarem Verhalten ausgeht. Es bestehen heute sowohl im Bereich der Strafverfolgung als auch in dem der Gefahrenabwehr durch Polizei und Nachrichtendienste insoweit einheitliche Regelungen, dass hinsichtlich nicht dem Einzelnen zugewiesener Rechtsgüter lediglich die Erfüllung der Tatbestände der §§ 267 ff StGB zugelassen wird. Insoweit darf von der Zulässigkeit einer behördlichen Einwilligung aufgrund des Bestehens entsprechender Amts- beziehungsweise Dienstrechte verwiesen werden.

Amelung und *Kerkhoff* machen weiter darauf aufmerksam, dass in Anbetracht des langen Zeitraumes, der seit dem Beginn der angenommenen Übergangsfrist vergangen ist, der in dieser Gesetzgebung sichtbar gewordene Fortschritt der rechtspolitischen Diskussion zu berücksichtigen sein müsse.[278] Der Gesetzgeber hat auf die Feststellung verfassungswidriger Zustände durch das Bundesverfassungsgericht unverzüglich, das heißt ohne schuldhaftes Zögern, zu reagieren.[279] Auch der Sächsische Verfassungsgerichtshof hatte deshalb in seiner vorbezeichneten Entscheidung dem Gesetzgeber eine Übergangsfrist gesetzt.[280] Im Ergebnis lässt sich daher aus dem Argument, das sogenannte Volkszählungsurteil biete die Grundlage für die Anerkennung einer Übergangsphase, in der auch heute noch unabhängig vom Bestehen etwaiger Amts- oder Dienstrechte exekutives Verhalten vor dem Hintergrund einer behördlichen Einwilligung schließlich Unrechtsausschluss erfahren könnte, kein Nutzen für die Zulässigkeit der behördlichen Erlaubnis ziehen. Das gilt sowohl im Bereich der Strafverfolgung beziehungsweise der Straftatenprovokation als auch im allgemeinen.

Es sind gerade die zeitliche Beschränkung und die inhaltliche Bestimmtheit der Übergangsregelung, die das Verfassungsgericht vornimmt, die dann schließlich eine Verletzung des Parlamentsvorbehaltes vermeiden. Denn allein durch die in-

---

[276] Vgl. etwa das OrgKG von 1992; BND-G; MAD-G.

[277] *Stoiber*, 1. Beratung v. 20.9.1991, 42. Sitzung, Plenarprot. 12/42 S. 3504.

[278] *Amelung/Kerkhoff*, JuS 1993, 196, 199.

[279] BVerfGE 33, 13; 58, 283; *Alberts*, ZRP 1987, 193, 195; *Rogall*, GA 1985, 21 ff; *Vogelsang*, DVBl. 1989, 963.

[280] Sächs GVBl. 1996, S. 251.

haltliche und zeitliche Beschränkung einer solchen Übergangsregelung wird sicher gestellt, dass der Gesetzgeber seinen Sachvorbehalt wiederum wahrnimmt, beziehungsweise auch wahr zu nehmen hat. Außerdem wird der Parlamentsvorbehalt dadurch als gewahrt angesehen werden dürfen, dass die Übergangsregelung selbst auf einer gesetzlichen Basis, sei es des Bundesverfassungsgerichtsgesetzes oder entsprechender Landesverfassungsgerichtsgesetze, beruht.

7) Die Fälle

Die vorstehenden Ausführungen gelangten zu dem Ergebnis, dass die behördliche Einwilligung zur Antastung strafrechtlichen Güterschutzes von Gütern des Staates oder der Allgemeinheit nur zulässig ist, wenn

- die Verfügungen über den strafrechtlichen Güterschutz durch Gesetze im formellen Sinne erlaubt werden, ohne dass es dabei darauf ankommt, ob die konkrete Verfügung im Einzelnen eine ausdrückliche Regelung erfahren hat und
- die behördliche Einwilligung deshalb nur unselbständig eine ohnehin gesetzlich eingeräumte Verfügungsfreiheit bezüglich eines strafrechtlich geschützten Gutes umsetzt.

Nur dann vermag die mit der behördlichen Einwilligung in Verbindung stehende straftatbestandliche Güterverletzung oder Gefährdung vom für das Strafrecht geltenden Parlamentsvorbehalt umfasst zu sein.

Diese Voraussetzungen sind im Fall der *Vergabe von Spielmaterial* nicht erfüllt. Es wurde bereits ausgeführt, dass die auf Verwaltungsinnenrecht basierenden Grundlagen der nachrichtendienstlichen Tätigkeit von Bundesnachrichtendienst und dem Militärischen Abschirmdienst nicht ausreichen, um eine Rechtsgrundlage für die behördliche Einwilligung zur Verfügung zu stellen. Allerdings haben auch die durch Gesetz geschaffenen Befugnisse der beiden Nachrichtendienste Klarheit lediglich im Hinblick auf einen Verzicht des durch die § 267 ff StGB geschützten Gutes gebracht. Lediglich die Legendenbildung wurde in den maßgeblichen Gesetzen geregelt. Im übrigen wurden keine Verfügungsbefugnisse geschaffen. Insbesondere bieten daher auch die weit gefassten Generalermächtigungen der beiden Nachrichtendienste in den §§ 2, 3 BND-G und 4, 5 MAD-G keine Grundlage für eine behördliche Einwilligung zum Verrat von Staatsgeheimnissen im Sinne der §§ 93 ff StGB. Die jeweiligen Ermächtigungen für die Nachrichtendienste dort schließen die Begehung von Straftaten aus, da jedenfalls Agent provocateur-Einsätze nicht generell oder im Hinblick auf ein bestimmtes Handlungsgebiet der Nachrichtendienste erlaubt worden sind. Die Regelung zur Legendenbildung bei dem dabei eingeschlossenen Verzicht auf den strafrechtlichen Güterschutz gemäß der §§ 267 ff StGB macht zusätzlich deutlich, dass der Gesetzgeber darüber hinaus der zuständigen Exekutive kein Entschließungsermessen über die zulässige Antastung strafrechtlich geschützter Güter, sei es, dass sie dem Staat oder der Allgemeinheit zugewiesen sind, einräumen wollte. Sofern gleichwohl auf eine entsprechende Tradition bei den Nachrichtendiensten verwiesen und ausgeführt wird, dass Verrat ohne Verrat nicht aufzudecken sei[281], ist ein derartiges Vorgehen als rechtswidrig zurückzuweisen. Es ist gerade nicht von den Befugnissen des Nachrichtendienstes mit umfasst. Keineswegs wird hier gleichsam vom Staat in eigener Sache gehandelt.[282] Der Geheimnisverrat stellt lediglich dann kein Unrecht dar, wenn es am Eintritt eines schweren Nachteils für die Bundesrepublik Deutschland fehlt und lediglich Interessen der äußeren Sicherheit gegen eben solche[283] und nicht etwa gegen solche der inneren Sicherheit abgewogen werden.[284] Hierüber befindet aber im Zweifel nicht der handelnde Nachrichtendienst selbst.[285]

Keine Billigung vor der Rechtsordnung findet der *Flugblattfall*. Auch insoweit ist auf das Fehlen einer gesetzlichen Grundlage für die behördliche Einwilligung zu verweisen. Es lässt sich allgemein formulieren, dass Agent provocateur-Einsätze von der Rechtsordnung zum gegenwärtigen Zeitpunkt in keiner Weise gebilligt werden. Mithin vermag auch eine mit diesen Einsätzen notwendiger Weise verknüpfte behördliche Einwilligung zur straftatbestandlichen Antastung eines strafrechtlich geschützten Gutes keine Billigung vor der Rechtsordnung zu finden. Generell scheitert die insoweit vorgenommene Aufhebung der Geltung der Strafnorm am dem durch Art. 103 II GG für das Strafrecht umfassend geltenden Parlamentsvorbehalt und insbesondere an dem ihm inne wohnenden parlamentarischen Sachvorbehalt. Soweit dabei im Rahmen der Strafverfolgung oder der Straftatenprävention gehandelt wird, kommt insbesondere auch ein Rückgriff auf § 161 I StPO n. F. nicht in Betracht.[286] Wie auch die nachrichtendienstlichen Befugnisnormen schließt § 161 I StPO die Straftatenbegehung zur staatlichen Informationsgewinnung nicht mit ein. Auch mit dem Blick auf die Neufassung des § 161 I StPO kann daher aus heutiger Sicht ein Vorgehen wie die *Celler Aktion*

[281] *Borgs/Ebert*, § 3 BVerfSchG a. F. RN 145 ff; ebenso *Marx*, Die behördliche Genehmigung im Strafrecht, S.149 ff; *Goldmann*, Die behördliche Genehmigung als Rechtfertigungsgrund, S. 218 ff; ebenso *Träger*, der im Zweifel einen Rechtfertigungsgrund auch dann annehmen möchte, wenn die Interessenabwägung im Fall des § 94 StGB nicht mehr nur verschiedene auswärtige Belange betrifft, LK, § 94 RN 9.

[282] So aber die Autoren in der Anm. oben, ebenda.

[283] BT-DrS V/2680, S. 18; *Träger*, LK, § 94 RN 9, *Krey*, ZStW 79 (1967),. 103, 119; *Arndt*, NJW 1963, 465, 467.

[284] *Stree*, Sch.-Sch., § 94 RN 14.

[285] Das folgt bereits aus den besonderen Regelungen zur Einstellung entsprechender Straftaten gem. 153c, II, III, 153d, 153e StPO, dazu *Träger*, LK, vor § 93 RN 10.

[286] Vgl. o. 4. Kap./C/V/5.

nicht gerechtfertigt werden, soweit dabei die Tatbestände der §§ 145d I Nr. 1, 164, 344 I, 357 II und 304 StGB beziehungsweise § 316b I Nr. 3 StGB oder § 120 StGB erfüllt werden.

Die bei der *Celler Aktion* infolge der Beschädigung der Gefängnismauer stattfindende Verfügung über Verwaltungsvermögen findet ebenfalls nicht einmal ungeachtet der Tatbeständsmäßigkeit gemäß § 304 StGB beziehungsweise § 316b I Nr. 3 StGB einen Wiederhall in den einschlägigen haushaltsrechtlichen Regelungen. Vielmehr darf der Fall mit Verweis auf *Velten* als Beispiel dafür gewertet werden, dass gerade die haushaltsgesetzlichen Grundlagen eine Verfügung zu einer strafrechtswidrigen werden lassen können, wenn ihre Einhaltung nicht bedacht wird.[287]

Im Fall der *2. Variante* der *Gefangenenbefreiung* des Fall 4 findet die Freilassung im Interesse der Gefahrenabwendung infolge der eingangs bezeichnete Kriterien für eine rechtmäßige behördliche Einwilligung aus der Perspektive des strafrechtlichen Parlamentsvorbehaltes ebenfalls keine Billigung. Insoweit bietet die Rechtsordnung den Weg über den nicht justiziablen Gnadenerlass. *Die erste Variante* des Falles 4 findet eine sachgerechte Lösung über § 34 StGB bei Berücksichtigung der insoweit durch das Bundesverfassungsgericht festgestellten Handlungsfreiheit der Exekutive.[288]

Im *Demonstrationsfall* kann zunächst angenommen werden, dass die Erlaubnis in die Antastung des nach §§ 258, 258a, 13 StGB strafrechtlich geschützten Gutes seine gesetzliche Grundlage in der ein Entschließungsermessen einräumenden polizeilichen Generalermächtigung findet. So ließe sich vertreten, dass das Polizeirecht die Gefahrenabwehr regele und daher dort das Absehen von einem polizeilichen Tätigwerden erlaube, wo die Gefahrenabwehrmaßnahme gleichzeitig größere Gefahren für andere polizeipflichtige Rechtsgüter heraufbeschwöre. Allerdings würde dieser Ansatz übersehen, dass auch das Polizeirecht keines Bundeslandes die Begehung von Straftaten als zulässige Maßnahme der Gefahrenabwehr anerkennt. Wiederum darf insoweit auf die entsprechenden Ausführungen zu § 161 I StPO n. F. und die nachrichtendienstlichen Befugnisse verwiesen werden. Die Polizeigesetze der Länder mit ihren Generalermächtigungen schließen die Begehung von Straftaten als Maßnahme grundsätzlich aus. Nicht zuletzt deshalb bedurfte es auch dort jeweils einer besonderen gesetzlichen Regelung zur

---

[287] Vgl. dazu ausfhrl. *Velten* die in StV 1987, 544, 546 f; vgl. allg. zu Fragen der Haushaltsuntreue hier nochmals BGHSt 40, 287 ff; 19, 37, 45; BGH NStZ 1991, 143 ff; BGH wistra 1985, 190 f; BGHSt 44, 293, 297, dort insbes. auch zu den Grenzen der Strafbarkeit gem. § 266 StGB.

[288] Vgl. dazu o. 2. Kap./A/II/2.

Legendenbildung.[289] Zum Teil wurde darüber hinaus sogar noch die ausdrückliche Regelung aufgenommen, dass Informanten Dritte nicht zu Straftaten anstiften dürfen.[290] Deshalb wird die im Demonstrationsfall dargestellte Pflichtenkollision zwischen Strafverfolgungszwang und Pflicht zur Gefahrenabwehr eine rechtlich einwandfreie Lösung gerade auch aus der Perspektive des strafrechtlich geltenden Parlamentsvorbehaltes nur im Wege der Lösung über eine rechtfertigende Pflichtenkollision finden.

8) Zwischenergebnis

Die Betrachtung des Parlamentsvorbehaltes hat zu dem Ergebnis geführt, die Zulässigkeit der behördlichen Einwilligung überall dort zu verneinen, wo der Gesetzgeber die Verfügbarkeit des strafrechtlichen Schutzes des staatlichen Rechtsgutes oder des Rechtsgutes der Allgemeinheit nicht durch Gesetze geregelt hat. Für die Rechtmäßigkeit der behördlichen Einwilligung sollen mindestens dieselben Anforderungen gelten wie für die die Rechtmäßigkeit von Strafnormen konkretisierenden Verwaltungsvorschriften oder andere administrative Einzelakte, etwa dem Verwaltungsakt. Letzterer kann nur deshalb strafnormkonkretisierend wirken, weil er selbst auf einer gesetzlichen Grundlage beruht und also der Parlamentsvorbehalt insoweit beachtet worden ist. Verwaltungsvorschriften sind Verwaltungsinnenrecht. Verwaltungsvorschriften können daher lediglich insoweit zur Konkretisierung von Strafnormen herangezogen werden, als in ihnen nur die ohnehin gesetzlich normierten Verhaltensregeln nochmals unselbständig ausformuliert werden. Da die behördliche Einwilligung anders als der Verwaltungsakt nicht auf einem Gesetz beruht, kann sie lediglich dort in zulässiger Weise zu einer Disposition über den strafrechtlichen Güterschutz führen, wo die in der behördlichen Einwilligung zum Ausdruck gebrachte Antastung des strafrechtlichen Güterschutzes, ihrem Grunde nach bereits durch Gesetz geregelt ist. Ein solches Gesetz

[289] BT-DrS 12/989.

[290] In Niedersachsen ist Vertrauenspersonen das Anstiften von Straftaten gemäß § 36 IV NGefAG untersagt, dort heißt es: "Vertrauenspersonen dürfen nicht verwendet werden, um 1. in einer Person, die nicht zur Begehung von Straftaten bereit ist, den Entschluß zu wecken, Straftaten zu begehen, oder 2. eine zur Begehung von Straftaten bereite Person zur Begehung einer Straftat zu bestimmen, die mit einem erheblich höheren Strafmaß bedroht ist, als ihre Bereitschaft erkennen läßt, oder 3. Daten mit Mitteln oder Methoden zu erheben, die die Polizei nicht einsetzen dürfte"; vgl. zum Ganzen auch *Körner*, StV 1982, 382, 384; für eine deutliche Trennung zwischen Gefahrenabwehr und Strafverfolgung *Ringwald*, ZRP 1988, 178, 181; *Merten/Merten*, ZRP 1991, 213, 216; *Keller/Griesbaum*, NStZ 1990, 416, 418; damit wird deutliche Stellung gegen die allg. Formel von der Doppelfunktionalität der Polizei bezogen, vgl. *Emmerig*, DVBl. 1958, 338 ff; *Kniesel/Vahle*, DÖV 1990, 646 ff; *Kniesel*, ZRP 1987, 377, 378; *Kirchhof* NJW 1978, 969 ff.

kann sowohl dem Verwaltungsrecht als auch dem Zivilrecht zuzuordnen sein. Das maßgebliche Gesetz muss auch nicht die konkrete Verfügung ausdrücklich vorgesehen haben. Der Umfang der erlaubten Verfügung kann sich auch aus dem Zusammenspiel mehrerer Gesetze ergeben. Insbesondere können daher Verfügungen über das Verwaltungs- oder Finanzvermögen des Staates aus der Perspektive des Strafrechts als Fälle behördlicher Einwilligung bezeichnet werden. Als Ausnahme und mithin zulässige Durchbrechung des Parlamentsvorbehaltes wurden Fälle angenommen, in denen die Verwaltung aufgrund einer verfassungsgerichtlichen Nichtigkeitserklärung einer Norm etwa nach § 35 BVerfGG aufgrund einer Übergangsregelung zur Antastung eines strafrechtlich geschützten Gutes die Erlaubnis erhält.

D) Zusammenfassung des 4. Kapitels

Im vierten Kapitel der Untersuchung wurde der Frage nachgegangen, ob die mit einer behördlichen Einwilligung stets zu verbindende straftatbestandliche Antastung eines strafrechtlich geschützten Gutes der Allgemeinheit oder des Staates ein verfassungsrechtlich zu vertretender Preis für den mit der behördlichen Einwilligung regelmäßig erstrebten Interessengewinn ist. Das Ergebnis fiel grundsätzlich negativ aus. Ohne weiteres, das konnten die Erörterungen zum Parlamentsvorbehalt zeigen, ist die behördliche Einwilligung aus verfassungsrechtlicher Sicht nicht zulässig. Lediglich dort, wo der Gesetzgeber im Ergebnis die Verfügbarkeit des auch strafrechtlichem Schutz unterworfenen Gutes aufgrund eines formellen Gesetzes zugelassen hat, wird eine solche Verfügung auch aus strafrechtlicher Sicht ihre Billigung finden müssen. Denn freilich bedarf es des strafrechtlichen Güterschutzes dort nicht mehr, wo die handelnde Verwaltung mit der Disposition über den Güterschutz einen an anderer Stelle formal-gesetzlich eingeräumten Handlungsfreiraum ausnutzt.[1] Es wurde bereits ausgeführt, dass die maßgebliche Verfügung eben gerade nicht ausdrücklich gesetzlich geregelt worden sein muss.[2] Der für das Strafrecht in Art. 103 II GG zum Ausdruck gebrachte Parlamentsvorbehalt verlangt, die Entscheidung, ob ein Verhalten strafbar sein soll oder nicht, allein dem Gesetzgeber zu überlassen.[3] Deshalb steht der Verwaltung keine Kompetenz zu, in der einen oder anderen Weise darüber zu entscheiden, ob ein konkretes Verhalten strafbar ist oder nicht.

Die Verwaltung kann sich insbesondere auch nicht auf einen eigenen Handlungsspielraum berufen und diesen für sich aufgrund des Gewaltenteilungsprinzips reklamieren.[4] Der durch den Parlamentsvorbehalt insoweit vorgegebene parlamentarische Sachvorbehalt verbietet es der Verwaltung, ohne gesetzliche Grundlage eine Verfügung über den strafrechtlichen Güterschutz vorzunehmen. Ein administrativer Kernbereich, in dem die behördliche Einwilligung zumindest vor dem Hintergrund funktionaler Aspekte des Verwaltungshandelns zulässig ist, konnte nicht ermittelt werden.[5]

Der strafrechtlich wirkende Parlamentsvorbehalt zieht infolge des ihm immanenten Sachvorbehaltes wie auch des an erhöhte Anforderungen geknüpften Bestimmtheitsgebotes engere Grenzen für das Verwaltungshandeln als das Demokratieprinzip[6] oder der Vorrang des Gesetzes[7]. Mithin kann auch nicht unter

---

[1] Vgl. o. 4. Kap/C/V/5.

[2] Vgl. o. 4. Kap/C/V/5.

[3] Vgl. o. 4. Kap./C/V/2-4.

[4] Vgl. o. 4. Kap./C/IV/2.

[5] Vgl. o. 4. Kap./C/IV/2, 3.

[6] Vgl. o. 4. Kap/A/III.

Rückgriff auf staatliche Schutzpflichten[8] in Verbindung mit dem Demokratieprinzip oder dem Gesetzesvorrang ein administrativer Freiraum für die behördliche Einwilligung festgestellt werden, der dann wiederum auch gleichsam automatisch mit den Anforderungen aus dem Parlamentsvorbehalt kongruent wäre. Auch der Verweis auf die Durchsetzung eines staatlichen Strafanspruchs[9] vermochte nicht wenigstens in Teilbereichen die behördliche Einwilligung zu legitimieren, wenn freilich auch das Legalitätsprinzip von sich aus nicht die Verfolgung jedweden straftatbestandlichen Handelns von vornherein verlangt[10].

Zusammenfassend ist daher für die Zulässigkeit einer behördlichen Einwilligung und mithin für die straftatbestandliche Antastung eines strafrechtlich geschützten Gutes aus verfassungsrechtlicher Perspektive stets eine gesetzliche Grundlage erforderlich, andernfalls würde die behördliche Einwilligung gegen den Parlamentsvorbehalt verstoßen. Für eine behördliche Einwilligung beispielhaft konnte auf administrative Verfügungen über Güter des Verwaltungs- oder des Finanzvermögens verwiesen werden.

Ferner war ein Fall einer gleichsam justiziell limitierten Ausnahme vom Parlamentsvorbehalt benannt worden. Es handelte sich um den Fall, dass eine Verfügung über strafrechtlichen Güterschutz vorsehende Norm durch die Verfassungsrechtssprechung als nichtig anerkannt worden ist und infolgedessen die Verwaltung die Verfügungserlaubnis über das Gut im Wege einer inhaltlich und zeitlich bestimmten Übergangslösung erhält.[11]

---

[7] Vgl. o. 4. Kap/B/IV; C/V/5.

[8] Vgl. o. 4. Kap/C/III/3.

[9] Vgl. o. 4. Kap/C/II/5.

[10] Vgl. o. 4. Kap/C/I/4.

[11] Vgl. o. 4. Kap/C/V/6.

5. Kapitel
Zusammenfassung der Untersuchung - Ausklang

Die Untersuchung hat die Frage aufgeworfen, ob von der Exekutive verwaltete Rechtsgüter, Rechtsgüter die hier als solche des Staates oder der Allgemeinheit bezeichnet werden, ebenso disponibel sein können, wie dies Individualrechtsgüter sind. Mithin wurde der Frage nachgegangen, ob gleich einer individuellen Einwilligung auch eine behördliche Einwilligung zulässig sein kann. Dem wird entgegen gehalten, dass die behördliche Zustimmung im Bereich des Verwaltungshandelns der Einwilligung Privater entspreche. Es stelle sich also keine Einwilligungsproblematik hinsichtlich des Verwaltungshandelns. Vielmehr müsse angenommen werden, solches Handeln liege stets im Rahmen der gesetzlich gegebenen Befugnisse. Offen bleibt dabei die Antwort, wie die maßgeblichen Verwaltungsbefugnisse dort definiert sind, wo sie der Gesetzgeber nicht ausdrücklich bezeichnet hat. Selbstverständlich wird jedes verwaltungsrechtlich zulässige Handeln auch strafrechtlich folgenlos bleiben.

Die individuelle Einwilligung ist freiheitserweiternd. Die behördliche Zustimmung zur Antastung eines strafrechtlich geschützten Gutes wird dagegen in Bezug auf individuelle Freiheiten stets diesen, sofern sie überhaupt berührt werden, immer nur verpflichtet sein. Allein dieser Umstand macht bereits deutlich, dass der Verweis auf die Befugnis zur Zustimmung zur Antastung strafrechtlichen Güterschutzes zu kurz sein muss. Die Untersuchung führt eine Reihe von Fällen ins Feld, in denen die Verwaltung die Zustimmung zur Antastung strafrechtlichen Schutzes von Rechtsgütern des Staates oder der Allgemeinheit gegeben hat oder diese zumindest für zulässig erachtet wurde, ohne dass es dafür eine ausdrückliche gesetzliche Befugnis gab. Im Einzelnen hat die Untersuchung zwei Fälle unterschieden, in denen die Frage der administrativen Handlungsbefugnis nicht eindeutig war.

Im Fall des Bestehens einer Eingriffsermächtigung wäre die Zustimmung zur Antastung eines strafrechtlich geschützten Gutes eine von mehreren denkbaren Handlungsvarianten, ohne dass diese ausdrücklich genannt würde. Als Beispiel wurde etwa auf § 161 I StPO verwiesen und der Frage nachgegangen, inwieweit diesbezüglich die Provokation von Straftaten ein zulässiges Instrument zur Informationsbeschaffung sein könnte.

Fehlt es an einer Eingriffsermächtigung oder einer anderweitigen gesetzlichen Handlungsbefugnis, wie etwa § 43 BRRG, und berührt das maßgebliche exekutive Handeln vielleicht auch gar nicht individuelle Rechtsgüter, ist ebenfalls nicht klar, wie weit exekutive Befugnisse zu reichen vermögen. Deutlich wurde mit Blick auf das Verwaltungs- oder Finanzvermögen der öffentlichen Hand, dass schließlich auch ohne detaillierte Befugnisnormen über strafrechtlich geschützte

Rechtsgüter verfügt werden kann und diese Verfügung strafrechtlich folgenlos bleibt.

So wie die individuelle Einwilligung nicht unter dem Preis der Hinnahme einer Güterantastung zu erhalten ist, ist auch die behördliche Einwilligung nicht unter dem Preis der Hinnahme einer straftatbestandlichen Güterantastung, sei es im Sinne einer straftatbestandlichen Gütergefährdung oder –verletzung, zu erhalten. Bei der Individualeinwilligung liegt der Gewinn der Einwilligung gerade im Preis, den sie fordert. Die individuelle Hinnahme der Güterantastung geschieht, um einen Gewinn an anderer Stelle zu erhalten, so eröffnet etwa die Einwilligung in die Körperverletzung Chancen zur medizinischen Heilung. Der Preis der Güterverletzung wird aus zweierlei Gründen vernachlässigbar. Angesichts des individuellen Freiheitsgewinnes wird der Einzelne den Preis seiner Einwilligung stets gerne tragen. Angesichts der Verwurzelung der individuellen Einwilligung in den Grundrechten vermag auch die Rechtsordnung den Preis der individuellen Disposition über strafrechtlichen Güterschutz entgegen einem Parlamentsgesetz hinzunehmen. Die Option zur individuellen Einwilligung wurde als Teil des grundrechtlichen Schutzradius bestimmt. Die individuelle Einwilligung bewahrt den Einzelnen vor einer aufgedrängten Bereicherung staatlichen Schutzes der eigenen Rechtsgüter. Im Verhältnis zwischen Bürger und Staat weist die individuelle Einwilligung Grenzen staatlicher Sanktionsmöglichkeiten und mithin staatlicher Eingriffshandlungen auf.

Auch die behördliche Einwilligung ist nicht unter dem Preis der Antastung eines strafrechtlich bestehenden Güterschutzes eines Gutes des Staates oder der Allgemeinheit zu erhalten. Während im Fall der Individualeinwilligung die Hinnahme der straftatbestandlichen Güterantastung vor der Rechtsordnung ihre Billigung aus einem unmittelbar aus den Grundrechten folgenden Freiheitsrecht ziehen konnte, liegt der behördlichen Einwilligung ein vergleichbares Freiheitsrecht der Verwaltung, das die straftatbestandliche Güterantastung rechtfertigen könnte, nicht zugrunde. Dies hat hier schließlich zu der Frage nach der Rechtfertigung der behördlichen Einwilligung geführt.

Die Untersuchung misst im Hinblick auf die Frage nach der Akzeptanz des Preises durch die Rechtsordnung dem im Strafrecht gemäß Art 103 II GG ausdrücklich geltenden Parlamentsvorbehalt entscheidende Bedeutung zu. Der Parlamentsvorbehalt erlaubt es allein der Legislative, darüber zu bestimmen, welches Verhalten strafbar sein soll. Der Parlamentsvorbehalt begründet diesbezüglich einen unantastbaren Sachvorbehalt zugunsten des Parlaments. Die Konkretisierung der Normanwendung durch die Verwaltung kann lediglich in gleichsam deklaratorischer Weise erfolgen. Wie eng allerdings die Grenzen gesteckt sind, machte ein Verweis auf § 264 StGB deutlich. Die Verwaltung kann nicht selbständig über die Strafbarkeit eines maßgeblichen Verhaltens bestimmen, und zwar weder positiv, im Sinne der Definition eines Verhaltens als strafbar, noch negativ, im Sinne der Definition eines straftatbestandlichen Verhaltens als straflos.

Die behördliche Einwilligung verstößt daher dort gegen den Parlamentsvorbehalt, wo nicht die mit ihr verbundene straftatbestandliche Antastung strafrechtlichen Güterschutzes durch Gesetz gleichwohl erlaubt ist. Der Parlamentsvorbehalt verlangt also, die Verfügbarkeit strafrechtlichen Güterschutzes für die Verwaltung allein gesetzlich zu bestimmen und zwar nicht nur wegen des Eingriffs, der mit dem Vollzug einer Strafnorm stets im Ergebnis verbunden ist. Darüber hinaus bedarf es der parlamentarischen Gesetzgebung insoweit schon deshalb, weil die Entscheidung über die Strafbarkeit beziehungsweise Nichtstrafbarkeit eines Verhaltens, weitreichende Auswirkungen auf die allgemeinen gesellschaftlichen Lebensverhältnisse haben wird. Der strafrechtliche Güterschutz markiert nicht zuletzt auch das für ein gedeihliches Miteinander unerlässlich gehaltene ethische Minimum der Gesellschaft.

Die behördliche Einwilligung stellt im Fall der Verletzung des Parlamentsvorbehaltes eine tiefgreifende Missachtung der individuellen Freiheit dar, wie sie durch die Grundrechte geschützt wird. Sie führt dann zur Missachtung einer ausdrücklich festgelegten und nicht delegierbaren parlamentarischen Sachkompetenz. Staatliches Handeln wird von seiner nach dem Demokratieprinzip erforderlichen demokratischen Legitimation gelöst. Mithin lässt sich die Rechtsordnung durch das Zulassen einer behördlichen Einwilligung nicht bewahren. Ein Handeln des Staates in eigener Sache durch seine Verwaltungen kommt jedenfalls in Bezug auf das Sachgebiet des Strafrechts nicht in Frage, ohne dass dafür infolge des Parlamentsvorbehaltes sachgebietsbezogene Grenzen durch Gesetze geschaffen werden, und zwar unabhängig von einem möglichen angenommenen Eingriffspotential des maßgeblichen staatlichen Handelns. Die behördliche Einwilligung ist wegen des aus dem Parlamentsvorbehalt erwachsenden Erfordernisses ihrer gesetzlichen Legitimation also kein zulässiges staatliches Insichgeschäft.

Gerade in der Rechtsprechung sichtbaren Tendenzen einer Ausweitung exekutiver Befugnisse zum Verzicht auf strafrechtliche Normgeltung, etwa im Zusammenhang mit Agent provovateur-Einsätzen, sind infolge des hier erzielten Untersuchungsergebnisses eine deutliche Absage zu erteilen. Aber auch im Fall nachrichtendienstlichen Engagements kann nicht über strafrechtlich bestehenden Güterschutz über den Rahmen hinaus verfügt werden, den die Tatbestände der §§ 93 ff und insbesondere § 94 I StGB selbst schon vorsehen. Was insoweit zum Erhalt der Rechtsordnung dienen soll, missachtet sie tatsächlich in ihren Grundpfeilern. Freilich zeigt aber auch der Verweis auf die Möglichkeiten, über Gegenstände des Verwaltungsvermögens oder des Finanzvermögens der öffentlichen Hand gerade auch aus strafrechtlicher Sicht verfügen zu können, dass die Disponibilität strafrechtlichen Güterschutzes keineswegs so eng geregelt sein muss wie dies etwa im Fall des § 331 III StGB geschehen ist.

Literaturverzeichnis

Literaturverzeichnis

Achterberg, Norbert, Allgemeines Verwaltungsrecht, 2. Auflage, Heidelberg 1986

Ahlf, Ernst Heinrich, Zur Frage der Strafbarkeit des kontrollierenden Kriminalbeamten nach § 284 a StGB

Alberts, Hans, „Übergangszeit" im bereichsspezifischen Datenschutz, ZRP 1987, 196 ff

Albrecht, Karl-Dieter/*Hönle*, Joseph/*Mayer*, Jörg/*Merten*, Detlef, Staudinger BGB-Kommentar zu Art. 73 EGBGB, Berlin 1988

Alexi, Robert, Ermessensfehler, JZ 1986, 701 ff

Altenhain, Karsten, Die Verwirklichung mehrerer Tatbestandsalternativen: Einzelverbrechen oder Idealkonkurrenz?, ZStW 107 (1995), 393 ff

Amelung, Knut, Rechtsgüterschutz und Schutz der Gesellschaft, Frankfurt 1972

- *ders*., Erweitern allgemeine Rechtfertigungsgründe, insbesondere § 34 StGB hoheitliche, Eingriffsbefugnisse des Staates?, NJW 1977, 833 ff

- *ders*., Die Einwilligung in die Beeinträchtigung eines Grundrechtsgutes, Berlin 1981

- *ders*., Die Zulässigkeit der Einwilligung bei den Amtsdelikten, Festschrift für Hanns Dünnebier, Berlin 1982, S. 487 ff

- *ders*., Der Hausfriedensbruch als Mißachtung physisch gesicherter Territorialität, ZStW 98 (1986), 355 ff

- *ders*., Zulässigkeit und Freiwilligkeit der Einwilligung bei strafprozessualen Grundrechtsbeeinträchtigungen, in: Freiheit und Verantwortung im Verfassungsstaat, hrsg. von Rüthers, Bernd, Stern, Klaus, München 1984

- *ders*., Die Rechtfertigung von Polizeivollzugsbeamten, JuS 1986, 329 ff

- *ders*., Informationsbeherrschungsrechte im Strafprozeß, Berlin 1990

- *ders*., Über die Einwilligungsfähigkeit, ZStW 104 (1992), 525 ff

- *ders*., Zum Verantwortungsmaßstab bei der mittelbaren Täterschaft durch Beherrschung eines nicht verantwortlichen Selbstschädigers, in Bausteine eines europäischen Strafrechts, hrsg. Schünemann, Bernd und Roxin, Claus, Berlin 1995

- *ders*., Willensmängel bei der Einwilligung als Tatzurechnungsproblem, ZStW 109 (1997), 490 ff

- *ders*./*Kerkhoff*, Gerhard, Zur strafprozessualen Verwertbarkeit von Videoaufzeichnungen ohne spezialgesetzliche Ermächtigung, JuS 1993, 196 ff

- *ders./Eymann*, Frieder, Die Einwilligung des Verletzten im Strafrecht, JuS 2001, 937 ff

Arloth, Frank, Verfahrenshindernis und Revisionsrecht, NJW 1985, 417 ff

Arnim von, Hans Herbert, Grundfragen der Kontrolle von Gesetzgebung und Verwaltung, DÖV 1982, 917 ff

- *ders.*, Begrenzung öffentlicher Ausgaben durch Verfassungsrecht, DVBl. 1985, 1286 ff

Arndt, Adolf, Das Staatsgeheimnis als Rechtsbegriff und als Beweisfrage, NJW 1963, 465 ff

Baade, Hans, Das Verhältnis von Parlament und Regierung im Bereich der Auswärtigen Gewalt der Bundesrepublik Deutschland, Hamburg 1962

Baader, Emil, Parlamentsvorbehalt, Wesentlichkeitsgrundsatz, Delegationsbefugnis, JZ 1992, 394 ff

Bachof, Otto, Beurteilungsspielraum, Ermessen und unbestimmter Rechtsbegriff im Verwaltungsrecht, JZ 1955, 97 ff

Badura, Peter, Gestaltungsfreiheit und Beurteilungsspielraum der Verwaltung, bestehend aufgrund und nach Maßgabe des Gesetzes, Festschrift für Otto Bachof, München 1984, S. 169 ff

Baumann, Jürgen/*Weber*, Ulrich/*Mitsch*, Wolfgang, Strafrecht Allgemeiner Teil, 10. Auflage, Bielefeld 1995

Binding, Karl, Handbuch des Strafrechts, Bd. 1, Leipzig 1885

- *ders.*, Strafrechtliche und strafprozessuale Abhandlungen, Bd. II, Leipzig 1915

- *ders.*, Die Normen und ihre Übertretung, Bd. I, 4. Auflage, Leipzig 1922

Birk, Dieter, Das Haushaltsrecht in der bundesstaatlichen Finanzverfassung (Art. 109-115 GG), JA 1983, 563 ff

Beling, Ernst, Grundzüge des Strafrechts, 6. & 7. überarb. Auflage, Tübingen 1920, Nachdruck Keip Goldbach 1995

- *ders.*, Deutsches Reichsstrafprozeßrecht, Leipzig 1928

Benda, Ernst/*Maihofer*, Werner/*Vogel*, Hans-Jochen, Handbuch des Verfassungsrechts der Bundesrepublik Deutschland, 1. Auflage, Berlin 1983; 2. Auflage, Berlin 1994

Berz, Ulrich, Polizeilicher agent provocateur und Taterfolg, JuS 1982, 416 ff

Berner, Albert Friedrich, Lehrbuch des Deutschen Strafrechts, Leipzig 1868

Bernsmann, Klaus, Kronzeugenregelungen des geltenden Rechts, JZ 1988, 539 ff

Blei, Hermann, Strafrecht II, 12. Auflage, München 1983

- *ders.*, Probleme des polizeilichen Waffengebrauchs, JZ 1955, 625 ff

- *ders.*, Die Neufassung der Bestechungstatbestände, JA 1974, 377 ff

Blümmel, Willi, Fachplanung durch Bundesgesetz, DVBl. 1997, 205 ff

Böse, Martin, Die Immunität von Europol - ein unterschätztes Verfolgungshindernis?, NJW 1999, 2416 ff.

Borer, Thomas, Legalitätsprinzip und die auswärtigen Angelegenheiten, Basel, Frankfurt/Main 1986

Borgs-Maciejewski, Hermann/*Ebert*, Frank, Das Recht der Geheimdienste, München, 1986

Bottke, Wilfried, Polizeiliche Ermittlungsarbeit und Legalitätsprinzip, Gedächtnisschrift für Karlheinz Meyer, Berlin 1990, S. 37 ff

- *ders.*, Wege der Strafrechtsdogmatik, JA 1980, 93

- *ders.*, Anfertigung und Verwertung heimlicher Wort- und Stimmaufzeichnungen auf Tonträger außerhalb des Fernmeldeverkehrs, Jura 1987, 356 ff

Braum, Stefan, Das Grafittibekämpfungsgesetz und der Schutz des Eigentums, KJ 2000, 35 ff

Bruns, Hans-Jürgen, "Zur Frage der Folgen tatprovozierenden Verhaltens polizeilicher Lockspitzel"; eine Besprechung des Urteils BGH I StR 148/48 v. 23.5.1984, StV 1984, 388 ff

Bulla, Eckart, Die Lehre von der streitbaren Demokratie, AöR 98 (1973), 340 ff

Bundesregierung, Presse- und Informationsamt, Dokumentation der Bundesregierung zur Entführung von Hanns Martin Schleyer, München 1977

Burghard, Waldemar, Auf ein Wort, Herr Justizminister, Kriminalistik 1991, 683

Dahs, Hans, § 153a StPO - ein Allheilmittel der Strafrechtspflege, NJW 1996, 1192 ff

Degenhart, Christoph, Der Verwaltungsvorbehalt, NJW 1984, 2184 ff

Dencker, Friedrich, Zulässigkeit staatlich gesteuerter Deliktsbeteiligung, Festschrift für Hanns Dünnebier, S. 447 ff

Denninger, Erhard, Das Recht auf informationelle Selbstbestimmung und innere Sicherheit, KJ 1985, 219 ff

- *ders.*, Wenn der Kriminalist im Hausmüll des Verdächtigen forscht, Kriminalistik 1987, 505 ff

Derksen, Roland, Handeln auf eigene Gefahr, Berlin 1992

Dodegge, Georg, Die sogenannte Celler Aktion und das deutsche Strafrecht, zu Kühne, JuS 1987, 188 ff, JuS 1987, 591 ff

Dolzer, Rudolf, Bonner Kommentar zum Grundgesetz, Heidelberg, Std. März 1998

Dreier, Horst, Grundgesetzkommentar, Bd. I, 1. Auflage, Tübingen 1996

- *ders.*, Dimensionen der Grundrechte, Hannover 1993

Dreher, Eduard, Kausalität der Beihilfe, MDR 1972, 553 ff

- *ders.*, Der Irrtum über Rechtfertigungsgründe, Festschrift für Ernst Heinitz, Berlin 1972, S. 207

Drews, Bill/*Wacke*, Gerhard/*Vogel*, Klaus/*Martens*, Wolfgang, Gefahrenabwehr: allgemeines Polizeirecht (Ordnungsrecht) des Bundes und der Länder, Köln 1986

Ebert, Udo/*Kühl*, Kristian, Das Unrecht der vorsätzlichen Tat, Jura 1981, 225 ff

Eckl, Peter, Legalitätsprinzip in der Krise?, ZRP 1973, 139 ff

Eisenberg, Ulrich, Kriminologie, München 1995

- *ders.*, Straf(verfahrens-)rechtliche Maßnahmen gegenüber „Organisiertem Verbrechen", NJW 1993, 1033 ff

Ehrenzeller, Bernhard., Legislative Gewalt und Außenpolitik: eine rechtsvergleichende Studie zu den parlamentarischen Entscheidungskompetenzen des deutschen Bundestages, des amerikanischen Kongresses und der schweizerischen Bundesversammlung im auswärtigen Bereich, Basel, Frankfurt/Main 1993

Emmerig, Ernst, Die Doppelfunktion der Polizei, DVBl. 1958, 338 ff

Endriß, Rainer, V-Personen als Beweismittel, Bürgerrechte und Polizei, CILIP 1995, 63 ff

Erb, Volker, Legalität und Opportunität: gegensätzliche Prinzipien der Anwendung von Strafrechtsnormen im Spiegel rechtstheoretischer und rechtspolitischer Überlegungen, Berlin 1999

Erichsen, Hans-Uwe, Unbestimmter Rechtsbegriff und Beurteilungsspielraum, VerwArch 63 (1972), 337 ff

- *ders.*, Höchstrichterliche Rechtsprechung zum Verwaltungsrecht, VerwArch 70 (1979), 249 ff

- *ders.*, Die kommunalen öffentlichen Einrichtungen, Jura 1986, 148 ff

- *ders.*/*Martens*, Wolfgang, Allgemeines Verwaltungsrecht, 8. Auflage, Berlin 1988

Ernesti, Günter, Informationsverbund Justiz – Polizei, NStZ 1983, 57 ff

Evers, Hans-Ulrich, Gesetzesvorbehalt im Schuldrecht, JuS 1977, 804 ff

- *ders.*, Sprengung an der Celler Gefängnismauer: Darf der Verfassungsschutz andere Behörden und die Öffentlichkeit täuschen?, NJW 1987, 153 ff

Fabio di, Udo, Risikoentscheidung im Rechtsstaat, Tübingen 1994

Fastenrath, Ulrich, Kompetenzverteilung im Bereich der auswärtigen Gewalt, München 1986

Faller, Hans, Verfassungsrechtliche Grenzen des Opportunitätsprinzips im Strafprozeß, Festschrift für Theodor Maunz, München 1971, S. 84 ff

Feltes, Thomas, Kommunale Prävention in Baden-Württemberg, Holzkirchen, Obb. 1995

Fezer, Gerhard, Strafprozeßrecht, 2. Auflage, München 1995

Fischer, Thomas/*Maul*, Heinrich, Tatprovozierendes Verhalten als polizeiliche Ermittlungsmaßnahme, NStZ 1992, 7 ff

Foth, Eberhard, Kann die Anstiftung durch eine V-Person ein Verfahrenshindernis begründen?, NJW 1984, 221 ff

Franzheim, Horst, Der Einsatz von Agents provocateurs zur Ermittlung von Straftätern, NJW 1979, 2014

Friedrichs, Hans-Georg, Der Einsatz von V-Leuten durch die Ämter für Verfassungsschutz, in: Göttinger Rechtswissenschaftliche Studien, Bd. 114, Göttingen 1981

Friedrichs, Karl, Bürgerliches und öffentliches Sachenrecht, AöR 40 (1921), 257 ff

Frisch, Wolfgang, Grund- und Grenzprobleme des sogenannten subjektiven Rechtfertigungselements, Festschrift für Karl Lackner, Berlin 1997, S. 113 ff

Gänßle, Peter, Das Antikorruptionsstrafrecht, NStZ 1999, 543 ff.

Gallas, Wilhelm, Zur Struktur des strafrechtlichen Umweltbegriffs, Festschrift für Paul Bockelmann, München 1979, S. 155 ff

Gauchet, Marcel, Die Erklärung der Menschenrechte, Hamburg 1991

Geerds, Friedrich, Einwilligung und Einverständnis des Verletzten im Strafrecht, GA 1954, 262 ff

- *ders.*, Über Änderungen der Bekämpfung krimineller Korruption, JR 1996, 309 ff

Geppert, Klaus, Rechtfertigende „Einwilligung" des verletzten Mitfahrers bei Fahrlässigkeitsstraftaten im Straßenverkehr, ZStW 83 (1971), 947 ff

- *ders.*, Amtsdelikte, Jura 1981, 42 ff

- *ders.*, Repetitorium Strafrecht, Straftaten gegen die Ehre (§§ 185 ff StGB), Jura 1980, 530 ff; 580 ff

Gössner, Rolf, Ansprüche – Forum demokratischer Juristen und Juristinnen, 1996, 10 ff

Götz, Volkmar/*Klein*, Hans Hugo/*Starck*, Christian, Die öffentliche Verwaltung zwischen Gesetzgebung und richterlicher Kontrolle, München 1985

Goldmann, Heinz Gerd, Die behördliche Genehmigung als Rechtfertigungsgrund, München 1967

Globig, Martin, Replik: Gefahrenabwehr durch Verwertung von Erkenntnissen aus Telefonabhörmaßnahmen gem. § 100a StPO, ZRP 1991, 289 ff

Grässle-Münscher, Josef, Kriminelle Vereinigung, Hamburg 1991

Grauhan, Hans-Friedrich, Bewältigung von Gefahren durch Beschränkung des Prozeßstoffs, GA 1976, 225 ff

Gribbohm, Günter, Der Gewährsmann als Zeuge im Strafprozeß, NJW 1981, 305 ff

Grewe, Wilhelm, Zum Verfassungsrecht der auswärtigen Gewalt, AöR 112 (1987), 523 ff

Groppengießer, Helmut, Die Rechtswidrigkeit bei der Sachbeschädigung, JR 1998, 89 ff

Gropp, Walter, Besondere Ermittlungsmaßnahmen zur Bekämpfung der Organisierten Kriminalität, ZStW 105 (1993), 405 ff

Gröpl, Christoph, Die Nachrichtendienste im Regelwerk der deutschen Sicherheitsverwaltung, in Schriften zum öffentlichen Recht, Berlin 1990

Grünwald, Gerald, Die Bedeutung und Begründung des Satzes „nulla poena sine lege“, ZStW 76 (1964), 1 ff

Günther, Hans Ludwig, Strafrechtswidrigkeit und Strafunrechtsausschluß, Bonn 1983

Gusy, Christoph, Die freiheitlich demokratische Grundordnung in der Rechtsprecbshung des Bundesverfassungsgerichts, AöR 105 (1980), 279 ff

- *ders.*, Der Vorrang des Gesetzes, JuS 1983, 189 ff

- *ders.*, Der Bundesnachrichtendienst, Die Verwaltung, 1984, 273 ff

- *ders.*, Das verfassungsrechtliche Gebot der Trennung von Polizei und Nachrichtendiensten, ZRP 1987, 45 ff

- *ders.*, Polizeiarbeit zwischen Gefahrenabwehr und Strafverfolgung, StV 1993, 269 ff

Hain, Karl-Eberhard, Der Gesetzgeber in der Klemme zwischen Übermaß- und Untermaßverbot?, DVBl. 1993, 982 ff

Habermehl, Kai, Polizei- und Ordnungsrecht, Baden-Baden 1993

Häberle, Peter, Öffentlichkeitsarbeit der Regierung zwischen Parteien- und Bürgerdemokratie, JZ 1977, 361 ff

Haft, Fritjof, Strafrecht, Allgemeiner Teil, München 1998

- *ders.*, Strafrecht, Besonderer Teil, 7. Auflage, München 1998

Hanack, Ernst-Walter, Die Reform des Sexualstrafrechts und der Familiendelikte, NJW 1974, 1 ff

Hassemer, Winfried, Theorie und Soziologie des Verbrechens, Frankfurt/Main 1973

- *ders.*, Kennzeichen und Krisen des modernen Strafrechts, ZRP 1992, 378 ff

- *ders.*, Professionelle Adäquanz, wistra 1995, 41 ff

Heghmann, Michael, Grundzüge einer Dogmatik der Straftatbestände zum Schutz von Verwaltungsrecht oder Verwaltungshandeln, Hannover, 1998

Hegler, August, Die Merkmale des Verbrechens, ZStW 36 (1915), 28 ff

Hengsberger, Herrmann, Untersuchungshaft und Strafprozeßänderungsgesetz, JZ 1966, 209 ff

Hermes, Georg/*Wieland*, Joachim, Die staatliche Duldung rechtswidrigen Verhaltens, Heidelberg 1988

Herzberg, Rolf-Dietrich, Handeln in Unkenntnis einer Rechtfertigungslage, JA 1986, 190 ff

Herzog, Felix, Rechtsstaatliche Begrenzungen der Verbrechensbekämpfung, NStZ 1985, 153 ff

Herzog, Roman, Gesetzgeber und Verwaltung, VVDStRL 24, 1966, 183 ff

Hesse, Konrad, Grundzüge des Verfassungsrechts der Bundesrepublik Deutschland, 20. Auflage, Heidelberg 1995

- *ders.*, Bemerkungen zur heutigen Problematik und Tragweite der Unterscheidung von Staat und Gesellschaft, DÖV 1975, 437 ff

Hilger, Hans, Neues Strafverfahrensrecht durch das OrgKG, NStZ 1992, 523 ff

Hillenkamp, Thomas, Verwirkung des Strafanspruchs durch Verfahrensverzögerung?, JR 1975, 133 ff

- *ders.*, Risikogeschäft und Untreue, NStZ 1981, 161 ff

- *ders.*, Verfahrenshindernisse von Verfassungs wegen, NJW 1989, 2849 ff

Hirsch, Hans Joachim, Soziale Adäquanz und Unrechtslehre, ZStW 74 (1962), S. 79 ff

- *ders.*, Einwilligung und Selbstbestimmung, Festschrift für Hans Welzel, Berlin 1974, S. 775 ff

- *ders.*, Zur Rechtsnatur der faktischen Verdächtigung, Gedächtnisschrift für Horst Schröder, München 1978, S. 307 ff

Hirsch, Burkhard, Immunität für Europol - eine Polizei über dem Gesetz, ZRP 1998, 10 ff

Hitzel-Cassagnes, Tanja, Rechtsstaatliche Domestizierung der Außenpolitik, KJ 2000, 63 ff.

Hoppe, Werner, Gerichtliche Kontrolle bei komplexen Verwaltungsentscheidungen, Festgabe aus Anlaß des 25 jährigen Bestehens des Bundesverwaltungsgerichts, Berlin 1978, S. 295 ff

- *ders./Schulte*, Martin, Rechtliche Grundlagen und Grenzen für Staatsgebietsänderungen von neuen Bundesländern, DVBl. 1991, 1041 ff

Horstkotte, Hartmuth, Kuppelei, Verführung und Exhibitionismus nach dem Vierten Gesetz zur Reform des Strafrechts, JZ 1974, 84 ff

Holoubek, Michael, Grundrechtliche Gewährleistungspflichten, Wien 1997

Hoyer, Andreas, Die Figur des Kronzeugen, JZ 1994, 233 ff

Hruschka, Joachim, Extrasystematische Rechtfertigungsgründe, Festschrift für Eduard Dreher, Berlin 1977, S. 189 ff

- *ders.*, Der Gegenstand des Rechtswidrigkeitsurteils nach heutigem Strafrecht, GA 1980, 1 ff

Hund, Horst, Verdeckte Ermittlungen - ein gelöstes Problem?, StV 1993, 379 ff

- *ders.*, Beteiligung Verdeckter Ermittler am unerlaubten Glücksspiel, NStZ 1993, 571 ff

Ipsen, Knut, Völkerrecht, 3. Auflage, München 1990

Isensee, Josef, Republik - Sinnpotential eines Begriffs, JZ 1981, 1 ff

- *ders.,* Die Friedenspflicht der Bürger und das Gewaltmonopol des Staates, Festschrift für Kurt Eichenberger, Frankfurt/Main 1982, 23 ff

- *ders.*, Das Grundrecht auf Sicherheit, Berlin 1983

- *ders./Kirchhof*, Paul, Handbuch des Staatsrechts der Bundesrepublik Deutschland, Bd. II, 1. Auflage, Heidelberg 1987; Bd. III, 2. Auflage, Heidelberg 1996; Bd. IV 1990; Bd. V, 1. Auflage Heidelberg 1992

Jakobs, Günther, Strafrecht, Allgemeiner Teil, 2. Auflage, Berlin 1991

Jarass, Hans, Grundrechte als Wertentscheidungen bzw. objektivrechtliche Prinzipien in der Rechtsprechung des Bundesverfassungsgerichts, AöR 110 (1985), 363 ff

- *ders.*, Bausteine einer umfassenden Grundrechtsdogmatik, AöR 120 (1995), 350 ff

- *ders./Pieroth*, Bodo, Grundgesetz für die Bundesrepublik Deutschland, München 1997

Jescheck, Hans-Heinrich, Zur Reform des politischen Strafrechts, JZ 1967, 6 ff

Jescheck, Hans Heinrich u. a. (Hrsg.), *Leipziger Kommentar*, Großkommentar zum Strafgesetzbuch, 10. Auflage, Berlin 1978

Jescheck, Hans Heinrich/*Weigend*, Thomas, Lehrbuch des Strafrechts, 5. Auflage, Berlin 1996

Jutzi, Siegfried, Genehmigung der Vorteilsannahme bei nicht in einem öffentlich-rechtlichen Verhältnis stehenden Amtsträgern, NStZ 1991, 105 ff

Kaufmann, Arthur, Unrecht und Schuld beim Delikt der Volltrunkenheit, JZ 1963, 425 ff

Kaufmann, Hilde, Strafanspruch - Strafklagerecht, Göttingen 1968

Kaiser, Günther, Möglichkeiten der Bekämpfung von Bagatellkriminalität in der Bundesrepublik Deutschland, ZStW 90 (1978), 890 ff

- *ders.*, Kriminologie, 8. Auflage Heidelberg 1989

Kaiser, Eberhard, Spenden an politische Parteien und strafbare Vorteilsannahme, NJW 1981, 321 ff

Kargl, Walter, Sachbeschädigung und Strafgesetzlichkeit, JZ 1997, 283 ff

Keller, Rainer, Rechtliche Grenzen der Provokation von Straftaten, Berlin 1984

- *ders.*, Polizeiliche Observation und strafprozessuale Wahrheitserforschung, StV 1984, 521 ff

Keller, Rolf/*Grießbaum*, Rainer, Das Phänomen der vorbeugenden Bekämpfung von Straftaten, NStZ 1990, 416 ff

Kinnen, Dieter, Notwehr und Nothilfe als Grundlagen hoheitlicher Gewaltanwendung, MDR 1974, 631 ff

Kirchhof, Paul, Polizeiliche Eingriffsbefugnisse und private Nothilfe, NJW 1978, 969 ff

- *ders.*, Öffentliches Recht: Helfer in der Not, JuS 1979, 428 ff

Kish, John, International Law and Espionage, London 1995

Kisker, Gunter, Neue Aspekte im Streit um den Vorbehalt des Gesetzes, NJW 1977, 1313 ff

Kleinknecht, Theodor/*Meyer-Goßner*, Lutz, Strafprozeßordnung, 42. Auflage München 1995

Klinkhardt, Ingo, Die Selbsthilferechte des Amtsträgers, VerArch 55 (1964), S. 264 ff

Kloepfer, Michael, Grundrechtstatbestand und Grundrechtsschranken in der Rechtssprechung des Bundesverfasssungsgerichts – dargestellt am Beispiel der Menschenwürde, Festschrift für das Bundesverfassungsgericht, Bd. II, Tübingen 1976, S. 405 ff

- *ders*., Gesetzgebung im Rechtsstaat, VVDStRL 40 (1982), 63 ff

- *ders*., Umweltschutz als Verfassungsrecht, zum neuen Art. 20a GG, DVBl. 1996, 73 ff

Klose, Peter, „Ius puniendi“ und Grundgesetz, ZStW 86 (1974), 33 ff

Kniesel, Michael, Neue Polizeigesetze contra StPO, ZRP 1987, 377 ff

- *ders*., Vorbeugende Bekämpfung von Straftaten im juristischen Meinungsstreit – eine unendliche Geschichte, ZRP 1992, 164 ff

- *ders./Vahle,* Jürgen, Zur Novellierung des nordrhein-westfälischen Polizeirechts, DÖV 1990, 646 ff

Köhler, August, Deutsches Strafrecht, Allgemeiner Teil, Leipzig 1917.

Körner, Harald Hans, Betäubungsmittelgesetz, 4. Auflage, München 1994

- *ders*., Verdeckte Ermittlungen ohne Straftaten, Kriminalistik 1992, 601 ff

- *ders*., Die Glaubwürdigkeit und die Strafbarkeit von V-Personen – die Strafbarkeit der provozierten Tat, StV 1982, 382 ff

Koriath, Gerold, Straftaten bei verdeckten Ermittlungen, KR 1992, 370 ff

Kopp, Ferdinand, Grenzen der Gesetzgebung und der Rechtskontrolle im Bereich der öffentlichen Verwaltung, BayVBl. 1983, 673 ff

- *ders*., Verwaltungsgerichtsordnung, 12. Auflage, München 2000

Kothe, Wolfhard, Die rechtfertigende Einwilligung, AcP 185 (1985), 105 ff

Krauth, Hermann/*Kurfess*, Werner/*Wulf*, Helmut, Zur Reform des Staatschutzstrafrechts durch das Achte Strafrechtsänderungsgesetz, JZ 1968, 731 ff

Kreuzer, Arthur, Zeuge im Zwielicht, Jugendliche als Lockspitzel – wie lange noch?, V-Leute, die Falle im Rechtsstaat, S. 59 ff, hrsg. v. Klaus Lüderssen, Frankfurt/Main 1985

Krekeler, Wilhelm, Darf der Staat im Rahmen der Verbrechensbekämpfung Straftaten begehen?, AnwBl 1987, 443 ff

Krey, Volker, Zum Begriff des „Wohls der Bundesrepublik Deutschland“ in § 99 Abs. 1 und 2 StGB, ZStW 79 (1967), 103 ff

- *ders.*, Der Fall Peter Lorenz - Probleme des rechtfertigenden Notstandes bei der Auslösung von Geiseln, ZRP 1975, 97 ff

- *ders.*, Parallelitäten und Divergenzen zwischen strafrechtlichem und öffentlich-rechtlichem Gesetzesvorbehalt, Festschrift für Günther Blau, Berlin 1985, 123 ff

- *ders.*, Gesetzestreue und Strafrecht, ZStW 101 (1989), 838 ff

- *ders.*, Strafverfahrensrecht, Bd. I, 1. Auflage, Mainz 1988; 2. Auflage, Mainz 1990, Bd II, Berlin 1990

- *ders./Haubrich*, Edgar, Zeugenschutz, Rasterfahndung, Lauschangriff, Verdeckte Ermittler, JR 1992, 309 ff

Kriele, Hans, Das demokratische Prinzip im Grundgesetz, VVDStRL 29 (1971), 46 ff

Krümpelmann, Justus, Täuschungen mit Wahrheitskern bei § 145d I Ziff 1 StGB, ZStW 96 (1984), 999 ff

Kühl, Kristian, Strafrecht, Allgemeiner Teil, 2. Auflage, München 1997

Kühne, Hans-Heiner, Die sog. "Celler Aktion" und das deutsche Strafrecht, JuS 1987, 188 ff

Kunst, Hermann/*Herzog*, Roman (Hrsg.), Evangelisches Staatslexikon, Wilhelm Schneemelcker, Stuttgart 1975

Küper, Wilfried, Der „agent provocateur“ im Strafrecht, GA 1974, 321 ff

- *ders.*, Grenzfragen der Unfallflucht, JZ 1981, 251 ff

- *ders.*, Darf sich der Staat erpressen lassen?, Heidelberg 1986

- *ders.*, Grundsatzfragen der „Differenzierung“ zwischen Rechtfertigung und Entschuldigung, JuS 1987, 81 ff

Küpper, Georg, Strafvereitelung und „sozialadäquate“ Handlungen, GA 1987, 385 ff

Kunert, Karl-Heinz/*Bernsmann*, Klaus, Neue Sicherheitsgesetze – mehr Rechtssicherheit?, NStZ 1989, 449 ff

Lackner, Karl/*Kühl*, Kristian, Strafgesetzbuch mit Erläuterungen, 22. Auflage, München 1997

Lammer, Dirk, Verdeckte Ermittlungen im Strafprozeß, Berlin 1992

Lange, Richard, Terrorismus kein Notstandsfall, NJW 1978, 784 ff

Langer, Winrich, Aktuelle Probleme der falschen Verdächtigung, GA 1987, 289 ff

Langkau, Wolf-Werner, Völker- und Landesrechtliche Probleme der Kriegs- und Friedensspionage, Dissertation, Würzburg, 1971

Larenz, Karl/*Canaris*, Claus-Wilhelm, Methodenlehre der Rechtswissenschaft, 3. Auflage, 1995

Laufhütte, Heinrich, Viertes Gesetz zur Reform des Strafrechts, JZ 1974, 46 ff

- *ders.*, Staatsgeheimnis und Regierungsgeheimnis, GA 1974, 52 ff

- *ders.*, Das Vierzehnte Strafrechtsänderungsgesetz, MDR 1976, 441 ff

Lerche, Peter, Bayerisches Schulrecht und Gesetzesvorbehalt, München 1981

Lesch, Heiko, Soll die Begehung „milieutypischer" Straftaten Verdeckter Ermittler erlaubt werden?, StV 1993, 94 ff

Lenckner, Theodor, Der rechtfertigende Notstand, Tübingen 1965

- *ders.*, Zum Tatbestand der Strafvereitelung, Gedächtnisschrift für Horst Schröder, München 1985, S. 399 ff

- *ders.*, Privatisierung der Verwaltung und „Abwahl des Strafrechts"?, ZStW 106 (1994), 541 ff

Lisken, Hans, „Verdachts- und ereignisunabhängige Personenkontrollen zur Bekämpfung der grenzüberschreitenden Kriminalität"?, NVwZ 1998, 22 ff

- *ders./Denninger*, Erhard, Handbuch des Polizeirechts, München 1996

Löwe/Rosenberg, Die Strafprozeßordnung und das Gerichtsverfassungsgesetz: Großkommentar, hrsg. v. Peter Rieß, 24. Auflage, Berlin 1988 - 1996

Loos, Fritz, Gemeinschädliche Sachbeschädigung (§ 304 StGB), durch Überkleben von Wahlplakaten – LG-Wiesbaden NJW 1978, 2107, JuS 1979, 699 ff

Lorenz, Frank Lucien, „Operative Informationserhebung" im Strafverfahren, „Unverfügbares" und Grundrechtsschutz durch „institutionelle Kontrolle", JZ 1992, 1000 ff

Lüderssen, Klaus, Zum Strafgrund der Teilnahme, Baden-Baden, 1967

- *ders.*, Verbrechensprophylaxe durch Verbrechensbekämpfung?, Festschrift für Karl Peters, Tübingen 1974, 349 ff

- *ders.*, Die V-Leute - Problematik ... oder: Zynismus, Borniertheit oder „Sachzwang"?, Jura 1985, 113 ff

Lüttger, Hans, Zur Strafbarkeit der „Verwendung von Kennzeichen ehemaliger nationalsozialistischer Organisationen" nach § 4 des Versammlungsgesetzes, GA 1960, 129 ff

- *ders.*, Lockerung des Verfolgungszwanges bei Staatsschutzdelikten?, JZ 1964, 569 ff

Maaß, Wolfgang, Die Behandlung des „agent provocateur" im Strafrecht, Jura 1981, 514 ff

Maatz, Kurt R, Die „Erstverbüßer-Regelung" im Regierungsentwurf eines neuen § 57 Abs. 2 StGB - ein strafrechtsdogmatischer Beitrag zum Entwurf eines Strafrechtsänderungsgesetzes - Strafaussetzung zur Bewährung, MDR 1985, 797 ff

Malek, Klaus, Staatlicher „Handlungsbedarf" als Rechtfertigung von Grundrechtseingriffen, StV 1992, 342 ff

Martin, Ludwig, Die Bundesanwaltschaft beim Bundesgerichtshof, DRiZ 1975, 314 ff

Marx, Claudius, Die behördliche Genehmigung im Strafrecht, Baden-Baden 1993

Maunz, Theodor/*Dürig*, Günter, Grundgesetzkommentar, München, Std. Oktober 1999

Maurach, Reinhart/*Zipf* Heinz, Strafrecht Allgemeiner Teil, Band I, 8. Auflage, Heidelberg 1992

- *ders.*/*Gössel*, Karl Heinz/*Zipf*, Heinz, Strafrecht Allgemeiner Teil, Band II, 7. Auflage, Heidelberg, 1989

- *ders.*/*Schroeder*, Friedrich-Christian/*Maiwald* Manfred, Strafrecht Besonderer Teil, Band I, Heidelberg 1999

- *dies.*, Strafrecht Besonderer Teil, Band II, Heidelberg 1999

Maurer, Hartmut, Allgemeines Verwaltungsrecht, 8. Auflage, München 1992

- *ders.*, Der Verwaltungsvorbehalt, VVDStRL 43 (1985), 135 ff

Mayer, Helmuth, Strafrecht Allgemeiner Teil, Stuttgart 1953

Mayntz, Renate, Soziologie der öffentlichen Verwaltung, Heidelberg 1985

Mehring, Franz, Geschichte der Deutschen Sozialdemokraten, 6. und 7. Auflage, Stuttgart 1919

Menzel, Eberhard, Die Auswärtige Gewalt der Bundesrepublik Deutschland, VVDStRL 12 (1954), 179 ff

- *ders.*, Eberhard, Parteienstaat und Beamtentum, DÖV 1970, 433 ff

Merten, Detlef, Rechtsstaat und Gewaltmonopol, Tübingen 1975

- *ders.*/*Merten*, Heike, Vorbeugende Verbrechensbekämpfung, ZRP 1991, 213 ff

Meyer, Jürgen, Zur prozeßrechtlichen Problematik des V-Mannes, ZStW 95 (1983), 834 ff

Miltner, Karl, Die parlamentarische Kontrolle des Verfassungsschutzes in Verfassungsschutz und Demokratie, Berlin 1990

Mitsch, Wolfgang, Grundfälle zu den Tötungsdelikten, JuS 1995, 888 ff

Müller-Dietz, Heinz, Marginalien zu Theorie und Praxis heutiger Strafgesetzgebung, Festschrift für Thomas Würtenberger 1977, 167 ff

Müller, Rainer/*Wache*, Volkhard, Opportunitätserwägungen bei der Verfolgung von Straftaten gegen die äußere Sicherheit, Festschrift für Kurt Rebmann, München 1989, 321 ff

Münch, *von*, Ingo/*Kunig*, Philip, Grundgesetzkommentar, Bd. II, Art. 21 bis Art. 69, 3. Auflage, München 1995

Murswiek, Dietrich, Die staatliche Verantwortung für die Risiken der Technik, Berlin 1985

Mußgnug, Reinhard, Der Dispens von gesetzlichen Vorschriften, Heidelberg 1964

Naucke, Wolfgang, Schwerpunktverlagerungen im Strafrecht, KritV 1993, 135 ff

- *ders*., Strafrecht, Eine Einführung, 4. Auflage, Frankurt/Main 1982

Nevermann, Knut, Lehrplanrevision und Vergesetzlichung, VerwArch 71 (1980), S. 241 ff

Newiger, Griet, Modelversuch „Sicherheitspartner" in Brandenburg, Hilfsscheriffs im Bürgerdesign, CILIP 51 (1995), 501 ff.

Niehues, Norbert, Stärkere gerichtliche Kontrolle von Prüfungsentscheidungen, NJW 1991, 3001 ff

Niehaus, Micahel, Zur gerichtlichen Kontrolle von Prognoseentscheidungen der Verwaltung, DVBl. 1977, 19 ff

Nitz, Holger, Einsatzbedingte Straftaten Verdeckter Ermittler, Hamburg 1997

Noll, Peter, Tatbestand und Rechtswidrigkeit, ZStW 77 (1965), 1 ff

Oetker, Friedrich, Rechtsgüterschutz und Strafe, ZStW 17 (1897), 508 ff

Ossenbühl, Fritz, Die Erfüllung von Verwaltungsaufgaben durch Private, VVDStRL 29 (1971), 136 ff

- *ders*., Zur Renaissance des administrativen Beurteilungsspielraum, DÖV 1972, 401 ff

- *ders*., Rechtliche Probleme der Zulassung zu öffentlichen Stadthallen, DVBl. 1973, 289 ff

- *ders*., Der politische Ermessens- und Beurteilungsspielraum, DÖV 1976, 463 ff

- *ders*., Aktuelle Probleme der Gewaltenteilung, DÖV 1980, 545 ff

Ott, Sieghart/*Wächtler* Hartmut, Gesetz über Versammlungen und Aufzüge, 6. Auflage, Berlin 1996

Otto, Harro, Täterschaft, Mittäterschaft, mittelbare Täterschaft, Jura 1987, 246 ff

- *ders.*, Grundkurs Strafrecht, Die einzelenen Delikte, 3. Auflage, Berlin 1988, zitiert als Grundkurs (GK).

- *ders.*, Grundkurs Strafrecht, Allgemeine Strafrechtslehre, 5. Auflage, Berlin 1996

Ostendorf, Heribert, Grundzüge des konkreten Gefährdungsdelikts, JuS 1982, 426 ff

- *ders.*, Das Geringfügigkeitsprinzip als strafrechtliche Auslegungsregel, GA 1982, 344 ff

- *ders.*, Organisierte Kriminalität - eine Herausforderung für die Justiz, JZ 1991, 62 ff

- *ders./Meyer-Seitz*, Christian, Die strafrechtlichen Grenzen des polizeilichen Lockspitzel-Einsatzes, StV 1985, 74 ff

Paeffgen, Hans Ullrich, *Schlüchter*, Ellen/*Frisch*, Wolfgang/*Rogall*, Klaus/*Wolter*, Jürgen, Systematischer Kommentar zur Strafprozeßordnung und zum Gerichtsverfassungsgesetz, Berlin, Std. März 2000

Palandt, Bürgerliches Gesetzbuch, 57. Auflage, München 1998

Papier, Hans-Jürgen, Recht der öffentlichen Sachen, Berlin 1984

- *ders.*, Strafbarkeit von Amtsträgern im Umweltrecht, NJW 1988, 1113 ff

Pappermann, Ernst/*Löhr*, Rolf-Peter/*Andriske*, Wolfgang, Recht der öffentlichen Sachen, München 1987

Peters, Karl, Strafprozeßrecht, 4. Auflage, Heidelberg 1985

Pelz, Christian, Notwehr- und Notstandsrechte und der Umfang obrigkeitlicher Hilfe, NStZ 1995, 305 ff

Perschke, Stefan, Die Verwaltungsakzessorietät des Umweltstrafrechts nach dem 7. UKG, wistra 1996, 161 ff

Pfeiffer, Gerd, Karlsruher Kommentar zur Strafprozeßordnung, 3. Auflage, München 2001

Pieske, Eckart, Der Weg des deutschen Schuldrechts nach dem 51. Deutschen Juristentag in Stuttgart im September 1976, DVBl. 1977, 673 ff

Pieroth, Bodo/*Schlink*, Bernhard, Staatsrecht I, 3. Auflage, Heidelberg 1987

Plog, Ernst/*Wiedow*, Alexander/*Beck*, Gerhard, Kommentar zum Bundesbeamtengesetz, Bd. I, §§ 1-202 BBG, Neuwied, Std. August 1999

Plate, Hartwig, Zur Strafbarkeit des agent provocateur, ZStW 84 (1972), 294 ff

Prittwitz, von, Cornelius, Verteidigungswillen als subjektives Merkmal der Notwehr, Jura 1984, 74 ff

Puppe, Ingeborg, Verführung als Sonderopfer, NStZ 1986, 404 ff

Ransiek, Andreas, Gesetz und Lebenswirklichkeit, Heidelberg 1989

Rebmann, Kurt, Der Einsatz verdeckt ermittelnder Polizeibeamter im Bereich der Strafverfolgung, NJW 1985, 1 ff

- *ders.*, Kurt, *Säcker*, Franz Jürgen, *Rixecker*, Roland Münchener Kommentar zum Bürgerlichen Gesetzbuch, Sachenrecht, Bd. IV, 3. Auflage, München 1997

Redecker, Konrad, Sozialstaatliche Gestaltung und rechtsstaatliche Bindung, DVBl. 1971, 369 ff

- *ders.*, Über die Einflußmöglichkeiten des Fachgesetzgebers auf das verwaltungsrechtliche Verfahren, DÖV 1993, 10 ff

- *ders./Redecker*, Martin/*von Oertzen*, Hans-Joachim, Verwaltungsgerichtsordnung, 12. Auflage, Stuttgart 1997

Riehle, Eckart, Verdacht, Gefahr und Risiko, Der V-Mann: ein weiterer Schritt auf dem Weg zu einer anderen Polizei?, KrimJ 1985, 44 ff

Rieß, Peter, Legalitätsprinzip – Interessenabwägung – Verhältnismäßigkeitsabwägung, Festschrift für Hanns Dünnebier, Berlin 1982, 149 ff

- *ders.*, Die Zukunft des Legalitätsprinzips, NStZ 1981, 4 ff

Ridder, Helmut, Alternativkommentar zum Grundgesetz, Bd. 1, Art. 1-37, 2. Auflage, Neuwied 1989

ders./Breitbach, Michael/*Rühl*, Ulli/*Steinmeyer*, Frank, Versammlungsrecht, Kommentar, 1. Auflage, Baden-Baden 1992

Ringwald, Gerhard, Gegenpol zu INPOL?, ZRP 1988, 178 ff

Roeder, Hermann, Die Entfaltung des sozialadäquaten Risikos, Berlin 1969

Roewer, Helmut, Nachrichtendienstrecht der Bundesrepublik Deutschland, Kommentar, Berlin 1987

Rogall, Klaus, Moderne Fahndungsmethoden im Lichte gewandelten Grundrechtsverständnisses, GA 1985, 1 ff.

- *ders.*, Informationseingriff und Gesetzesvorbehalt im Strafprozeß, ZStW 103 (1991), 907 ff

- *ders.*, Informationseingriff und Gesetzesvorbehalt im Strafprozeßrecht, Tübingen 1992

- *ders.*, Grundprobleme des Abfallrechts, 1. Teil, NStZ 1992, 360 ff

- *ders.*, Über die Folgen der rechtswidrigen Beschaffung des Zeugenbeweises im Strafprozesses, JZ 1996, 944

Roxin, Claus, Strafverfahrensrecht, 21. Auflage, München 1989, sowie 24. Auflage, München 1995

- *ders.*, Über die mutmaßliche Einwilligung, Festschrift für Hans Welzel, Berlin 1974, 447 ff

- *ders.*, Zur Tatbestandsmäßigkeit und Rechtswidrigkeit der Entfernung von Leichenteilen (§ 168 StGB), insbesondere zum rechfertigenden strafrechtlichen Notstand (§ 34 StGB), OLG-Frankfurt/Main NJW 1975, 271, JuS 1976, 505 ff

- *ders.*, Die durch Täuschung herbeigeführte Einwilligung im Strafrecht, Gedächtnisschrift für Peter Noll, Zürich 1984, 124 ff

- *ders.*, Kriminalpolitik und Strafrechtssystem, 2. Auflage, Berlin 1993

- *ders.*, Strafrecht, Allgemeiner Teil, Bd. I, München 1997

Roxin, Imme, Die Rechtsfolgen schwerwiegender Rechtsstaatsverstöße in der Strafverfahrenspflege, 2. neubearb. Auflage, München 1995

Rügemer, Werner, Die deutsche Justiz und die Korruption, KJ 1997, 458 ff

Rudolphi, Hans-Joachim, Inhalt und Funktion des Handlungsunwertes im Rahmen der personalen Unrechtslehre, Festschrift für Reinhart Maurach, Karlsruhe 1972, S. 51 ff

- *ders.*, Rechtfertigungsgründe im Strafrecht, Gedächtnisschrift für Armin Kaufmann, München 1989, S. 371 ff

- *ders./Horn*, Eckard, Systematischer Kommentar zum Strafgesetzbuch, Berlin, Std. März 2000

Sack, Fritz, Selektion und Kriminalität, KJ 1971, 384

Salzwedel, Jürgen, Möglichkeiten und Grenzen einer rechtsstaatlichen Kontrolle des Verfassungsschutzes, Gedächtnisschrift für Hans Peters, Berlin 1967, 756 ff

Sauer, Wilhelm, Allgemeine Strafrechtslehre, 3. Auflage, Berlin 1955

Sax, Walter, Zum Verfahren Staatsschutzsachen im Ausland, JZ 1964, 41 ff

- *ders.*, Tatbestand und Rechtsgutverletzung, JZ 1976, 9 ff

Schaefer, Hans-Christian, Die Neufassung der Richtlinien für das Straf- und Bußgeldverfahren, NJW 1977, 21 ff

Schafheutle, Edgar, Das Strafrechtsänderungsgesetz, JZ 1951, 609 ff.

Schaffstein, Friedrich, Handlungsunwert, Erfolgsunwert und Rechtfertigung bei den Fahrlässigkeitsdelikten, Festschrift für Hans Welzel, Berlin 1974, S. 557 ff

Schäfer, Gerhard, Die Praxis des Strafverfahrensrechts, 5. Auflage, Stuttgart 1992

Schaupensteiner, Wolfgang J., Das Korruptionsbekämpfungsgesetz, Kriminalistik 1996, 237 ff

Scherzberg, Arno, Grundrechtsschutz und Eingriffsintensität, Berlin 1989

Schencke, Wolf-Rüdiger, Gesetzgebung durch Verwaltungsvorschriften?, DÖV 1977, 27 ff

Scheuner, Ulrich, Das Gesetz als Auftrag, DÖV 1969, 585 ff

Schilling, Georg, Die falsche Verdächtigung nach § 164 StGB, GA 1984, 345

Schmidt, Eberhard, Begnadigung und Amnestie, Handbuch des deutschen Staatsrechts, hrsg. von Gerhard Anschütz und Richard Thoma, Bd. II, Tübingen 1932, 563 ff

Schmidt, Walter, Die Entscheidungsfreiheit des Einzelnen zwischen staatlicher Herrschaft und gesellschaftlicher Macht, AöR 101 (1976), 24 ff

Schmidhäuser, Eberhard, Der Unrechtstatbestand, Festschrift für Karl Engisch, Frankfurt/Main 1969, 433 ff

- *ders.*, Strafrecht, Allgemeiner Teil, Tübingen 1975

- *ders.*, Strafgesetzliche Bestimmtheit: Eine rechtsstaatliche Utopie, in Gedächtnisschrift für Wolfgang Martens, Berlin 1987, 241 ff

Schmidt-Assmann, Eberhard, Verwaltungslegitimation als Rechtsbegriff, AöR 116 (1991), 329 ff

Schmidt Jortzig, Edzard, Möglichkeiten einer Aussetzung des strafverfolgerischen Legalitätsprinzips bei der Polizei, NJW 1989, 129 ff

Schnapp, Friedrich, Der Verwaltungsvorbehalt, VVDStRL 43 (1985), 172 ff

Scholderer, Frank, Speicherung personenbezogener Daten in zentraler Namenskarteien der Staatsanwaltschaft, NStZ 1989, 584 ff

Scholz, Ruppert, Verwaltungsverantwortung und -gerichtsbarkeit, VVDStRL 34 (1975), 145 ff

Schönke, Adolf/*Schröder*, Horst, Strafgesetzbuch, Kommentar, 25. Auflage, München 1997

Schreiber, Hans-Ludwig, Wann darf ein Organ entnommen werden?, Festschrift für Steffen, Berlin 1995, S. 451 ff

Schroeder, Friedrich, Christian, Der Schutz von Staat und Verfassung, München 1970, Nachdruck 1995

- *ders.*, Straftaten gegen das Strafrecht, Tübingen 1985

Schröder, Horst, Die Gefährdungsdelikte im Strafrecht, ZStW 81 (1969), 3 ff

Schröder, Meinhard, Der Verwaltungsvorbehalt, DVBl. 1984, 814 ff

Schroth, Ulrich, Strafrechtliche und strafprozessuale Konsequenzen aus der Über-länge von Strafverfahren, NJW 1990, 29 ff

Schünemann, Bernd, Der polizeiliche Lockspitzel, Kontroverse ohne Ende, StV 1985, 429 ff.

Schulte, Martin, Informales Verwaltungshandeln als Mittel staatlicher Umwelt- und Gesundheitspflege, DVBl. 1988, 512 ff

Schultz, Günther, Blick in die Zeit, MDR 1958, 18 ff

Schulz, Dietrich/*Leppin*, Rudolf, Staatsanwaltschaft contra Polizei?, Jura 1981, 521 ff

Schumann, Heribert, Verfahrenshindernis bei Einsatz von V-Leuten als agents provocateurs?, JZ 1986, 66 ff

Schuppert, Folke, Die verfassungsgerichtliche Kontrolle der Auswärtigen Gewalt, Baden-Baden 1973

Schwabe, Jürgen, Zur Geltung von Rechtfertigungsgründen des Strafgesetzbuches für Hoheitshandeln, NJW 1977, 1902 ff

Schwargerl, Hans, Der Verfassungsschutz in der Bundesrepublik Deutschland, Heidelberg 1985

Schwartz, Andreas, Zum richtigen Verständnis der Verwaltungsakzessorietät des Umweltstrafrechts, GA 1993, 318 ff

Schwarzberg, Peter, Einsatzbedingte Straftaten Verdeckter Ermittler, NStZ 1995, 469 ff

Schwan, Eggert, Datenschutz, Vorbehalt des Gesetzes und Freiheitsgrundrechte, VerwArch 66 (1975), 127 ff

Seelmann, Kurt, Zur materiell-rechtlichen Problematik des V-Mannes, ZStW 95 (1983), 797 ff

Serwe, Hans, Abschied vom Legalitätsprinzip, KR 1970, 377 ff

Simitis, Spiros, Die informationelle Selbstbestimmung - Grundbedingung einer verfassungskonformen Informationsordnung, NJW 1984, 400 ff

Soergel, Hans-Theodor (Begr.)/*Siebert*, Wolfgang (Hrsg.), Bürgerliches Gesetzbuch, Bd. 1, 12. Auflage, Berlin 1990

Staff, Ilse, Sicherheitsrisko durch Gesetz, KJ 1999, 386 ff

Stelkens, Paul/*Bonk*, Heinz Joachim/*Sachs*, Michael, Kommentar zum Verwaltungsverfahrensgesetz, 5. Auflage, München 1998

Stern, Klaus, Das Staatsrecht der Bundesrepublik Deutschland, Bd. I, 2. Auflage, München 1984, Bd. II, München 1980

Sternberg-Lieben, Detlev, Die objektiven Schranken der Einwilligung im Strafrecht, Tübingen 1997

- *ders.*, Die Hörfalle, Jura 1995, 299 ff

Stettner, Ruppert, Verfassungsdogmatische Erwägungen zur Grundrechtsverwirkung, DVBl. 1975, 801 ff

- *ders.*, Der Verwaltungsvorbehalt, DÖV 1984, 611 ff

Stober, Rolf, Der Vorbehalt des Gesetzes und die Verwaltungsvorschriften im Subventionsrecht, GewArch 1993, 187 ff

Stratenwerth, Günter, Strafrecht Allgemeiner Teil I, 3. Auflage, Berlin, 1981

- *ders.*, Der agent provocateur, MDR 1953, 717 ff

- *ders.*, Prinzipien der Rechtfertigung, ZStW 68 (1956), 41 ff

Stümper, Alfred, Unsoziale Kriminalitätsbekämpfung?, Kriminalistik 1984, 129 ff

Sturm, Richard, Das Vierte Gesetz zur Reform des Strafrechts, JZ 1974, 1 ff

- *ders.*, Zum vierzehnten Strafrechtsänderungsgesetz (Gewaltbekämpfung), JZ 1976, 347 ff

Taschke, Jürgen, Verfahrenshindernis bei Anstiftung durch einen Lockspitzel?, StV 1984, 178 ff

Tettinger, Peter J. Überlegungen zu einem administrativen „Spielraum“, DVBl. 1982, 421 ff

Theuersbacher, Paul, Gerichtliche Kontrolle der Prüfungsentscheidungen im Antwort-Wahl-Verfahren der medizinischen und pharmazeutischen Prüfungen, BayVBl. 1991, 649 ff

Thoma, Richard, Das System der subjektiven öffentlichen Rechte und Pflichten, Handbuch des deutschen Staatsrechts, hrsg. von Gerhard Anschütz und Richard Thoma, Bd. II, S. 607 ff, Tübingen 1932.

Tiedemann, Klaus, Die Bekämpfung der Wirtschaftskriminalität durch den Gesetzgeber, JZ 1986, 865 ff

Tröndle, Herbert, Strafgesetzbuch, Kommentar, München 1997

Trute, Hans-Heinrich, Der Schutz personenbezogener Informationen in der Informationsgesellschaft, JZ 1998, 822 ff

Turner, George, Die Einwilligung des Sportlers zum Doping, NJW 1991, 2943 ff

Ule, Carl Hermann, Rechtsstaat und Verwaltung, VerwArch 76 (1985), 1 ff

- *ders.*, Zur Anwendung unbestimmter Rechtsbegriffe im Verwaltungsrecht, Gedächtnisschrift für Walter Jellinek, München 1995, S. 235 ff

Velten, Petra, Transparenz staatlichen Handelns und Demokratie, Pfaffenweiler 1996

- *dies.*, Nicht nur ein Loch in der Mauer - rechtliche Überlegungen zum Sprengstoffanschlag des Verfassungsschutzes in Celle, StV 1987, 544 ff

Vogel, Joachim, Strafrechtsgüter und Rechtsgüterschutz durch Strafrecht im Spiegel der Rechtsprechung des Bundesverfassungsgerichts, StV 1996, 110 ff

Vogel, Klaus, Gesetzgeber und Verwaltung, VVDStRL 24 (1966), 125 ff

Vogelsang, Klaus, Der Übergangsbonus, DVBl. 1989, 962 ff

Wagner, Heinz, Beleidigung eines Kollektivs oder Sammelbeleidigung? - OLG Frankfurt, NJW 1977, 1353 ff, JuS 1978, 674 ff

Wagner, Walter, Aus der Rechtsprechung, GA 1961, 1 ff

Wagner, Heinz, Die Rechtsprechung zu den Straftaten im Amt seit 1975, JZ 1987, 594 ff

Wahl, Rainer, Verwaltungsverfahren zwischen Verwaltungseffizienz und Rechtsschutzauftrag, VVDStRL 41 (1983), 151 ff

- *ders.*, Risikobewertung der Exekutive und richterliche Kontrolldichte - Auswirkungen auf das Verwaltungs- und das gerichtliche Verfahren, NVwZ 1991, 409 ff

Walter, Michael/*Geiter,* Helmut/*Fischer,* Wolfgang, Halbstrafenaussetzung, ein ungenutztes Institut zur Verringerung des Freiheitsentzuges, NStZ 1990, 16 ff

Wassermann, Rudolf u. a. Alternativ Kommentar zur Strafprozeßordnung, Bd. II, 1. Halbband, §§ 94-212b, Darmstadt 1992

Weber, Helmuth, Der Irrtum über einen Rechtfertigungsgrund, JZ 1951, 260 ff

Weber, Ulrich, Konzeption und Grundsätze des Wirtschaftsstrafrechts, ZStW 96 (1984), 376 ff

Weigend, Thomas, Straflosigkeit bei Einwilligung, ZStW 98 (1986), 44 ff

- *ders.*, Das „Opportunitätsprinzip“ zwischen Einzelfallgerechtigkeit und Systemeffizienz, ZStW 109 (1997), 103 ff

Welp, Jürgen, „Vereinfachter“ Geheimschutz im Strafverfahren?, JZ 1972, 423 ff

- *ders.*, Die Gestellung des verhandlungsunfähigen Angeklagten, JR 1991, 265 ff

Welzel, Hans, Das deutsche Strafrecht in seinen Grundzügen, 2. Auflage, Berlin 1944; 10. Auflage, Berlin 1969

Wessels, Johannes, Strafrecht Allgemeiner Teil, 27. Auflage, Heidelberg 1997

Weßlau, Edda, Vorfeldermittlungen, Berlin 1989

Weyer, Willi, Zum Verhältnis Staatsanwaltschaft - Polizei, Die Neue Polizei 1972, 50 ff

Wimmer, Klaus, Das Anhalten beleidigender Briefe aus der Untersuchungshaft, GA 1983, 145 ff

Winkelbauer, Wolfgang, Verwaltungsakzessorietät des Umweltstrafrechts, Berlin 1985

- *ders.*, Die behördliche Genehmigung im Strafrecht, NStZ 1988, 201 ff

Wolf, Georg, Verbrechensbekämpfung und Rollenverteilung auf die damit befaßten Institutionen, Kriminalistik 1975, 389 ff

Wolff, Hans/*Bachof*, Otto/*Stober*, Rolf, Verwaltungsrecht I, 10. Auflage, München 1994

- *ders.*, Hans/*Bachof*, Otto/*Stober*, Rolf, Verwaltungsrecht II, 5. Auflage, München 1987

Wolfslast, Gabrielle, Staatlicher Strafanspruch und Verwirkung, Rostock 1995

Wolter, Jürgen, Heimliche und automatisierte Informationseingriffe wider Datengrundrechtsschutz, GA 1988, 49 ff (1. Teil), 129 ff (2. Teil)

- *ders.*, Beweisverbote und Informationsübermittlung der Polizei bei präventiver Videoüberwachung eines Tatverdächtigen – BGH NJW 1991, 2651, Jura 1992, 520 ff

- *ders.*, Verfassungsrecht im Strafprozeß- und Strafrechtssystem, NStZ 1993, 1 ff

Zipf, Heinz, Strafantrag, Privatklage und staatlicher Strafanspruch, GA 1969, 234 ff

- *ders.*, Rechtskonformes und sozialadäquates Verhalten im Strafrecht, ZStW 82 (1970), 636 ff

- *ders.*, Zur privaten Ahndung kleiner Ladendiebstähle, Festschrift für Karl Peters, Tübingen 1974, 487 ff

FSC
www.fsc.org
MIX
Papier | Fördert gute Waldnutzung
FSC® C083411

Kolibri 360 GmbH
Ferdinand-Jühlke-Straße 7
99095 Erfurt, Deutschland
produktsicherheit@kolibri360.de

Druck:
CPI Druckdienstleistungen GmbH
im Auftrag der
Kolibri 360 GmbH
Ferdinand-Jühlke-Str. 7
99095 Erfurt